In demselben Verlage erscheint

Das Bürgerliche Gesetzbuch

mit Erläuterungen für das Studium und die Praxis

von

Dr. H. Reßbein,
Reichsgerichtsrath

(Vollständig zum Preise von ca. 40 Mark, innerhalb zweier Jahre.)

„Der Verf. weist in dem Vorwort darauf hin, daß das BGB. wie es wesentlich aus dem gemeinen und dem preuß. Rechte erwachsen ist, zu seinem vollen Verständniß die Kenntniß dieser beiden Rechte erfordert und auf ihrer Grundlage studirt werden muß. Es ist auch nicht minder nothwendig sich vertraut zu machen mit seinem System und dem inneren Zusammenhange seiner weitverzweigten Rechtssätze, als mit seiner geschichtlichen Entwickelung. Damit aber das vielfach dogmatische Ges., das mit wahrem Leben zu erfüllen der Praxis vorbehalten bleiben muß, schon jetzt sich belebt zeige, sind die Ergebnisse der bisherigen Rspr. thunlichst verwerthet; „sein Fortwerfen hieße einen Schatz fortwerfen". Diese Gesichtspunkte sind in den, die §§ 1—163 umfassenden Lieferungen in meisterhafter Weise befolgt Der Ges.-Text ist titelweise, und wie hinzugefügt werden darf, korrekt abgedruckt. Auf ihn folgen alphabetisch geordnet die Stichworte. Daran schließen sich in systematischer Folge die Erörterungen. Sie werden eingeleitet durch einen Hinweis nicht nur auf die einschlägigen §§ des BGB. und seiner Entwürfe, sondern auch auf die des ALR., des Sächs. BGB., des code civ., der Lehrbücher von Windscheid u. Dernburg für das gemeine, von Dernburg u. Eccius für das preuß., oder Zachariae (Crome) und Crome für das französ. und von Grützmann für das sächs. Recht, sowie durch Angabe der korrespondirenden Abschnitte in den von demselben Verf. herausgegebenen Entscheidungen des preuß. Obertribunals. Ihre Fassung ist die klare und präzise, die alle Arbeiten des Verf auszeichnet; kein Wort zu viel, kein Wort zu wenig. Dabei ist der Uebersichtlichkeit des gewaltigen Stoffes durch räumlich zweckmäßige Anordnung und Hervorhebung einzelner Worte und Sätze dergestalt Rechnung getragen, daß sich das Auge trotz der Fülle des Gebotenen sofort zurecht findet. Die fast überreiche Berücksichtigung der Rspr. zu dem bisherigen Rechte veranschaulicht die Bedeutung der Gesetzesvorschriften für das praktische Leben. Das ist von großem Werthe selbst für den Fall, daß sie zukünftig eine andere Beurtheilung erfahren sollten, als die Bestimmungen, aus denen sie hervorgegangen und denen sie nachgebildet sind. Der Verf ebnet damit einer gesunden, nicht am Buchstaben hängenden Praxis den Weg in hohem Maße. Im allgem. Interesse ist zu wünschen, daß der Kommentar rüstig fortschreitet. Er wird vor den übrigen, auf genossenschaftlichem Wege hergestellten Kommentaren den großen Vorzug einer einheitlichen, von Anfang bis zu Ende von demselben wissenschaftlichen Geiste erfüllten Arbeit haben und er darf schon um deswillen sicher sein, einen dauernden Platz auf dem Arbeitstisch eines jeden studirenden Praktikers zu finden."

Landr. Dr. Schück (im Centralbl. f. Rechtswissensch.).

(Fortsetzung auf der nächsten Seite des Deckels

Ehescheidungsrecht

und

Ehescheidungsprozeß

einschließlich

der Nichtigkeitserklärung der Ehe

im

Deutschen Reiche.

Von

Julius Erler,
Oberlandesgerichtsrath

Zweite, völlig umgearbeitete Auflage des gleichnamigen preußisch-deutschrechtlichen Buches

Berlin 1900.
Verlag von H. W. Müller.

Vorwort zur ersten Auflage.

Die Ehescheidung berührt die wichtigsten Lebensfragen des Menschen. An der Art, wie sich die Ehescheidung im Recht und in der Anwendung des Rechts gestaltet, haben Staat und Kirche das höchste Interesse. Nicht nur die gegebenen Satzungen und deren Auslegung, sondern auch die Formen, in welchen das bestehende Recht zur Anwendung gelangt, sind von der größten Wichtigkeit. Die Ausübung des Richteramtes erscheint daher gerade in Ehesachen als eine besonders hohe Aufgabe, aber eine glückliche Lösung derselben wird durch die Zersplitterung und mehrfache Wandlung des Rechtsstoffes erschwert.

Diesem Uebelstande will das vorliegende Werk abhelfen, indem es eine einheitliche und übersichtliche Darstellung des im Gebiete des allgemeinen preußischen Landrechts geltenden gesammten Ehescheidungsrechts einschließlich der Ehenichtigkeit und Eheungültigkeit sowie der Auseinandersetzung der Eheleute darbietet. Die Zusammenfassung des Rechts und Verfahrens — wenn auch in gesonderten Theilen — erschien mir zweckmäßig, weil beide Theile einander ergänzen, die Eigenartigkeit des Stoffes mit einander gemein haben und derart innig zusammenhängen, daß das Verständniß des einen Theils durch eine gleichzeitige gründliche Erfassung des anderen Theils geradezu bedingt wird.

Den in Rechtslehre und Rechtsprechung hervorgetretenen Streitfragen gegenüber habe ich überall Stellung genommen und neben der Rücksichtnahme auf die praktische Brauchbarkeit des Buches weitere Anregung zu wissenschaftlicher Forschung zu geben gesucht. Dabei ist der in der Rechtsprechung des Reichsgerichts dargebotene reichhaltige Rechtsstoff in ausgiebigster Weise benutzt worden.

In dem gegenwärtigen Uebergangsabschnitte kann eine schriftstellerische Arbeit die künftige Gestaltung des Rechts nicht mehr außer Acht lassen. Es sind daher die dem künftigen Reichsrechte (nach der 1. Lesung des Entwurfs eines B.G.B.) zu Grunde gelegten Sätze und Anschauungen an geeigneter Stelle eingeschaltet und zum Theil mit Bemerkungen begleitet worden. Hat eine Vergleichung des Rechtes der Gegenwart mit dem geplanten Rechte der Zukunft schon an und für sich Anspruch auf das Interesse der Gebildeten, so wird jene Zugabe dem praktischen Juristen um so willkommener sein, als sie ihn zugleich auf den Eintritt in den neuen Wirkungskreis vorbereitet.

Möge das Buch sich als ein zuverlässiger Führer und Berather in Ehesachen erweisen!

Glogau im November 1892.

Vorwort zur zweiten Auflage.

Während die erste Auflage dem in der Entstehung begriffenen deutschen Ehescheidungsrechte nur in beschränktem Maße Beachtung schenken konnte, bildet die zweite Auflage eine vollständige Bearbeitung des deutschen Ehescheidungs-Rechts und -Verfahrens mit Einschluß der Lehre von der Nichtigkeit und Anfechtbarkeit der Ehe. Das deutsche Ehescheidungsrecht beruht auf neu geordneter, zum Theil in heißem Ringen gewonnener Grundlage und gilt für alle Reichsangehörigen ohne Unterschied des Bekenntnisses. Diesen staatsbürgerlichen Grundzug habe ich auch der vorliegenden Arbeit gewahrt. Zum vollen Verständnisse des neuen Rechtes ist ein gründliches Eingehen auf die einzelnen Entstehungsabschnitte unabweislich. Die gesetzgeberischen Vorarbeiten sind sorgfältig berücksichtigt, und durch zahlreich eingeflochtene Hinweise wird der Leser in den Stand gesetzt, diejenigen Theile, die sich auf die Vorarbeiten stützen, von meinen eigenen Untersuchungen zu unterscheiden. Soweit sich das neue Recht an altes anlehnt, haben die Ergebnisse der bisherigen Rechtsprechung und Rechtslehre den ihnen gebührenden Platz behalten.

Schließlich sei bemerkt, daß ich aus Liebe zur Muttersprache und nach dem Vorbilde des B.G.B. bestrebt gewesen bin, ein von überflüssigen Fremdwörtern reines Deutsch zu schreiben.

Marienwerder im September 1899.

Julius Erler.

Inhaltsübersicht.

I. Theil. Ehescheidungsrecht.

1. Abschnitt. Nichtigkeit und Anfechtbarkeit der Ehe.

Seite

§ 1. Beendigung der Ehe . . . 3
§ 2. Nichtigkeit und Anfechtbarkeit der Ehe . . . 4
§ 3. Bestehen und Nichtbestehen der Ehe . . . 11

Die einzelnen Nichtigkeitsgründe (§§ 4 bis 8)

§ 4. Formmangel . . . 12
§ 5. Geschäftsunfähigkeit, Bewußtlosigkeit, vorübergehende Störung der Geistesthätigkeit . . . 22
§ 6. Doppelehe . . . 25
§ 7. Verwandtschaft und Schwägerschaft . . . 30
§ 8. Ehebruch . . . 36

Die einzelnen Anfechtungsgründe (§§ 9 bis 12)

§ 9. Mangel der Einwilligung des gesetzlichen Vertreters . . . 38
§ 10. Irrthum . . . 43
§ 11. Arglistige Täuschung . . . 50
§ 12. Drohung . . . 52

§ 13. Anfechtungsberechtigte . . . 54
§ 14. Anfechtungsfrist . . . 57
§ 15. Anfechtungsklage und Anfechtungserklärung . . . 58
§ 16. Wirkungen der Anfechtung . . . 61
§ 17. Schutz des gutgläubigen Dritten . . . 62
§ 18. Schutz des gutgläubigen Ehegatten . . . 65
§ 19. Wiederverheirathung im Falle der Todeserklärung . . . 68
§ 20. Kinder aus nichtigen Ehen . . . 76

2. Abschnitt. Ehescheidung.

§ 21. Ehescheidung und Aufhebung der ehelichen Gemeinschaft . . . 81
§ 22. Scheidungsgründe und Trennungsgründe im Allgemeinen . . . 86
§ 23. Verhältniß des deutschen zum ausländischen Ehescheidungsrechte . . . 88

Die einzelnen Scheidungsgründe (§§ 24 bis 28)

Seite
§ 24. Ehebruch 94
§ 25. Lebensnachstellung 99
§ 26. Bösliche Verlassung 100
§ 27. Schwere Pflichtverletzung, ehrloses und unsittliches Verhalten 111
§ 28. Geisteskrankheit 116

§ 29. Verzeihung 119
§ 30. Klagefristen 126
§ 31. Schuldfrage 131
§ 32. Namensführung der geschiedenen Frau 133
§ 33. Unterhaltsanspruch des geschiedenen Ehegatten 137
§ 34. Widerruf von Schenkungen. Unwirksamkeit letztwilliger Verfügungen. Ausschließung des Erbrechts. Einfluß der Scheidung auf die Auseinandersetzung des Vermögens 147
§ 35. Kinder aus geschiedenen Ehen 149

II. Theil. Ehescheidungsprozeß.

§ 36. Allgemeine Gesichtspunkte 161
§ 37. Ehesachen 163
§ 38. Gerichtszuständigkeit für Ehesachen 164
§ 39. Staatsanwaltschaft 168
§ 40. Prozeßfähigkeit 171
§ 41. Vollmacht 175
§ 42. Sühneversuch 176
§ 43. Klage und Widerklage 183
§ 44. Die Ehe-Nichtigkeitsklage und die Klage auf Feststellung des Bestehens oder Nichtbestehens einer Ehe zwischen den Parteien 196
§ 45. Einstweilige Verfügungen 202
§ 46. Versäumnißverfahren 208
§ 47. Beweisführung und Beweiswürdigung 212
§ 48. Persönliches Erscheinen einer Partei 222
§ 49. Aussetzung des Verfahrens 223
§ 50. Urtheil 227
§ 51. Berufung. Revision. Wiederaufnahme des Verfahrens 236
§ 52. Werth des Streitgegenstands. Kosten 240

Sachregister 243

Abkürzungen.

Ausf.G. = Ausführungsgesetz.

Begr. = Begründung.

B.G.B. = Bürgerliches Gesetzbuch.

Bolze = Die Praxis des Reichsgerichts in Civilsachen. Von A. Bolze.

C.P.O. = Civilprozeßordnung in der Fassung v. 20. Mai 1898.

C.P.O. = Civilprozeßordnung in der Fassung v. 30. Januar 1877.

Denkschr. = Denkschrift zum Entwurf eines B.G.B. nebst 3 Anlagen. Dem Reichstage vorgelegt in der 4. Session der 9. Legislaturperiode (Carl Heymann's Verlag 1896).

Einf.G. = Einführungsgesetz.

Entw. I = Entwurf eines B.G.B., erste Lesung.

Entw. II = Entwurf eines B.G.B., zweite Lesung.

Entw. III = Entwurf eines B.G.B., Bundesrathsvorlage.

Entw. IV = Entwurf eines B.G.B., Reichstagsvorlage.

Entw. I Einf.G. z. B.G.B. = Entwurf eines Einführungsgesetzes zum B.G.B. erste Lesung, ausgearbeitet durch die vom Bundesrathe berufene Kommission, nebst Begründung. Amtliche Ausgabe.

Entw. II Einf.G. z. B.G.B. = Entwurf eines Einführungsgesetzes zum B.G.B., Bundesrathsvorlage.

Entw. III Einf.G. z. B.G.B. = Entwurf eines Einführungsgesetzes zum B.G.B. nebst den Materialien zu dem 3. Abschnitte des Entwurfs, Reichstagsvorlage (Berlin, Carl Heymann's Verlag 1896).

G.K.G. = Gerichtskostengesetz.

G.V.G. = Gerichtsverfassungsgesetz.

Jur. W. = Juristische Wochenschrift.

Planck = B.G.B. nebst Einf.G., erläutert von Planck in Verbindung mit Achilles, André, Greiff, Ritgen und Unzner.

Prot. = Protokolle der Kommission für die 2. Lesung des Entwurfs des B.G.B. Im Auftrage des Reichs-Justizamts bearbeitet von Achilles, Gebhard und Spahn.

Rehbein = Das B.G.B. mit Erläuterungen von H. Rehbein. I. Bd. 1899.

R.G. = Entscheidung des Reichsgerichts (und zwar in Civilsachen, wenn nichts anderes bemerkt ist).

R.Kom.Ber. = Bericht der Reichstags-Kommission (Carl Heymann's Verlag 1896).

St.G.B. = Strafgesetzbuch.

St.P.O. = Strafprozeßordnung.

Berichtigungen.

S. 12 Anm. 6 statt Anm. 12a . . . Anm. 10.
S. 12 Anm. 7 statt Anm. 28a . . . Anm. 37.
S. 32 Anm. 6 Z. 5 statt andererseits . . . anderenfalls.
S. 54 Anm. 2 statt Geschäftsfähigkeit . . . Geschäftsunfähigkeit.
S. 72 Anm. 21 Z. 5 statt der anderen . . . des anderen.
S. 113 Z. 4 statt unwiderruflich . . . unwiderbringlich.
S. 151 Anm. 7 Z. 6 statt 111 . . . 381.

Erster Theil.

Ehescheidungsrecht.

Rechtslehre: Außer den Gesammt-Bearbeitungen des B.G.B.: A. Fränkel, Das Familienrecht des B.G.B. Friedberg, Das persönliche Eherecht des 1. und 2. Entwurfs in d. deutsch. Zeitschr. f. Kirchenrecht V, 3. Gerhard, Die Ehescheidungsgründe des B.G.B. Glücksmann, Die Ehescheidung nach dem neuen Recht. Hubrich, Das Ehescheidungsrecht im Entw. II, B.G.B. im Archiv f. civ. Praxis 1895 S. 58—97. Hübler, Ehescheidungsrecht im B.G.B. in d. Deutsch. Jur. Z. 1896 S. 41 u. f. Jacobi, Das persönliche Eherecht. Kohler, Das Eherecht des B.G.B. Leonhard, Das persönliche Eherecht des Entw. e. B.G.B. im Arch. f. bürg. R. von Kohler und Ring 1895 S. 1 u. f. Neubauer, Beiträge zum Familienrecht, ebenda S. 115 u. f. A. Schröder, Verlöbniß und Ehe.

Erster Abschnitt.

Nichtigkeit und Anfechtbarkeit der Ehe.

§ 1.

Beendigung der Ehe.

Die Eheschließung verbindet Mann und Frau zur Lebensgemeinschaft. Solange beide Ehegatten leben, sind sie einander verbunden und nicht berechtigt, ihre Verbindung eigenmächtig zu lösen. Wie das B.G.B. an der Spitze des Titels über die Wirkungen der Ehe im § 1353 Abs. 1 bestimmt, sind die Ehegatten einander zur ehelichen d. h. zu einer dem Wesen der Ehe entsprechenden [1]) Lebensgemeinschaft verpflichtet. Regelmäßig endet erst der **Tod** [2]) eines der Ehegatten diese Verbindung. Ausnahmsweise kann das Ende schon früher, aber dann nur durch **gerichtliches Urtheil** [3]) herbei-

---

1) Begr. Bd. 4 S. 105.

2) Dem natürlichen Tode steht die Todeserklärung nicht gleich. Lebt der für todt erklärte Ehegatte, so wird seine Ehe erst mit der Wiederverheirathung seines Ehegatten aufgelöst. § 1348 Abs. 2 B.G.B.

3) Die Einrichtung des landesherrlichen Ehescheidungsrechts hat das B.G.B. in Ermangelung eines Bedürfnisses nicht beibehalten. Begr. Bd. 4 S. 578. Die Ausübung einer geistlichen Gerichtsbarkeit in weltlichen Angelegenheiten ist ohne bürger-

geführt werden. Diese Ausnahmen sind theils durch das öffentliche Interesse, theils durch das der Betheiligten geboten. Zur Erwirkung eines dahin zielenden Urtheils dienen folgende Klagen:

1. die Scheidungsklage,
2. die Klage auf Aufhebung der ehelichen Gemeinschaft,
3. die Anfechtungsklage,
4. die Nichtigkeitsklage

und mittelbar zur Vorbereitung der Scheidung

5. die Klage auf Herstellung des ehelichen Lebens (Herstellung der häuslichen Gemeinschaft).

Daneben ist

6. die Klage auf Feststellung des Bestehens oder Nichtbestehens einer Ehe zwischen den Parteien

zugelassen.

Den Ehegatten steht jede dieser Klagen, dem betheiligten Dritten nur die Nichtigkeitsklage und die Feststellungsklage zu 6 und dem Staatsanwalte nur die Nichtigkeitsklage zu. Alle sechs Klagen sind im Sonderinteresse der Betheiligten gegeben, nur die Nichtigkeitsklage auch im Staatsinteresse. Deshalb steht letztere Klage auch dem Staatsanwalte zu, der sie von Amtswegen erhebt. Die anderen Klagen können niemals von Amtswegen erhoben werden.

Während die Scheidungsklage, die Klage auf Aufhebung der ehelichen Gemeinschaft und die Klage auf Herstellung des ehelichen Lebens die Gesetzmäßigkeit der Eheschließungshandlung voraussetzen und ihren Inhalt aus dem Eheleben gültig verheiratheter Eheleute schöpfen, verneinen die Anfechtungsklage und die Nichtigkeitsklage das Zustandekommen einer gültigen Ehe und zielen gerade darauf ab, die Gesetzwidrigkeit der Eheschließungshandlung zur gerichtlichen Anerkennung zu bringen. Neben diesen Klagen nimmt die der Nichtigkeitsklage verwandte Klage auf Feststellung des Bestehens oder Nichtbestehens einer Ehe zwischen den Parteien eine eigene Stellung ein.

Diesem Gegensatz entspricht es, die Behandlung der Nichtigkeits- und Anfechtungsgründe denjenigen der Scheidungs- und Trennungsgründe voranzustellen.

§ 2.

Nichtigkeit und Anfechtbarkeit der Ehe.

Die Ehe beruht zwar ihrem Wesen nach auf einem vorwiegend sittlichen Bunde, kann aber nur durch rechtsgeschäftlichen Abschluß zur staatlichen Anerkennung gelangen. Es bedarf, um der Hingebung von Mann und Frau zu ehelicher Lebensgemeinschaft die Eigenschaft eines Rechtsverhältnisses zu verleihen, der Vornahme eines Rechtsgeschäfts, nämlich einer förmlichen Eheschließung. Insofern die Eheschließung, also das die Ehe

---

liche Wirkung. Dies gilt insbesondere bei Ehe- und Verlöbnißsachen. § 15 Abs. 3 G.V.G. Vergl. auch § 76 Ges. 6./2. 1875.

begründende Rechtsgeschäft, nichtig oder anfechtbar ist, spricht man von einer **nichtigen** oder **anfechtbaren** Ehe.[1]) Es handelt sich hier sonach um die rechtliche, nicht die sittliche Seite der Ehe, wie dies auch schon die Ausdrücke „nichtig" und „anfechtbar" erkennen lassen. Die rechtsgeschäftliche Natur der Eheschließung würde die Anwendung der Grundsätze über die Nichtigkeit und Anfechtbarkeit der Rechtsgeschäfte erheischen; das B.G.B. hat aber mit Rücksicht auf das sittliche Gepräge der Ehe und das öffentliche Wohl eine besondere, von den allgemeinen Grundsätzen erheblich abweichende Regelung der Nichtigkeit und Anfechtbarkeit der Ehe vorgenommen.[2])

Das B.G.B. widmet diesem Rechtsstoffe den dritten Titel ersten Abschnitts vierten Buchs. Die §§ 1324 bis 1328 führen die Nichtigkeitsgründe, die §§ 1331 bis 1335 die Anfechtungsgründe auf.

> „Eine Ehe ist nur in den Fällen der §§ 1324 bis 1328 nichtig." § 1323.[3])
>
> „Eine Ehe kann nur in den Fällen der §§ 1331 bis 1335 und des § 1350 angefochten werden." § 1330.[4])

Die hier bezeichneten Fälle der Nichtigkeit und Anfechtbarkeit sind die einzigen, welche das Gesetz anerkennt.[5])

Jeder einen Nichtigkeitsgrund aufführende Satz beginnt mit den Worten: „Die Ehe ist nichtig, wenn" und jeder einen Anfechtungsgrund aufführende Satz beginnt mit den Worten: „Eine Ehe kann von dem Ehegatten angefochten werden, der." Schon die verschiedene Fassung deutet den wesentlichen Unterschied zwischen Nichtigkeit und Anfechtbarkeit der Ehe an. Während eine Ehe, die von dem Ehegatten angefochten werden kann, in ihrem rechtlichen Bestehen von dem Belieben des anfechtungsberechtigten Ehegatten abhängt, hat der Wille der Ehegatten auf das Bestehen einer Ehe, die nichtig ist, keinen Einfluß. Die Nichtigkeit beruht auf Rücksichten, die über dem Parteiwillen stehen, die Anfechtbarkeit auf der persönlichen Rücksicht für die Parteien. Zur Wahrung des sittlichen Grundzuges der Ehe und Aufrechterhaltung der staatlichen Ordnung müssen gewisse eheliche Verbindungen bekämpft werden. Das Gesetz erklärt sie für nichtig und, um dem Gesetze Geltung zu verschaffen, hat der Staatsanwalt, solange nicht die Ehe aufgelöst[6]) oder aus einem Anfechtungsgrunde ohnedies

---

[1]) Genauer müßte man von einem nichtigen oder anfechtbaren Eheschließungsvertrage sprechen. Begr. Bd. 4 S. 47.

[2]) Die Regelung ist eine so erschöpfende, daß daneben für die Anwendung der allgemeinen Grundsätze nur wenig Raum bleibt. Bgr. Bd. 4 S. 44.

[3]) Der § 1323 B.G.B. stimmt wörtlich mit § 1306 Entw. IV, § 1308 Entw. III, § 1229 Entw. II und sachlich mit § 1250 Entw. I überein. Begr. Bd. 4 S. 43; Prot. Bd. 4 S. 53; Denksch. S. 252.

[4]) Der § 1330 B.G.B. stimmt wörtlich mit § 1313 Entw. IV, § 1315 Entw. III, § 1238 Entw. II, weicht aber vom § 1259 Entw. I ab. Begr. Bd. 4 S. 71; Prot. Bd. 4 S. 72; Denksch. S. 258.

[5]) Der Nichtigkeitsgrund des § 1348 Abs. 1 ist nur ein Fall der Doppelehe.

[6]) Nach der Auflösung hört das öffentliche Interesse an der Nichtigkeitserklärung auf, denn dieses geht dahin, die Fortsetzung der verbotswidrigen Verbindung zu verhindern. Vergl. unten §§ 44, 50.

bereits für nichtig erklärt ist, die Nichtigkeitsklage zu erheben. Die Befugniß zur Erhebung der Nichtigkeitsklage ist außerdem jedem der Ehegatten und jedem etwa betheiligten Dritten eingeräumt. [7]) Bei der anfechtbaren Ehe dagegen liegt ein zwingender Grund zu ihrer Bekämpfung von Staatswegen nicht vor. Es genügt in solchen Fällen, wenn dem verletzten Ehegatten die Möglichkeit gewährt wird, sich von dem Bande der Ehe zu befreien. Die Erhebung der Anfechtungsklage steht in seinem persönlichen Ermessen und aus dieser persönlichen Natur des Anfechtungsrechts ergeben sich die weiteren Unterschiede, daß die Anfechtungsklage niemals vom Staatsanwalt oder einem Dritten erhoben werden kann und daß eine anfechtbare Ehe durch den bloßen Willen [8]) des Verletzten z. B. durch Bestätigung seitens des verletzten Ehegatten zu einer unanfechtbaren Ehe, daß aber, abgesehen von der Ausnahme des § 1325 Abs. 2 B.G.B, niemals eine nichtige Ehe durch Willenserklärung zu einer gültigen gemacht werden kann. [9])

„Die Nichtigkeit einer nach den §§ 1325 bis 1328 nichtigen Ehe kann, solange nicht die Ehe für nichtig erklärt oder aufgelöst ist, nur im Wege der Nichtigkeitsklage geltend gemacht werden. Das Gleiche gilt von einer nach § 1324 nichtigen Ehe, wenn sie in das Heirathsregister eingetragen worden ist." § 1329. [10])

Eine mit dem Mangel der Nichtigkeit behaftete Ehe gilt hiernach nicht schon wegen dieses Mangels als eine nichtige Ehe, vielmehr bedarf es dazu, solange nicht die Ehe aufgelöst oder aus einem Anfechtungsgrunde ohnedies bereits für nichtig erklärt ist, noch der Nichtigkeitserklärung durch gerichtliches Urtheil. Die einzige Ausnahme bildet die nicht in das Heirathsregister eingetragene, nach § 1324 Abs. 1 wegen Formmangels nichtige Ehe. [11]) Von dieser Ausnahme abgesehen, ist eine nichtige Ehe solange als eine gültige Ehe zu behandeln, bis sie auf erhobene Nichtigkeits-

---

[7]) § 632 C.P.O.

[8]) Das Wesen der Anfechtbarkeit besteht eben darin, daß der Fortbestand des anfechtbaren Rechtsgeschäfts von dem Willen des Verletzten abhängt. Begr. Bd. 4 S. 47.

[9]) Die einzigen Fälle, in welchen die Nichtigkeit abweichend von dem Grundsatze des § 141 Abs. 1 rückwärtshin nachträglich heilen kann, sind die der §§ 1324 Abs. 2, 1325 Abs. 2 und 1328 Abs. 2. Nur in dem Falle des § 1325 Abs. 2 entscheidet allein der Wille des Verletzten, ob nachträgliche Heilung der Nichtigkeit eintreten solle.

[10]) § 1329 B.G.B. stimmt wörtlich mit § 1312 Entw. IV, § 1314 Entw. III, § 1335 Entw. II überein und weicht vom § 1252 Entw. I ab. Begr. Bd. 4 S. 56; Prot. Bd. 4 S. 53; Denksch. S. 252.

[11]) Diese ist ohne Weiteres nichtig. Begr. Bd. 4 S. 44. Denksch. S. 253. Die ohne Weiteres nichtige Ehe (matrimonium non existens) gilt als überhaupt nicht vorhanden, wogegen die erst der Nichtigkeitserklärung bedürfende Ehe (matrimonium nullum) wegen der bei ihr beobachteten Form der Eheschließung wenigstens den Schein einer gültigen Ehe besitzt und wegen dieses Scheines bis zu einem gewissen Grade gesetzlichen Schutz genießt, in Wahrheit aber nichtig ist.

Die Unterscheidung zwischen matrimonium non existens und matrimonium nullum ist auch bei der zweiten Lesung aufrechterhalten worden. Prot. Bd. 4 S. 56.

klage[12]) durch Urtheil für nichtig erklärt worden ist und das Urtheil bei Lebzeiten der Ehegatten[13]) die Rechtskraft erlangt hat. Dann aber ist die Ehe als überhaupt nicht geschlossen anzusehen. Hier zeigt sich wieder die rechtsgeschäftliche Natur der Eheschließung. Wie nichtige Rechtsgeschäfte rechtlich so beurtheilt werden, als ob sie garnicht vorgenommen worden wären, so ist auch eine nichtige Ehe im Falle der Nichtigkeitserklärung so zu beurtheilen, als ob eine Eheschließung überhaupt nicht stattgefunden hätte.

Eine mit dem Mangel der Anfechtbarkeit behaftete Ehe ist gleichfalls solange, bis das auf erhobene Anfechtungsklage[14]) ergehende, den Mangel feststellende Urtheil bei Lebzeiten der Ehegatten[15]) die Rechtskraft erlangt hat, als gültig zu behandeln.[16]) Dann aber ist sie wie ein anfechtbares und angefochtenes Rechtsgeschäft[17]) als eine von Anfang an nichtige Ehe anzusehen. Wie im Falle der Nichtigkeit, so hat auch im Falle der Anfechtbarkeit der Ehe der Richter im Urtheil auszusprechen, daß die Ehe nichtig ist. Die Nichtigkeitsklage und die Anfechtungsklage führen demnach, wenn sie Erfolg haben, zu gleichen Urtheilssprüchen.

Die rechtskräftige Nichtigkeitserklärung bewirkt sowohl bei der nichtigen wie bei der anfechtbaren Ehe, daß diese als nicht geschlossen anzusehen ist. Bei der nichtigen Ehe hat die Nichtigkeitserklärung nur die Bedeutung der Aufdeckung ihrer wahren Beschaffenheit.[18]) Die Ehe ist in Wahrheit von Anfang an nichtig[19]); sie wird jedoch als das, was sie in Wahrheit ist, nur deshalb nicht von vornherein angesehen, weil, solange die Ehe nicht gelöst oder aus einem Anfechtungsgrunde ohnedies bereits für nichtig erklärt ist, die Frage, ob eine Ehe nichtig sei, einer sorgfältigen Prüfung bedarf und diese aus höheren Staatsrücksichten[20]) in einem mit besonderen

---

[12]) In einem anderen Verfahren darf über die Nichtigkeit der Ehe, solange diese nicht für nichtig erklärt oder aufgelöst ist, nicht verhandelt und entschieden werden. Begr. Bd. 4 S. 44, 56. Das Verfahren kann behufs Erhebung der Nichtigkeitsklage gemäß § 151 C.P.O. ausgesetzt werden.

[13]) § 628 C.P.O.

[14]) In einem anderen Verfahren darf über die Anfechtbarkeit der Ehe, solange diese nicht für nichtig erklärt oder aufgelöst ist, nicht verhandelt und entschieden werden. Begr. Bd. 4 S. 44. Das Verfahren kann, wenn die Anfechtungsklage erhoben ist, gemäß § 152 C.P.O. ausgesetzt werden.

[15]) § 628 C.P.O.

[16]) Darin, daß eine anfechtbare Ehe trotz ihrer Anfechtung durch Erhebung der Anfechtungsklage solange als gültig angesehen werden soll, bis sie für nichtig erklärt oder aufgelöst ist, liegt eine Abweichung von den allgemeinen Grundsätzen über die Anfechtbarkeit der Rechtsgeschäfte. Begr. Bd. 4 S. 44, 84.

[17]) § 142 Abs. 1 B.G.B.

[18]) Das Urtheil hat nur die Bedeutung einer Erläuterung. Begr. Bd. 4 S. 56. R.G. 21./6. 82, Bd. 9 S. 214.

[19]) Diesem Gedanken wird dadurch Rechnung getragen, daß die Nichtigkeit auch von einem betheiligten Dritten gerügt werden kann, sowie im Falle des § 1326 B.G.B. von demjenigen Ehegatten, mit dem die frühere Ehe geschlossen war. Auch die Aussetzungsvorschrift des § 151 C.P.O. steht mit diesem Gedanken im Zusammenhang. Begr. Bd. 4 S. 44.

[20]) Namentlich kommen in Betracht möglichste Aufrechterhaltung gültiger Ehen, Ausschluß der Parteiwillkür, Rücksichten auf die öffentliche Ordnung und die Sicher-

Bürgschaften für die Ermittelung der Wahrheit ausgestatteten, förmlichen Verfahren mit Wirkung für und gegen Alle [21]) vorgenommen werden muß. Dagegen hat die Nichtigkeitserklärung einer anfechtbaren Ehe die Bedeutung einer rückwärtswirkenden [22]) Aufhebung der Ehe. Die anfechtbare Ehe ist nicht wie die nichtige Ehe als eine in Wahrheit von Anfang an nichtige Ehe anzusehen, sondern sie ist eine wirkliche, gültige Ehe, jedoch mit der Eigenthümlichkeit, daß ihr Fortbestand von dem Willen des verletzten Ehegatten abhängt. Deshalb kann die Nichtigkeit einer nichtigen Ehe, nachdem diese durch Tod oder Scheidung aufgelöst ist, von jedem Betheiligten ohne Erhebung der Nichtigkeitsklage geltend gemacht werden, wogegen die Nichtigkeit einer anfechtbaren Ehe nur geltend gemacht werden kann, wenn der Ehegatte selbst die Ehe angefochten hat. [23]) Demselben Unterschiede entsprechend knüpfen sich bei der anfechtbaren Ehe anders als bei der nichtigen Ehe schon an die Erhebung der Klage als derjenigen Handlung, durch welche der Anfechtungswille zum Ausdruck gelangt, wichtige Rechtsfolgen. So darf die Nichtigkeit der anfechtbaren und durch Klageerhebung angefochtenen Ehe von jedem, der ein rechtliches Interesse daran hat, geltend gemacht werden, wenn die Ehe vor der Rechtskraft der Nichtigkeitserklärung aufgelöst wird. Wie die Klageerhebung den Anfechtungswillen bei Lebzeiten der Ehegatten zum Ausdruck bringt, so geschieht dies nach dem Tode des nicht anfechtungsberechtigten Ehegatten durch Erklärung des anderen Ehegatten vor dem Nachlaßgerichte. [24])

Weder die Nichtigkeitsklage noch die Anfechtungsklage gehen im Falle des Todes eines Ehegatten auf dessen **Erben** über. Vielmehr gilt der Rechtsstreit gemäß § 628 C.P.O. in Ansehung der Hauptsache als erledigt. Hat aber ein Dritter die Nichtigkeitsklage erhoben, so können seine Erben den Rechtsstreit aufnehmen, vorausgesetzt, daß für sie von der Nichtigkeit der Ehe ein Recht oder von der Gültigkeit der Ehe eine Verpflichtung abhängt. [25])

Eine **Verjährung** der Nichtigkeitsklage giebt es nicht. Die Bestimmung des § 1324 Abs. 2 B.G.B. steht unter anderen Gesichtspunkten. Für die Erhebung der Anfechtungsklage gilt die sechsmonatige Anfechtungsfrist gemäß § 1339 Abs. 1 B.G.B. Auf diese Frist finden die für die Verjährung geltenden Vorschriften der §§ 203, 206 B.G.B. entsprechende Anwendung.

Was die **Nichtigkeits- und Anfechtungsgründe** betrifft, so beruhen erstere hauptsächlich auf öffentlichen, letztere auf persönlichen Rücksichten.

---

heit des Verkehrs und das Bestreben, die Möglichkeit widersprechender Urtheile abzuschneiden. Begr. Bd. 4 S. 56, 57.

[21]) § 629 Abs. 1 C.P.O.

[22]) Begr. Bd. 4 S. 47, 84.

[23]) Die Anfechtbarkeit der Ehe entspricht der Anfechtbarkeit eines Rechtsgeschäfts überhaupt, sowie der Rücksicht auf den verletzten Ehegatten, dem, wenn die thatsächliche eheliche Lebensgemeinschaft einmal eingetreten ist, daran liegen kann, daß die Ehe als gültig anerkannt werde und fortdauere. Begr. Bd. 4 S. 46.

[24]) § 1342 Abs. 1 B.G.B.

[25]) Begr. Bd. 4 S. 60.

Nichtigkeit tritt ein, wenn die Aufrechterhaltung der Ehe mit dem Wesen der Ehe und der öffentlichen Ordnung nicht vereinbar sein würde, Anfechtbarkeit, wenn es sich um einen Mangel handelt, bei welchem wesentlich das Interesse des verletzten Ehegatten darüber entscheiden muß, ob die Ehe bestehen bleiben soll oder nicht.[26])

Diejenigen Eheverbote, welche im Falle ihrer Nichtbeachtung Nichtigkeit oder Anfechtbarkeit der Ehe zur Folge haben, bezeichnet man auch gemeinsam als **trennende Ehehindernisse** im Gegensatze zu den aufschiebenden Ehehindernissen. **Aufschiebende Ehehindernisse** sind solche, welche nur der Zulassung der Eheschließung entgegenstehen, auf die Gültigkeit der gleichwohl geschlossenen Ehe aber ohne Einfluß sind.[27]) Alle Ehehindernisse, die weder Nichtigkeit noch Anfechtbarkeit der Ehe zur Folge haben, sind nur aufschiebende. Aufschiebende Ehehindernisse sind enthalten in § 1303 (Mangel der Ehemündigkeit),[28]) §§ 1305, 1306 (Mangel der elterlichen Einwilligung),[29]) § 1309 Abs. 2 (Wiederaufnahme des Verfahrens), § 1310 Abs. 2 (Geschlechtsgemeinschaft), §§ 1311, 1771 (Annahme an Kindesstatt), § 1313 (Wartezeit der Frauen), §§ 1314, 1669, 1493 Abs. 2 (Auseinandersetzung zwischen dem Ehegatten und seinem minderjährigen Kinde), § 1315 (Mangel der von Militärpersonen und Landesbeamten einzuholenden Erlaubniß zur Eheschließung und des von Ausländern vorzulegenden Zeugnisses), § 1349 (Anfechtung der Todeserklärung). Das Eheverbot des § 1309 Abs. 1 Satz 1 (Doppelehe) enthält für den Fall, daß die frühere Ehe gültig ist, ein trennendes Ehehinderniß, für den Fall, daß die frühere Ehe nichtig ist, nur ein aufschiebendes Ehehinderniß. Von den Formvorschriften der §§ 1316—1322 haben nur die des § 1317 im Falle der Nichtbeachtung Nichtigkeit der Ehe zur Folge.[30])

Das Verhältniß des Reichsrechts zum **ausländischen** Recht in Bezug auf die Nichtigkeit und Anfechtbarkeit der Ehe regeln die Art. 13, 27, 30, 39[31]) des Einf.G. z. B.G.B.

> „Die Eingehung der Ehe wird, sofern auch nur einer der Verlobten ein Deutscher ist, in Ansehung eines jeden der Verlobten nach den Gesetzen des Staates beurtheilt, dem er angehört. Das Gleiche gilt für Ausländer, die im Inland eine Ehe eingehen.[32])

---

[26]) Denksch. S. 254.

[27]) Denksch. S. 252.

[28]) Denksch. S. 252. Anders Entw. I § 1261 Ziff. 3 und Begr. Bd. 4 S. 86.

[29]) Begr. Bd. 4 S. 83.

[30]) Vergl. § 4.

[31]) Wegen der Art. 27, 30, 39, Einf.G. vergl. unten § 23.

[32]) Art. 13 Abs. 1 regelt diejenigen Fälle, in welchen beide Verlobte Deutsche sind oder doch einer derselben die Reichsangehörigkeit besitzt, mag die Ehe im Inland oder im Auslande geschlossen werden, sowie diejenigen Fälle, in welchen beide Verlobte Ausländer sind, die Ehe aber im Inlande geschlossen wird. In den bezeichneten Fällen bestimmen sich die materiellrechtlichen Erfordernisse der Eheeingehung ein=

In Ansehung der Ehefrau eines nach Artikel 9 Abs. 3 für todt erklärten Ausländers wird die Eingehung der Ehe nach den deutschen Gesetzen beurtheilt.[33])

Die Form einer Ehe, die im Inlande geschlossen wird, bestimmt sich ausschließlich nach den deutschen Gesetzen." Art. 13 Einf.G. z. B.G.B.[34])

Ueber die Gültigkeit der **vor dem Inkrafttreten** des B.G.B. geschlossenen Ehen bestimmt Art. 198 Einf.G. z. B.G.B. Folgendes:

„Die Gültigkeit einer vor dem Inkrafttreten des Bürgerlichen Gesetzbuchs geschlossenen Ehe bestimmt sich nach den bisherigen Gesetzen.[35])

Eine nach den bisherigen Gesetzen nichtige oder ungültige Ehe ist als von Anfang an gültig anzusehen, wenn die Ehegatten zur Zeit des Inkrafttretens des Bürgerlichen Gesetzbuchs noch als Ehegatten mit einander leben und der Grund, auf dem die Nichtigkeit oder die Ungültigkeit beruht, nach den Vorschriften des Bürgerlichen Gesetzbuchs die Nichtigkeit oder die Anfechtbarkeit der Ehe nicht zur Folge haben oder diese Wirkung verloren haben würde. Die für die Anfechtung im Bürgerlichen Gesetzbuche bestimmte Frist beginnt nicht vor dem Inkrafttreten des Bürgerlichen Gesetzbuchs.

Die nach den bisherigen Gesetzen erfolgte Ungültigkeitserklärung einer Ehe steht der Nichtigkeitserklärung nach dem Bürgerlichen Gesetzbuche gleich."[36])

---

schließlich der Wirkungen von Willensmängeln in Ansehung eines jeden der Verlobten nach den Gesetzen des Staats, dem der betreffende Verlobte angehört. Darüber, nach welchen Gesetzen die materiellrechtlichen Erfordernisse einer im Auslande von Ausländern geschlossenen Ehe zu beurtheilen ist, enthält der Art. 13 keine Vorschrift. R.Kom.Ber. S. 180.

[33]) Vergl. unten § 19. Mariolle in Böhm's Zeitsch. Bd. 9 S. 104—107.

[34]) Art. 13 Einf.G. stimmt, abgesehen von einer unwesentlichen Aenderung im Ausdruck mit Art. 12 Entw. III Einf.G. überein, weicht aber ab von § 2370 Entw. III B.G.B., § 2245 Entw. II B.G.B. und § 8 Buch 6 Entw. I B.G.B.

[35]) Darin liegt zugleich ausgesprochen, daß die bisherigen Gesetze auch für die Folgen entscheiden, welche im Falle der Ungültigkeit der Ehe für das Verhältniß der Ehegatten zu einander sich daran knüpfen, daß ein Ehegatte oder daß beide Ehegatten die Ungültigkeit nicht gekannt haben, bezw. nicht haben kennen müssen. Begr. Entw. I Einf.G. z. B.G.B. S. 279. Wegen der rechtlichen Stellung der Kinder aus solchen Ehen vergl. Art. 207 Einf.G. z. B.G.B. und unten § 20.

[36]) Art. 198 stimmt wörtlich mit Art. 197 Entw. III und Art. 168 Entw. II Einf.G. z. B.G.B. überein. Der erste Absatz des Art. 198 stimmt sachlich auch mit Art. 117 Entw. I Einf.G. z. B.G.B. überein.

§ 3.

Bestehen und Nichtbestehen der Ehe.

Sowohl die Nichtigkeitsklage als auch die Anfechtungsklage führen, wenn sie Erfolg haben, zu dem gerichtlichen Ausspruche, daß die ihrem rechtlichen Bestande nach angegriffene Ehe nichtig ist. Beide Klagen können nur aus den vom Gesetze bestimmten Gründen erhoben werden. Das Gesetz bestimmt erschöpfend und ausschließlich die Zahl und Art der Klagegründe. Außerdem sind weitere Fälle denkbar, in denen einem Ehegatten daran liegt, im Wege der Klage gegen den anderen Ehegatten mit Wirkung für und gegen Alle das **Bestehen oder Nichtbestehen** einer Ehe zwischen ihnen festzustellen. Das B.G.B. schweigt über die Zulässigkeit einer solchen Klage, woraus jedoch nicht ihre Unzulässigkeit zu folgern ist.

Der § 1271 Entw. I handelte von dem Rechtsstreite, welcher die Feststellung des Bestehens oder des Nichtbestehens einer Ehe zwischen den Parteien zum Gegenstande hat. Dieser § wurde bei der 2. Lesung sachlich gebilligt, aber in die C.P.O. verwiesen[1]) und ist hier in den Abschnitt über das Verfahren in Ehesachen aufgenommen worden.[2])

Nach § 606 C.P.O. gehört die Rechtsstreitigkeit, welche die Feststellung des Bestehens oder Nichtbestehens einer Ehe zwischen den Parteien zum Gegenstande hat, zu den Ehesachen. Hier wird vorausgesetzt, daß sich der Streit um die Ehe der Prozeßparteien dreht, also, daß die Eheleute selbst streiten. Nur in diesem Falle liegt die Gefahr geheimen Einvernehmens[3]) vor und es ist daher das besondere Verfahren in Ehesachen zulässig und geboten. Das Urtheil wirkt nach § 629 Abs. 2 C.P.O. für und gegen Alle. Dreht sich der Streit nicht um die Ehe der Parteien, sondern die Ehe einer Partei mit einem Dritten oder die Ehe anderer Personen als die der Parteien, so handelt es sich überhaupt nicht um eine Ehesache und es kommen die gewöhnlichen Vorschriften zur Anwendung.[4]) Das Urtheil wirkt nur für und gegen die Parteien, bzw. deren Besitz- und Rechtsnachfolger.

Die Klage auf Feststellung des Bestehens oder Nichtbestehens einer Ehe zwischen den Parteien ist immerhin eine **Feststellungsklage** im Sinne des § 256 C.P.O.[5]) Es wird also beim Kläger ein rechtliches Interesse an der Feststellung vorausgesetzt. Ein solches würde jedenfalls dann nicht vorliegen, wenn Kläger den gleichen Erfolg mit der Nichtigkeitsklage oder der Anfechtungsklage erreichen könnte. Wohl aber würde die Klage zuzulassen sein, um festzustellen, ob zwischen den Parteien nach dem inländischen oder, wenn die Ehe im Auslande geschlossen, nach dem ausländischen Recht

---

[1]) Prot. Bd. 4 S. 67, 93.
[2]) Vergl. unten § 44.
[3]) Vergl. unten § 36.
[4]) Planck, Vorb. IV zu Tit. 3 Absch. 1 Buch 4 S. 48.
[5]) Begr. Bd. 4 S. 103.

eine formgültige Ehe besteht (§§ 1317, 1324 B.G.B.) oder ob eine zwischen ihnen geschlossene Ehe durch Scheidung (§ 1564) oder Wiederverheirathung im Falle der Todeserklärung (§ 1348) wieder aufgelöst oder für nichtig erklärt worden ist (§§ 1329, 1343 B.G.B. § 632 C.P.O.). Desgleichen kann der Nichtigkeitsklage eine Widerklage auf Feststellung des Bestehens der Ehe entgegengesetzt werden.[6]) Denkbar ist insbesondere der Fall, daß unter Parteien Zweifel bestehen, ob ein zwischen ihnen ergangenes Scheidungsurtheil die Rechtskraft erlangt hat, z. B. wenn beide Parteien die Rechtsmittelfrist, ohne ein Rechtsmittel einzulegen, haben verstreichen lassen, der siegreiche Theil aber behauptet, innerhalb der Rechtsmittelfrist auf die Rechte aus dem Urtheile verzichtet zu haben.[7])

Die einzelnen Nichtigkeitsgründe.
(§§ 4 bis 8.)

§ 4.
Formmangel.

Rechtslehre: Fischer, Die Ungültigkeit der Ehe und ihre Folgen, insbes. bei Formmängeln. Mankiewicz, Voraussetzungen der Putativehe. Mantey, Eheschließungsrecht des B.G.B.

Schon durch § 41 des Reichsgesetzes vom 6. Februar 1875 war für das Gebiet des Deutschen Reichs bestimmt worden, daß eine Ehe rechtsgültig **nur vor dem Standesbeamten** geschlossen werden könne. An die Stelle dieses § tritt nunmehr Art. 46 Ziff. II § 41 des Einf.G. z. B.G.B., worin es heißt, daß für die Eheschließung die Vorschriften des Bürgerlichen Gesetzbuchs maßgebend sind. Es wird damit auf diejenigen Vorschriften des B.G.B. hingewiesen, welche von der Form der Eheschließung handeln, nämlich die §§ 1316—1321. Von diesen §§ enthält der § 1316 die Vorschrift, daß der Eheschließung ein Aufgebot vorhergehen soll, während die §§ 1317 und 1318 die Bestandtheile der Eheschließungshandlung selbst und deren Beurkundung bestimmen und die §§ 1319—1321 die Frage, vor welchem Standesbeamten die Handlung vorzunehmen ist, beantworten.

Alle diese Formvorschriften dienen bestimmten Zwecken und sind dieser Zwecke wegen nothwendig. An sich ist die Hingebung von Mann und Frau zu völliger Lebensgemeinschaft mit der Absicht, die rechtlichen Folgen einer Ehe nach sich zu ziehen, auch ohne Beobachtung besonderer Förmlichkeiten denkbar, aber Sitte und Ordnung verlangen eine förmliche Feststellung dieser Thatsachen. Das **Aufgebot** dient dem Zwecke, die Absicht der Ver-

---

[6]) Begr. Bd. 4 S. 103. Vergl. unten § 44 Anmerk. 12a. Siehe ferner die Fälle bei Planck Vorb. IV zu Tit. 3 Absch. 1 Buch 4 S. 47.

[7]) Vergl. unten § 50 Anm. 28a und § 51.

lobten, die Ehe mit einander eingehen zu wollen, zur allgemeinen Kenntniß zu bringen und dadurch mittelbar zur Anzeige etwa vorhandener Ehehindernisse anzuregen. Auf diese Weise soll dem Zustandekommen gesetzwidriger Ehen möglichst vorgebeugt werden.[1]) Die Vorschrift, daß die Verlobten ihre Absicht, die Ehe mit einander eingehen zu wollen, an obrigkeitlicher Stelle **offenbaren** sollen, dient dem Zwecke, die Gewißheit ihres Willens außer Zweifel zu setzen. Der **Ausspruch des Standesbeamten**, daß sie kraft dieses Gesetzes nunmehr rechtmäßig verbundene Eheleute seien, dient zur Feststellung der Thatsache, daß mit Abgabe ihrer Erklärungen das Band der Ehe geknüpft sei. Die vorgeschriebene **Beurkundung** der Handlung und die Zuziehung von **Zeugen**[2]) will den Beweis der Eheschließung sichern. Alle diese Zwecke: Vorbeugung gesetzwidriger Ehen, Gewißheit des Willens, Feststellung des Eheschlusses und Beweissicherung lassen sich freilich auch erreichen, ohne daß es der Mitwirkung eines Standesbeamten bedarf, aber der Staat hat ein besonderes Interesse daran, daß die Ehe gerade vor dem von ihm dazu bestellten Beamten geschlossen werde. Dies besondere Interesse ergiebt sich aus dem vom Staate verfolgten Zwecke, das gesammte Eheschließungsrecht nach einheitlichen Grundsätzen selbst zu ordnen und in den Grenzen seines Machtgebietes ausschließlich zur Geltung zu bringen. Nur dadurch, daß der Staat jeden Bürger *zwingt*, nicht bloß es seinem Belieben *anheimstellt*, die Ehe vor dem Standesbeamten zu schließen, wahrt er seiner Gesetzgebung das ihr als der allein maßgebenden Norm zukommende Ansehen und hält insbesondere einen sonst vielleicht unvermeidlichen Widerstreit zwischen abweichenden kirchlichen Satzungen und dem bürgerlichen Eheschließungsrechte von den Grenzen seines Machtgebietes fern. Die sogenannte **obligatorische Civilehe** ist darum auch in ihrer ganzen früheren Bedeutung in das B.G.B. übergegangen.

Der *Zweck* der Formvorschrift giebt einen fast untrüglichen Werthmesser für ihre *Wichtigkeit* ab. Von allen Formvorschriften sind nur wenige so wichtig, daß eine Ehe *nichtig* wäre, wenn sie unter Vernachlässigung der betreffenden Vorschrift geschlossen wäre. Das B.G.B. legt nur der im § 1317 vorgeschriebenen Form einen so hohen Grad von Wichtigkeit bei. Dieser § bestimmt:

> *„Die Ehe wird dadurch geschlossen, daß die Verlobten vor einem Standesbeamten persönlich und bei gleichzeitiger Anwesenheit erklären, die Ehe mit einander eingehen zu wollen. Der Standesbeamte muß zur Entgegennahme der Erklärungen bereit sein.*
>
> *Die Erklärungen können nicht unter einer Bedingung oder einer Zeitbestimmung abgegeben werden."*

---

[1]) Außerdem ist das arglistige Verschweigen eines gesetzlichen Ehehindernisses und das arglistige Verleiten zur Eheschließung mittels einer solchen Täuschung auf Antrag des Getäuschten zu bestrafen, wenn die Gültigkeit der Ehe aus diesem Grunde angefochten worden ist. § 370 St.G.B.

[2]) Die Zuziehung von Zeugen bietet auch eine größere Gewähr für die Befolgung der gesetzlichen Vorschriften. Denkschr. S. 255.

Der § 1324 [3]) knüpft an die Nichtbeobachtung der im § 1317 vorgeschriebene Form die Nichtigkeit der Ehe, jedoch mit einer später zu erwähnenden Ausnahme. Alle übrigen nicht im § 1317 enthaltenen Formvorschriften haben, wie sich aus § 1323 ergiebt, nicht die Wirkung, daß im Falle ihrer Vernachlässigung die Ehe nichtig wäre. Dies gilt insbesondere von dem Aufgebote, dem Ausspruche des Standesbeamten, der Beurkundung der Eheschließungshandlung und der Zuziehung von Zeugen. Andererseits gebührt dem gesammten Inhalte des § 1317 die ihm zugewiesene hohe Bedeutung. Es darf bei der Eheschließung zur Vermeidung der Nichtigkeit auch nicht an einem einzigen im § 1317 aufgeführten Erfordernisse fehlen. Der § 1317 bezeichnet eben das Mindestmaß von Förmlichkeiten, die beobachtet werden müssen, wenn die Ehe überhaupt als geschlossen gelten soll. Die Ehe gilt also als garnicht geschlossen, wenn auch nur einem einzigen Erfordernisse des § 1317 nicht genügt worden ist. Darum bedarf es auch nicht einmal der Erhebung der Nichtigkeitsklage, vielmehr ist die so eingegangene Ehe von selbst nichtig, das heißt überhaupt keine Ehe (matrimonium non existens). Von der hierbei in Betracht kommenden Ausnahme wird später zu handeln sein.

Was die einzelnen Erfordernisse betrifft, so müssen die Verlobten ihre Absicht, eine Ehe mit einander eingehen zu wollen, erklären. Es genügt nicht, daß sie einander die Ehe versprechen und in Erfüllung dieses Versprechens wie Eheleute leben. Das Gesetz kennt eine stillschweigend eingegangene Ehe nicht, und selbst die Meinung der Verbundenen, sie wären eine Ehe eingegangen, ist dabei völlig gleichgültig und nicht im Stande, ihrem Verhältnisse die Wirkungen einer Ehe beizulegen. Eine Putativehe in diesem Sinne hat im heutigen geordneten Staatsleben keine Berechtigung mehr. [4]) Die Ehe bildet eine so wichtige und folgenschwere Einrichtung im Leben des Staates, daß über die Gewißheit des Eheschließungswillens völlige Klarheit herrschen muß. Gilt es also, jede Ungewißheit über den Eheschließungswillen und damit die sonst unvermeidliche Verwirrung namentlich der Familienverhältnisse gänzlich auszuschließen, so stellt sich die **Erklärung des Eheschließungswillens** als ein unbedingt nothwendiges Erforderniß der Eheschließung dar.

---

[3]) § 1324 B.G.B. entspricht im Wesentlichen dem § 1307 Entw. IV, der wiederum mit § 1309 Entw. III und § 1230 Entw. II übereinstimmt, dagegen vom § 1250 Ziff. 1 Entw. I wesentlich abweicht. Begr. Bd. 4 S. 35–43, 48. Prot. Bd. 4 S. 37–57. Denksch. S. 254, 255. R.Kom.Ber. B.G.B. S. 104, 105.

[4]) Der Ausdruck „Putativehe" wird aber noch in einem anderen Sinne gebraucht. Insofern nämlich bei einer nichtigen Ehe einer der Ehegatten oder beide Ehegatten glauben, gültig verheirathet zu sein, spricht man von einer Putativehe. Dieser gute Glaube macht die Ehe zwar nicht zu einer gültigen (im § 1348 Abs. 1 steht freilich schon die Unkenntniß eines Ehegatten von dem Leben des für todt erklärten Ehegatten der Nichtigkeit der neuen Ehe entgegen), spielt aber im Rechtsgebiet eine große Rolle. Vergl. § 1345 (Vermögensauseinandersetzung und Unterhaltspflicht), §§ 1348, 1352 (Wiederverheirathung im Falle der Todeserklärung), § 1699 (Stellung der Kinder), §§ 1701, 1702 (elterliche Gewalt). In denjenigen Fällen, in welchen die Nichtigkeit der Ehe auf einem Formmangel beruht und die Ehe nicht in das Heirathsregister eingetragen ist, hat die Putativehe garkeine Rechtswirkungen.

Die geforderte Erklärung setzt bei den Verlobten natürlich voraus, daß sie zur Zeit der Eheschließung den **Willen**, die Ehe mit einander einzugehen, auch wirklich haben, eine Voraussetzung, die durch das Bestehen eines Verlöbnisses an sich noch nicht gegeben ist. Aber das für das Zustandekommen einer Ehe allein Maßgebende bleibt doch die **Erklärung**. Sie und nicht der Wille ist im Sinne des § 1317 ein wesentliches Formerforderniß, wogegen das Nichtvorhandensein und die Fehlerhaftigkeit des Eheschließungswillens andere minder wichtige Wirkungen haben. Gegenüber der großen Bedeutung, die hier die Form hat und haben muß, tritt der sachliche Inhalt der Form zurück.[5])

Die Erklärung muß **unbedingt** und **unbefristet** sein. Dem Wesen der Ehe als völliger **Lebens**gemeinschaft entspricht die Erklärung nur, wenn sie in dem Sinne abgegeben wird, daß der eheliche Bund sofort, nachdem beide Verlobte ihre Erklärungen abgegeben haben, in Wirkung treten und ununterbrochen bis zum Tode eines der Ehegatten fortdauern solle. Weder ein Hinausschieben des **Beginnes** der Ehe noch eine andere Festsetzung für das **Ende** der Ehe ist zulässig. Eine hiergegen verstoßende Erklärung würde die Ehe zu einer formell nichtigen machen.

Die von den Verlobten abzugebenden Erklärungen müssen dahin gehen, **daß sie die Ehe mit einander eingehen wollen.** Auf den **Wortlaut** der Erklärungen kommt es nicht an. Es ist nicht nöthig, daß jeder Verlobte gerade **die** Worte gebrauche:

„Ich will mit dem (der) N. N. die Ehe eingehen.“

Es würde beispielsweise auch genügen, wenn jeder Verlobte erklärte:

„Ich will den (die) N. N. heirathen“

oder wenn die Verlobten eine hierauf sich beziehende Frage des Standesbeamten bejahend beantworteten. Immer aber müssen zur Vermeidung der Nichtigkeit der Ehe die Erklärungen der Verlobten **den** Inhalt haben, daß sie die Ehe mit einander eingehen wollen. Um hierüber jeden Zweifel auszuschließen, soll der Standesbeamte nach § 1318 Abs. 1 an die Verlobten einzeln und nach einander die Frage richten, ob sie die Ehe mit einander eingehen wollen, und deren bejahende Antworten entgegennehmen. Wesentlich ist diese Form der Willenserklärung nicht. Der im Anschluß daran vom Standesbeamten zu machende Ausspruch, daß sie kraft dieses Gesetzes nunmehr rechtmäßig verbundene Eheleute seien, ist gleichfalls nicht

---

[5]) In Seufferts Archiv Bd. 53 S. 162 ist ein merkwürdiger Fall von Simulation einer Ehe abgedruckt. Nach testamentarischer Bestimmung sollte die Beendigung der Verwaltung des Nachlasses unter Anderem von der **Verheirathung** der betreffenden Erbin abhängen. Diese heirathete im 60. Lebensjahre einen 21 Jahre alten Mann. Der Nachlaßverwalter wendete ein, die Ehe sei simulirt, bei Vollzug der Eheschließung habe den Eheleuten der Wille gefehlt, in eheliche Gemeinschaft zu treten; die Eheschließungsformen hätten sie abredegemäß nur zu dem Zwecke vollzogen, um der Frau den Anspruch auf Herausgabe ihres Erbtheils zu verschaffen; dem entsprechend sei thatsächlich keinerlei Gemeinschaft zwischen den Eheleuten eingetreten. Das Oberlandesgericht Hamburg verwarf die Einrede durch Urtheil vom 4./11. 1896, indem es zutreffend ausführte, die Erklärung müsse so gelten, wie sie abgegeben sei.

wesentlich, aber wohl geeignet, darzulegen, daß auch amtlicherseits die erforderlichen Willenserklärungen als abgegeben angesehen werden.

Wer in Folge körperlichen Gebrechens nicht sprechen kann, muß sich auf andere Weise verständlich machen. Auf welche Weise die Verständigung zu erfolgen habe, ist reichsgesetzlich nicht geregelt und die Nichtbeachtung etwa bestehender landesgesetzlicher Vorschriften würde die Nichtigkeit der Ehe nicht zur Folge haben [6]) Wer sich auf keine Weise verständlich machen kann — was bei einem geistig gesunden Menschen kaum vorkommen wird — ist zur Eheschließung unfähig.

Die bezeichneten Erklärungen haben die Verlobten vor einem **Standesbeamten** abzugeben. Der Staat hat, wie oben gezeigt, ein wesentliches Interesse daran, daß die Erklärungen vor einem Standesbeamten abgegeben werden. Nur ein solcher ist berechtigt, die Erklärungen entgegenzunehmen. Wird eine auf Begründung einer Ehe abzielende Handlung vor einer Person, die nicht Standesbeamter ist, vorgenommen, so hat dieser Vorgang — mit einer später zu erwähnenden Ausnahme — überhaupt nicht die Bedeutung einer Eheschließungshandlung. Die vorgenommene Handlung ist durchaus ungeeignet, auch nur den Schein einer Ehe, geschweige eine wirkliche Ehe zu erzeugen, hat mit der letzteren nichts gemein und entbehrt jeglicher Bedeutung für das Eherecht. Deshalb ist es auch nicht nothwendig, eine auf diese ungesetzliche Weise zu Stande gekommene Verbindung zweier Personen erst mit der Nichtigkeitsklage anzufechten. Die Nichtigkeit ist ihr kraft Gesetzes eigen. Vergl. § 1329 B.G.B. [7])

Nach § 1320 Abs. 1 soll die Ehe vor dem **zuständigen** Standesbeamten geschlossen werden. Es schadet aber der Gültigkeit der Ehe nicht, wenn der Standesbeamte, vor dem die Verlobten ihre Erklärungen abgeben, nicht der nach dem Gesetze zuständige Standesbeamte ist. Die Frage nach der Zuständigkeit des Standesbeamten berührt in keiner Weise den rechtlichen Bestand der Ehe. Wesentlich ist nur, daß Derjenige, vor welchem die Verlobten ihre Erklärungen abgeben, Standesbeamter ist. Aber auch von diesem wesentlichen Erfordernisse sieht das B.G.B. in einem Ausnahmefalle ab. Wenn nämlich Derjenige, vor welchem die Verlobten ihre Erklärungen abgeben, zwar nicht Standesbeamter ist, wohl aber das Amt eines Standesbeamten öffentlich ausübt, so gilt dies nach § 1319 so, als ob ein Standesbeamter die Erklärungen entgegengenommen hätte, mithin so, als ob dem Erfordernisse des § 1317 genügt wäre. Oeffentliche Ausübung des Amtes eines Standesbeamten ist hierbei unerläßliche Voraussetzung. Die

---

[6]) Begr. Bd. 4 S. 40. Die Mittel zur Verständigung sind nicht beschränkt, also neben den gesprochenen oder geschriebenen Worten sogar die Geberdensprache zulässig. Vergl. R.G. 20./11. 1898 in Deutsche Jur.Z. 1899 S. 178 Ziff. 22 (Strafsache), dem ein Fall zu Grunde lag, in welchem ein des Lesens und Schreibens kundiger Taubstummer die Erklärung vor dem Standesbeamten schriftlich abgegeben hatte.

[7]) Das Gesetz führt diesen Grundsatz beständig durch. Anwendungen desselben finden sich in § 1344 Abs. 2 (Schutz eines gutgläubigen Dritten), § 1345 Abs. 2 (Schutz eines gutgläubigen Ehegatten), § 1699 Abs. 2 (rechtliche Stellung der Kinder aus nichtigen Ehen), § 1771 Abs. 2 (Verwirkung der elterlichen Gewalt).

Sache muß so liegen, daß Jemand die dem Standesbeamten durch sein Amt auferlegten Verrichtungen für das Publikum und vor dessen Augen besorgt. Das heimliche Einmischen eines Unberufenen in die Geschäfte des Standesbeamten (z. B. wenn der Schreibgehülfe oder Dolmetscher oder die Ehefrau des Standesbeamten an des letzteren Stelle handelt) erfüllt jene Voraussetzung nicht. Dagegen wird jene Voraussetzung häufig zutreffen, wenn z. B. beim Eintritt eines Nachfolgers der bisherige Standesbeamte über seine Amtszeit hinaus des Amtes waltet, oder wenn dem von der höheren Verwaltungsbehörde eingesetzten Vertreter eine vorschriftsmäßige Bestellung nicht zur Seite steht. Es ist dabei gleichgültig, ob sich der die Amtshandlung Vornehmende selbst im Irrthum über seine amtliche Befugniß befindet oder bewußt auf Täuschung der Verlobten ausgeht. Immer gilt er, wenn er das Amt eines Standesbeamten öffentlich ausübt, als Standesbeamter im Sinne des § 1317. Da die Ausnahmevorschrift des § 1319 nur den Schutz gutgläubiger Eheschließender im Auge hat, so ist es klar, daß sie dann nicht Platz greifen kann, wenn die Eheschließenden überzeugende Wissenschaft von dem Mangel der amtlichen Befugniß des Handelnden haben. Es könnte fraglich sein, ob schon die Kenntniß eines der beiden Verlobten von dem Mangel der amtlichen Befugniß genüge, das Zustandekommen der Ehe zu hindern. Nach dem Wortlaute des Gesetzes und der Absicht des Gesetzgebers, den gutgläubigen Verlobten zu schützen, wird man die Frage zu seinen Gunsten verneinen müssen. Nur wenn beide Verlobte den Mangel der amtlichen Befugniß bei der Eheschließung kennen, ist die Anwendung der Ausnahmevorschrift ausgeschlossen.

Persönlich und bei **gleichzeitiger Anwesenheit** haben die Verlobten ihren Eheschließungswillen vor dem Standesbeamten zu erklären. Weder durch den gesetzlichen Vertreter noch durch einen selbstgewählten Bevollmächtigten kann die Erklärung abgegeben werden. Wäre eine Vertretung zugelassen, so würde gerade die für die Eheschließung erforderliche und so wichtige Gewißheit darüber, daß zur Zeit der Vornahme der Eheschließungshandlung der Eheschließungswille bei beiden Verlobten vorhanden sei, nur unvollkommen erreicht werden. Eine Sinnesänderung des Verlobten, ein Widerruf der Vollmacht, ein nachträglich erkannter Mangel der Vertretungsbefugniß und dergleichen Umstände wären nicht ausgeschlossen und müßten für die Eheschließenden die größten Verwickelungen zur Folge haben. Eine sichere Gewähr für das Vorhandensein des Eheschließungswillens im entscheidenden Augenblicke bietet nur die persönliche Erklärung, und diese Gewähr wird dadurch noch verstärkt, daß die Erklärung in Anwesenheit des anderen Verlobten abzugeben ist. Außerdem ist das persönliche und gleichzeitige Erscheinen der Verlobten vor dem Standesbeamten im hohen Grade geeignet, das Zustandekommen nichtiger und anfechtbarer Ehen überhaupt zu verhüten. Geschäftsunfähigkeit, Geisteskrankheit, Personenverwechselung werden dann kaum unerkannt bleiben. Die Nothwendigkeit gleichzeitiger Anwesenheit hat übrigens nur dann einen Sinn, wenn eine Stellvertretung ausgeschlossen ist. Es soll eben kein Zweifel darüber bestehen, daß die Verlobten mit einander, d. h. die Erklärenden in eigener Person, die Ehe eingehen wollen. Das kann aber vollkommen nur erreicht werden, wenn sie persönlich und bei gleichzeitiger Anwesenheit den Eheschließungswillen erklären. Ein Verstoß hiergegen würde das Zustandekommen der Ehe verhindern. [8])

Die Verlobten haben ihre Erklärungen vor dem Standesbeamten abzugeben und dieser muß zur **Entgegennahme der Erklärungen bereit** sein. Darnach wird verlangt, einerseits daß die Erklärungen gegenüber der Person des Standesbeamten, während er seines Amtes waltet, abgegeben werden, andererseits, daß sie zu einer Zeit abgegeben werden, da der Standesbeamte die Erklärungen entgegennehmen will. Es kann daher, trotzdem die wesentlichen Erfordernisse der Eheschließung aufs Aeußerste beschränkt sind, zu einer gültigen Eheschließung nicht führen, wenn beispielsweise die Verlobten auf dem Standesamte persönlich erscheinen und in Gegenwart des Standesbeamten, während dieser anderweitig mit der Eintragung eines Geburtsfalles beschäftigt ist, ihren Eheschließungswillen erklären, noch viel weniger, wenn der Standesbeamte zu der Zeit oder an dem Orte, da er angegangen wird, überhaupt nicht in amtlicher Eigenschaft angegangen sein will. Dagegen ist zweifellos anzunehmen, daß der Standesbeamte zur Entgegennahme der Erklärungen bereit ist, wenn er in Ausübung seines Amtes die Frage an die Verlobten richtet, ob sie die Ehe mit einander eingehen wollen. Zu welcher Zeit und an welchem Orte dies geschieht, ist für die Gültigkeit der Eheschließung ohne Belang. Ein Verstoß gegen die in Bezug auf Ort und Zeit der Amtshandlung etwa gegebenen Weisungen kann niemals die Nichtigkeit der Eheschließung zur Folge haben.

Im Vorstehenden sind die wesentlichen Bestandtheile der Eheschließungsform dargelegt, die zur Vermeidung der Nichtigkeit der Ehe nach allen Richtungen gewahrt sein muß. Ist diese Form nicht gewahrt, so kommt eine Ehe überhaupt nicht zu Stande, selbst wenn die Verlobten die Absicht gehabt haben, die vorgeschriebene Form zu wahren, und der Meinung sind, daß sie die Form gewahrt hätten. Der gute Glaube findet keinen weiteren Schutz, als ihm der § 1319 angedeihen läßt, und es erscheint auch nicht unbillig, neben diesem bescheidenen Maße von Förmlichkeiten der Eheschließung einer sogenannten Putativehe grundsätzlich die Berechtigung abzusprechen.

Von diesem Grundsatze läßt aber das B.G.B. aus Billigkeitsrücksichten, und weil in diesem Falle die Nichtigkeitserklärung nicht mehr durch das öffentliche Interesse geboten ist [9]), eine sehr wichtige Ausnahme zu. Ist nämlich, wie § 1324 Abs. 2 bestimmt, die Ehe in das Heirathsregister eingetragen worden, und haben die Ehegatten nach der Eheschließung zehn Jahre oder, falls einer von ihnen vorher gestorben ist, bis zu dessen Tode, jedoch mindestens drei Jahre, als Ehegatten mit einander gelebt, so ist die Ehe als von Anfang an gültig anzusehen. Diese die

---

[8]) Der § 71 Abs. 2 Reichs-Ges. 6./2. 1875 bestimmt für die Landesherren und die Mitglieder der landesherrlichen Familien sowie der Fürstlichen Familie Hohenzollern, daß in Betreff der Stellvertretung der Verlobten die Observanz entscheidet. Diese Bestimmung ist in Kraft geblieben. Vgl. auch Art. 57 Einf.G. z. B.G.B.

[9]) Denkschr. S. 255.

Putativehe in beschränktem Maße zulassende Bestimmung ist geeignet, die Härten zu beseitigen, welche ein bei der Eheschließung vorgefallener Formfehler für gutgläubige Ehegatten nach sich ziehen kann. Die beiden Umstände: Eintragung in das Heirathsregister und jahrelanges Zusammenleben als Ehegatten sind ausschlaggebend und müssen im gegebenen Falle zusammentreffen. Wenngleich die Eintragung in das Heirathsregister ein für das Zustandekommen der Ehe unwesentlicher Formbestandtheil ist, so ist ihr nach § 1324 Abs. 2 doch eine hohe Bedeutung beigelegt und dies mit Recht. Einmal wird es nicht so leicht vorkommen, daß eine Eintragung in das Heirathsregister von einem anderen als dem Standesbeamten bewirkt wird, und wenn es einmal vorkäme, so würde es dem mit der Führung des Registers betrauten Standesbeamten und der Aufsichtsbehörde schwerlich auf die Dauer verborgen bleiben, so daß die Nichtigkeit der Eheschließung leicht aufgedeckt werden könnte. Sonach ist es schon an und für sich unwahrscheinlich, daß unter Verletzung des wichtigen Staatsinteresses, daß sich nur ein Standesbeamter mit der Eheschließung befassen darf, eine Eintragung bewirkt würde. Eine Gefährdung des Staatsinteresses wäre demnach kaum zu befürchten. Ferner entspricht es der Eigenschaft des Heirathsregisters als eines öffentlichen Urkundenbuches, daß den darin enthaltenen Eintragungen soviel Bedeutung beigelegt wird, als es sich nur irgend mit der Nothwendigkeit einer festen Eheschließungsform verträgt. Wenn auch die Eheschließungshandlung unter Verletzung einer wesentlichen Formvorschrift vollzogen worden ist, so begründet doch die äußerlich ordnungsmäßige Eintragung die Vermuthung, es seien die Formvorschriften gewahrt. Und diese Vermuthung wird werthvoller, je älter die Eintragung wird und je mehr sich damit die Beweise für die Formverletzung abschwächen. Diesen Umständen trägt der § 1324 Abs. 2 Rechnung, indem er dem öffentlichen Glauben des Heirathsregisters heilende Kraft beilegt.

Hinzukommen muß aber, daß die Eheschließenden nach der Eheschließung mindestens die im § 1324 Abs. 2 vorgeschriebene Zeit hindurch **als Eheleute mit einander gelebt** haben. Gerade dieser Umstand ist es, welcher den eigentlichen Rechtfertigungsgrund für die Ausnahmevorschrift bildet und den Gesetzgeber zu einem Zugeständniß veranlaßt hat. Leben die Eheschließenden so lange Zeit als Eheleute mit einander, so kann man wohl annehmen, daß sie sich selbst für rechtmäßig verbundene Eheleute halten und von einem bei der Eheschließung vorgefallenen Formfehler keine Ahnung haben. In Wirklichkeit kommt es aber auf eine Untersuchung der Frage, ob sie von dem Formfehler Kenntniß haben oder nicht, keineswegs an. Die Thatsache, daß sie die vorgeschriebene Zeit hindurch als Eheleute mit einander gelebt haben, ist allein entscheidend. Dabei wird nicht gerade ein ununterbrochenes Zusammenleben vorausgesetzt, vielmehr werden in den vorgeschriebenen Zeitraum auch diejenigen Zeiten einzurechnen sein, während deren die Ehegatten vorübergehend getrennt gelebt haben, selbst wenn die Ursache ihrer Trennung auf den Thatbestand eines Scheidungs-, Anfechtungs- oder Nichtigkeitsgrundes zurückzuführen wäre. Nur im Falle des Getrenntlebens wegen formell nichtiger Ehe muß man unterstellen, daß sich die Eheschließenden selbst nicht für rechtmäßig verbunden angesehen haben, also auch wie Eheleute mit einander zu leben selbst nicht gewollt haben. In diesem Falle kann die Zeit des Getrenntlebens ausnahmsweise nicht in den Zeitraum eingerechnet werden. Ebensowenig darf im Falle der Doppelehe diejenige Zeit, welche der doppelt verheirathete Ehegatte mit einem Anderen in Doppelehe lebte, eingerechnet werden.

Der Zeitraum ist angemessen auf **zehn Jahre** bestimmt. Für den Fall, daß einer der Ehegatten vor Ablauf der zehn Jahre stirbt, genügt es, wenn die Eheschließenden bis zu dessen Tode als Ehegatten mit einander gelebt haben, jedoch mindestens **drei Jahre**. Stirbt einer der Ehegatten vor Ablauf von drei Jahren, so kann also die Vorschrift des § 1324 Abs. 2 Satz 1 keine Anwendung finden. Außerdem findet sie, wie daselbst Satz 2 bestimmt ist, keine Anwendung, wenn bei dem Ablaufe der zehn Jahre oder zur Zeit des Todes des einen Ehegatten die Nichtigkeitsklage erhoben ist. Hierbei ist an die Nichtigkeitsklage wegen Formmangels gedacht. Während regelmäßig die Verabsäumung einer wesentlichen Formvorschrift das Zustandekommen der Ehe hindert, die geschlossene Ehe also von selbst und ohne Nichtigkeitserklärung nichtig ist, bedarf es nach § 1329 Satz 2, wenn die formell nichtige Ehe in das Heirathsregister eingetragen ist, der Erhebung der Nichtigkeitsklage und es streitet für die Ehe bis zur Nichtigkeitserklärung die Vermuthung der Gültigkeit. Von wem die Nichtigkeitsklage wegen Formmangels erhoben ist, ob von dem Ehegatten, dem Staatsanwalt oder einem Dritten, ist dabei gleichgültig. Die Thatsache der **Erhebung der Nichtigkeitsklage** ist es, welche bewirkt, daß sich die in einer formell nichtigen Ehe Lebenden nunmehr auf den § 1324 Abs. 2 nicht berufen können. Der Ausgang des anhängig gewordenen Nichtigkeitsprozesses ist selbstverständlich nicht einflußlos. Nur wenn sich die erhobene Nichtigkeitsklage als begründet erweist, liegt die Voraussetzung, von der hier ausgegangen wird, nämlich eine formell nichtige Ehe vor. Führt die Klage nicht zu einem die Nichtigkeit aussprechenden Urtheil, so muß man daraus rückwärts schließen, daß eine formell nichtige Ehe überhaupt nicht vorgelegen hat. Die Ehe ist dann trotz rechtzeitiger Klageerhebung als von Anfang an gültig anzusehen, ganz ebenso, als wenn die Nichtigkeitsklage überhaupt nicht erhoben worden wäre.

Es ist schon oben auf die heilende Kraft der Eintragung in das Heirathsregister hingewiesen worden. Das B.G.B. unterscheidet scharf zwischen einer formell nichtigen, in das Heirathsregister nicht eingetragenen und einer formell nichtigen, aber in das Heirathsregister eingetragenen Ehe. Die erstere wird überhaupt nicht als Ehe (matrimonium non existens), nicht einmal als nichtige Ehe (matrimonium nullum) angesehen und es darf daher der Umstand, daß sie **keine Ehe** sei, jederzeit und von Jedermann ohne Einschränkung geltend gemacht werden. Die Eheschließungshandlung hat für die Eheschließenden keine verbindende Kraft. Die Eheschließenden sind Eheleute garnicht geworden, einander nicht verbunden und können jederzeit ihr Verhältniß formlos und willkürlich lösen. Ihre Kinder sind unehelich. Ganz anders verhält es sich, wenn die formell nichtige Ehe in das Heirathsregister eingetragen ist. Eine solche Ehe steht denjenigen Ehen gleich, die aus anderen als formellen Gründen nichtig sind. Wie bei diesen darf ihre Nichtigkeit, solange nicht die Ehe für nichtig erklärt oder aufgelöst ist, nach § 1329 nur im Wege der Nichtigkeitsklage geltend gemacht werden. Es besteht also eine Ehe, wenn auch nur eine nichtige. Die Eheschließenden sind einander verbunden, wenn auch nicht rechtmäßig. Die Nichtigkeit darf nur in geordnetem Verfahren geltend gemacht und Seitens eines Ehegatten einem Dritten gegenüber nach § 1344 nur unter gewissen Einschränkungen eingewendet werden.

Derjenige Ehegatte, welcher bei der Eheschließung keine Kenntniß von der Nichtigkeit der Ehe gehabt hat, genießt nach § 1345 bei der Vermögensauseinandersetzung nach der Nichtigkeitserklärung oder Auflösung der Ehe eine gewisse Bevorzugung vor demjenigen Ehegatten, der diese Kenntniß gehabt hat. Die Kinder gelten nach § 1699 als ehelich, sofern nicht beide Ehegatten die Nichtigkeit der Ehe bei der Eheschließung gekannt haben.

Die Eintragung in das Heirathsregister stellt sich nach alledem als eine Handlung von außerordentlicher Tragweite dar. Für die Eheschließenden liegt darin Anlaß genug, selbst darauf zu achten, daß die Eintragung nicht unterbleibe. Außerdem bietet das B.G.B. dem Vorsichtigen eine weitere Handhabe zur eigenen Sicherung im § 1309 Abs. 1, indem es die **Wiederholung der Eheschließung** ohne vorgängige Nichtigkeitserklärung gestattet.

Nach Art. 13 Abs. 3 Einf.G. z. B.G.B. sind für die Form der Eheschließung lediglich die Vorschriften der **deutschen Gesetze** maßgebend, wenn die Ehe im Deutschen Reich geschlossen wird, gleichviel ob die Eheleute zur Zeit der Eheschließung die deutsche Reichsangehörigkeit besitzen oder nicht. Also auch die Ehe zwischen **Ausländern** unterliegt, wenn sie im Deutschen Reich geschlossen wird, den deutschen Formvorschriften.[10]) Ueber die Formgültigkeit einer von Ausländern im Auslande geschlossenen Ehe giebt der Art. 13 keine Vorschrift. Kommt der deutsche Richter in die Lage, darüber zu entscheiden, so kommt für ihn als Richtschnur in Betracht Art. 11 Abs. 1 Einf.G. z. B.G.B., welcher bestimmt:

> „Die Form eines Rechtsgeschäfts bestimmt sich nach den Gesetzen, welche für das den Gegenstand des Rechtsgeschäfts bildende Rechtsverhältniß maßgebend sind. Es genügt jedoch die Beobachtung der Gesetze des Ortes, an dem das Rechsgeschäft vorgenommen wird."

Jedenfalls genügt die Beobachtung der am Eheschließungsorte geltenden Gesetze dann, wenn dieselben die Geltung des Grundsatzes, daß der Vertragsschluß unter dem Ortsgesetze steht, nicht ausschließen.[11])

Die heilende Kraft der Eintragung in das Heirathsregister bezieht sich gemäß Art. 198 Abs. 2 Einf.G. z. B.G.B.[12]) auch auf die vor dem Inkrafttreten des B.G.B. geschlossenen formell ungültigen Ehen.

---

[10]) R.Kom.Ber. S. 180.

[11]) R.Kom.Ber. S. 180.

[12]) Im Uebrigen ist diese Uebergangsvorschrift oben im § 2 behandelt.

§ 5.

Geschäftsunfähigkeit, Bewußtlosigkeit, vorübergehende Störung der Geistesthätigkeit.

Rechtslehre: Biberfeld, Statutenkollision in Fragen der Fähigkeit zur Eingehung einer Ehe nach B.G.B. in Böhm's Zeitschr. Bd. 8 S. 219—221.

„Eine Ehe ist nichtig, wenn einer der Ehegatten zur Zeit der Eheschließung geschäftsunfähig war oder sich im Zustande der Bewußtlosigkeit oder vorübergehender Störung der Geistesthätigkeit befand." § 1325 Abs. 1 B.G.B.

Es handelt sich hier um drei einander ähnliche, aber in ihren Voraussetzungen verschiedene persönliche Zustände der Eheschließenden. Die Frage, wer geschäftsunfähig ist, beantwortet § 104, welcher bestimmt:

„Geschäftsunfähig ist:
1. wer nicht das siebente Lebensjahr vollendet hat;
2. wer sich in einem die freie Willensbestimmung ausschließenden Zustande krankhafter Störung der Geistesthätigkeit befindet, sofern nicht der Zustand seiner Natur nach ein vorübergehender ist;
3. wer wegen Geisteskrankheit entmündigt ist."

Zu Ziffer 1. Das **Lebensalter** der Eheschließenden kommt bei der Eheschließung in mehrfacher Beziehung in Frage. So hängt die Ehemündigkeit von der Erreichung eines bestimmten Lebensalters ab. Ein Mann darf nicht vor dem Eintritte der Volljährigkeit, d. h. nach § 2 vor der Vollendung des 21. Lebensjahrs, eine Frau darf nicht vor der Vollendung des 16. Lebensjahrs eine Ehe eingehen. § 1303 B.G.B. Da nach § 3 ein Minderjähriger, der das 18. Lebensjahr vollendet hat, durch Beschluß des Vormundschaftsgerichts für volljährig erklärt werden kann und der Minderjährige durch die Volljährigkeitserklärung die rechtliche Stellung eines Volljährigen erlangt, so ist für den Mann die Möglichkeit gegeben, vor der Vollendung des 21., jedoch nicht vor der Vollendung des 18. Lebensjahrs eine Ehe einzugehen. Ein für volljährig erklärter minderjähriger Mann ist ehemündig.[1]) Ein noch nicht 18 Jahre alter Mann und eine

[1]) Die Volljährigkeitserklärung begründet Ehemündigkeit. Der Entw. I bestimmte im § 1233 Abs. 4 das Gegentheil. Bei der 2. Lesung wich man hiervon bewußt ab. Die Volljährigkeitserklärung wurde als ein Mittel angesehen, dem berechtigten Interesse eines minderjährigen Mannes an früherer Eingehung einer Ehe zu dienen. In Folge dieser Gleichstellung der Volljährigkeitserklärung mit dem Volljährigkeitsalter beseitigte man die im Entw. I zugelassene Befreiung von dem Erfordernisse des dort auf das 20. Lebensjahr festgesetzten Ehemündigkeitsalter. Vergl. Denkschr. S. 248 Abs. 2. Prot. Bd. 4 S. 21, 22. Wollte man der Volljährigkeitserklärung die Wirkung der Ehemündigkeit versagen, so würden Männer, da das B.G.B. eine Befreiung nicht zuläßt, ausnahmslos erst nach zurückgelegtem 21. Lebensjahre heirathen dürfen, eine Folge, die wohl jedem der gesetzgebenden Körperschaften fern

noch nicht 16 Jahre alte Frau sind eheunmündig. Während aber diese Altersgrenze beim Manne unverrückbar ist, kann einer Frau nach § 1303 Abs. 2 von der Vorschrift, daß sie nicht vor Vollendung des 16. Lebensjahrs eine Ehe eingehen darf, Befreiung bewilligt werden. Wenn sich nun ein Eheschließender zur Zeit der Eheschließung im Alter der Eheunmündigkeit befindet, so kommt es weiter darauf an, ob er bereits das 7. Lebensjahr vollendet hat oder nicht. Im ersteren Falle ist die Ehe nur anfechtbar [2]), im letzteren aber nichtig. Es könnte auffallen, daß die für die Nichtigkeit maßgebende Altersgrenze so niedrig gesetzt ist. Dies entspricht aber dem allgemeinen, im § 105 ausgesprochenen Grundsatze, daß die Willenserklärung eines Geschäftsunfähigen, also hier eines Kindes unter 7 Jahren, nichtig ist. Außerdem würde die Hinausschiebung der Nichtigkeitsgrenze um einige Jahre praktisch ohne Bedeutung sein, da es in der Natur der Sache liegt, daß Eheschließungen in so kindlichem Alter niemals vorkommen werden, dagegen Täuschungsversuche solcher Personen, die nahe an der Ehemündigkeitsgrenze stehen, häufig mit Erfolg unternommen werden könnten.

Zu Ziffer 2 und 3. Das B.G.B. unterscheidet zwischen Geisteskrankheit und Geistesschwäche. Während bei ersterer eine Erkrankung des Geistes vorauszusetzen ist, liegt letztere schon vor, wenn nur die Entwickelung der sonst gesunden geistigen Kräfte ungewöhnlich zurückgeblieben oder zurückgegangen ist. Wer in Folge von **Geisteskrankheit** oder von **Geistesschwäche** seine Angelegenheiten nicht zu besorgen vermag, kann, wie § 6 Ziff. 1 bestimmt, entmündigt werden. Geschäftsunfähig aber ist, solange die Entmündigung dauert [3]), nur der wegen Geisteskrankheit Entmündigte, nicht der wegen Geistesschwäche Entmündigte. Daher ist auch nur die Ehe des wegen Geisteskrankheit Entmündigten, nicht die Ehe des wegen Geistesschwäche Entmündigten nichtig. Die Ehe ist ferner auch dann nichtig, wenn eine Entmündigung zwar nicht stattgefunden hat, der Eheschließende aber im Sinne des § 104 Ziff. 2 geisteskrank, also geschäftsunfähig ist. Der Eheschließende muß sich in einem seine freie Willensbestimmung ausschließenden Zustande krankhafter Störung der Geistesthätigkeit befinden und es wird weiter verlangt, daß dieser Zustand seiner Natur nach nicht ein vorübergehender ist. Ist letzteres der Fall, so kann von Geschäftsunfähigkeit nicht die Rede sein, denn vorübergehende Krankheitszustände können wohl, solange die Krankheit dauert, die Willensfähigkeit aufheben, aber nicht die Geschäftsunfähigkeit als dauernden Mangel zur Folge haben. Es fallen also die Zustände vorübergehender geistiger Umnachtung nicht unter den § 104 Ziff. 2. Die in diesem Zustande abgegebene Erklärung des Eheschließungswillens ist aber darum nicht

---

gelegen hat. — Dagegen befreit die Volljährigkeitserklärung nicht von dem Erfordernisse der elterlichen Einwilligung zur Eheschließung gemäß § 1305. Vergl. Küntzel in Gruchots Beiträgen Bd. 41 S. 440. Auf die für volljährig erklärten, noch nicht 21 Jahre alten Kinder ist der § 1308, der sonst überflüssig wäre, zu beziehen.

[2]) Vergl. unten § 9.

[3]) Der Zustand des Entmündigtseins ist entscheidend, gleichviel ob der Grund, der zur Entmündigung Anlaß gab, zur Zeit der Eheschließung nicht mehr besteht.

etwa gültig, sondern, wie im Weiteren dargelegt ist, aus einem anderen Grunde als dem der Geschäftsunfähigkeit nichtig.

Der § 1325 Abs. 1 bestimmt ferner, daß eine Ehe nichtig ist, wenn sich einer der Ehegatten zur Zeit der Eheschließung im Zustande der **Bewußtlosigkeit** oder vorübergehender Störung der Geistesthätigkeit befand. Diese Bestimmung entspricht dem im § 105 Abs. 2 ausgesprochenen Grundsatze, daß eine Willenserklärung, die im Zustande der Bewußtlosigkeit oder vorübergehender Störung der Geistesthätigkeit abgegeben wird, nichtig ist und stellt eine wesentliche Ergänzung dessen dar, was, wie oben bemerkt, die Nichtigkeit wegen Geschäftsunfähigkeit nicht umfaßt. Die hier gemeinten Zustände machen den davon Betroffenen nicht zu einem Geschäftsunfähigen, bewirken aber, daß seine Willenserklärung und demgemäß auch die Erklärung des Eheschließungswillens nichtig ist. Daß jemand in sinnlos betrunkenem Zustande dazu gelangen sollte, eine Eheschließungserklärung abzugeben, ist kaum anzunehmen. Es lassen sich aber andere Fälle von Bewußtlosigkeit denken, z. B. wenn ein Sterbenskranker, der seiner Braut sein Vermögen sichern will, deshalb zur Eheschließung zu einer Zeit schreitet, in der er jeden Augenblick das Bewußtsein verlieren kann. Wie bei dem Zustande der Bewußtlosigkeit ist auch bei dem Zustande vorübergehender Störung der Geistesthätigkeit nicht gerade an einen krankhaften Zustand gedacht. Andererseits kommen derartige, sei es krankhafte, sei es nicht krankhafte Zustände, wenn sie nicht gerade zur Zeit der Eheschließung vorherrschten, garnicht in Betracht. Folglich ist die Ehe eines nicht entmündigten Geisteskranken, wenn sie in einem lichten Zwischenraume geschlossen ist, nicht nichtig. Ob sie etwa anfechtbar ist, hängt von anderen Umständen ab.[4])

„Die Ehe ist als von Anfang an gültig anzusehen, wenn der Ehegatte sie nach dem Wegfalle der Geschäftsunfähigkeit, der Bewußtlosigkeit oder der Störung der Geistesthätigkeit bestätigt, bevor sie für nichtig erklärt oder aufgelöst worden ist. Die Bestätigung bedarf nicht der für die Eheschließung vorgeschriebenen Form." § 1325 Abs. 2.

Dadurch ist dem Ehegatten ein Mittel an die Hand gegeben, die Nichtigkeit seiner Ehe zu heilen. Davon innerhalb des bestimmten Zeitraumes Gebrauch zu machen, steht in seinem Belieben. Eine bestimmte Form ist für die **Bestätigung** nicht vorgeschrieben. Daß sie der für die Eheschließung vorgeschriebenen Form nicht bedarf, spricht der § 1325 Abs. 2 ausdrücklich aus. Sie unterliegt daher den allgemeinen Bestimmungen über Willenserklärungen und somit dem vom B.G.B. angenommenen Grundsatze der Formfreiheit.[5]) Eine Bestätigung der nichtigen Ehe liegt

---

[4]) Vergl. unten §§ 9 u. f.

[5]) Bei der 2. Lesung bestand Einverständniß darüber, daß zur Bestätigung nur eine formlose, einseitige Willensäußerung desjenigen, bei welchem das Ehehinderniß bestanden hat, erfordert werden solle. Prot. Bd. 4 S. 60. Hinsichtlich der Ausländer vergl. Art. 7 und 13 Einf.G. z. B.G.B.

dann vor, wenn der zur Nichtigkeitsklage berechtigte Ehegatte nachträglich [6]) mit Kenntniß von dem Vorhandensein des Nichtigkeitsgrundes seinen Willen, die Ehe fortzusetzen, dem anderen Ehegatten gegenüber zum Ausdruck bringt. Dies kann auch stillschweigend geschehen. Einer Erklärung, von dem Nichtigkeitsgrunde keinen Gebrauch machen zu wollen, bedarf es nicht. Ist der Ehegatte zur Zeit der Bestätigung in der Geschäftsfähigkeit beschränkt, so bedarf er nach §§ 106 und 107 zur Bestätigung noch der Einwilligung seines gesetzlichen Vertreters. Ist die Bestätigung ohne Einwilligung seines gesetzlichen Vertreters erfolgt, so kann die Ehe nach § 1331 von dem Ehegatten angefochten werden, jedoch kann die Anfechtung, solange der anfechtungsberechtigte Ehegatte in der Geschäftsfähigkeit beschränkt ist, nach § 1336 Abs. 2 nur von seinem gesetzlichen Vertreter ausgehen und ist nach § 1337 Abs. 1 überhaupt ausgeschlossen, wenn der gesetzliche Vertreter die Ehe genehmigt oder der anfechtungsberechtigte Ehegatte, nachdem er unbeschränkt geschäftsfähig geworden ist, die Ehe bestätigt. Die Bestätigung hat die Wirkung, daß die Ehe als von Anfang an gültig anzusehen ist, mithin so, als ob der Nichtigkeitsgrund überhaupt nicht eingetreten wäre.[7]) Solange aber die Bestätigung nicht erfolgt ist, ist die Ehe wie jede andere nichtige Ehe mit Ausnahme der wegen Formmangels nichtigen Ehe zu behandeln.

§ 6.

Doppelehe.

Ein Mann kann nur eine Ehefrau und eine Frau kann nur einen Ehemann haben. Dieser Grundsatz der einfachen Ehe gilt bei allen Kulturvölkern und ist ein Grundpfeiler ihrer sittlichen Ordnung. Wer verheirathet ist, darf eine neue Ehe nicht eingehen. Die dennoch vorgenommene Schließung einer neuen Ehe enthält eine Gesetzesverletzung, deren rechtliche Folgen verschieden sind.

> „Eine Ehe ist nichtig, wenn einer der Ehegatten zur Zeit der Eheschließung mit einem Dritten in einer gültigen Ehe lebte." § 1326 B.G.B.[1])

Es wird hier vorausgesetzt, daß zwischen dem Eheschließenden und einem Dritten eine gültige Ehe besteht. Dabei kommt es lediglich auf das Be-

---

[6]) Auch noch nach Aufhebung der ehelichen Gemeinschaft, denn ein dahin gehendes Urtheil löst nicht das Band der Ehe. — Die Bestätigung kann wirksam auch noch im Laufe des Nichtigkeitsprozesses erfolgen. Ihre Geltendmachung im Prozeß ist aber nur so lange zulässig, als nach civilprozessualen Grundsätzen Thatsachen überhaupt mit Erfolg vorgebracht werden können. Begr. B.G.B. Bd. 4 S. 50, 51.

[7]) Die Bestätigung wirkt auf die Zeit zurück, in der die Ehe geschlossen worden ist. Begr. Bd. 4 S. 50.

[1]) § 1326 B.G.B. stimmt wörtlich mit § 1309 Entw. IV, § 1311 Entw. III und § 1232 Entw. II überein, weicht dagegen vom § 1250 Entw. I erheblich ab. Begr. Bd. 4 S. 43—56; Prot. Bd. 4 S. 53—59; Denkschr. S. 256, 257; R.Kom.-Ber. S. 105.

stehen in der Wirklichkeit, nicht auf die Meinung der Eheschließenden über das Bestehen an. Der wirkliche Thatbestand ist entscheidend und es ist gleichgültig, wenn sich die Eheschließenden über diesen im Irrthume befinden. Glaubt z. B. ein Eheschließender im Vertrauen auf die standesamtliche Sterbeurkunde, seine frühere Ehe sei durch den Tod [2]) seines Ehegatten aufgelöst, während dieser in Wirklichkeit lebt, so besteht seine frühere Ehe und daraus folgt, daß die neue Ehe nichtig ist. [3]) Ebensowenig kann ein Irrthum des Eheschließenden über die Rechtskraft eines die Scheidung oder Nichtigkeit seiner früheren Ehe aussprechenden Urtheils berücksichtigt werden. Es kommt hierbei nur auf die Thatfrage an, ob eine Auflösung oder Nichtigkeitserklärung der Ehe rechtskräftig ausgesprochen worden ist, nicht auf die Meinung des Eheschließenden. Damit stimmt das Verbot des § 1309 Abs. 1 überein:

> „Niemand darf eine Ehe eingehen, bevor seine frühere Ehe aufgelöst oder für nichtig erklärt worden ist."

Wie diese Bestimmung einerseits ein Verbot enthält, so folgt aus ihm andererseits, daß es einem Ehegatten, dessen Ehe durch rechtskräftiges Urtheil aufgelöst oder für nichtig erklärt worden ist, erlaubt ist, eine neue Ehe einzugehen. Er erlangt volle Ehefreiheit wieder. Selbst wenn das die Scheidung oder Nichtigkeit aussprechende rechtskräftige Urtheil so fehlerhaft wäre, daß es wiederum mit der Nichtigkeitsklage oder Restitutionsklage vernichtet werden könnte, so bildet dieser Umstand dennoch kein Ehehinderniß. Nur wenn eine dieser Klagen innerhalb der für sie vorgeschriebenen Frist bereits erhoben ist, so muß die Erledigung des Rechtsstreits abgewartet werden und es ist insoweit die Ehefreiheit beschränkt. § 1309 Abs. 2 bestimmt:

> „Wird gegen ein Urtheil, durch das die frühere Ehe aufgelöst oder für nichtig erklärt worden ist, die Nichtigkeitsklage oder die Restitutionsklage erhoben, so dürfen die Ehegatten nicht vor der Erledigung des Rechtsstreits eine neue Ehe eingehen, es sei denn, daß die Klage erst nach dem Ablaufe der vorgeschriebenen fünfjährigen Frist erhoben worden ist."

In dieser Beschränkung liegt aber nur ein aufschiebendes Ehehinderniß [4]), denn die Ehe, welche trotzdem [5]) nach Erhebung einer der ge-

---

[2]) Bezüglich der Wiederverheirathung im Falle der Todeserklärung vergl. unten § 19.

[3]) Die Möglichkeit derartiger Fälle ist nicht ausgeschlossen. Man braucht sich nur vorzustellen, wie schwierig z. B. bei Massenunfällen die Wiedererkennung der Toten ist und demzufolge die Beurkundung von Sterbefällen leicht auf falschen Grundlagen beruhen kann. Vergl. Begr. Bd. 4 S. 641, R.Kom.Ber. S. 107.

[4]) Vergl. oben § 2.

[5]) Der Standesbeamte, welcher trotz Kenntniß der Klageerhebung seine Mitwirkung zur Eheschließung nicht ablehnt, setzt sich natürlich der Bestrafung aus. Den

nannten Klagen geschlossen wird, ist gültig. Wird aber demnächst im Wege der Wiederaufnahme des Verfahrens das die Scheidung oder Nichtigkeit aussprechende rechtskräftige Urtheil wieder beseitigt, so ist die zweite Ehe als von Anfang an nichtig [6]) anzusehen und die erste Ehe gilt. [7])

Zur Zeit der Eheschließung muß die Ehe mit einem Dritten bestehen. Der Zeitpunkt der Eheschließung ist der allein maßgebende. Steht in diesem Zeitpunkte der Eheschließende mit einem Dritten in einer gültigen Ehe, so ist die neue Ehe nichtig ohne Rücksicht darauf, wie lange die frühere Ehe fortbesteht. Selbst wenn der Tod eines Ehegatten der früheren Ehe diese auflöst, bleibt die neue Ehe doch nichtig. Der Tod macht zwar dem Nebeneinanderbestehen zweier Ehen ein Ende, aber die einmal begründete Nichtigkeit der zweiten Ehe heilt er nicht. [8]) Auch dann bleibt die neue Ehe nichtig, wenn inzwischen die frühere Ehe rechtskräftig geschieden oder der erste Ehegatte des doppelt verheiratheten Ehegatten für todt erklärt wird. [9]) Indem das Gesetz die Folge der Nichtigkeit mit Strenge durchführt, verleiht es dem Verbot der Doppelehe besonderen Nachdruck und schneidet zugleich die Möglichkeit ab, daß ein Eheschließender schon bei der Eheschließung die künftige Abschüttelung der früheren Ehe arglistig in Berechnung zieht.

Eine weitere Voraussetzung der Nichtigkeit der neuen Ehe ist die **Gültigkeit der früheren Ehe.** Der Eheschließende muß zur Zeit der Eheschließung in einer gültigen Ehe mit einem Dritten leben. Wenn die frühere Ehe aus irgend einem Grunde selbst nichtig ist, so trifft der Nichtigkeitsgrund der Doppelehe auf die spätere Ehe nicht zu. Man hat hierbei billige Rücksicht auf die spätere Ehe walten lassen. [10]) Die Gültigkeit der früheren

---

Gerichten sollte aufgegeben werden, gegebenen Falls die Standesbeamten in Kenntniß zu setzen.

[6]) Denkschr. S. 250.

[7]) Es bedarf keiner weiteren Rechtfertigung und entspricht auch der Billigkeit, daß die durch Schließung der 1. Ehe begründeten, durch das Scheidungsurtheil zu Unrecht genommenen Rechte eines Ehegatten wieder in Kraft treten. Hat z. B. ein Ehegatte ein rechtskräftiges Scheidungsurtheil erwirkt, weil der andere Ehegatte wegen eines begangenen Verbrechens Zuchthausstrafe erleiden mußte, so lebt die Ehe wieder auf, wenn nachträglich im Wege Rechtens die Unschuld des bestraften Ehegatten festgestellt und das Scheidungsurtheil beseitigt wird. Gleiches gilt von der Beseitigung einer Nichtigkeitserklärung der Ehe.

[8]) In der 2. Kommission war beantragt worden, zu bestimmen, daß eine Ehe Gültigkeit erlange, wenn vor ihrer Auflösung oder Nichtigkeitserklärung die frühere Ehe aufgelöst werde. Dieser Antrag fand nicht die Zustimmung der Mehrheit. Prot. Bd. 4 S. 59.

[9]) In den Fällen des Todes, der Todeserklärung und der Scheidung ist die Wiederholung der Eheschließung nach § 1309 Abs. 1 Satz 2 angebracht, wodurch Heilung der Nichtigkeit wenigstens für die Zukunft erlangt wird.

[10]) Der Entw. I ließ in den Fällen, wenn die frühere Ehe nichtig oder auch nur anfechtbar war, die neue Ehe nichtig sein (Entw. I § 1250 Ziff. 3 und Begr. Bd. 4 S. 51, 52), aber schon der Entw. II wich davon ab, indem er anerkannte, daß vom privatrechtlichen Standpunkt aus überwiegende Gründe, namentlich Billigkeitsrücksichten, für die Aufrechterhaltung der zweiten Ehe sprächen. Prot. Bd. 4 S. 58. Denkschr. S. 257. Sonach bildet die nichtige wie auch die anfechtbare Ehe, so lange sie nicht für nichtig erklärt ist, nur ein aufschiebendes Ehehinderniß.

Ehe hat der Nichtigkeitskläger zu beweisen. Dazu genügt der **Beweis**, daß bezüglich der früheren Ehe ein formell gültiger Eheabschluß zu Stande gekommen ist, denn eine in formell gültiger Weise geschlossene Ehe wird solange für gültig angesehen, bis ihre Nichtigkeit dargethan ist. Dasselbe gilt auch von einer zwar formell nichtigen, aber in das Heirathsregister eingetragenen Ehe, da sie ebenfalls die Vermuthung der Gültigkeit nach § 1329 Satz 2 für sich hat.[11]) Ist also bei Schließung der früheren Ehe die im § 1317 vorgeschriebene Form nicht beobachtet worden, wird aber bewiesen, daß die Ehe in das Heirathsregister eingetragen worden ist, so reicht dieser Beweis gleichfalls aus. Es ist nicht erforderlich, zu beweisen, daß die Ehegatten den im § 1324 Abs. 2 vorgeschriebenen Zeitraum als Ehegatten mit einander gelebt haben, bevor der doppelt verheirathete Ehegatte die Doppelehe einging.

Soll nun die Nichtigkeit der früheren Ehe dargethan werden, so ist Folgendes zu berücksichtigen:

Die Nichtigkeit der früheren Ehe kann, so lange sie nicht aufgelöst ist, nur mittels Durchführung der Nichtigkeits- oder Anfechtungsklage dargelegt werden. Denn nach § 1329 Abs. 1 kann bis zur Auflösung der Ehe die Nichtigkeit derselben nur im Wege der Nichtigkeitsklage geltend gemacht werden und nach § 1341 Abs. 1 erfolgt die Anfechtung der Ehe, solange sie nicht aufgelöst ist, durch Erhebung der Anfechtungsklage, während nach § 1343 Abs. 2 die Nichtigkeit einer im Wege der Anfechtungsklage angefochtenen Ehe anderweit nicht geltend gemacht werden kann. Ist also die frühere Ehe noch nicht aufgelöst, so bedarf es, um deren Nichtigkeit darzuthun, einer förmlichen Nichtigkeitserklärung durch Urtheil auf erhobene Nichtigkeitsklage oder Anfechtungsklage. Sind die prozessualen Voraussetzungen der Zulässigkeit einer Widerklage[12]) gegeben, so ist es auch zulässig, im Wege der Widerklage die urtheilsmäßige Nichtigkeitserklärung herbeizuführen. Anderenfalls bedarf es der Anstrengung eines besonderen Prozesses. Der Richter wird, wenn ein solcher anhängig ist, den Rechtsstreit über die Nichtigkeit der späteren Ehe aussetzen, wozu ihn §§ 151, 152 C.P.O. ermächtigen. Anders liegt nun die Sache, wenn die frühere Ehe bereits aufgelöst ist. Dann ist zu unterscheiden, ob die frühere Ehe aus einem Nichtigkeitsgrunde oder aus einem Anfechtungsgrunde nichtig ist. Im ersteren Falle kann ihre Nichtigkeit unbeschränkt geltend gemacht, also auch in dem Nichtigkeitsstreit über die Doppelehe von dem doppelt verheiratheten Ehegatten zur Vertheidigung einredeweise vorgebracht und bewiesen werden. Handelt es sich aber um Nichtigkeit der früheren Ehe aus einem Anfechtungsgrunde, so kommt es darauf an, welchem der beiden Ehegatten der früheren Ehe der Anfechtungsgrund zur Seite stand. Stand der Anfechtungsgrund dem früheren Ehegatten des doppelt verheiratheten Ehegatten zur Seite, so war der doppelt verheirathete Ehegatte überhaupt nicht anfechtungsberechtigt, und er darf die von dem anderen Ehegatten unangefochten gelassene Ehe seinerseits

[11]) Vergl. oben § 4.

[12]) Vergl. unten § 43.

nicht als eine aus einem Anfechtungsgrunde nichtige Ehe hinstellen. Stand ihm aber selbst der Anfechtungsgrund zur Seite, so kommt es weiter darauf an, ob die Auflösung der früheren Ehe durch den Tod herbeigeführt worden war. In diesem Falle darf der doppelt verheirathete Ehegatte die frühere Ehe anfechten (§ 1338). Die Anfechtung erfolgt durch frist- und formgerechte Erklärung gegenüber dem Nachlaßgerichte (§ 1342). Daß dies geschehen sei, wird er dem Richter im Nichtigkeitsprozesse nachzuweisen haben. Mit dem Nachweise dieser Thatsache in Verbindung mit dem ebenfalls nachgewiesenen Anfechtungsgrunde ist die Nichtigkeit der früheren Ehe dargethan. Wenn die frühere Ehe nach Eingehung der Doppelehe nicht durch Tod, sondern Scheidungsurtheil aufgelöst worden ist, so ist die Anfechtung wiederum ausgeschlossen (§ 1338), mithin auch der Einwand ihrer Nichtigkeit aus einem Anfechtungsgrunde unzulässig.

Wie erwähnt, sind es Billigkeitsrücksichten gewesen, welche den Gesetzgeber dazu bewogen haben, die neue Ehe dann aufrecht zu erhalten, wenn die frühere Ehe keine gültige ist. Scheinbar steht dies im Widerspruche mit der Bestimmung des § 171 des Strafgesetzbuchs, wonach ein Ehegatte, welcher eine neue Ehe eingeht, bevor seine frühere Ehe aufgelöst oder für nichtig erklärt worden ist (Einf.G. z. B.G.B. Art. 34), mit Zuchthaus bis zu fünf Jahren bestraft wird. Das Strafgesetzbuch verlangt nur, daß die frühere Ehe formell gültig ist. Unter dem Schutze des § 171 St.G.B. stehen folgende ihrem rechtlichen Bestande nach angreifbare Ehen:

1. die aus einem anderen Grunde als wegen Formmangels nichtige Ehe,
2. die wegen Formmangels nichtige, aber in das Heirathsregister eingetragene Ehe, selbst wenn die Voraussetzungen, unter welchen sie nach § 1324 Abs. 2 nachträglich gültig werden kann, nicht vorliegen,
3. die anfechtbare Ehe.

Wer in einer Ehe solcher Art lebt, kann, wenn er vor deren Nichtigkeitserklärung eine neue Ehe eingeht, wegen Verbrechens der Doppelehe bestraft werden. Die nach Schließung der neuen Ehe erwirkte Nichtigkeitserklärung der früheren Ehe führt zwar die Gültigkeit der neuen Ehe herbei, befreit aber nicht von der Strafe der Doppelehe.

Da nun die neue Ehe ebenso wie die frühere Ehe — abgesehen von dem Nichtigkeitsgrunde der Doppelehe — nichtig oder anfechtbar sein kann, so fragt es sich, ob, wenn dies der Fall ist, trotzdem das Verbrechen der Doppelehe vorliegt. Diese Frage ist regelmäßig zu bejahen. Nur für den Fall, daß die neue Ehe eine wegen Formmangels nichtige ist, ist die Frage zu verneinen, selbst dann, wenn inzwischen die Voraussetzungen des § 1324 Abs. 2 B.G.B. (Zusammenleben als Eheleute gewisse Zeiträume hindurch) eingetroffen sind. Für das Verbrechen der Doppelehe kommt es nur darauf an, daß die neue Ehe eine unter Beobachtung der wesentlichen Formvorschriften eingegangene Ehe ist, denn das Wesen dieses Verbrechens besteht gerade in der mißbräuchlichen Vornahme der für die Eheschließungshandlung vorgeschriebenen Förmlichkeiten, in dem rechtswidrigen Mißbrauche, der mit der Eheschließungsform getrieben wird (Hälschner, Strafrecht Bd. 2 S. 475; Olshausen St.G.B. Anm. 4 zu § 171). Ist hiernach — abgesehen von dem Nichtigkeitsgrunde der Doppelehe — die Nichtigkeit und Anfechtbarkeit der neuen, formell gültigen Ehe für den Thatbestand des § 171 St.G.B. unwesentlich, so ist damit zugleich ausgesprochen, daß die Gültigkeit der neuen Ehe die Bestrafung wegen Doppelehe an sich nicht hindert. Man kann sogar sagen: Wenn schon eine rechtlich zu beanstandende Ehe als eine neue Ehe im Sinne der Strafbestimmung gilt, so muß dies um so mehr von einer gültigen Ehe gelten, da deren Abschluß einen noch stärkeren Angriff gegen den Fortbestand der früheren Ehe enthält. Die Gültigkeit der früheren Ehe ist eben nur eine aus Billigkeitsrücksichten eingeführte Besonderheit, die den Grund und Zweck der Strafe des § 171 St.G.B. unberührt läßt. Für den Strafrichter hat die Frage nach dem rechtlichen Bestande der neuen Ehe nur insofern Bedeutung, als ihm nur nicht eine wegen Formmangels nichtige neue Ehe (einschließlich der nach § 1324 Abs. 2 nachträglich gültig gewordenen, formell aber nichtigen neuen Ehe) vorliegen darf. Es ist sonach nicht ausgeschlossen, daß Jemand diejenige Ehe, wegen deren Eingehung er die Strafe des § 171 St.G.B. über sich ergehen lassen muß, unbehelligt fortsetzen darf.[13])

§ 7.

Verwandtschaft und Schwägerschaft.

Der § 1310 Abs. 1 bestimmt:

„Eine Ehe darf nicht geschlossen werden zwischen Verwandten in gerader Linie, zwischen vollbürtigen oder halbbürtigen Geschwistern sowie zwischen Verschwägerten in gerader Linie."

Nach § 1327[1]) ist eine Ehe **nichtig**, wenn sie zwischen Verwandten oder Verschwägerten dem Verbote des § 1310 Abs. 1 zuwider geschlossen worden ist. Was zunächst die Verwandten in gerader Linie betrifft, so ist hier nur an Blutsverwandtschaft[2]) gedacht. In **gerader Linie verwandt** sind Personen, deren eine von der anderen abstammt (§ 1589 Abs. 1 Satz 1), also Kinder, Eltern, Großeltern. Da es hier lediglich auf die natürliche

---

[13]) Die Verfasser des B.G.B. sind sich dieser Verschiedenheit zwischen B.G.B. und Strafgesetzbuch auch bewußt gewesen, denn während der Entw. I bestrebt war, die Frage im Einklange mit dem St.G.B. zu regeln (Begr. Bd. 4 S. 52), gehen die folgenden Entwürfe davon aus, daß die Strafandrohung des § 171 St.G.B. wesentlich nur im Interesse der öffentlichen Ordnung die Schließung einer neuen Ehe zu verhindern bezweckt, solange eine frühere Ehe der Form nach noch besteht, und daß darum eine abweichende Regelung gestattet ist (Denkschr. S. 257).

[1]) Der § 1327 B.G.B. stimmt wörtlich mit dem § 1310 Entw. IV, § 1312 Entw. III und § 1232 Entw. II überein, weicht jedoch vom § 1250 Entw. I ab. Begr. Bd. 1 S. 65—68. Bd. 4 S. 21—24, 53, 54. Prot. Bd. 4 S. 23—27. Denkschr. S. 251, 257. R.Kom.Ber. S. 105.

[2]) Wegen der Annahme an Kindesstatt siehe unten.

Abstammung [3]) ankommt, so macht es keinen Unterschied, ob die die Verwandtschaft vermittelnde Geburt in oder außer der Ehe erfolgt ist. Als außereheliche Geburt ist auch eine in formell nichtiger, in das Heirathsregister nicht eingetragener Ehe erfolgte Geburt anzusehen. Auf den guten Glauben der Eheleute kommt es dabei nicht an. Ein uneheliches Kind und dessen Vater gelten zwar nach § 1589 Abs. 2 nicht als verwandt, aber im Sinne des Eheverbots besteht Verwandtschaft, wie § 1310 Abs. 3 bestimmt, auch zwischen einem unehelichen Kinde und dessen Abkömmlingen einerseits und dem Vater und dessen Abkömmlingen andererseits. Es darf also z. B. nicht der Vater die uneheliche Tochter seines ehelichen Sohnes heirathen. Die Thatsache der **außerehelichen Abstammung** läßt sich im Verhältniß zur Mutter einfach durch Vorlegung der Geburtsurkunde feststellen. Im Verhältniß zum Vater wird regelmäßig dessen Anerkenntniß, daß das uneheliche Kind von ihm erzeugt sei, genügen. Die Beweisführung ist aber hierauf nicht beschränkt, vielmehr kann der Beweis der Vaterschaft auf jede andere Weise geführt werden. Von der Anerkennung des Kindes durch den unehelichen Vater ist das Eheverbot jedenfalls nicht abhängig [4]), und der Richter ist in Betreff der Beweisfrage an besondere Rechtsvermuthungen der unehelichen Vaterschaft nicht gebunden, sondern es sind für ihn in dieser Hinsicht lediglich die allgemeinen Grundsätze maßgebend. [5]) Zu erwähnen sind noch die Fälle der **Legitimation unehelicher Kinder** durch nachfolgende Ehe und durch Ehelichkeitserklärung. Heirathet die Mutter eines unehelichen Kindes, so gilt ihr Ehemann unter gewissen Voraussetzungen (§ 1720 Abs. 1) als Vater des Kindes. Treffen diese Voraussetzungen zu, so liegt auch im Sinne des Eheverbots Verwandtschaft vor und es kommt auf einen weiteren Beweis der Vaterschaft nicht an. Wird ein uneheliches Kind auf Antrag seines (angeblichen) Vaters durch Verfügung der Staatsgewalt für ehelich erklärt (Ehelichkeitserklärung § 1723), so soll es nach § 1735 auf die Wirksamkeit der Ehelichkeitserklärung ohne Einfluß sein, wenn der Antragsteller nicht der Vater des Kindes ist. Auch im Sinne des Eheverbots wird in diesem Falle trotz der thatsächlichen Unrichtigkeit Verwandtschaft anzunehmen sein.

Was die **Seitenverwandten** betrifft, so ist nur die Ehe zwischen Geschwistern verboten. Es darf also der Neffe die Tante, der Onkel die Nichte heirathen. Bei Geschwistern macht es keinen Unterschied, ob sie beide Eltern gemeinschaftlich haben (vollbürtige Geschwister) oder nur den Vater oder nur die Mutter (halbbürtige Geschwister). Es darf also nicht der Bruder seine Halbschwester heirathen. Auch bei dem Eheverbote der Geschwister kommt es lediglich auf die natürliche Abstammung an und es steht daher die außereheliche Geburt der ehelichen völlig gleich. Bringt ein Ehegatte ein nicht mit dem anderen Ehegatten gezeugtes Kind in die Ehe ein, und bringt auch der andere Ehegatte ein nicht mit dem Ehegatten

---

[3]) Der Grund des hier fraglichen Eheverbots ist das durch die Thatsache der Erzeugung begründete natürliche Verhältniß. Begr. Bd. 4 S. 21.

[4]) Begr. Bd. 4 S. 21.

[5]) Begr. Bd. 4 S. 21.

gezeugtes Kind in die Ehe ein (sogenannte zusammengebrachte Kinder), so sind diese Kinder weder durch volle noch durch halbe Geburt verschwistert und es steht daher ihrer Heirath nicht das Eheverbot entgegen.

Zwischen **Verschwägerten in gerader Linie** ist die Ehe verboten. Die Verwandten eines Ehegatten sind mit dem anderen Ehegatten verschwägert, § 1590 Abs. 1 Satz 1. Hierbei ist eine formell gültige Ehe vorausgesetzt. Eine formell nichtige Ehe kann, selbst wenn die Eheleute sich für rechtmäßig verbunden halten, Schwägerschaft nicht begründen. Der formell gültigen Ehe steht die formell nichtige, aber in das Heirathsregister eingetragene Ehe gleich. Die Linie der Schwägerschaft bestimmt sich nach der Linie der sie vermittelnden Verwandtschaft. § 1590 Abs. 1 Satz 2. Die Verwandten in gerader Linie des einen Ehegatten sind daher mit dem anderen Ehegatten in gerader Linie verschwägert (Verhältniß der Schwiegereltern zu dem Schwiegerkinde). Ebenso ist das nicht mit dem anderen Ehegatten gezeugte Kind eines Ehegatten mit dem anderen Ehegatten in gerader Linie verschwägert (Verhältniß des Stiefkindes zum Stiefvater oder zur Stiefmutter), desgleichen das Kind des Stiefkindes mit dem Stiefvater oder der Stiefmutter des letzteren. Dagegen besteht weder Verwandtschaft noch Schwägerschaft zwischen dem nicht mit dem anderen Ehegatten gezeugten Kinde eines Ehegatten und den Eltern des anderen Ehegatten (Verhältniß des Stiefkindes zu den Eltern seines Stiefvaters oder seiner Stiefmutter) und ebensowenig zwischen dem Ehegatten eines Stiefkindes und des letzteren Stiefeltern (Verhältniß des Stiefschwiegerkindes zu den Stiefschwiegereltern).[6]) Auch bei dem Eheverbote der Verschwägerten in gerader Linie macht es keinen Unterschied, ob die Abstammung durch eheliche oder uneheliche Geburt vermittelt wird. Der Vater einer unehelich geborenen Tochter wird daher, sobald die Tochter heirathet, mit deren Ehemann in gerader Linie verschwägert (Schwiegervater), und ebenso wird das uneheliche Kind, sobald seine Mutter heirathet, mit dem Ehemann in gerader Linie verschwägert (Stiefkind). Die Schwägerschaft dauert fort, auch wenn die Ehe, durch die sie begründet wurde, aufgelöst ist. § 1590 Abs. 2. Die **Auflösung der Ehe** erfolgt entweder durch den Tod bezw. Wiederverheirathung im Falle der Todeserklärung, oder durch Scheidungsurtheil. Tritt einer dieser Fälle ein, so hat dieser Umstand auf das Fortbestehen des Eheverbots keinen Einfluß, ja, es wirkt jetzt, während es früher bei bestehender Ehe zusammen mit dem Verbote der Doppelehe wirkte, als alleiniges Ehehinderniß. Es darf daher z. B. der Stiefvater die nicht mit ihm erzeugte Tochter seiner verstorbenen Ehefrau oder die Tochter dieser Tochter nicht heirathen, ebensowenig der Schwiegervater die Ehefrau seines verstorbenen Sohnes, denn diese Personen sind nach wie vor in gerader Linie verschwägert. Zweifelhaft könnte es scheinen, ob im Sinne

---

[6]) Nach R.G. 19./1. 80 in Rechtspr. in Strafs. Bd. 1 S. 246 genügt es, wenn das von einem Ehegatten eingebrachte Kind zwar nicht ein leibliches Kind dieses Ehegatten, aber doch zu diesem thatsächlich in ein Kindesverhältniß gekommen ist. M. E. setzt das Eheverbot Verwandtschaft zwischen dem Kinde und demjenigen Ehegatten, der es in die Ehe bringt, voraus, andererseits ist Schwägerschaft mit dem anderen Ehegatten nicht vorhanden, daher auch kein Ehehinderniß.

des Ehehindernisses auch diejenigen Abkömmlinge des einen Ehegatten, welche nach Auflösung seiner Ehe von einem anderen als dem früheren Ehegatten erzeugt sind, mit dem früheren Ehegatten in gerader Linie verschwägert sind. Zwar kann die Ehe nach erfolgter Auflösung wohl die einmal begründete Schwägerschaft wieder aufrecht erhalten, aber nicht neue[7]) Schwägerschaftsverbindungen schaffen, deshalb wäre es z. B. zulässig, daß der geschiedene Ehemann die nach der Scheidung von einem anderen Manne gezeugte Tochter seiner früheren Ehefrau, also die Halbschwester seiner Kinder, heirathete.[8]) Der Fall wird aber getroffen von dem unten erörterten Eheverbot des § 1310 Abs. 2 (aufschiebendes Ehehinderniß), und damit wird dem sittlichen Gefühle Rechnung getragen.

Im Vorstehenden ist der Umfang des Eheverbots begrenzt. Alle diesem Verbote zuwider geschlossenen Ehen sind nichtig. Das bezeichnete Ehehinderniß ist mithin ein trennendes. Hiermit im Einklange steht der § 173 d. Strafgesetzbuchs, welcher bestimmt:

„Der Beischlaf zwischen Verwandten auf- und absteigender Linie wird an den ersteren mit Zuchthaus bis zu fünf Jahren, an den letzteren mit Gefängniß bis zu zwei Jahren bestraft.

Der Beischlaf zwischen Verschwägerten auf- und absteigender Linie, sowie zwischen Geschwistern wird mit Gefängniß bis zu zwei Jahren bestraft.

Neben der Gefängnißstrafe kann auf Verlust der bürgerlichen Ehrenrechte erkannt werden.

Verwandte und Verschwägerte absteigender Linie bleiben straflos, wenn sie das achtzehnte Lebensjahr nicht vollendet haben."

Dem vorbeschriebenen trennenden Ehehindernisse hat das B.G.B. ein aufschiebendes Ehehinderniß hinzugefügt, das hier im Zusammenhange mit erörtert werden soll. Der § 1310 Abs. 2 bestimmt nämlich:

---

[7]) Der Entw. I hatte durch die Fassung der §§ 32, 33 klargestellt, daß das Schwägerschaftsverhältniß sich nicht auf diejenigen Abkömmlinge des anderen Ehegatten erstreckt, welche erst nach der Auflösung der sie vermittelnden Ehe erzeugt sind. Eine aufgelöste Ehe ist keine Ehe mehr; sie vermag daher ein Schwägerschaftsverhältniß nicht mehr zu begründen. Begr. Bd. 1 S. 68, Bd. 4 S. 23. Die §§ 32, 33 Entw. I haben zwar in § 1590 B.G.B. eine andere Fassung erhalten, jedoch läßt auch diese erkennen, daß das B.G.B. nur die Fortdauer der durch die Ehe einmal begründeten Schwägerschaft, nicht aber eine Neubegründung von Schwägerschaftsverhältnissen nach der Auflösung der Ehe zuläßt.

[8]) Im Reichsanzeiger vom 4. Dezember 1893 Nr. 289 in dem Bericht über die Kommissionssitzungen heißt es:

„Eine Ergänzung erfuhr der § 1236 Entw. I durch Aufnahme der Bestimmung, daß im Sinne des Absatzes 1 Schwägerschaft auch zwischen einem Ehegatten und den Abkömmlingen des anderen aus einer weiteren Ehe bestehen solle."

Aber der demnächst veröffentlichte Entw. II enthielt merkwürdiger Weise eine solche Bestimmung nicht und die Protokolle der 2. Kommission ergeben, daß der darauf zielende Antrag 2 abgelehnt worden ist. Prot. Bd. 4 S. 24, 25.

„Eine Ehe darf nicht geschlossen werden zwischen Personen, von denen die eine mit Eltern, Voreltern oder Abkömmlingen der anderen Geschlechtsgemeinschaft gepflogen hat."

Die diesem Verbote (Eheverbot wegen affinitas illegitima) zuwider geschlossenen Ehen sind gültig. Aus § 1323 in Verbindung mit § 1327 ergiebt sich nämlich, daß von den im § 1310 bezeichneten verbotswidrigen Ehen nur diejenigen mit Nichtigkeit bedroht sind, über welche sich der erste Absatz dieses § verhält. In den in Abs. 2 bezeichneten Fällen hat der Standesbeamte die Eheschließung abzulehnen; aber wenn die Ehe trotzdem geschlossen worden ist, ist sie gültig. Die bloße Thatsache, daß eine Person mit Eltern, Voreltern oder Abkömmlingen einer anderen Person Geschlechtsgemeinschaft gepflogen hat, hindert erstere Person, die letztere Person zu heirathen. Diese Thatsache wird in vielen derjenigen Fälle vorliegen, die nach dem 1. Absatze des § 1310 als nichtige Ehen anzusehen sind. Auf diese Fälle bezieht sich der 2. Absatz nicht. Es ist hier vielmehr an die vom 1. Absatze nicht umfaßten weiteren Fälle zu denken, in denen eine bloße Geschlechtsgemeinschaft, nicht eine Ehe vorgelegen hat. Demnach fallen darunter vor allem die Fälle außerehelicher Geschlechtsgemeinschaft, wozu auch die Geschlechtsgemeinschaft in formell nichtiger, nicht in das Heirathsregister eingetragener Ehe gehört, wobei es auf den guten Glauben der Eheleute nicht ankommt. Derartige Ehen zuzulassen, widerspricht dem sittlichen Gefühl, und eine Befreiung von diesem Eheverbote giebt es nicht. Sodann fällt unter dieses Eheverbot die ganze Reihe nichtiger Ehen. Solange eine nichtige Ehe nicht für nichtig erklärt ist, begründet sie wie eine gültige Ehe Verwandtschaft und Schwägerschaft. Ist sie aber auf erhobene Anfechtungs- oder Nichtigkeitsklage für nichtig erklärt, so soll es so angesehen werden, als ob die Ehe überhaupt nicht geschlossen gewesen wäre. Die Kinder gelten zwar unter gewissen Umständen trotzdem als eheliche (§ 1699 Abs. 1), aber die durch die Ehe begründet gewesene Schwägerschaft läßt sich nach erfolgter Nichtigkeitserklärung der Ehe als fortbestehend nicht erachten, selbst wenn die Ehegatten geglaubt haben, in einer gültigen Ehe zu leben. Die Schwägerschaft muß mit der **Nichtigkeitserklärung** naturgemäß wegfallen, und es bleibt daher für die ehemals Verschwägerten nur noch das aufschiebende Ehehinderniß der Geschlechtsgemeinschaft in Kraft. Es darf daher z. B. der Ehemann einer nichtigen Ehe weder die zugebrachte Tochter seiner früheren Ehefrau noch deren Mutter noch die nach erfolgter Nichtigkeitserklärung von seiner früheren Ehefrau mit einem anderen Manne gezeugte Tochter heirathen.

Eine Person hat mit einer anderen Geschlechtsgemeinschaft gepflogen, wenn sie mit ihr den Beischlaf vollzogen hat. Es wird nicht erfordert, daß der Beischlaf wiederholt vollzogen worden oder der Geschlechtsverkehr überhaupt ein dauernder gewesen sei. Der Geschlechtsgemeinschaft steht ein bloßes bräutliches Verhältniß nicht gleich.

Schließlich bedarf noch die **Annahme an Kindesstatt** der Erwähnung. Durch die Annahme an Kindesstatt erlangt das Kind die rechtliche Stellung eines ehelichen Kindes des Annehmenden (§ 1757 Abs. 1), und die

Wirkungen der Annahme erstrecken sich unter gewissen Umständen auf die Abkömmlinge des Kindes. § 1762. Sie erstrecken sich aber nicht auf die Verwandten des Annehmenden. Der Ehegatte des Annehmenden wird nicht mit dem Kinde, der Ehegatte des Kindes wird nicht mit dem Annehmenden verschwägert. § 1763. Demnach kann nur das Verhältniß zwischen dem Annehmenden einerseits und dem Kinde und dessen Abkömmlingen andererseits in Frage kommen. Ein trennendes Ehehinderniß wird dadurch nicht geschaffen. Wenn der § 1311 bestimmt:

> „Wer einen Anderen an Kindesstatt angenommen hat, darf mit ihm oder dessen Abkömmlingen eine Ehe nicht eingehen, solange das durch die Annahme begründete Rechtsverhältniß besteht",

so hat dies Verbot nur die Bedeutung eines aufschiebenden Ehehindernisses [9]), denn die §§ 1324 bis 1328 führen die Fälle, in welchen eine Ehe nichtig ist, ausschließlich auf (§ 1323), und darunter ist der Fall des § 1311 nicht mit aufgeführt. Wird die Eheschließung dennoch vorgenommen, so hat sie ohne Weiteres die Aufhebung des Verhältnisses zur Folge. Der § 1771 Abs. 1 bestimmt nämlich:

> „Schließen Personen, die durch Annahme an Kindesstatt verbunden sind, der Vorschrift des § 1311 zuwider eine Ehe, so tritt mit der Eheschließung die Aufhebung des durch die Annahme zwischen ihnen begründeten Rechtsverhältnisses ein."

Auf das Verhältniß des angenommenen Kindes bezw. dessen Abkömmlingen zu den Verwandten und dem Ehegatten des Annehmenden bezieht sich das Ehehinderniß überhaupt nicht.

Die nachstehenden Zusammenstellungen sollen zur Veranschaulichung des Eheverbots wegen Verwandtschaft und Schwägerschaft dienen.

A. Verbotene Ehen.

I. Trennendes Ehehinderniß.

1. Eltern und Voreltern mit Kindern und Enkeln.
2. Bruder mit Schwester.
3. Halbbruder mit Halbschwester.
4. Schwiegereltern mit Schwiegerkindern.
5. Eltern der Schwiegereltern mit Schwiegerkindern.
6. Stiefeltern mit Stiefkindern.
7. Stiefeltern mit Kindern der Stiefkinder.

II. Aufschiebendes Ehehinderniß.

8. Personen, von denen die eine mit Eltern, Voreltern oder Abkömmlingen der anderen Geschlechtsgemeinschaft gepflogen hat

---

[9]) Denkſch. S. 251, 257.

a) außer der Ehe oder in formell nichtiger, in das Heirathsregister nicht eingetragener Ehe,
b) in einer für nichtig erklärten Ehe.

9. Der Annehmende mit dem an Kindesstatt angenommenen Kinde oder dessen Abkömmlingen.

B. **Nicht verbotene Ehen.**

10. Geschwister eines Ehegatten mit Kindern oder Enkeln desselben.
11. Stiefkinder des einen Ehegatten mit Stiefkindern des anderen Ehegatten (sogenannte zusammengebrachte Kinder).
12. Geschwister eines Ehegatten mit dem anderen Ehegatten nach Beendigung der Ehe.
13. Stiefeltern mit den Ehegatten ihrer Stiefkinder nach Beendigung der Ehe (Stiefschwiegereltern mit Stiefschwiegerkindern).
14. Eltern des Stiefvaters oder der Stiefmutter mit den Stiefkindern.

§ 8.

Ehebruch.

„Eine Ehe darf nicht geschlossen werden zwischen einem wegen Ehebruchs geschiedenen Ehegatten und demjenigen, mit welchem der geschiedene Ehegatte den Ehebruch begangen hat, wenn dieser Ehebruch in dem Scheidungsurtheil als Grund der Scheidung festgestellt ist.

Von dieser Vorschrift kann Befreiung bewilligt werden." § 1312.

Nach § 1328 [1]) ist eine Ehe nichtig, wenn sie wegen Ehebruchs nach § 1312 verboten war. Wird jedoch nachträglich Befreiung von der Vorschrift des § 1312 bewilligt, so ist die Ehe als von Anfang an gültig anzusehen.

Dieses Eheverbot setzt einen wirklich begangenen Ehebruch voraus. Ein unsittlicher Verkehr des einen Ehegatten mit der fremden Person ohne hinzugekommene Beischlafsvollziehung genügt nicht. [2]) Dem **vollendeten** Ehebruche steht der **versuchte** nicht gleich. [3]) Es muß weiter hinzukommen, daß die Ehe geschieden und daß dieser Ehebruch in dem Scheidungs-

[1]) § 1328 B.G.B. stimmt mit § 1311 Entw. IV, § 1313 Entw. III und § 1234 Entw. II überein. Im Entw. I dagegen wurde der Ehebruch nur als ein aufschiebendes Ehehinderniß anerkannt. Begr. Bd. 4 S. 54; Prot. Bd. 4 S. 27 bis 30, 64; Denkschr. S. 257, 258; R.Kom.Ber. S. 105.

[2]) Das Eheverbot wegen Ehebruchs bezieht sich nicht auf die Ehe zwischen einem wegen grober Verletzung der ehelichen Treue Geschiedenen und seinem Mitschuldigen. O.L.G. Stuttgart 24./7. 1897 in Seufferts Archiv Bd. 53 S. 425 (mit Rücksicht auf § 33 Ziff. 5 d. Reichsges. 6./2. 1875 und § 172 St.G.B.).

[3]) Vergl. unten § 24.

urtheil als Grund der Scheidung festgestellt ist. Wäre zwar Ehebruch des einen Ehegatten als erwiesen anzunehmen, die Ehe aber nicht geschieden, sondern durch den Tod des anderen Ehegatten aufgelöst oder wäre die Ehe für nichtig erklärt worden, so würde der andere Ehegatte diejenige Person, mit welcher er den Ehebruch begangen hat, heirathen dürfen. Dies würde auch zulässig sein, wenn nur ein Urtheil auf Aufhebung der ehelichen Gemeinschaft ergangen und der unschuldige Ehegatte gestorben wäre, denn auch in diesem Falle ist die Ehe nicht geschieden. Es muß also ein **Scheidungsurtheil** ergangen und dieses muß bei Lebzeiten beider Ehegatten rechtskräftig geworden sein. Aus dem Scheidungsurtheile muß hervorgehen, daß die Ehe wegen des begangenen Ehebruchs getrennt worden ist. Ist eine darauf gerichtete Feststellung im Urtheil unterblieben, so ist das Ehehinderniß nicht vorhanden. Eine Ergänzung der Feststellung durch irgend welche außer dem Rahmen des Urtheils liegende Beweise — abgesehen von den nach §§ 319—321 C.P.O. zulässigen Ergänzungen und Berichtigungen — ist durchaus ausgeschlossen. Daher ist die Ehe mit dem Ehebrecher gültig, wenn aus dem Scheidungsurtheile nicht zu ersehen ist, daß wegen dieses Ehebruchs die frühere Ehe getrennt worden ist. Während dem Standesbeamten und ihm allein die Pflicht gewissenhafter Prüfung obliegt, fehlt ihm jede Möglichkeit und Macht, eine nachträgliche Beweisaufnahme darüber zu veranstalten, ob der Verlobte der Ehebrecher sei.[4])

An welcher Stelle des Urtheils die Feststellung getroffen wird, ob in der Urtheilsformel oder in den Entscheidungsgründen, ist dabei ohne Belang. Die Feststellung darf aber keinen Zweifel darüber lassen, daß der Ehescheidungsrichter einen mit einer bestimmten, namhaft zu machenden Person begangenen Ehebruch des Ehegatten für erwiesen erachtet und wegen dieses Ehebruchs die Scheidung ausspricht. Nach § 624 C.P.O. ist, wenn wegen Ehebruchs auf Scheidung erkannt ist und sich aus den Verhandlungen ergiebt, mit welcher Person der Ehebruch begangen worden ist, diese Person in dem Urtheile festzustellen. Von einer Vorschrift, diese Person in der Urtheilsformel namhaft zu machen, hat die C.P.O. Abstand genommen.[5]) Unterbleibt die Namhaftmachung der Person, mit welcher der Ehebruch begangen worden ist, so kann das Eheverbot natürlich nicht in Wirksamkeit treten.

Auch die Rücksicht auf den Strafrichter verlangt einen deutlichen Ausspruch des Civilrichters, denn im Zusammenhange mit dem Eheverbote wegen Ehebruchs steht die Bestimmung des § 172 St.G.B. betreffend die Bestrafung des Ehebruchs. Der Strafrichter kann bei Anwendung dieser Bestimmung auf Schwierigkeiten stoßen, wenn das civilgerichtliche Urtheil ihn im Stiche läßt.[6])

---

[4]) R.G. 11. 2. 1892 in Entsch. Bd. 30 S. 145.

[5]) Vergl. das Nähere unten § 50.

[6]) Der Strafrichter hat zwar selbstständig zu prüfen, ob ein Ehebruch thatsächlich erfolgt ist; aber die Strafverfolgung wegen Ehebruchs ist nur dann statthaft, wenn wegen des nämlichen Ehebruchs die Ehescheidung erfolgt ist. R.G. 1./6. 1882 in Entsch. in Strafs. Bd. 6 S. 334. Bestrafung kann auch eintreten, wenn der Ehebruch als Scheidungsgrund zwar nicht in dem erstinstanzlichen, die Trennung aussprechen=

Daß der Ehebruch als alleiniger Scheidungsgrund festgestellt ist, wird nicht erfordert. Es können neben dem Scheidungsgrunde des Ehebruchs auch andere Scheidungsgründe festgestellt sein. Ist zwar über einen Ehebruch verhandelt, dieser aber nicht als Scheidungsgrund festgestellt, z. B. wenn der Richter den geltend gemachten Ehebruch als verziehen erachtet und die Scheidung aus anderen Gründen ausgesprochen hat oder wenn der Ehebruch zwar erwiesen, aber nur zur Begründung des Antrages auf Schuldigerklärung vorgebracht und vom Richter verwerthet worden ist oder wenn der Ehegatte den Ehebruch gemäß § 1573 nur zur Unterstützung anderer Thatsachen geltend gemacht hat [7]), so ist das Ehehinderniß nicht vorhanden.

Das Ehehinderniß ist ein trennendes. Die gegen das Verbot eingegangene Ehe ist also nichtig. Von dem Verbote kann jedoch **Befreiung** bewilligt werden, sogar noch nach Eingehung der verbotswidrigen Ehe. Wird Befreiung bewilligt, so ist die Ehe als von Anfang an gültig anzusehen.

Die einzelnen Anfechtungsgründe (§§ 9 bis 12).

§ 9.

Mangel der Einwilligung des gesetzlichen Vertreters.

„Eine Ehe kann von dem Ehegatten angefochten werden, der zur Zeit der Eheschließung oder im Falle des § 1325 zur Zeit der Bestätigung in der Geschäftsfähigkeit beschränkt war, wenn die Eheschließung oder die Bestätigung ohne Einwilligung seines gesetzlichen Vertreters erfolgt ist." § 1331 B.G.B. [1])

Wer in der Geschäftsfähigkeit beschränkt ist, bedarf nach § 1304 zur Eingehung einer Ehe der Einwilligung seines gesetzlichen Vertreters. Unter Einwilligung ist nach § 183 die vorherige Zustimmung zu verstehen. In der Geschäftsfähigkeit beschränkt ist nach § 106 ein Minderjähriger, der das siebente Lebensjahr vollendet hat. Diesem steht in Ansehung der Geschäftsfähigkeit nach § 114 gleich, wer wegen Geistesschwäche, wegen Verschwendung oder wegen Trunksucht entmündigt (§ 6) oder wer nach § 1906 unter vorläufige Vormundschaft gestellt ist. Der

den Urtheile, sondern erst in dem die Berufung zurückweisenden zweitinstanzlichen Urtheile festgestellt ist. R.G. 13./6. 1890 in Entsch. in Straff. Bd. 21 S. 22.

[7]) Auf die praktische Wichtigkeit dieser Unterscheidung ist auch hingewiesen in R.G. 13./24. Nov. 1891 in Bolze Bd. 13 Ziff. 528.

[1]) Der § 1331 B.G.B. stimmt wörtlich mit § 1314 Entw. IV, § 1316 Entw. III, § 1239 Entw. II und sachlich mit § 1259 Ziff. 4 Entw. I überein. Begr. Bd. 4 S. 80—83. Prot. Bd. 4 S. 79—81, 90. Denksch. S. 258. R.Kom.Ber. z. B.G.B. S. 105, 106.

Gesetzgeber will die bezeichneten Personen dadurch, daß er die Nothwendigkeit der Einwilligung ihres gesetzlichen Vertreters vorschreibt, vor **unüberlegten Eheschließungen** schützen [2]) und erklärt deshalb eine ohne die erforderliche Einwilligung geschlossene Ehe für anfechtbar. Diese Bestimmung schließt sich an § 108 Abs. 1 an, wonach, wenn ein Minderjähriger einen Vertrag ohne die erforderliche Einwilligung des gesetzlichen Vertreters schließt, die Wirksamkeit des Vertrages von der Genehmigung des Vertreters abhängt. Dieser Grundsatz ist hier jedoch mit Rücksicht darauf, daß der bei Verträgen eintretende Schwebezustand mit dem Wesen der Ehe nicht im Einklange stehen würde, in der Form der Anfechtbarkeit zur Anwendung gekommen. [3])

Eine minderjährige Frau [4]) ist auch, wenn sie bereits das 16. Lebensjahr vollendet hat, also ehemündig geworden ist, an die Einwilligung ihres gesetzlichen Vertreters gebunden. Wird eine minderjährige Person, sei es Mann oder Frau durch Beschluß des Vormundschaftsgerichts für volljährig erklärt, so ist sie nicht mehr in der Geschäftsfähigkeit beschränkt und fällt überhaupt nicht unter § 1304.

Gesetzlicher Vertreter eines minderjährigen Kindes ist regelmäßig kraft der elterlichen Gewalt der **Vater** [5]) (§§ 1626 u. f.), wenn die elterliche Gewalt der Mutter zusteht, die **Mutter** (§§ 1684 u. f.) und, wenn dem minderjährigen Kinde ein Vormund bestellt ist, der **Vormund**. § 1793. Gesetzlicher Vertreter der entmündigten oder unter vorläufige Vormundschaft gestellten volljährigen Person ist der Vormund. An Stelle des Inhabers der elterlichen Gewalt oder des Vormundes kann unter gewissen Voraussetzungen ein **Pfleger** treten. §§ 1909 u. f. Umfaßt die angeordnete Pflegschaft die persönlichen Angelegenheiten des Pflegebefohlenen, insbesondere die Fürsorge bei der Eheschließung, so ist der Pfleger der gesetzliche Vertreter und es kommt auf seine Einwilligung an.

Die Einwilligung des gesetzlichen Vertreters haben die Verlobten dem Standesbeamten nach § 45 Abs. 2 Ziff. 2 des R.Ges. v. 6./2. 1875 in **beglaubigter Form** vorzulegen. Die Beglaubigung braucht nicht gerade vom Richter oder Notar, sondern kann auch von einem anderen öffentlichen

---

[2]) Die Besorgniß ausbeuterischer Verleitung zur Eheschließung rechtfertigt diesen Schutz, der ihnen sogar bei minder wichtigen Angelegenheiten, wenn auch in anderer Art (§§ 108 u. f.), gewährt wird. Begr. Bd. 4 S. 82. Denksch. S. 249 und 258. Die Bestimmung ist auch gegeben zum Schutze der Familie, die stark in Mitleidenschaft gezogen werden kann, wenn ein in der Geschäftsfähigkeit Beschränkter eine unpassende Ehe eingeht. R.Kom.Ber. S. 106.

[3]) Begr. Bd. 4 S. 82.

[4]) Da Männer nach § 1303 Abs. 1 vor Eintritt der Volljährigkeit nicht heirathen dürfen, so bezieht sich dies Erforderniß nur auf Frauen.

[5]) Verschieden von der Einwilligung des gesetzlichen Vertreters ist die elterliche Einwilligung. § 1305. Der Mangel der väterlichen oder mütterlichen Einwilligung hat auf die Gültigkeit der Ehe keinen Einfluß. Vereinigen sich das Einwilligungsrecht des gesetzlichen Vertreters und das Recht der elterlichen Einwilligung in einer Person, so genügt eine einmalige Ertheilung der Einwilligung, denn es ist anzunehmen, daß eine Person, die in der einen Eigenschaft die Einwilligung ertheilt, sie in ihrer anderen Eigenschaft nicht versagt.

Beamten z. B. dem Polizeiverwalter bewirkt werden. Eine bestimmte Art der Beglaubigung schreibt das genannte Gesetz nicht vor. Für die Anfechtbarkeit der Ehe hat aber diese Formfrage keine Bedeutung. Wegen Mangels der Einwilligung des gesetzlichen Vertreters kann eine Ehe nur dann angefochten werden, wenn der gesetzliche Vertreter seine Einwilligung zur Eheschließung überhaupt nicht, auch nicht formlos, ertheilt hat. Die Ehe ist also gültig, wenn nur irgendwie der Nachweis glaubhaft geführt werden kann, daß der gesetzliche Vertreter seine Einwilligung zur Eingehung der Ehe gegeben hat. **Widerruft** der gesetzliche Vertreter die von ihm ertheilte Einwilligung vor der Eheschließung, so ist es so anzusehen, als ob die Einwilligung überhaupt nicht ertheilt ist. Für die Fragen, ob ein Eheschließender in der Geschäftsfähigkeit beschränkt ist, wer gesetzlicher Vertreter ist und ob dessen Einwilligung vorliegt, ist, die Anfechtbarkeit anlangend, lediglich der Zeitpunkt der Eheschließung entscheidend. Stirbt z. B. der Vater, nachdem er seine Einwilligung zur Eheschließung seiner minderjährigen Tochter ertheilt hat, vor der Eheschließung und steht zur Zeit der Eheschließung der Mutter die gesetzliche Vertretung der Tochter zu, so ist die Einwilligung der Mutter erforderlich. So ist auch, wenn ein **Wechsel** in der Person des Vormundes eintritt, die Einwilligung desjenigen Vormundes nothwendig, welcher zur Zeit der Eheschließung das Amt des Vormundes bekleidet.[6]) Für den Standesbeamten ergiebt sich daraus die Pflicht, sich mit der vor Anordnung des Aufgebots vorgenommenen Prüfung des Vorhandenseins der gesetzlich notwendigen Einwilligung nicht zu begnügen, sondern diese Prüfung mit Rücksicht auf möglicherweise eingetretene Veränderungen kurz vor der Eheschließung zu wiederholen. Aus diesem Grunde erscheint auch die sonst nicht nothwendige persönliche Anwesenheit des gesetzlichen Vertreters bei der Eheschließung zweckmäßig.

Der Eheschließung ist die **Bestätigung** im Falle des § 1325 gleichgestellt, wo es sich um eine Ehe handelt, die nichtig ist, wenn einer der Ehegatten zur Zeit der Eheschließung geschäftsunfähig war oder sich im Zustande der Bewußtlosigkeit oder vorübergehender Störung der Geistesthätigkeit befand. Die nachträgliche Bestätigung der Ehe durch den klageberechtigten Ehegatten heilt in diesem Falle einen Nichtigkeitsmangel, wandelt die bisher nichtige Ehe in eine von Anfang an gültige um und wirkt daher gleichsam wie eine erneute Eheschließung, noch dazu mit rückwirkender Kraft.[7]) Die Gleichstellung hat also ihren guten Grund. Im Falle des § 1325 bedarf demnach die Bestätigung einer nichtigen Ehe durch den klageberechtigten, in der Geschäftsfähigkeit beschränkten Ehegatten der Einwilligung seines gesetzlichen Vertreters, was bei Bestätigung einer anfechtbaren Ehe durch den anfechtungsberechtigten, in der Geschäftsfähigkeit beschränkten Ehegatten nur dann der Fall ist, wenn es sich um eine wegen Mangels der

---

[6]) Nach Planck Anmk. 5 zu § 1304 bedarf es einer wiederholten Ertheilung der Einwilligung von Seiten des neuen Vertreters nicht, jedoch soll dieser das Recht haben, die (von ihm gar nicht ertheilte und ihm vielleicht unbekannt gebliebene) Einwilligung zu widerrufen.

[7]) Begr. Bd. 4 S. 50. Darin liegt eine Abweichung von § 141 Abs. 1, wonach das neue Geschäft nicht rückwärts wirkt. Rehbein Anmk. I 6 zu § 141 B.G.B.

Einwilligung des gesetzlichen Vertreters anfechtbare Ehe handelt, nicht aber dann, wenn es sich um eine aus anderem Grunde (Irrthum, Täuschung, Drohung, Todeserklärung) anfechtbare Ehe handelt. § 1336 Abs. 1 und § 1337 Abs. 2 und 3. Im letzteren Falle kann der anfechtungsberechtigte, in der Geschäftsfähigkeit beschränkte Ehegatte ohne Einwilligung seines gesetzlichen Vertreters die Ehe wirksam bestätigen.

Anfechtungsberechtigt ist in den Fällen des § 1331 grundsätzlich der Ehegattte, welcher zur Zeit der Schließung oder Bestätigung der Ehe in der Geschäftsfähigkeit beschränkt war. Solange dieser aber in der Geschäftsfähigkeit beschränkt ist, kann nur sein gesetzlicher Vertreter die Ehe anfechten. § 1336 Abs. 2 Satz 2. Der Entwurf I hatte bestimmt, daß nur der Ehegatte, welcher in der Geschäftsfähigkeit beschränkt war, anfechtungsberechtigt sein sollte.[8]) Diese Bestimmung hatte neben dem Rechte des gesetzlichen Vertreters, durch seine Genehmigung die anfechtbare Ehe unanfechtbar zu machen, keine praktische Bedeutung. Der gesetzliche Vertreter hätte es jederzeit in der Hand gehabt, durch seine Genehmigung das Schicksal des vom Ehegatten angestrengten Anfechtungsprozesses zu bestimmen. Es war daher richtig, dem gesetzlichen Vertreter ausschließlich die Anfechtungsberechtigung zu geben, zumal eine solche Ordnung der Sache eine größere Gewähr dafür bietet, daß dieser Anfechtungsgrund nicht zur Durchführung willkürlichen Verlangens nach Lösung der Ehe gemißbraucht wird.[9])

Ausgeschlossen ist in den Fällen des § 1331 die Anfechtung der Ehe

1. wenn der gesetzliche Vertreter die Ehe genehmigt[10]) oder
2. wenn der anfechtungsberechtigte Ehegatte, nachdem er unbeschränkt geschäftsfähig geworden ist, die Ehe bestätigt.[11])

Es fragt sich, bis wielange mit der im § 1337 Abs. 1 ausgesprochenen Wirkung der gesetzliche Vertreter die anfechtbare Ehe genehmigen, der anfechtungsberechtigte Ehegatte sie bestätigen kann, insbesondere ob die Auflösung der Ehe durch den Tod des zur Anfechtung nicht berechtigten Ehegatten ihrer Befugniß ein Ende setzt. Diese Frage ist zu bejahen. Zwar steht das Anfechtungsrecht dem Ehegatten, in dessen Person der Anfechtungsgrund vorliegt, und, solange er in der Geschäftsfähigkeit beschränkt ist, seinem gesetzlichen Vertreter auch nach dem Tode des anderen Ehegatten zu, das Gesetz spricht auch eine zeitliche Beschränkung der Genehmigungs- und Bestätigungsbefugniß nicht ausdrücklich aus[12]); aber Genehmigung und Bestätigung haben hier den Sinn, daß sie das Einverständniß mit Auf-

---

[8]) Entw. I § 1261 Ziff. 4. Die 2. Kom. erachtete es für empfehlenswerth, während der Dauer der beschränkten Geschäftsfähigkeit des Ehegatten das Anfechtungsrecht nur dem gesetzlichen Vertreter zu gestatten. Prot. Bd. 4 S. 90.

[9]) Die Entscheidung darüber, ob die Fortdauer der Ehe dem Interesse des anfechtungsberechtigten Ehegatten entspreche, konnte der Natur der Sache nach nur in die Hand des gesetzlichen Vertreters gelegt werden. Denkſch. S. 261.

[10]) d. h. seine nachträgliche Zustimmung zur Eheschließung ertheilt. § 184 Abs. 1.

[11]) Ueber Bestätigung einer Ehe durch den klageberechtigten Ehegatten vergl. § 5.

[12]) Im Falle des § 1335 muß die Bestätigung der nichtigen Ehe erfolgen, bevor sie für nichtig erklärt oder aufgelöst worden ist.

rechterhaltung und Fortsetzung der Ehe ausdrücken. Eine durch Tod aufgelöste Ehe kann nicht mehr aufrecht erhalten und fortgesetzt, also auch weder genehmigt noch bestätigt werden. Ebensowenig kann eine Ehe, nachdem sie angefochten und für nichtig erklärt ist, genehmigt oder bestätigt werden.

Einer besonderen Form bedarf zu ihrer Gültigkeit weder die Genehmigung durch den gesetzlichen Vertreter noch die Bestätigung durch den anfechtungsberechtigten Ehegatten. Der Grundsatz der Formfreiheit gilt vielmehr auch hier.[13]) Die **Wirkung** der Genehmigung und der Bestätigung der Ehe besteht darin, daß die Anfechtung gänzlich und für immer ausgeschlossen wird, insbesondere ist, wenn der gesetzliche Vertreter die Ehe einmal genehmigt hat, der in der Geschäftsfähigkeit beschränkte Ehegatte auch, nachdem er unbeschränkt geschäftsfähig geworden ist, nicht berechtigt, die Ehe anzufechten. Ebensowenig kann eine Anfechtung nach dem Tode des zur Anfechtung nicht berechtigten Ehegatten erfolgen. Die bisher anfechtbare Ehe wird also unanfechtbar und ist als von Anfang an gültig anzusehen.

Genehmigung und Bestätigung sind **unwiderruflich.** Das Gesetz läßt einen Widerruf nicht zu. Dem Wesen der Ehe als einer für das ganze Leben eingegangenen Verbindung würde es widersprechen, wenn ihr Bestand durch Widerruf von Neuem in Frage gestellt werden könnte.

Der gesetzliche Vertreter des anfechtungsberechtigten Ehegatten hat gewissenhaft zu prüfen, ob die Ertheilung seiner Genehmigung im Interesse des von ihm vertretenen Ehegatten liegt. Wie die Nothwendigkeit seiner Einwilligung zur Eheschließung aus dem Schutzbedürfnisse des in der Geschäftsfähigkeit beschränkten Ehegatten entsprungen ist, so kann auch für die Genehmigung nur das Wohl des Vertretenen entscheidend sein. Von persönlichen Beweggründen darf sich der gesetzliche Vertreter nicht leiten lassen. Das Gesetz vertraut, wenn Vater oder Mutter die gesetzliche Vertretung haben, daß sie sich ihrer Pflicht bewußt sein werden.[14]) Nur für den Fall, daß der gesetzliche Vertreter ein Vormund ist, macht das Gesetz einen Vorbehalt, aber auch nur zu Gunsten der Ehe. Verweigert nämlich der Vormund die Genehmigung, so kann sie auf Antrag des bevormundeten Ehegatten durch das Vormundschaftsgericht ersetzt werden. Liegt die Aufrechterhaltung der Ehe im Interesse des bevormundeten Ehegatten, so hat das Vormundschaftsgericht die Genehmigung zu ersetzen. § 1337 Abs. 1 Satz 2. In ganz gleicher Weise, wie hier die Genehmigung (nachträgliche Zustimmung), kann die Einwilligung (vorherige Zustimmung) des Vormundes durch das Vormundschaftsgericht ersetzt werden. § 1304 Abs. 2.

Der Anfechtungsgrund des § 1331 liegt auch dann vor, wenn zwischen einer in der Geschäftsfähigkeit beschränkten Person und ihrem gesetzlichen

---

[13]) Vergl. § 5.

[14]) Darüber, daß die Volljährigkeitserklärung nicht von dem Erfordernisse der elterlichen Einwilligung befreit, vergl. § 5 Anmk. 1. Nach § 1661 verbleibt die Nutznießung an dem Vermögen des Kindes auch nach dessen Verheirathung dem Vater, wenn dieses die Ehe ohne die erforderliche elterliche Einwilligung geschlossen hat. Nach § 1621 Abs. 1 können der Vater und die Mutter die Aussteuer verweigern, wenn sich die Tochter ohne die erforderliche elterliche Einwilligung verheirathet.

Vertreter oder einem Abkömmlinge des letzteren eine Ehe geschlossen wird, ohne daß ein zu diesem Zwecke bestellter Pfleger seine Einwilligung zu der Eheschließung ertheilt.[15])

Die sechsmonatige Anfechtungsfrist beginnt in den Fällen des § 1331 mit dem Zeitpunkt, in welchem die Eingehung oder die Bestätigung der Ehe dem gesetzlichen Vertreter bekannt wird oder der Ehegatte die unbeschränkte Geschäftsfähigkeit erlangt. § 1339 Abs. 2. Mit dem gedachten Zeitpunkt ist der gesetzliche Vertreter, bezw. der Ehegatte in der Lage, die Ehe anzufechten; es muß daher auch der Lauf der Frist beginnen.[16])

§ 10.

Irrthum.

Die Eheschließung erfordert den Willen der Verlobten, die Ehe mit einander einzugehen, und dieser Wille muß vor einem Standesbeamten erklärt werden.[1]) Die abgegebene Erklärung, die Ehe mit einander eingehen zu wollen, rechtfertigt den Schluß, daß bei dem Erklärenden der entsprechende Wille auch wirklich vorhanden ist Die Möglichkeit ist aber nicht ausgeschlossen, daß dieser Schluß, weil die vorausgesetzte Uebereinstimmung zwischen Erklärung und Willen nicht besteht, falsch ist.

Beruht nun ein solcher Zwiespalt zwischen Erklärung und Willen auf einem Irrthum des Erklärenden, so kann dies unter gewissen Voraussetzungen die Anfechtbarkeit der Ehe begründen.

„Eine Ehe kann von dem Ehegatten angefochten werden, der bei der Eheschließung nicht gewußt hat, daß es sich um eine Eheschließung handle, oder dies zwar gewußt hat, aber eine Erklärung, die Ehe eingehen zu wollen, nicht hat abgeben wollen." § 1332.[2])

Daß Jemand den äußeren Vorgang einer Eheschließung thätigt, ohne zu wissen, daß es sich um eine Eheschließung handle, wird wohl selten vorkommen. Der Begriff der Eheschließung ist allgemein bekannt; die Eheschließungshandlung selbst vollzieht sich in ganz eigenartiger, eine Verwechselung mit anderen förmlichen Handlungen fast ausschließender Weise, und die dabei beobachteten Förmlichkeiten sind geeignet, die Bedeutung der Handlung jedem verständigen und gesunden Menschen vollkommen zum Bewußtsein zu bringen. Der Eheschließende muß in Unkenntniß darüber sein, daß es sich um eine Eheschließung handelt, das heißt zwischen ihm und dem anderen Eheschließenden. Verschuldete Unkenntniß steht der un-

[15]) Begr. Bd. 4 S. 82.

[16]) Vergl. auch unten § 14.

[1]) Vergl. oben § 4.

[2]) § 1332 B.G.B. stimmt wörtlich mit § 1315 Entw. IV, § 1317 Entw. III und § 1240 Entw. II überein, weicht aber vom § 1259 Ziff. 2 Entw. I ab. Begr. Bd. 4 S. 72—78. Prot. Bd. 4 S. 72—78. Denkschr. S. 259.

verschuldeten gleich. Ihre Eheschließung, nicht die eines Dritten, kommt in Frage. Die Fälle der sogenannten Personenverwechselung (§ 1333)[3]) gehören hier nicht her, können aber mit den Fällen des § 1332 zusammenfallen. Wer überhaupt von der Ehe keinen Begriff hat, kann auch nicht wissen, daß es sich um eine Eheschließung handelt. Sollte es z. B. vorkommen, daß eine sehr jugendliche Person, die wegen mangelnder sittlicher und geistiger Reife überhaupt keine Vorstellung von dem Wesen der Ehe hätte, zur Eheschließung gelangte, so würde in diesem Falle allerdings der Anfechtungsgrund vorliegen und umsomehr von Wichtigkeit sein, als Eheunmündigkeit nur ein aufschiebendes Ehehinderniß ist. Auch ein anderer Fall ist, freilich nur bei Unaufmerksamkeit der Betheiligten denkbar. Wenn Jemand die Eheschließungserklärung nach seiner Meinung an Stelle des abwesenden Verlobten und für diesen abgiebt, also garnicht den Willen hat, selbst mit dem anderen anwesenden Verlobten eine Ehe einzugehen, so schließt er eine Ehe, ohne zu wissen, daß es sich um eine Eheschließung mit ihm, dem Erklärenden, handelt. Ein Fall der Personenverwechselung ist dies auf seiner Seite nicht, kann es aber auf Seiten des anderen Theiles sein. Außerdem kann dieser Anfechtungsgrund in solchen Fällen praktisch werden, wo die Verständigung zwischen dem Standesbeamten und dem Eheschließenden in Folge **körperlichen Gebrechens** des letzteren besonders erschwert ist oder Gewißheit über den Eheschließungswillen nur durch Zeichen erlangt werden kann. Bei Tauben, Stummen und Taubstummen kann es am leichtesten vorkommen, daß sie eine Eheschließung in Unkenntniß über die Bedeutung ihrer Handlung äußerlich ins Werk setzen. Auch bei Personen, die der Sprache des Standesbeamten nicht mächtig sind, wäre ein solcher Irrthum möglich. Wenn § 1332 von dem Falle spricht, daß der Eheschließende nicht gewußt hat, daß es sich um eine Eheschließung handle, so wird damit der Mangel des Wissens, nicht der Mangel des Bewußtseins verlangt. Letzterer Mangel bildet einen Nichtigkeitsgrund und ist in § 5 behandelt.

Hat der Eheschließende zwar gewußt, daß es sich um eine Eheschließung handle, aber eine Erklärung, die Ehe eingehen zu wollen, nicht abgeben wollen, so soll die Ehe ebenfalls wegen Irrthums angefochten werden können. In diesem Falle muß wie im vorhergehenden der Wille, eine Ehe einzugehen, bei dem Erklärenden garnicht vorhanden sein. Der Eheschließende muß wissen, daß es sich um eine Eheschließung des anderen Eheschließenden mit ihm, dem Erklärenden, handle. Wie im vorhergehenden Falle kommt auch hier nur ihre Eheschließung, nicht die eines Dritten, in Frage. Daß Jemand, trotzdem er weiß, es handelt sich um seine Eheschließung, und trotzdem er erklärt, die Ehe mit dem anderen Eheschließenden eingehen zu wollen, nicht den Willen hat, die Erklärung abzugeben, wird

---

[3]) § 1333 B.G.B. stimmt — abgesehen von den Worten: oder solche persönliche Verhältnisse — wörtlich mit § 1316 Entw. IV und § 1318 Entw III, sowie — weiter abgesehen von Verwandlung der Worte: Würdigung des Zweckes der Ehe in: Würdigung des Wesens der Ehe — auch mit § 1241 Entw. II überein, weicht aber vom § 1259 Ziff. 1 Entw. I wesentlich ab. Begr. Bd. 4 S. 72—78. Prot. Bd. 4 S. 72—79. Denksch. S. 259. R.Kom.Ber. z. B.G.B. S. 106, 107.

wohl noch seltener als der erstbesprochene Fall vorkommen. **Gebrechen und Sprachunkenntniß** werden auch hier die Hauptrolle spielen. Verschuldeter Irrthum steht dem unverschuldeten gleich. Wer die Erklärung, eine Ehe eingehen zu wollen, abgiebt, sich aber insgeheim vorbehält, das Erklärte nicht zu wollen (§ 116), ist nicht berechtigt, die Ehe aus § 1332 anzufechten; denn ein solcher **Geheimvorbehalt** ist etwas wesentlich anderes als der die Grundlage der Anfechtung aus § 1332 bildende Irrthum. Der Geheimvorbehalt ist auch dann nicht zu beachten, wenn der andere Ehegatte ihn kennt.[4]) Ebensowenig ist die Anfechtung aus § 1332 begründet, wenn die Erklärung, die Ehe eingehen zu wollen, zum Schein (§ 117) oder zum Scherz (§ 118) abgegeben wird. Die in den §§ 116 bis 118 ausgesprochenen Grundsätze über die Nichtigkeit der Willenserklärungen im Falle des Geheimvorbehalts, Scheines und Scherzes finden auf die Eheschließung überhaupt keine Anwendung. Das Gesetz verlangt, um die Ernstlichkeit des Willens festzustellen, die Beobachtung gewisser Formvorschriften und geht davon aus, daß der Eheschließungswille fehlerlos vorhanden ist, wenn diese Vorschriften beobachtet sind. Ein Gegenbeweis ist nur im Rahmen des § 1332 zulässig.

„Eine Ehe kann von dem Ehegatten angefochten werden, der sich bei der Eheschließung **in der Person** des anderen Ehegatten... geirrt hat." § 1333.

Um festzustellen, ob sich ein Ehegatte in dieser Weise geirrt hat, muß ermittelt werden, mit welcher Person er die Ehe hat schließen wollen, denn es kommt hier auf die Frage an, ob diejenige Person, mit welcher er die Ehe geschlossen hat, dieselbe ist, mit welcher er die Ehe hat schließen wollen. Haben sich die Eheleute vor der Eheschließung persönlich gekannt, und haben sie sich das Versprechen der Ehe persönlich gegeben, so wird kaum ein Zweifel darüber aufkommen, daß der Wille des einen Ehegatten dahin gerichtet gewesen ist, mit der ihm persönlich bekannt gewordenen und

---

[4]) R. Leonhard, das persönliche Eherecht des Entwurfs eines bürgerlichen Gesetzbuchs f. d. d. R. im Arch. f. bürg. R. Bd. 10 S. 19 sagt mit Bezug auf Eheschließungen:

„Jedenfalls wird aber auch in Zukunft der Irrthum die Ursache eines erfolglosen, nicht bloß anfechtbaren Vertragsschlusses da sein, wo neben ihm keine Zustimmungserklärung zu dem von der anderen Vertragspartei anerkannten Vertragsinhalte stehen wird. Dies ist zwar nicht ausdrücklich gesagt, folgt aber mit Nothwendigkeit daraus, daß zu jedem Vertragsinhalte, wenn er gültig sein soll, zwei auf ihn gerichtete Erklärungen gehören müssen. (Zweite Lesung § 116)."

Dazu ist zu bemerken: Der Einfluß des Irrthums auf die Gültigkeit der Ehe ist in den §§ 1332 und 1333 B.G.B. erschöpfend geregelt. Daneben kann ein Irrthum irgend welcher Art weder als Anfechtungsgrund noch als Nichtigkeitsgrund in Betracht kommen, da die Anfechtungs- und Nichtigkeitsgründe des Gesetzes ausschließliche sind. Richtig ist zwar, daß zur Eheschließung zwei darauf gerichtete Erklärungen gehören und daß, wenn es daran fehlt, eine Eheschließung nicht zu Stande kommt; das ist aber dann eine Folge des Formmangels (§§ 1317 und 1324), nicht die Wirkung eines Irrthums. Ist die Eheschließungshandlung formell in Ordnung vor sich gegangen, so entsteht eine Ehe, die nur mit der Nichtigkeits- oder Anfechtungsklage wieder beseitigt werden kann. Die Entstehung kann ein Irrthum, welcher Art er auch sei, nicht hindern.

durch Verlöbniß verbundenen Person eine Ehe zu schließen. Eine Verwechselung des Verlobten nach seiner äußeren Erscheinung mit einer anderen Person kann dann wohl nur bei grober Unaufmerksamkeit der Betheiligten bei der Eheschließung vorkommen, am leichtesten auch hier wie im Falle des § 1332, wenn **Taube, Stumme** oder **Blinde** eine Ehe schließen wollen, oder wenn sich unzulässiger Weise ein Verlobter bei der Eheschließung durch einen anderen vertreten läßt und der Ehegatte die Ehe mit dem Vertretenen zu schließen meint. Verschuldeter Irrthum steht dem unverschuldeten gleich. Die Person des anderen Ehegatten ist aber im Sinne des § 1333 nicht gleichbedeutend mit seiner äußeren Erscheinung. Im gesellschaftlichen Verkehr der Menschen wird das Einzelwesen nicht nur nach seiner körperlichen Gestalt sondern auch nach Namen, Stand oder Herkunft von anderen unterschieden und diese Dinge machen es zu einer bestimmten Person. Da nun der Ehegatte vor der Eheschließung die **Person** des anderen Ehegatten nicht nothwendig gerade nach seiner äußeren körperlichen Erscheinung bekannt geworden zu sein braucht, es vielmehr vorkommen kann, daß ihm die Person des anderen Ehegatten vorher nur dem Namen nach bekannt gewesen ist, so ist auch die Möglichkeit zuzugeben, daß der Irrthum in der Person des anderen Ehegatten auf anderen Gründen als körperlichen Verwechselungen beruht. Man muß allerdings daran festhalten, daß die Ehe eine Verbindung ist, die Mann und Frau in gegenseitiger Werthschätzung aus Zuneigung zu einander eingehen, und daß dabei Name, Stand und Herkunft der Ehegatten nur eine untergeordnete Rolle spielen. Stellt sich heraus, daß diese Nebendinge nach der einen oder anderen Richtung nicht zutreffen, so ist darum noch nicht anzunehmen, daß die Person des Ehegatten eine andere als diejenige sei, mit welcher der Ehegatte die Ehe eingehen wollte, und daher gegebenenfalls ein Irrthum vorliege. Jedoch lassen sich auch Fälle denken, in denen die Person, wenn jene Dinge nicht zutreffen, als eine ganz andere erscheint als diejenige, mit welcher der Ehegatte die Ehe schließen wollte. Handelt es sich z. B. um die Vereinigung zweier Herrschaftsgebiete unter einem Haupte durch eheliche Verbindung von Mitgliedern der regierenden Häuser und stellt sich nach der Eheschließung heraus, daß der andere Ehegatte überhaupt nicht Mitglied des einen regierenden Hauses ist sondern eine ganz andere, mit diesem in keiner Verbindung stehende, unwichtige Person, so kann wohl, wenn sich der eine Ehegatte hierin geirrt hat, dieser Irrthum, soweit das B.G.B. Anwendung findet, als Irrthum in der Person des anderen Ehegatten angesehen werden.

> „Eine Ehe kann von dem Ehegatten angefochten werden, der sich bei der Eheschließung ... über solche **persönliche Eigenschaften** des anderen geirrt hat, die ihn bei Kenntniß der Sachlage und bei verständiger Würdigung des Wesens der Ehe von der Eingehung der Ehe abgehalten haben würden.“ § 1333.

Während es sich im Vorhergehenden um einen Irrthum in der Person des anderen Ehegatten handelt, wird hier vorausgesetzt, daß der andere Ehegatte seiner Person nach derjenige ist, mit welcher der

Ehegatte die Ehe hat schließen wollen. Persönliche Eigenschaften bestimmen nicht die Person als solche zur Unterscheidung von anderen Personen, sondern die Eigenart der Person im Vergleich mit anderen Personen. Je nachdem die **persönlichen Eigenschaften** mit der Körperbeschaffenheit oder den geistigen und sittlichen Anlagen der Person zusammenhängen, kann man sie in körperliche, geistige und sittliche eintheilen. Jede Art persönlicher Eigenschaft ist an sich geeignet, Gegenstand des Irrthums zu sein. Das Gesetz enthält in dieser Beziehung keine Beschränkung. Aber schon aus dem Begriffe der persönlichen Eigenschaft ergiebt sich, daß es sich hier um ein ziemlich eng begrenztes Gebiet handelt. Persönliche Eigenschaften sind vor allem von **persönlichen Verhältnissen** zu unterscheiden. Während jene dem inneren oder äußeren Wesen einer Person ein eigenartiges Gepräge geben, haften diese der Person an, ohne ihr Wesen zu berühren. In diesem Sinne gehören zu den persönlichen Verhältnissen z. B. Stand, Rang, Beruf und Staatsangehörigkeit. Auch die Personenstandsverhältnisse gehören dazu. Es kann daher ein Irrthum darüber, ob der z. B. für verwitwet gehaltene Ehegatte geschieden war, nicht als Irrthum über eine persönliche Eigenschaft angesehen werden. Eine persönliche Eigenschaft macht auch nicht das Glaubensbekenntniß oder die politische Gesinnung aus, ebensowenig seine Abstammung. Arm und reich sind keine persönlichen Eigenschaften. Das Vermögen kann zwar höchst persönlicher Natur sein, aber es berührt in keiner Beziehung das Wesen der Person.[5])

Persönliche Eigenschaften sind z. B. folgende:

1. körperliche: jung, alt, gesund, krank[6]), gebrechlich, weiblich, männlich, zeugungsfähig, beiwohnungsfähig[7]), keusch, jungfräulich[8]), schwanger, unfruchtbar;

---

[5]) Die Entwürfe (Entw. I § 1259 Ziff. 1; Entw. II § 1241; Entw. III § 1318; Entw. IV § 1316) berücksichtigten neben den persönlichen Eigenschaften auch die persönlichen Verhältnisse. In der Reichstagskommission erachtete man dies als zu weit gehend und beschränkte den Anfechtungsgrund auf den Irrthum über persönliche Eigenschaften. R.Kom.Ber. S. 106 und 107.

[6]) Geschlechtskrankheit stellt einen Anfechtungsgrund wegen Irrthums dar. R.G. 28./4. 1890 in Bolze Bd. 10 Ziff. 561. Nicht auf gleicher Stufe mit Syphilis stehen leichtere Fälle von Geschlechtskrankheit. R.G. 16./2. 1894 in Bolze Bd. 18 Ziff. 542.

[7]) Irrthum über impotentia coeundi als einer wesentlichen Eigenschaft der Person. R.G. 19./2. 1895 Bd. 34 S. 170.

[8]) Der irrige Glaube des Ehemannes an die Jungfräulichkeit der zuvor nicht verheirathet gewesenen Ehefrau hat die Ungültigkeit der Ehe zur Folge. R.G. 23./3. 1886 in Bolze Bd. 2 Ziff. 1142 (preuß. A.L.R.). Hat der Mann schon vor Eingehung der Ehe geschlechtlichen Verkehr mit der Frau gehabt, so ist der Anfechtungsgrund wegen früheren geschlechtlichen Verkehrs mit einem Dritten nicht ohne Weiteres ausgeschlossen. Es kommt darauf an, ob der Mann überhaupt kein entscheidendes Gewicht auf die Jungfräulichkeit der Frau gelegt hat. R.G. 2./5. 1890 Bd. 25 S. 192 (gemeines R.). Der Anfechtungsgrund wurde in einem Falle trotz vorangegangenen Geschlechtsverkehrs zwischen den künftigen Eheleuten als gegeben erachtet, weil die Frau die Treue als Braut (es bestand bereits ein Verlöbniß oder doch die ernste Absicht, die Ehe zu schließen) gebrochen hatte. R.G. 9./12. 1898 in Jur. W. 1899 S. 54 Ziff. 67 (gemeines R.). Das Anfechtungsrecht des Mannes ist auch dann begründet, wenn der Mann selbst mit der Frau vor der Eheschließung geschlechtlich verkehrt hatte, er aber der Meinung war, daß die Frau bisher nicht

2. geistige: geistesschwach, geisteskrank[9]), stumpfsinnig, ungebildet;
3. sittliche: geschlechtlich bescholten[10]), ehrlos, arbeitsscheu, trunksüchtig, verschwenderisch, zanksüchtig.

Nicht jede einen Fehler darstellende persönliche Eigenschaft begründet die Anfechtung. Es ist zwischen **wesentlichen** und **unwesentlichen Eigenschaften** zu unterscheiden.[11]) Der Ehegatte muß sich über solche persönlichen Eigenschaften des anderen Ehegatten geirrt haben, die ihn bei Kenntniß der Sachlage und bei verständiger Würdigung des Wesens der Ehe von der Eingehung der Ehe abgehalten haben würden. Die Beschaffenheit der für den Irrthum in Betracht kommenden persönlichen Eigenschaft wird also durch die Wirkung gekennzeichnet, die sie auf den irrenden Ehegatten geäußert haben würde. Das unterscheidende Merkmal ist demnach nur unter Berücksichtigung der Umstände des einzelnen Falles zu finden. Das Gesetz vermeidet es, eine allgemeine Begriffsbestimmung für die hier als erheblich anzusehenden persönlichen Eigenschaften zu geben, will vielmehr jeden einzelnen Fall nach seiner besonderen Sachlage beurtheilt wissen. Für diese Beurtheilung stellt es aber feste Gesichtspunkte auf. Die Eigenschaft muß die Wirkung haben, daß sie den irrenden Ehegatten von der Eingehung der Ehe abgehalten haben würde. Um die Frage nach dieser Wirkung richtig zu beantworten, muß man sich im einzelnen Falle die Lage des irrenden Ehegatten vor der Eheschließung vergegenwärtigen. Die damals obwaltenden Verhältnisse, die persönliche Denk- und Empfindungsweise kommen dabei in Betracht. Würde schon hiernach die Frage verneint werden müssen, so würde der Anfechtungsgrund nicht vorliegen. Gelangt man aber bei Prüfung dieser höchstpersönlichen Voraussetzungen nicht schon ohne Weiteres zur Verneinung der Frage, so würde der Anfechtungsgrund doch nur unter einer weiteren sachlichen Voraussetzung gegeben sein. Die persönlichen Verhältnisse und Meinungen des Ehegatten, seine persönliche Auf-

---

mit einem anderen Manne den Beischlaf vollzogen habe. In diesem Falle hat der Mann zu beweisen, daß die Ehefrau schon vor dem Umgange mit ihrem Manne die Jungfräulichkeit verloren habe. Ergiebt sich dies aus einer vorzeitig hervortretenden Schwangerschaft der Frau, so hat letztere nachzuweisen, daß der Mann mit ihr den Beischlaf schon in der entsprechend früheren Zeit vollzogen habe oder daß ihm der Mangel ihrer Jungfräulichkeit bezw. ihrer Schwangerschaft bekannt gewesen sei. R.G. 5./4. 1894 in Gruchot Bd. 38 S. 1003, auch in Bolze Bd. 18 Ziff. 543 und 544. Der Mann hatte in einem anderen Falle bewiesen, daß die Frau vor der Ehe außerehelich geboren hatte. Daß er sich im Irrthum befunden, brauchte er nicht zu beweisen. R.G. 1./6. 1893 in Jur. W. 1893 S. 368 Ziff. 81 und in Bolze Bd. 17 Ziff. 545. Entscheidend ist, ob aus in der sittlichen Natur der Ehe beruhenden Gründen anzunehmen ist, daß der die Ehe anfechtende Theil, wenn er zur Zeit der Eheschließung von dem Fehltritte des anderen Theils unterrichtet gewesen wäre, in die Eheschließung nicht gewilligt haben würde, eine Frage, deren Beantwortung von der Würdigung der thatsächlichen Umstände des gegebenen Falles abhängt. R.G. 28./2. 1887 Bd. 17 S. 251, 12./10. 1896 in Jur. W. 1896 S. 663 Ziff. 25.

[9]) Erbliche Belastung mit der Anlage zu Geistesstörung kein Anfechtungsgrund. R.G. 13./1. 1891 in Bolze Bd. 11 Ziff. 491.

[10]) Vergl. Anmk. 8.

[11]) Auch bei Rechtsgeschäften gilt der Irrthum über Eigenschaften einer Person nur, wenn die Eigenschaften im Verkehr als wesentlich angesehen werden. § 119 Abs. 2.

fassung von dem Fehler des anderen Ehegatten sind allein nicht geeignet, die Anfechtung zu begründen. Die Ehe als eine öffentliche Einrichtung bedarf des Schutzes gegen willkürliche Anfechtung. Die Sache muß so liegen, daß den Ehegatten die persönliche Eigenschaft des anderen Ehegatten, wenn er sie gekannt hätte, selbst dann von Eingehung der Ehe abgehalten haben würde, wenn er das Wesen der Ehe verständig gewürdigt hätte. Darin liegt die Abwehr aller willkürlichen, der persönlichen Laune und Stimmung entsprungenen Anfechtungsgelüste und die Zurückführung der Anfechtungsansprüche auf das durch die Ehe als einer vorwiegend sittlichen Einrichtung gebotene Maß. **Das Wesen der Ehe ist für jedermann gleich** und mehrdeutiger Auffassung nicht fähig, also geeignet, einen sicheren, unwandelbaren Maßstab für die Beurtheilung jedes einzelnen Falles abzugeben. Verkennung des Wesens der Ehe steht der Anfechtung entgegen. Wenn aber bei verständiger Würdigung des Wesens der Ehe der Ehegatte die Ehe nicht eingegangen wäre, so soll die Anfechtung begründet sein. Daß es der Gesetzgeber hierbei nicht ausschließlich auf die richtige Erfassung des Begriffes: „Ehe", sondern auch auf eine Berücksichtigung der einschlägigen Verhältnisse abgesehen hat, geht aus der Bestimmung hervor, daß die Würdigung eine verständige sein soll. Wenn auch das Wesen der Ehe in sich unabänderlich bestimmt ist, so braucht doch die eine oder die andere Seite der Ehe je nach den Umständen nicht für jeden gleich wichtig zu sein. Dergleichen Verschiedenheiten bei Würdigung des Wesens der Ehe außer Acht zu lassen, wäre unverständig.[12])

Lag nun eine solche persönliche Eigenschaft des anderen Ehegatten zur Zeit der Eheschließung, also zu einer Zeit, in welcher der Ehegatte noch zurücktreten durfte, vor, und war ihm die Sachlage damals unbekannt, so ist der Anfechtungsgrund wegen Irrthums gegeben. Kannte er die Sachlage damals, so ist ihm wegen mangelnden Irrthums die Anfechtung versagt. Hinsichtlich der **Unkenntniß** als einer klagebegründenden Thatsache trifft den Anfechtenden die Darlegungspflicht. Nicht erforderlich ist, daß die persönliche Eigenschaft dem Ehegatten vom anderen Ehegatten verhehlt worden ist oder gar, daß der Ehegatte von dem anderen Ehegatten

[12]) Leonhard a. a. O. S. 22 sagt:

„Nur in einem Punkte scheint der Entwurf noch immer nicht das Richtige getroffen zu haben. Es kommt wohl weit weniger darauf an, was der Irrende einstmals vor dem Vertragsschlusse bei dem Fortfalle seiner Einbildung gedacht haben würde und denken durfte, sondern auf das, was er jetzt, bei der Entdeckung seines Irrthums billiger Weise denken und verlangen darf." Und S. 23: „Es sollte daher der Irrthum bei Ehen nur dann als Anfechtungsgrund gelten, wenn er bei seiner Aufklärung dem Richter wichtig genug erscheint, um die Nachtheile der Ehetrennung aufzuwiegen." Wie oben ausgeführt, kommt es allerdings auf die Denk- und Empfindungsweise des Irrenden vor der Eheschließung an. Aber bei Beurtheilung dessen, was der Irrende bei verständiger Würdigung des Wesens der Ehe gedacht haben würde, kann sehr wohl auch die weitere Entwickelung und gegenwärtige Beschaffenheit des ehelichen Verhältnisses und die etwa eingetretene Sinnesänderung des Irrenden berücksichtigt werden. Zutreffend sagt Leonhard a. a. O. S. 21: „Wo die Aufklärung eines Irrthums dem Irrenden keinerlei schmerzliche Enttäuschung bereitet, da liegt ein Bedürfniß des Schutzes gegen die Folgen des Irrthums überhaupt nicht vor."

über das Vorhandensein von Fehlern arglistig getäuscht worden ist, wie letzteres in § 1334 vorausgesetzt wird. Der andere Ehegatte hat nicht die Pflicht, seine persönlichen Eigenschaften dem Ehegatten zu offenbaren, wenngleich das beiderseitige Interesse jeden Ehegatten darauf hinweist.[13]) Sogar wenn der andere Ehegatte seine zur Anfechtung Anlaß gebende Eigenschaft nicht gekannt hat, ist die Anfechtung nicht unzulässig. Ebensowenig kann sie für ausgeschlossen erachtet werden, wenn die Unkenntniß des irrenden Ehegatten auf eigener Fahrlässigkeit beruht hat. Es ist also nicht zulässig, denjenigen, der den Grund der Anfechtbarkeit kennen mußte, demjenigen gleich zu behandeln, der ihn kannte. (§ 122 Abs. 2.)

§ 11.

Arglistige Täuschung.

Nach § 1334 [1]) kann eine Ehe von dem Ehegatten angefochten werden, der zur Eingehung der Ehe durch arglistige Täuschung über solche Umstände bestimmt worden ist, die ihn bei Kenntniß der Sachlage und bei verständiger Würdigung des Wesens der Ehe von der Eingehung der Ehe abgehalten haben würden.[2]) Im Gegensatze zum § 1333 handelt es sich hier um Umstände, nicht um persönliche Eigenschaften. Die Kennzeichnung dieser Umstände ist aber, wie im § 1333, nach der Wirkung erfolgt, die sie auf den Ehegatten, wenn er sie gekannt hätte, geäußert haben würden.

---

[13]) Der Entw. I hatte den Irrthum in persönlichen Eigenschaften überhaupt nicht als Anfechtungsgrund zugelassen, dagegen die Anfechtung unter dem Gesichtspunkte des Betruges gestattet, wenn solche persönliche Eigenschaften verhehlt worden waren, welche den Ehegatten bei verständiger Würdigung des Zweckes der Ehe von der Eheschließung abhalten mußten, und von welchen zugleich vorauszusetzen war, daß sie ihn, wenn er sie gekannt hätte, von der Eheschließung abgehalten haben würden. § 1259 Ziff. 1. u. 2. Dadurch anerkannte der Entw. I in gewissem Umfange eine Offenbarungspflicht der Eheschließenden unter einander. Entw. IV S. 73 u. 74. Dem gegenüber war in der 2. Kommission von verschiedenen Seiten beantragt worden, in Fällen dieser Art die Anfechtung der Ehe aus dem Gesichtspunkte eines wesentlichen Irrthums ohne Rücksicht darauf zuzulassen, ob die persönlichen Eigenschaften des anderen Theils von diesem verhehlt worden sind. Die Mehrheit stimmte diesen Vorschlägen zu. Prot. Bd. 4 S. 75. Außerdem wurde der Entw. I noch in anderen Beziehungen geändert. Man war nämlich auch darin einverstanden, daß es nicht auf solche Eigenschaften ankommen solle, welche den Anfechtenden von der Eheschließung abhalten mußten, sondern darauf, daß die Eigenschaften den Umständen nach geeignet waren, ihn abzuhalten. Prot. Bd. 4 S. 76. Demgemäß erhielt der Entwurf diejenige Fassung, welche das Gesetz gegenwärtig aufweist. Ferner wurde statt der Worte: „bei verständiger Würdigung des Zweckes der Ehe" gesetzt: „bei verständiger Würdigung des Wesens der Ehe."

[1]) § 1334 B.G.B. stimmt nur theilweise mit § 1317 Entw. IV, § 1319 Entw. III und § 1259 Ziff. 1 Entw I überein und weicht vom § 1259 Ziff. 1 Entw I erheblich ab. Begr. Bd. 4 S. 72—78. Prot. Bd. 4 S. 76—78. Denkschr. S. 259, 260. R.Kom.Ber. S. 106, 107.

[2]) Vergl. § 123 Abs. 1, wonach derjenige, welcher zur Abgabe einer Willenserklärung durch arglistige Täuschung bestimmt worden ist, die Erklärung anfechten kann. Diesem allgemeinen Grundsatz entspricht § 1334.

Was in dieser Beziehung bei Erläuterung des § 1333 gesagt worden ist, gilt auch hier. Insbesondere können auch hier nur wesentliche Umstände in Betracht kommen, und es muß bei Beurtheilung der Frage, was als wesentlich anzusehen ist, nicht nur auf das persönliche Interesse des Ehegatten, sondern auch auf das öffentliche Interesse an Erhaltung der Ehe als einer vorwiegend sittlichen Einrichtung Rücksicht genommen werden. Mit dieser Maßgabe können Umstände aller Art in Betracht kommen, ausgenommen die Vermögensverhältnisse.

„Auf Grund einer Täuschung über **Vermögensverhältnisse** findet die Anfechtung nicht statt." [3]) § 1334 Abs. 2.

Wenn es auch als ganz verständig, ja rathsam bezeichnet werden muß, bei Eingehung der Ehe im Hinblick auf ihren wirthschaftlichen Zweck die **Vermögensverhältnisse** des anderen Theils ebenso wie seine Gesundheit, Stellung, Erwerbsfähigkeit und andere Dinge zu berücksichtigen, so muß man doch auch annehmen, daß die Vermögensverhältnisse eines Gatten mit dem Wesen der Ehe nichts zu thun haben. Ein weiterer Unterschied zwischen § 1334 und § 1333 besteht darin, daß hier eine arglistige Täuschung, dort nur ein Irrthum erfordert wird. Während bei dem Irrthum die falsche Vorstellung des Irrenden von einer wesentlichen Voraussetzung der Ehe allein und ohne Zuthun eines Anderen ausreicht, die Anfechtbarkeit der Ehe zu begründen, muß hier hinzukommen, daß die falsche Vorstellung des Irrenden durch arglistiges Verhalten eines Anderen hervorgerufen worden ist. **Arglistig** handelt derjenige, der über gewisse Dinge, von denen er weiß oder nach den Umständen annehmen muß, daß sie den anderen Theil bei Kenntniß der Sachlage und bei verständiger Würdigung des Wesens der Ehe von der Eingehung der Ehe abhalten würden, in der Absicht täuscht, den Anderen dadurch zur Eingehung der Ehe zu bestimmen. Das Gesetz erfordert aber weiter, daß der Ehegatte durch die Täuschung zur Eingehung der Ehe bestimmt worden ist. Die Eingehung der Ehe muß also im **ursächlichen Zusammenhange** mit der Täuschung stehen. Voraussetzung der Anfechtung wegen arglistiger Täuschung ist aber ebenso wie bei der Anfechtung wegen Irrthums verständige Würdigung des Wesens der Ehe. Folgerichtig muß die Anfechtung wegen arglistiger Täuschung über die Vermögensverhältnisse ausgeschlossen sein. Das Gesetz hat dies aber noch ausdrücklich ausgesprochen und damit etwaige Zweifel ein für alle Mal beseitigt.

„Ist die Täuschung nicht von dem anderen Ehegatten verübt worden, so ist die Ehe nur dann anfechtbar, wenn dieser die Täuschung bei der Eheschließung gekannt hat." § 1334 Abs. 1 Satz 2.

Dem Kennen ist hier das Kennenmüssen nicht gleichzustellen. [4])

---

[3]) Dieser Zusatz ist in der R.Kom. beschlossen worden. R.Kom.Ber. S. 107.

[4]) Der Entw. I § 1259 Ziff. 1 lautete:
„War der Betrug nicht von dem anderen Eheschließenden verübt, so ist die Ehe nur dann anfechtbar, wenn der Letztere den Betrug bei der Eheschließung kannte oder

Schließlich ist zu erwähnen, daß derjenige Ehegatte, welcher den anderen Theil zur Eheschließung arglistig mittels einer solchen Täuschung verleitet, welche den Getäuschten berechtigt, die Gültigkeit der Ehe anzufechten, nach § 170 St.G.B. auf Antrag des getäuschten Theils mit Gefängniß nicht unter drei Monaten bestraft wird, wenn die Ehe aus diesem Grunde aufgelöst worden ist.

§ 12.

Drohung.

„Eine Ehe kann von dem Ehegatten angefochten werden, der zur Eingehung der Ehe widerrechtlich durch Drohung bestimmt worden ist." § 1335.[1])

Wie im Falle des § 1334 der Täuschende muß hier der Drohende den Vorsatz haben, den Ehegatten durch die Drohung wie dort durch die Täuschung zur Eingehung der Ehe zu bestimmen und es muß die Eingehung der Ehe in **ursächlichem Zusammenhange** mit der Drohung wie dort mit der Täuschung stehen. Worin die Drohung besteht, ist an sich gleichgültig. Sie kann in der Androhung von Gewalt oder eines Verbrechens oder eines sonstigen Uebels bestehen; sie kann durch Worte oder Gebehrden bewirkt werden. Wesentlich ist nur, daß ein Uebel in Aussicht gestellt wird, das geeignet ist, die freie Willensbestimmung des Bedrohten in Bezug auf seinen Entschluß, die Ehe einzugehen, ganz oder theilweise auszuschließen. Der Drohende muß das Bewußtsein dieser Geeignetheit seiner Drohung haben. Die Drohung muß ferner **widerrechtlich** erfolgen und der Drohende muß sich auch dessen bewußt sein. Widerrechtlich kann sie schon wegen der Beschaffenheit des angedrohten Uebels sein. So ist z. B. die Drohung mit einem Verbrechen widerrechtlich. Besteht zwar das angedrohte Uebel in einer Handlung, zu deren Vornahme der Drohende berechtigt ist, so kann die Drohung trotzdem widerrechtlich sein. Das Verlöbniß giebt kein Recht, die Eingehung der Ehe durch Drohung zu erzwingen. Wer sich aus Scheu oder Ehrfurcht zur Eingehung der Ehe bestimmen läßt, handelt überhaupt nicht unter dem Einfluß eines widerrechtlichen Zwanges.

Es kann noch in Frage kommen, wie **Gewalt** und List rechtlich wirken. Daß die Eheschließungshandlung durch unmittelbare Anwendung körperlicher

---

kennen mußte." Die Worte „oder kennen mußte" sind aber von den Verfassern des Entw. II gestrichen, um die Anfechtung für diesen Fall auszuschließen. Prot. Bd. 4 S. 78. Darin liegt eine Abweichung von dem allgemeinen Grundsatze des § 123 Abs. 2 B.G.B. Sie ist aber auch durch billige Rücksicht auf den Ehegatten des durch einen Dritten Getäuschten gerechtfertigt.

[1]) § 1335 stimmt — abgesehen von der Umstellung der Worte: durch Drohung widerrechtlich — wörtlich mit § 1318 Entw. IV, § 1320 Entw. III, fast wörtlich mit § 1243 Entw. II und sachlich mit § 1259 Ziff. 1 und § 1261 Ziff. 1 Entw. I überein. Begr. Bd. 4 S. 71. Prot. Bd. 4 S. 74. Denksch. S. 260. R.Kom.Ber. z. B.G.B. S. 107.

Kraft sollte herbeigeführt werden können, erscheint bei der Gestaltung der Eheschließung ausgeschlossen. Die Eheschließungserklärung läßt sich jedenfalls nicht durch Gewalt hervorbringen. Wird sie abgegeben, so muß der Wille des Erklärenden thätig gewesen sein. Liegt nun aber der Fall so, daß der Ehegatte unter dem Einfluß einer mittelbar angewendeten Gewalt zwar die erforderlichen Worte gesprochen, aber nicht den Willen gehabt hat, eine Erklärung, die Ehe eingehen zu wollen, abzugeben, so liegt der Anfechtungsgrund des § 1332, Halbsatz 2 vor und ein solcher Fall gehört nicht hierher.

Daß nun Eheschließungshandlungen durch **List** sollten erwirkt werden können, ist ebenfalls schwer denkbar. Vorkommenden Falls würden auch hier die Bestimmungen des § 1332 und diejenigen über Anfechtung der Ehe wegen Irrthums und arglistiger Täuschung (§§ 1333 und 1334) zur Beurtheilung des Falles genügen. [2])

Daß die Drohung nicht nothwendig von dem anderen Ehegatten ausgegangen zu sein braucht, sondern daß es zur Anfechtung der Ehe genügt, wenn die Drohung von einem **Dritten** ausgegangen ist, hat zwar das B.G.B. nicht ausdrücklich ausgesprochen, geht aber aus dem Wortlaute des § 1335 und dem Zusammenhange hervor.[3]) Der § 1335 spricht allgemein von „Drohung", nicht von „Drohung des anderen Ehegatten". Im Falle der Drohung eines Dritten ist der Bedrohte des gesetzlichen Schutzes nicht minder bedürftig, wie im Falle der Drohung des anderen Ehegatten. Ist die Drohung von einem Dritten verübt worden, so kommt es nicht darauf an (wie im Falle der Täuschung eines Dritten § 1334), daß der andere

---

[2]) In der Kom. für die 2. Lesung wurde ein Antrag, hinzuzufügen, daß die Ehe auch dann anfechtbar sei, wenn ein Ehegatte die Ehe abgeschlossen habe, während er in der Gewalt desjenigen war, der ihn unter Drohungen oder mit Gewalt entführt hatte, um ihn zur Ehe zu bringen, abgelehnt. Die Kom. war der Ansicht, daß, wenn die entführte Person sich im Augenblicke der Eheschließung noch in der Gewalt des Entführers befinde und in die Ehe willige, weil sie sich demselben nicht entziehen zu können glaube, ohne Weiteres der Anfechtungsgrund der Bedrohung zutreffen werde. Wenn sie aber im Augenblicke der Eheschließung wirklich ihre Freiheit wiedererlangt habe, so sei kein Anlaß, die Anfechtung der Ehe zuzulassen. Prot. Bd. 4 S. 74. Zu beachten sind folgende Bestimmungen des St.G.B.:

§ 236 „Wer eine Frauensperson wider ihren Willen durch List, Drohung oder Gewalt entführt, um sie zur Unzucht zu bringen, wird mit Zuchthaus bis zu zehn Jahren und, wenn die Entführung begangen wurde, um die Entführte zur Ehe zu bringen, mit Gefängniß bestraft.

Die Verfolgung tritt nur auf Antrag ein."

§ 238 „Hat der Entführer die Entführte geheirathet, so findet die Verfolgung nur statt, nachdem die Ehe für nichtig (Art. 34 IX Einf.G. z. B.G.B.) erklärt worden ist."

[3]) In demselben Sinne ist im § 1334 Abs. 1 Satz 1 von „arglistiger Täuschung" schlechtweg die Rede. Die §§ 1334 und 1335 entsprechen auch in dieser Beziehung dem allgemeinen Grundsatze des § 123 Abs. 1. Vergl. Denkschr. S. 260, wo es heißt: Die Zulässigkeit der Anfechtung in dem Falle, daß einer der Ehegatten, sei es von dem anderen Ehegatten, sei es von einem Dritten zur Eheschließung, widerrechtlich bestimmt worden ist, entspricht den allgemeinen Grundsätzen des Entwurfes und steht mit dem geltenden Rechte sogar im Einklange.

Ehegatte bei der Eheschließung die Drohung gekannt hat.[4]) Das B.G.B. würde dies sonst auch hier ausdrücklich bemerkt haben. Die verschiedene Behandlung beider Fälle ist dadurch gerechtfertigt, daß die Erzwingung der Eheschließung durch Drohung so verwerflich erscheint, daß das Bestehen einer solchen Ehe auch nicht einmal durch billige Rücksicht auf den anderen Ehegatten zu rechtfertigen ist.

§ 13.

Anfechtungsberechtigte.

„Die Anfechtung der Ehe kann nicht durch einen Vertreter erfolgen. Ist der anfechtungsberechtigte Ehegatte in der Geschäftsfähigkeit beschränkt, so bedarf er nicht der Zustimmung seines gesetzlichen Vertreters.[1])

Für einen geschäftsunfähigen Ehegatten[2]) kann sein gesetzlicher Vertreter mit Genehmigung des Vormundschaftsgerichts die Ehe anfechten. In den Fällen des § 1331 kann, solange der anfechtungsberechtigte Ehegatte in der Geschäftsfähigkeit beschränkt ist, nur sein gesetzlicher Vertreter die Ehe anfechten." § 1336.[3])

Anfechtungsberechtigt ist in den Fällen des Irrthums (§§ 1332, 1333) derjenige Ehegatte, der geirrt hat, im Falle der arglistigen Täuschung (§ 1334) der getäuschte Ehegatte und im Falle der widerrechtlichen Drohung (§ 1335) der bedrohte Ehegatte.

Es liegt in der Natur der Ehe als eines höchstpersönlichen Verhältnisses, daß der anfechtungsberechtigte Ehegatte selbst die Entscheidung darüber haben muß, ob von dem Anfechtungsrechte Gebrauch zu machen sei. Eine Vertretung in der **Entschlußfassung** über die Anfechtung ist grundsätzlich ausgeschlossen.[4]) Weder ein freiwillig bestellter Vertreter noch der gesetzliche Vertreter[5]) können über den Gebrauch des Anfechtungsrechtes

---

[4]) Dies entspricht wiederum den allgemeinen Grundsätzen über Willenserklärungen § 123 Abs. 2. Vergl. Denksch. S. 35.

[1]) Ueber gesetzliche Vertreter eines in der Geschäftsfähigkeit beschränkten Ehegatten vergl. oben § 9.

[2]) Ueber Geschäftsfähigkeit vergl. oben § 5.

[3]) § 1336 stimmt wörtlich mit § 1319 Entw. IV, § 1321 Entw. III, § 1246 Abs. 1 und 2 Entw. II, theilweise auch mit § 1265 Entw. I überein. Begr. Bd. 4 S. 94 und 95. Prot. Bd. 4 S. 84—90. Denksch. S. 260 und 261.

[4]) Ebenso betreffs der Bestätigung einer anfechtbaren Ehe. § 1337 Abs. 3.

[5]) Der Entw. I ließ den gesetzlichen Vertreter zwar zur Erhebung der Nichtigkeitsklage (§ 1254) nicht aber zur Erhebung der Anfechtungsklage (§ 1265) zu. (Begr. Bd. 4 S. 94). Die 2. Kommission änderte letzteres. Sei nach den von dem gesetzlichen Vertreter dargelegten Umständen anzunehmen, daß der wegen Geisteskrankheit

beschließen. Dadurch ist aber nicht ausgeschlossen, daß der anfechtungsberechtigte Ehegatte seinen Willen, die Ehe anzufechten durch einen Vertreter zur Ausführung bringen läßt. Soweit Anwaltszwang besteht, muß er sich sogar eines Vertreters bedienen.

Die persönliche Natur des Anfechtungsrechtes giebt jedoch keinen Hinderungsgrund ab, dem gesetzlichen Vertreter des **geschäftsunfähigen** Ehegatten ein selbständiges Anfechtungsrecht einzuräumen.[5]) Der gesetzliche Vertreter hat im Sinne des geschäftsunfähigen Ehegatten zu handeln und bedarf zur Anfechtung der Genehmigung des Vormundschaftsgerichts.[6]) Dieses muß sich darüber schlüssig machen, ob die Anfechtung dem muthmaßlichen Willen des anfechtungsberechtigten Ehegatten entspricht.[6]) Ueber das selbständige Anfechtungsrecht des geschäftsunfähigen Ehegatten nach erlangter Geschäftsfähigkeit (§ 1340) wird unten gehandelt.

In den Fällen des § 1331[7]) hat während der Dauer der beschränkten Geschäftsfähigkeit des Ehegatten nur sein gesetzlicher Vertreter, nicht der Ehegatte selbst, das Anfechtungsrecht.[8]) Der gesetzliche Vertreter eines in der Geschäftsfähigkeit beschränkten Ehegatten[9]) kann dadurch, daß er die Anfechtungsfrist unbenutzt verstreichen läßt oder die Ehe genehmigt, diese zu einer unanfechtbaren Ehe machen.[10]) Dann ist das Anfechtungsrecht für den Ehegatten auch für die Zeit nach erlangter Geschäftsfähigkeit ausgeschlossen. Ist dagegen die Anfechtungsfrist (nach § 1339 Abs. 2 seit Kenntniß des gesetzlichen Vertreters von Eingehung der Ehe gerechnet) zur Zeit des Eintritts der unbeschränkten Geschäftsfähigkeit noch nicht abgelaufen und hat der gesetzliche Vertreter die Ehe nicht genehmigt, so kann der nunmehr geschäftsfähige Ehegatte die Ehe noch innerhalb des Restes der Frist selbständig anfechten.[11])

---

entmündigte Ehegatte, wenn er nicht geistig umnachtet wäre, die Anfechtungsklage erheben würde, so bestehe kein Grund, dem gesetzlichen Vertreter zu verwehren, an Stelle des Geisteskranken die Anfechtungsklage zu erheben. Es seien Fälle denkbar, in denen die Ausschließung der Anfechtung durch den gesetzlichen Vertreter das Gerechtigkeitsgefühl verletzen müßte, z. B. wenn der Ehegatte nach Erhebung der Anfechtungsklage wahnsinnig geworden wäre. Die Interessen dritter Personen könnten dagegen nicht geltend gemacht werden. Für den anderen Ehegatten entstehe aus der Zulassung der Anfechtung durch den gesetzlichen Vertreter der Vortheil, daß nunmehr die sechsmonatige Ausschlußfrist (§ 1339 Abs. 1) laufe, der andere Ehegatte mithin nach Ablauf der Frist gegen jede Anfechtung geschützt sei. Prot. Bd. 4 S. 86, 87.

[6]) Dabei ist es nicht auf die Prüfung der ihm vom Vormunde (der vielleicht ein Verwandter und nicht unbetheiligt ist), vom anderen Ehegatten oder vom sonstigen Betheiligten unterbreiteten Thatsachen beschränkt, sondern kann sich von Amtswegen die Grundlagen seiner Entscheidung verschaffen. Prot. Bd. 4 S. 88.

[7]) Vergl. oben § 9.

[8]) Auch diese Bestimmung durchbricht den Grundsatz des Entw. I, daß das Anfechtungsrecht ausschließlich dem Ehegatten zustehe. In diesem Falle (§ 1336 Abs. 2 Satz 2) ist der in der Geschäftsfähigkeit beschränkte Ehegatte ausnahmsweise auch nicht einmal prozeßfähig. § 612 Abs. 1 C.P.O. Vergl. unten § 40.

[9]) Anders bei dem geschäftsunfähigen Ehegatten, § 1340.

[10]) Dies steht mit dem allgemeinen Grundsatze des § 108 Abs. 1 B.G.B. im Einklange.

[11]) Prot. Bd. 4 S. 90.

„Die Anfechtung der Ehe ist in den Fällen des § 1331 ausgeschlossen, wenn der gesetzliche Vertreter die Ehe genehmigt oder der anfechtungsberechtigte Ehegatte, nachdem er unbeschränkt geschäftsfähig geworden ist, die Ehe bestätigt.[12]) Ist der gesetzliche Vertreter ein Vormund, so kann die Genehmigung, wenn sie von ihm verweigert wird, auf Antrag des Ehegatten durch das Vormundschaftsgericht ersetzt werden; das Vormundschaftsgericht hat die Genehmigung zu ersetzen, wenn die Aufrechterhaltung der Ehe im Interesse des Ehegatten liegt.

In den Fällen der §§ 1332—1335 ist die Anfechtung ausgeschlossen, wenn der anfechtungsberechtigte Ehegatte nach der Entdeckung des Irrthums oder der Täuschung oder nach dem Aufhören der Zwangslage die Ehe bestätigt.

Die Vorschriften des § 1336 Abs. 1 gelten auch für die Bestätigung." § 1337.[13])

Genehmigung und Bestätigung brauchen nicht ausdrücklich zu geschehen. Stillschweigende Willenserklärungen genügen.[14]) Eine Genehmigung oder Bestätigung, die erfolgt, nachdem die Ehe für nichtig erklärt oder aufgelöst worden ist, hat keine Wirkung.[15])

„Die Anfechtung ist nach der Auflösung[16]) der Ehe ausgeschlossen, es sei denn, daß die Auflösung durch den Tod des zur Anfechtung nicht berechtigten Ehegatten herbeigeführt worden ist." § 1338.[17])

Mit dem Tode des anfechtungsberechtigten Ehegatten erlischt das Anfechtungsrecht, eine Folge, die mit der persönlichen Natur dieses Rechtes zusammenhängt. Die Hauptbedeutung des § 1338 besteht darin, daß dritte

---

[12]) Die Erlangung unbeschränkter Geschäftsfähigkeit allein genügt nicht. Begr. Bd. 4 S. 93. Ueber den sprachlichen Unterschied zwischen Einwilligung, Genehmigung und Bestätigung vergl. meine Schrift über die Sprache des B.G.B. S. 14.

[13]) § 1337 B.G.B. stimmt wörtlich mit § 1320 Entw. IV, § 1322 Entw. III, fast wörtlich mit § 1244 und 1246 Abs. 3 Entw. II, theilweise auch mit § 1263 Abs. 1 Satz 1 und Abs. 3 Satz 1 Entw. I überein. Begr. Bd. 4 S. 90—93, Prot. Bd. 4 S. 82, 83. Denksch. S. 260, 261.

[14]) Begr. Bd. 4 S. 91. Nach früherem Rechte wurde in einem Falle stillschweigender Verzicht auf Geltendmachung des dem Manne bekannten Unvermögens der Frau zur Leistung der ehelichen Pflicht darin gefunden, daß die Eheleute jahrelang zusammen gelebt hatten (sog. Geschwisterehe) R.G. 19./2. 1895 in Entsch. Bd. 34 S. 170.

[15]) Begr. Bd. 4 S. 93. § 1341 Abs. 2 B.G.B.

[16]) Auflösung durch Tod, Scheidung oder Wiederverheirathung im Falle der Todeserklärung (§ 1348 Abs. 2), Begr. Bd. 4 S. 90. Aufhebung der ehelichen Gemeinschaft schließt das Anfechtungsrecht nicht aus.

[17]) § 1338 B.G.B. stimmt wörtlich mit § 1321 Entw. IV, § 1323 Entw. III, § 1245 Entw. II und fast wörtlich mit § 1262 Entw. I überein. Begr. Bd. 4 S. 87—90. Prot. Bd. 4 S. 81, 82. Denksch. S. 253.

Personen, insbesondere diejenigen, welche im Falle der Nichtigkeit der Ehe Erben des anfechtungsberechtigten Ehegatten sein würden, nicht berechtigt sind, die Ehe anzufechten.[18] Die Ehe wird also mit dem Tode des anfechtungsberechtigten Ehegatten für Jedermann unanfechtbar. Dies setzt aber voraus, daß der anfechtungsberechtigte Ehegatte nicht schon bei Lebzeiten die Ehe angefochten hat. Hat er die Anfechtungsklage bereits selbst erhoben, jedoch nicht bis zur rechtskräftigen Entscheidung durchgeführt, so ist zwar nach § 628 C.P.O. in Folge des Todes des anfechtenden Ehegatten der Rechtsstreit in Ansehung der Hauptsache als erledigt anzusehen, aber die in der Erhebung der Anfechtungsklage liegende Anfechtung äußert über den Tod des Klägers hinaus seine Wirkung. Die Nichtigkeit der anfechtbaren und angefochtenen Ehe kann nun von Jedem, der ein rechtliches Interesse daran hat, geltend gemacht werden.[19] Der Beweis der Nichtigkeit kann im Bestreitungsfalle auf jede Art geführt werden, ohne daß es einer förmlichen Nichtigkeitserklärung bedarf.

Ist dagegen die Auflösung der Ehe durch den Tod des zur Anfechtung nicht berechtigten Ehegatten herbeigeführt worden, so behält der überlebende Ehegatte das (durch Erklärung gegenüber dem Nachlaßgerichte geltend zu machende) Anfechtungsrecht. Ist die Auflösung in dieser Art eingetreten, nachdem der anfechtungsberechtigte Ehegatte die Anfechtungsklage erhoben hat, der Rechtsstreit aber noch nicht rechtskräftig entschieden ist, so ist der Rechtsstreit nach § 628 C.P.O. in Ansehung der Hauptsache als erledigt anzusehen. Eine Fortsetzung des Rechtsstreits durch den anfechtungsberechtigten Ehegatten gegen die Erben des anderen Ehegatten behufs Nichtigkeitserklärung der Ehe ist nicht statthaft.

§ 14.

Anfechtungsfrist.

„Die Anfechtung kann nur binnen sechs Monaten[1]) erfolgen.

Die Frist beginnt in den Fällen des § 1331 mit dem Zeitpunkt, in welchem die Eingehung oder die Bestätigung der Ehe dem gesetzlichen Vertreter bekannt wird oder der Ehegatte die unbeschränkte Geschäftsfähigkeit erlangt, in den Fällen der §§ 1332 bis 1334 mit dem Zeitpunkt, in welchem der Ehegatte den Irrthum oder die Täuschung entdeckt, in dem

---

[18]) Begr. Bd. 4 S. 87.

[19]) Begr. Bd. 4 S. 89.

[1]) Die sechsmonatige Anfechtungsfrist entspricht der sechsmonatigen Frist zur Erhebung der Scheidungsklage (§ 1571). Beide Fristen haben viele gemeinsame Berührungspunkte. Vergl. § 30.

Falle des § 1335 mit dem Zeitpunkt, in welchem die Zwangslage aufhört.

Auf die Frist finden die für die Verjährung geltenden Vorschriften der §§ 203, 206 entsprechende Anwendung.“ § 1339.[2])

Die sechsmonatige Anfechtungsfrist ist eine Ausschlußfrist. Mit ihrem Ablauf ist die Geltendmachung des Anfechtungsgrundes ausgeschlossen. Die Ehegatten können weder die Verlängerung der Frist vereinbaren noch auf ihre Geltendmachung verzichten. Die Grundsätze über die Verjährung sind nicht anwendbar, da das Anfechtungsrecht nicht die Natur eines Anspruchs (§ 194 Abs. 1) hat.[3]) Eine Ausnahme machen die Bestimmungen über Verhinderung in Folge Stillstandes der Rechtspflege, durch höhere Gewalt und Vertretungsmangel. (§§ 203, 206.)[4])

„Hat der gesetzliche Vertreter eines geschäftsunfähigen Ehegatten die Ehe nicht rechtzeitig angefochten, so kann nach dem Wegfalle der Geschäftsunfähigkeit der Ehegatte selbst die Ehe in gleicher Weise anfechten, wie wenn er ohne gesetzlichen Vertreter gewesen wäre.“ § 1340.[5])

Für den in der Geschäftsunfähigkeit beschränkten Ehegatten ist eine derartige Vergünstigung nicht gegeben, auch nicht für den Fall des § 1331.[6])

Nach Art. 198 Abs. 2 Satz 2 Einf.G. z. B.G.B. beginnt die für die Anfechtung im B.G.B. bestimmte Frist nicht vor dem Inkrafttreten des B.G.B.

§ 15.

Anfechtungsklage und Anfechtungserklärung.

„Die Anfechtung erfolgt, solange nicht die Ehe aufgelöst ist, durch Erhebung der Anfechtungsklage.

Wird die Klage zurückgenommen, so ist die Anfechtung als nicht erfolgt anzusehen. Das Gleiche gilt, wenn die angefochtene Ehe, bevor sie für nichtig

---

[2]) § 1339 B.G.B. stimmt wörtlich mit § 1322 Entw. IV, § 1324 Entw. III, fast wörtlich mit § 1247 Entw. II überein und weicht vom § 1264 Entw. I mehrfach ab. Begr. Bd. 4 S. 93, 94. Prot. Bd. 4 S. 82. Denkschr. S. 253. Die Bestimmung bezweckt, zu verhüten, daß die Ungewißheit über den Fortbestand der Ehe zu lange dauert. Begr. Bd. 4 S. 93.

[3]) Begr. Bd. 4 S. 93.

[4]) Bezüglich des § 206 Abs. 2 B.G.B ist § 612 Abs. 1 C.P.O. zu beachten.

[5]) Der § 1340 B.G.B. stimmt wörtlich mit § 1323 Entw. IV, § 1325 Entw. III und § 1248 Entw. II überein. Im Entw. I ist eine derartige Vorschrift nicht vorhanden.

[6]) Vergl. oben § 13.

erklärt oder aufgelöst worden ist, nach Maßgabe des § 1337 genehmigt oder bestätigt wird." § 1341.[1])

Die Erhebung der Klage ist diejenige Rechtshandlung, mit deren Vornahme die Anfechtung bewirkt wird, solange die Ehe nicht durch den Tod eines der Ehegatten, Scheidung oder Wiederverheirathung im Falle der Todeserklärung aufgelöst ist. Die Klageerhebung stellt nicht nur die Anfechtungshandlung dar, sondern enthält zugleich das Begehren, eine richterliche Feststellung über die Gültigkeit der Ehe zu treffen. Insofern hat die Klageerhebung eine doppelte Bedeutung.[2])

Mit der Zurücknahme verliert die Erhebung der Klage ihre Wirkung. Die Anfechtung gilt als nicht erfolgt.[3]) Sie ist durch die Klagezurücknahme widerrufen. Eine Genehmigung der Ehe liegt in der Zurücknahme der Anfechtungsklage noch nicht. Diese kann von Neuem erhoben werden. Wenigstens steht die Zurücknahme einer Anfechtungsklage der Erhebung einer neuen Anfechtungsklage an sich nicht entgegen, ebensowenig der § 616 C.P.O. Ob in der Zurücknahme der Klage ein Verzicht auf nochmalige Geltendmachung desselben Anfechtungsgrundes zu finden ist, ist Thatfrage. Ein Vorbehalt erscheint jedenfalls zur Erhaltung des Anfechtungsrechtes aus anderem Anfechtungsgrunde nicht erforderlich. Da aber die Klage nach § 271 Abs. 1 C.P.O. ohne Einwilligung des Beklagten[4]) nur bis zum Beginne der mündlichen Verhandlung des Beklagten zur Hauptsache zurückgenommen werden kann, so kann der Beklagte nach dem Beginn der mündlichen Verhandlung durch Vorenthaltung der Einwilligung eine Entscheidung über die Klage herbeiführen.

Genehmigung und Bestätigung der Ehe im Laufe des Rechtsstreits wirken wie die Klagerücknahme, wenn sie erfolgen, bevor die Ehe aufgelöst oder anderweit für nichtig erklärt worden ist, ja sie wirken insofern weiter als die Klagerücknahme, als sie die Ehe unanfechtbar machen und die Erhebung einer neuen Anfechtungsklage ausschließen. Ist die Ehe rechtskräftig für nichtig erklärt, so kommt eine vor der Rechtskraft erfolgte Genehmigung oder Bestätigung auch dann nicht mehr in Betracht, wenn sie in dem Rechtsstreit über die Anfechtungsklage nicht mehr geltend gemacht werden konnte.[5])

„Ist die Ehe durch den Tod des zur Anfechtung nicht berechtigten Ehegatten aufgelöst worden, so erfolgt die Anfechtung durch Erklärung gegenüber[6])

---

[1]) § 1341 B.G.B. stimmt wörtlich mit § 1324 Entw. IV, § 1326 Entw. III, fast wörtlich mit § 1249 Entw. II und §§ 1266 Abs. 1 und 1268 Entw. I überein. Begr. Bd. 4 S. 44, 45, 95—100. Prot. Bd. 4 S. 90, 91. Denkschr. S. 253, 254.

[2]) Begr. Bd. 4 S. 95.

[3]) Diese Bestimmung entspricht dem § 212 Abs. 1 B.G.B.

[4]) Der Entw. I hatte für die C.P.O. eine Bestimmung (§ 575a) vorgesehen, wonach die Klage von dem Kläger zu jeder Zeit ohne Einwilligung des Beklagten sollte zurückgenommen werden können. Begr. Bd. 4 S. 98. Die späteren Entwürfe sahen jedoch von einer derartigen Bestimmung ab.

[5]) Begr. Bd. 4 S. 100, 51. Vergl. unten § 44.

[6]) „Gegenüber", nicht „vor". Persönliches Erscheinen vor dem Nachlaßgericht

dem Nachlaßgerichte; die Erklärung ist in öffentlich beglaubigter Form[7]) abzugeben.

Das Nachlaßgericht soll die Erklärung sowohl demjenigen mittheilen, welcher im Falle der Gültigkeit der Ehe, als auch demjenigen, welcher im Falle der Nichtigkeit der Ehe Erbe des verstorbenen Ehegatten ist. Es hat die Einsicht der Erklärung jedem zu gestatten, der ein rechtliches Interesse glaubhaft macht." § 1342.[8])

Die Erklärung gegenüber dem Nachlaßgericht enthält nicht wie die Klageerhebung zugleich das Begehren um Feststellung der Nichtigkeit der Ehe, hat vielmehr, ohne daß es einer richterlichen Nichtigkeitserklärung bedarf, von selbst die Wirkung, daß die Ehe als von Anfang an nichtig anzusehen ist (§ 1343 Abs. 1).[9]) Die Nichtigkeit der Ehe kann nunmehr von Jedem, der ein rechtliches Interesse daran hat, zu jeder Zeit geltend gemacht werden. Schwebt beim Tode des zur Anfechtung nicht berechtigten Ehegatten eine vom anfechtungsberechtigten Ehegatten, bezw. dessen Vertreter erhobene Anfechtungsklage, so kann der Rechtsstreit nicht gegen die Erben des ersteren Ehegatten behufs Herbeiführung der Nichtigkeitserklärung fortgesetzt werden. Der Rechtsstreit ist vielmehr nach § 628 C.P.O. in Ansehung der Hauptsache als erledigt anzusehen; die Anfechtung behält aber ihre Wirkung. Sie braucht nicht noch durch Erklärung gegenüber dem Nachlaßgerichte wiederholt zu werden.[10]) Mit dem Zeitpunkt, in welchem die Anfechtung gegenüber dem Nachlaßgericht erklärt wird, tritt die bezeichnete Wirkung ein.[11]) Die dem Vormundschaftsgericht aufgegebene Benachrichtigung der Erben hat nur die Bedeutung einer Ordnungsvorschrift, die, soweit sie unausführbar ist, ohne sachliche Nachtheile unterbleibt.[12]) Die Erklärung kann durch einen Vertreter nur nach Maßgabe der allgemeinen Bestimmungen in §§ 1336, 1337, 1340 abgegeben werden. Die sechsmonatige Anfechtungsfrist des § 1339 ist für die Anfechtungserklärung ebenso wie für die Anfechtungsklage maßgebend. Genehmigung oder Bestätigung der Ehe ist nach § 1341 Abs. 2 Satz 2 nicht mehr zulässig, ebensowenig erscheint die Zurücknahme der Anfechtungserklärung mit der Wirkung, daß die Anfechtung als nicht erfolgt gilt, zulässig.

---

ist also nicht erforderlich aber auch nicht ausgeschlossen. Zuständigkeit des Nachlaßgerichts §§ 72, 73 R.Ges. 17./5. 1898 über die Angelegenheiten der freiwilligen Gerichtsbarkeit.

[7]) Gerichtlich oder notariell § 183 R.G. 17./5 1898.

[8]) § 1342 B.G.B. stimmt wörtlich mit § 1325 Entw. IV, § 1327 Entw. III und sachlich mit § 1250 Entw. II und § 1266 Abs. 2 Entw. I überein. Glaubhaftmachung nach § 15 Abs. 2 R.Ges. 17./5. 1898 (freiw. Gerichtsbark.).

[9]) Begr. Bd. 4 S. 96 u. 85.

[10]) Begr. Bd. 4 S. 85.

[11]) Begr. Bd. 4 S. 96.

[12]) Begr. Bd. 4 S. 96.

§ 16.
Wirkungen der Anfechtung.

„Wird eine anfechtbare Ehe angefochten, so ist sie als von Anfang an nichtig anzusehen. Die Vorschrift des § 142 Abs. 2 findet Anwendung.

Die Nichtigkeit einer anfechtbaren Ehe, die im Wege der Klage angefochten worden ist, kann, solange nicht die Ehe für nichtig erklärt oder aufgelöst ist, nicht anderweit geltend gemacht werden." § 1343.[1])

Dadurch, daß ein Ehegatte gegen den anderen Ehegatten die Anfechtungsklage erhebt, ficht er die Ehe an. Diese wird durch die Anfechtung zunächst nur zu einer angefochtenen; denn es schwebt Ungewißheit darüber, ob sie anfechtbar ist. Vorausgesetzt, daß sie anfechtbar ist, wird sie der nichtigen Ehe gleich geachtet. Die anfechtbare und angefochtene Ehe wird wie eine **von Anfang an nichtige** Ehe angesehen. Eine nichtige Ehe wird aber erst, wenn sie für nichtig erklärt oder aufgelöst ist, für nicht geschlossen betrachtet. Dasselbe gilt auch für die anfechtbare Ehe. Erst der durch die Anfechtungsklage anhängig gewordene Rechtsstreit bringt die Entscheidung darüber, ob die so angefochtene Ehe in Wirklichkeit anfechtbar im Sinne des Gesetzes ist. Erweist sich in dem Rechtsstreite die Anfechtungsklage als begründet, wird also daraufhin die Ehe durch Urtheil für nichtig erklärt, so ist mit der Rechtskraft des Urtheils festgestellt, daß die angefochtene Ehe anfechtbar ist, also der nichtigen gleichsteht. Es ist dann so anzusehen, als ob sie von Anfang an nichtig gewesen wäre. Nach rechtskräftiger Nichtigkeitserklärung kann Jeder, der ein rechtliches Interesse daran hat, die Nichtigkeit der Ehe anderweit geltend machen. Vor rechtskräftiger Nichtigkeitserklärung ist dies nicht zulässig.[2]) Wird die Ehe, bevor der Rechtsstreit durch rechtskräftige Nichtigkeitserklärung beendigt ist, aufgelöst, sei es durch den Tod eines der Ehegatten, sei es durch Scheidung oder Wiederverheirathung im Falle der Todeserklärung, so ist der Rechtsstreit nach § 628 C.P.O. in der Hauptsache als erledigt anzusehen. Die Anfechtung behält aber ihre Wirkung und es darf Jeder, der ein rechtliches Interesse daran hat, die

[1]) § 1343 B.G.B. stimmt wörtlich mit § 1326 Entw. IV, § 1328 Entw. III, zum größten Theil auch mit § 1251 Entw. II und § 1260 Entw. I überein. Begr. Bd. 4 S. 84—86. Prot. Bd. 4 S. 81. Denkschr. S. 254.

[2]) Die Bestimmungen über die Anfechtbarkeit der Ehe weichen von den allgemeinen Grundsätzen über die Anfechtbarkeit eines Rechtsgeschäfts namentlich darin ab, daß, solange die Ehe nicht aufgelöst ist, die Anfechtung der Ehe durch Erhebung der Anfechtungsklage erfolgt und daß, auch wenn die Anfechtung in dieser Art erfolgt ist, die Wirkung der Nichtigkeit der Ehe solange in einem anderen Rechtsstreite nicht geltend gemacht werden kann, bis die Ehe aufgelöst oder für nichtig erklärt ist, daß mithin bis dahin die anfechtbare Ehe trotz der erfolgten Anfechtung als gültig behandelt wird. Begr. Bd. 4 S. 44.

Nichtigkeit der Ehe anderweit geltend machen.[3]) In dem Falle, daß die Auflösung der Ehe durch den Tod des nicht zur Anfechtung berechtigten Ehegatten erfolgt ist, kann der anfechtungsberechtigte Ehegatte, der die Anfechtungsklage nicht erhoben hat, nach § 1342 die Ehe durch Erklärung gegenüber dem Nachlaßgericht anfechten. Wenn er dies thut, ist nach § 1343 Abs. 1 die Ehe als von Anfang an nichtig anzusehen und es kann Jeder, der ein rechtliches Interesse daran hat, die Nichtigkeit der Ehe anderweit geltend machen. Aber auch hierbei ist vorausgesetzt, daß die mittels Erklärung gegenüber dem Nachlaßgericht angefochtene Ehe in Wirklichkeit anfechtbar ist, was im Bestreitungsfalle des Beweises bedarf.

Die anfechtbare und angefochtene Ehe ist nichtig. Die Anfechtung wirkt rückwärtshin mit dinglicher Wirkung.[4]) Es wird so angesehen, als habe die Ehe nicht bestanden. Wer die Anfechtbarkeit der Ehe kannte oder kennen mußte, wird, wenn die Anfechtung erfolgt, so behandelt, wie wenn er die Nichtigkeit der Ehe gekannt hätte oder hätte kennen müssen.[5]) Von einem gegenseitigen Erbrechte der Ehegatten kann keine Rede sein. Inwiefern eine letztwillige Verfügung, durch die ein Ehegatte den anderen bedacht hat, in Folge Nichtigkeitserklärung der Ehe unwirksam wird, bestimmen die §§ 2077 Abs. 1 u. 2, 2268, 2279.[6])

Wie die Anfechtung auf die rechtliche Stellung der Kinder gegenüber den Eltern wirkt, ist in § 20 dargelegt.

§ 17.

Schutz des gutgläubigen Dritten.

„Einem Dritten gegenüber können aus der Nichtigkeit der Ehe Einwendungen gegen ein zwischen ihm und einem der Ehegatten vorgenommenes Rechtsgeschäft oder gegen ein zwischen ihnen ergangenes rechtskräftiges Urtheil nur hergeleitet werden, wenn zur Zeit der Vornahme des Rechtsgeschäfts oder zur Zeit des Eintritts der Rechtshängigkeit die Ehe für nichtig erklärt oder die Nichtigkeit dem Dritten bekannt war.

Die Nichtigkeit kann ohne diese Beschränkung geltend gemacht werden, wenn sie auf einem Formmangel beruht und die Ehe nicht in das Heirathsregister eingetragen worden ist.“ § 1344.[1])

---

[3]) Begr. Bd. 4 S. 85. Denkſch. S. 254.

[4]) Begr. Bd. 4 S. 47, 84.

[5]) § 1343 Abs. 1 Satz 2 und § 142 Abs. 2.

[6]) Vergl. unten § 34.

[1]) § 1344 B.G.B. stimmt wörtlich mit § 1327 Entw. IV, § 1329 Entw. III, fast wörtlich mit § 1236 Entw. II und sachlich mit § 1257 Entw. I überein. Begr.

Die hier vorausgesetzte Nichtigkeit liegt vor, gleichviel ob sie auf einem Nichtigkeitsgrunde oder einem Anfechtungsgrunde beruht. Dieser § bezieht sich also sowohl auf nichtige, wie auf anfechtbare Ehen. Von den nichtigen Ehen nimmt nur die wegen Formmangels nichtige Ehe, wenn sie nicht in das Heirathsregister eingetragen worden ist, eine Ausnahmestellung ein.[2])

Eine nichtige Ehe ist für nicht geschlossen anzusehen, wenn sie für nichtig erklärt oder aufgelöst ist. § 1329. Der nichtigen Ehe steht in dieser Beziehung die anfechtbare und angefochtene Ehe gleich. § 1343. Wenn nun ein Mann und eine Frau, die in einer äußerlich gültigen Ehe gelebt haben, in Folge Nichtigkeitserklärung ihrer Ehe gemäß obigen Grundsatzes als nicht mit einander verheirathet gewesen angesehen werden, so fragt es sich, wie diese Thatsache auf ihre Rechtsbeziehungen zu dritten Personen wirkt, denen gegenüber sie als Verheirathete aufgetreten sind. Eine allzustrenge Durchführung obigen Grundsatzes würde Rechtsunsicherheit und für den Dritten große Härten zur Folge haben. Es soll daher der Dritte, der sich im Vertrauen auf die Gültigkeit der Ehe mit den Ehegatten oder einem derselben auf ein Rechtsgeschäft oder einen Rechtsstreit eingelassen hat, geschützt werden. Diesen **Schutz** bezweckt der § 1344.[3]) Der Schutz reicht aber nur soweit, als es sich darum handelt, ein sonst unwirksames Rechtsgeschäft oder Urtheil als wirksam aufrecht zu erhalten. Dagegen gewährt der § 1344 dem Dritten nicht die weitere Befugniß, sich behufs seiner Befriedigung an dasjenige Vermögen des anderen Ehegatten zu halten, welches, wenn die Ehe gültig gewesen wäre, Bestandtheil des Vermögens seines Schuldnes geworden wäre oder doch der Zwangsvollstreckung von Seiten des Dritten unterlegen haben würde.[4]) So ist der Dritte, wenn unter den Eheleuten das gesetzliche eheliche Güterrecht (Verwaltungsgemeinschaft) geherrscht hat, nicht befugt, sich als Gläubiger des Mannes an die Nutzungen des von der Frau eingebrachten Gutes, die bei Gültigkeit der Ehe nach § 1383 der Mann erworben haben würde, zu halten. Ebensowenig kann er, wenn Gütergemeinschaft, Errungenschaftsgemeinschaft oder Fahrnißgemeinschaft in der Ehe geherrscht hat, als Gläubiger des Mannes aus dem Gesammtgute,

---

Bd. 4 S. 63—66, 101. Prot. Bd. 4 S. 67—69, 92, 93. Denksch. S. 261. R.Kom.-Ber. S. 107.

[2]) Die aus einem anderen Grunde als wegen Formmangels nichtige Ehe fällt unter § 1344 auch dann, wenn sie in das Heirathsregister nicht eingetragen ist. Ein entgegenstehender Antrag wurde in der 2. Kommission abgelehnt. Prot. Bd. 4 S. 68.

[3]) Aehnliche Fälle, in denen der gute Glaube geschützt wird, finden sich im § 407 Schutz des Schuldners einer abgetretenen Forderung, § 893 Schutz desjenigen, für welchen ein Recht im Grundbuch eingetragen ist, § 1435 Schutz eines Dritten bei nachträglicher Aenderung der gütergemeinschaftlichen Verhältnisse unter Eheleuten durch Vertrag, §§ 2366 und 2367 Schutz desjenigen, welcher sich auf die Richtigkeit eines Erbscheins verläßt und § 2370 Schutz desjenigen, welcher sich auf die Richtigkeit einer Todeserklärung verläßt.

[4]) Dies folgt aus der allgemeinen Erwägung, daß ein Gläubiger kein Recht darauf hat, daß das seiner Zwangsvollstreckung unterliegende Vermögen des Schuldners in demjenigen Bestande verbleibe, in welchem es sich zur Zeit der Entstehung seiner Forderung befindet. Begr. Bd. 4 S. 64. Auch die 2. Kommission sprach sich gegen Erweiterung der Befugnisse des Dritten nach dieser Richtung aus. Prot. Bd. 4 S. 69.

an das er sich bei Gültigkeit der Ehe nach §§ 1459, 1530 und 1549 B.G.B. in Verbindung mit § 740 C.P.O. zu halten befugt gewesen wäre, seine Befriedigung verlangen, soweit in dem Gesammtgute Vermögen der Ehefrau enthalten ist.

Nur dem gutgläubigen Dritten wird der Schutz des § 1344 zu Theil. Der **gute Glaube** fehlt aber demjenigen, welchem die Nichtigkeit der Ehe bekannt ist. Es kommt auf sein Kennen, nicht sein Kennenmüssen (Unkenntniß in Folge von Fahrlässigkeit § 122 Abs. 2) an.[5]) Die Kenntniß muß den vollen Thatbestand der Nichtigkeit umfassen. Die bloße Kenntniß der Thatsache, daß die Nichtigkeitsklage oder Anfechtungsklage anhängig ist, reicht nicht aus. Bei der anfechtbaren und angefochtenen Ehe gilt natürlich die Kenntniß der Anfechtbarkeit als Kenntniß der Nichtigkeit im Sinne des § 1344.[6]) Steht ein Rechtsgeschäft in Frage, so muß die Kenntniß zur Zeit der Vornahme des Rechtsgeschäfts vorhanden sein; steht ein Urtheil in Frage, so muß sie zu der Zeit, in welcher der Rechtsstreit anhängig wird, vorhanden sein. Später erlangte Kenntniß schadet nicht.[7]) Derjenige, welcher aus der Nichtigkeit der Ehe Einwendungen herleitet, muß nicht nur die Nichtigkeit, sondern auch die Kenntniß des Dritten von der Nichtigkeit **beweisen**.[8]) Ist zur Zeit der Vornahme des Rechtsgeschäfts oder des Eintritts der Rechtshängigkeit die Ehe bereits für nichtig erklärt, so kommt es auf die Kenntniß des Dritten von der Nichtigkeit oder der Nichtigkeitserklärung überhaupt nicht an. Seine Unkenntniß schützt ihn in diesem Falle nicht. Auch nach der Auflösung der nichtigen Ehe (durch Tod, Scheidung oder Wiederverheirathung im Falle der Todeserklärung) steht der Dritte unter dem Schutze des § 1344.[9]) Der Schutz erstreckt sich nur auf das unmittelbar zwischen dem Dritten und dem Ehegatten vorgenommene Rechtsgeschäft, dagegen nicht auf solche Fälle, in welchen sich ein Dritter im Vertrauen auf die Gültigkeit der Ehe mit einer anderen Person auf ein Rechtsgeschäft einläßt, dessen Gültigkeit mittelbar von der Gültigkeit der Ehe abhängt.[10]) Ob der Rechtsstreit von dem

---

[5]) Die Bestimmung lehnt sich an die ähnlichen Bestimmungen in §§ 892, 2366, 2367 und 2370 B.G.B. an. Begr. Bd. 4 S. 64.

[6]) Vergl. § 1343 Abs. 1 Satz 2 und § 142 Abs. 2 B.G.B. Da der Dritte, dem die Anfechtbarkeit bekannt ist, nicht selbst die Ehe anfechten kann, so muß er sich auf andere Weise helfen (Hinterlegung, Rückforderung, geeigneten Falls Streitverkündung). Begr. Bd. 4 S. 102. Vergl. auch § 18 Anmk. 5.

[7]) Der Entw. I hatte, wenn ein Urtheil in Frage steht, als maßgebenden Zeitpunkt, bis zu welchem die Kenntniß der Nichtigkeit in Betracht kommen sollte, denjenigen Zeitpunkt bestimmt, in welchem die Nichtigkeit der Ehe noch hätte geltend gemacht werden können. Begr. Bd. 4 S. 66 und Bd. 2 S. 132 bis 135. Die 2. Kom. wich hiervon ab, indem sie hier entsprechend dem Falle des § 407 Abs. 2 B.G.B. (Abtretung) auf die Zeit des Eintritts der Rechtshängigkeit entscheidendes Gewicht legte. Prot. Bd. 4 S. 69.

[8]) Begr. Bd. 4 S. 65 und Prot. Bd. 4 S. 69.

[9]) Von praktischer Bedeutung ist dies im Falle der Auflösung der Ehe durch den Tod namentlich dann, wenn der überlebende Ehegatte als Erbe des Verstorbenen aufgetreten ist. Begr. Bd. 4 S. 65.

[10]) Begr. Bd. 4 S. 65.

Ehegatten gegen den Dritten oder von letzterem gegen ersteren anhängig gemacht wird, macht keinen Unterschied.[11])

Zu bemerken ist noch, daß im Falle der Doppelehe die Rechte des ersten Ehegatten durch Verhandlungen eines Dritten mit dem zweiten Ehegatten nicht beeinträchtigt werden können.[12])

§ 18.

Schutz des gutgläubigen Ehegatten.

> „War dem einen Ehegatten die Nichtigkeit der Ehe bei der Eheschließung bekannt, so kann der andere Ehegatte, sofern nicht auch ihm die Nichtigkeit bekannt war, nach der Nichtigkeitserklärung oder der Auflösung der Ehe verlangen, daß ihr Verhältniß in vermögensrechtlicher Beziehung, insbesondere auch in Ansehung der Unterhaltspflicht, so behandelt wird, wie wenn die Ehe zur Zeit der Nichtigkeitserklärung oder der Auflösung geschieden und der Ehegatte, dem die Nichtigkeit bekannt war, für allein schuldig erklärt worden wäre.
>
> Diese Vorschrift findet keine Anwendung, wenn die Nichtigkeit auf einem Formmangel beruht und die Ehe nicht in das Heirathsregister eingetragen worden ist.“ § 1345.[1])

Wie § 1344 bezieht sich auch § 1345 auf nichtige und anfechtbare Ehen. Von den nichtigen Ehen nimmt nur die wegen Formmangels nichtige Ehe, wenn sie nicht in das Heirathsregister eingetragen worden ist, eine Ausnahmestellung ein.[2]) Die Anwendung des § 1345 setzt voraus, daß dem einen Ehegatten die Nichtigkeit der Ehe bei der Eheschließung bekannt, dem anderen Ehegatten nicht bekannt war. War beiden Ehegatten die Nichtigkeit zu jener Zeit bekannt, so findet der § 1345 keine Anwendung. . Der § 1345 schützt den gutgläubigen Ehegatten nur gegen-

---

11) Begr. Bd. 4 S. 65.

12) Dies ist als sich von selbst verstehend im B.G.B. nicht ausdrücklich ausgesprochen worden. Begr. Bd. 4 S. 66.

1) Der § 1345 B.G.B. stimmt fast wörtlich mit § 1328 Entw. IV und § 1330 Entw. III (In Entw. III und IV fehlt nur das Wort „allein“ vor „schuldig“), sachlich mit § 1237 Abs. 1 und 3 Entw. II und zum Theil auch mit § 1258 Abs. 1 Entw. I überein. Begr. Bd. 4 S. 66 bis 71, 102. Prot. Bd. 4 S. 69 bis 72, 92, 93, 532 bis 534. Denksch. S. 261 bis 263. Ber. der Reichstags-Kom. S. 107.

2) Ein Antrag, den § 1345 auf alle nichtigen Ehen ohne Ausnahme zu erstrecken, wurde von der 2. Kom. abgelehnt. In den Fällen, auf welche diese Erweiterung berechnet sei (Hauptfall § 179 St.G.B. Vorspiegelung einer Trauung d. h. Eheschließungshandlung) genüge der Schadensersatzanspruch nach den Vorschriften über unerlaubte Handlungen. Prot. Bd. 4 S. 70, 71. Begr. Bd. 4 S. 102 unten.

über dem schlechtgläubigen, nicht auch gegenüber dem ebenfalls gutgläubigen Ehegatten. [3]) Im letzteren Falle treten lediglich die Nichtigkeitsfolgen ein. [4]) Auf Seiten des einen Ehegatten muß wirkliche Kenntniß der Nichtigkeit [5]) vorliegen. Kennenmüssen (Unkenntniß in Folge von Fahrlässigkeit § 122 Abs. 2) steht dem Kennen nicht gleich. Bei der anfechtbaren und angefochtenen Ehe gilt natürlich die Kenntniß der Anfechtbarkeit als Kenntniß der Nichtigkeit im Sinne des § 1345. [6]) Auf Seiten des anderen Ehegatten muß Unkenntniß der Nichtigkeit vorliegen, wobei es nicht schadet [7]), wenn die Unkenntniß auf grober Fahrlässigkeit beruht. [8])

Maßgebender **Zeitpunkt** für die Frage, ob der Ehegatte die Nichtigkeit der Ehe gekannt oder nicht gekannt hat, ist der Zeitpunkt der Eheschließung. Später erlangte Kenntniß ist für die Anwendung des § 1345 ohne Einfluß. [9]) Der allein gutgläubige Ehegatte kann wählen, ob es bei den Folgen der Nichtigkeit der Ehe bewenden solle, oder ob das Verhältniß so behandelt werden solle, wie es § 1345 Abs. 1 bestimmt. Bei der wegen Drohung und der wegen Irrthums anfechtbaren Ehe treten hinsichtlich der Person des Wahlberechtigten Aenderungen ein, die sich aus der Natur der Sache ergeben.

> „Wird eine wegen Drohung anfechtbare Ehe für nichtig erklärt, so steht das in § 1345 Abs. 1 bestimmte Recht dem anfechtungsberechtigten Ehegatten zu. Wird eine wegen Irrthums anfechtbare Ehe für nichtig erklärt, so steht dieses Recht dem zur Anfechtung nicht berechtigten Ehegatten zu, es sei denn, daß dieser den Irrthum bei der Eingehung der Ehe kannte oder kennen mußte.“ § 1346. [10])

---

[3]) Ein Antrag, im Falle beiderseitiger Gutgläubigkeit jedem Ehegatten einen Unterhaltsanspruch gegen den anderen zu gewähren, wurde von der 2. Kom. abgelehnt. Prot. Bd. 4 S. 70, 532, 534.

[4]) Sind beide Ehegatten bei Schließung der Ehe in gutem Glauben, so soll es bei den allgemeinen Grundsätzen der Nichtigkeit bewenden. Begr. Bd. 4 S. 67, 68. Es besteht also auch kein Erbrecht unter den Ehegatten. Denkschr. S. 262.

[5]) Der § 1345 stellt darauf ab, ob der Ehegatte die Nichtigkeit der Ehe, nicht darauf, ob er die die Nichtigkeit begründenden Thatsachen gekannt hat. Dies ist z. B. von Wichtigkeit, wenn ein Ausländer zwar diese Thatsachen, nicht aber deren Eigenschaft als eines Nichtigkeitsgrundes kennt. Begr. Bd. 4 S. 69.

[6]) Vergl. § 1343 Abs. 1 Satz 2 und § 142 Abs. 2 B.G.B.

[7]) Anders § 932 Abs. 2, Erwerb des Eigenthums an beweglichen Sachen.

[8]) Der Entw. I versagte den Schutz des guten Glaubens, wenn die Unkenntniß auf grober Fahrlässigkeit beruht. Begr. Bd. 4 S. 69. Die 2. Kom. änderte dies im Sinne des B.G.B. Prot. Bd. 4 S. 71.

[9]) Anders § 937 Abs. 2 (Ersitzung).

[10]) Der § 1346 B.G.B. stimmt wörtlich mit § 1329 Entw. IV und § 1331 Entw. III und sachlich mit § 1252 Entw. II überein, weicht aber vom § 1270 Entw. I ab. Begr. Bd. 4 S. 101. Prot. Bd. 4 S. 92, 93. Denkschr. S. 261–263. Bei der 2. Lesung wurde hervorgehoben, daß, wer sich irre, es auf seine Gefahr thue. Auch bei dem Abschluß einer Ehe müsse jeder sich sagen, daß auf die von ihm vor dem Standesbeamten abgegebene Erklärung der andere Theil sich verlasse. Prot. Bd. 4 S. 93.

Derjenige Ehegatte, welcher von dem Rechte des § 1345 Abs. 1 Gebrauch machen will, muß sowohl die Voraussetzungen des guten Glaubens auf seiner Seite, als die Kenntniß der Nichtigkeit der Ehe auf Seiten des anderen Ehegatten **beweisen**.[11]) Der wahlberechtigte Ehegatte kann das Wahlrecht erst ausüben, nachdem die Ehe entweder durch rechtskräftiges Urtheil für nichtig erklärt oder (durch Scheidung, Tod eines Ehegatten[12]) oder Wiederverheirathung im Falle der Todeserklärung) aufgelöst worden ist. Bis zur Ausübung des Wahlrechts wird das Verhältniß unter den Ehegatten nach den Grundsätzen über die Nichtigkeit der Ehe beurtheilt. Erst die Erklärung des gutgläubigen Ehegatten, er mache von dem ihm durch § 1345 Abs. 1 eingeräumten Rechte Gebrauch, bewirkt, daß ihr Verhältniß[13]) in vermögensrechtlicher Beziehung[14]), insbesondere auch in Ansehung der Unterhaltspflicht, so behandelt wird, wie wenn die Ehe zur Zeit der Nichtigkeitserklärung oder der Auflösung geschieden und der Ehegatte, dem die Nichtigkeit bekannt war, für allein schuldig erklärt worden wäre. Für die Vermögensauseinandersetzung unter den Eheleuten ist derjenige Zeitpunkt maßgebend, in welchem das Nichtigkeitsurtheil rechtskräftig oder die Ehe aufgelöst wird.[15]) Durch die Bestimmung des § 1345 wird ein etwaiger Schadensanspruch des gutgläubigen Ehegatten aus § 823 B.G.B. nicht ausgeschlossen.[16])

Die Erklärung muß dem anderen Ehegatten gegenüber[17]) abgegeben werden. Sie ist unwiderruflich.

> „Erklärt der Ehegatte, dem das in § 1345 Abs. 1 bestimmte Recht zusteht, dem anderen Ehegatten, daß er von dem Rechte Gebrauch mache, so kann er die Folgen der Nichtigkeit der Ehe nicht mehr geltend machen; erklärt er dem anderen Ehegatten, daß es bei diesen Folgen bewenden solle, so erlischt das im § 1345 Abs. 1 bestimmte Recht.
>
> Der andere Ehegatte kann den berechtigten Ehegatten unter Bestimmung einer angemessenen Frist zur Erklärung darüber auffordern, ob er von dem Rechte Gebrauch mache. Das Recht kann in diesem

---

[11]) Dies entspricht dem Grundsatze, daß derjenige, der einen Anspruch geltend macht, die zur Begründung desselben erforderlichen Thatsachen zu beweisen hat.

[12]) Im Falle des Todes des schlechtgläubigen Ehegatten ist das Wahlrecht gegenüber den Erben desselben auszuüben. Das Wahlrecht des gutgläubigen Ehegatten geht auf seine Erben über.

[13]) Ihr Verhältniß zu einander, nicht ihr Verhältniß zu Dritten. Begr. Bd. 4 S. 69.

[14]) Erbrechtliche Wirkungen sind mit der Putativehe nicht verbunden. Das gegenseitige Erbrecht der Ehegatten bleibt ausgeschlossen. Begr. Bd. 4 S. 67, 71.

[15]) Der Zeitpunkt, in welchem der gutgläubige Ehegatte Kenntniß von der Nichtigkeit der Ehe erlangt, ist ohne Einfluß. Begr. Bd. 4 S. 70, 71.

[16]) Die allgemeinen Grundsätze über Schadensersatz aus unerlaubten Handlungen bleiben unberührt. Begr. Bd. 4 S. 71.

[17]) Im Falle seines Todes seinen Erben gegenüber. Vergl. Anm. 12.

Falle nur bis zum Ablaufe der Frist ausgeübt werden." § 1347.[18])

Durch die Bestimmung des Abs. 2 wird dem anderen Ehegatten, ähnlich wie im § 264 Abs. 2 bei wahlweise geschuldeten Leistungen dem Schuldner gegenüber dem wahlberechtigten Gläubiger, ein Mittel in die Hand gegeben, die Entscheidung des wahlberechtigten Ehegatten binnen angemessener Frist herbeizuführen.

§ 19.

Wiederverheirathung im Falle[1]) der Todeserklärung.[2])

Rechtslehre: Küntzel, Nichtigkeit und Anfechtbarkeit der Ehe im Falle der Todeserklärung in Gruchot Bd. 40 S. 670. A. Mariolle, Wiederverehelichung einer Frau nach Todeserklärung ihres Ehemannes auf Grund d. Art. 9 Abs. 3 Einf.G. z. B.G.B. oder Nichtigkeitserklärung ihrer Ehe auf Grund des § 606 Abs. 2 und 3 C.P.O. Rehbein, Wiederverheirathung im Falle der Todeserklärung und Bigamie in Deutsch.Jur.Z. 1897 S. 197.

Der Tod eines Ehegatten löst die Ehe auf. Der überlebende Ehegatte erlangt dadurch das Recht, eine neue Ehe einzugehen. Er hat dem Standesbeamten vor Anordnung des Aufgebots den Tod seines Ehegatten nachzuweisen.[3]) Dieser Nachweis, der regelmäßig durch Vorlegung der standesamtlichen Sterbeurkunde geführt wird, ersetzt aber nicht den wirklichen Tod. Die eheauflösende Wirkung des Todes wohnt ihm nicht bei. Stellt sich heraus, daß der für todt gehaltene Ehegatte zur Zeit der Eingehung der neuen Ehe lebte, der Nachweis also unrichtig war, so folgt daraus, daß eine gegen das Verbot der Doppelehe[4]) verstoßende Eheschließung stattgefunden hat. Die neue Ehe ist, wenn nur die frühere Ehe sonst gültig war, nach § 1326 B.G.B. nichtig. Dabei macht es keinen Unterschied, ob die Ehegatten der neuen Ehe sich selbst von der Richtigkeit des Nachweises über den Tod des früheren Ehegatten überzeugt hielten oder dessen Unrichtigkeit kannten.[5]) Die neue Ehe wird auch nicht dadurch

[18]) Der § 1347 B.G.B. stimmt wörtlich mit § 1330 Entw. IV und § 1232 Entw. III, sachlich auch mit § 1237 Abs. 2 Entw. II und § 1258 Abs. 2 Entw. I überein. Begr. Bd. 4 S. 69, 101. Prot. Bd. 4 S. 69, 71, 72, 81. Denkschr. S. 261 bis 263.

[1]) Der Entw. I trug als Ueberschrift dieses Titels: Wiederverheirathung in Folge der Todeserklärung. Dieser Ausdruck war nicht treffend.

[2]) Die §§ 1348—1352 B.G.B. stimmen wörtlich mit den §§ 1331—1352 Entw. IV, größtentheils auch mit den §§ 1333—1337 Entw. III überein, weichen aber von den §§ 1482—1485 Entw. II und den §§ 1464, 1465 Entw. I vielfach ab. Begr. Bd. 4 S. 640—645. Prot. Bd. 4 S. 452—456. Denkschr. S. 263—265. R.Kom.-Ber. B.G.B. S. 107, 108.

[3]) § 45 Abs. 1 Reichsges. v. 6./2. 1875 und § 1326 B.G.B.

[4]) § 1309 B.G.B.

[5]) Der gute Glaube des Ehegatten schützt ihn aber vor der Strafe des § 171 St.G.B. R.G. 31./3. 81 in Entsch. in Straff. Bd. 4 S. 38, wo ausgeführt wird,

gültig, daß die frühere Ehe durch den inzwischen eingetretenen Tod des fälschlich für todt angenommenen Ehegatten aufgelöst wird.[6])

Wie jedem anderen Nachweise über den Tod des Ehegatten mangelt auch der gerichtlichen Todeserklärung die eheauflösende Kraft des Todes, denn die Todeserklärung gewährt ebenfalls nicht die Gewißheit des Todes. Während die Sterbeurkunde über den als gewiß angesehenen Tod nur ein Zeugniß ablegt, begründet die Todeserklärung über den als nicht gewiß angesehenen Tod nur die Vermuthung des Todes.

Nach § 18 B.G.B. wird vermuthet, daß der Verschollene in dem Zeitpunkte gestorben sei, welcher in dem die Todeserklärung aussprechenden Urtheile festgestellt ist.[7]) Die Todeserklärung kann auch nicht auf gleiche Stufe mit einem die Ehe scheidenden oder für nichtig erklärenden Urtheile gestellt werden, denn, wenngleich selbst ein Urtheil, bezweckt sie doch nicht, über den Bestand der Ehe eine Entscheidung zu treffen.

Löst nun zwar die Todeserklärung die Ehe nicht auf, so gewährt doch die darin liegende gesetzliche Todesvermuthung dem Ehegatten das Recht, eine neue Ehe einzugehen[8]) und es bildet der Umstand, daß der für todt erklärte Ehegatte noch lebt, anders als im Falle einer falschen Sterbeurkunde grundsätzlich keinen Nichtigkeitsgrund für die neue Ehe.

Der § 1348 Abs. 1 B.G.B. bestimmt:

„Geht ein Ehegatte, nachdem der andere Ehegatte für todt erklärt worden ist, eine neue Ehe ein, so ist die neue Ehe nicht deshalb nichtig, weil der für todt erklärte Ehegatte noch lebt,[9]) es sei denn, daß beide

---

daß die Ueberzeugung des einen Ehegatten, der andere Ehegatte sei gestorben, die Straflosigkeit der von demselben abgeschlossenen zweiten Ehe nach sich zieht.

[6]) Begr. Bd. 4 S. 641. Vergl. oben § 6.

[7]) Der Entw. I bestimmte ausdrücklich, daß diese Vermuthung auch in Ansehung der Ehe gelte. § 1235 Abs. 1. Im Entw. II wurde diese Bestimmung gestrichen, weil schon aus § 7 (jetzt § 18 B.G.B.) zu folgern.

[8]) Begr. Bd. 4 S. 641, 19 und 20. Bei der 2. Lesung bestand ebenfalls Einverständniß darüber, daß, wenn ein Ehegatte für todt erklärt worden sei, dem anderen Ehegatten das Recht gegeben werden solle, eine zweite Ehe einzugehen. Prot. Bd. 4 S. 453. Auch der Ehegatte einer vor dem Inkrafttreten des B.G.B. für todt erklärten Person kann nach dem Inkrafttreten des B.G.B. eine neue Ehe eingehen, auch wenn die Wiederverheirathung nach den bisherigen Gesetzen nicht zulässig sein würde. Die Vorschriften der §§ 1348—1352 B.G.B. finden entsprechende Anwendung. Art. 159 Einf.Ges. zum B.G.B. Bezügl. der Anwendung deutscher Gesetze auf verschollene Ausländer, vergl. Art. 9 u. 13 ebenda.

[9]) In der Begr. Bd. 4 S. 642, 643 und 19 wird es als ein Bedürfniß anerkannt, dem Ehegatten eines Verschollenen die Möglichkeit zu gewähren, nach erfolgter Todeserklärung des Letzteren eine neue Ehe zu schließen. Diesem Bedürfnisse werde nur dann genügt, wenn der Ehegatte, der darauf vertraue, daß der andere Ehegatte todt sei, in die Lage versetzt werde, trotz der Ungewißheit über Leben und Tod des anderen Ehegatten eine gültige neue Ehe schließen zu können. Im Falle der Eingehung einer neuen Ehe auf Grund einer falschen Sterbeurkunde treffe den für todt gehaltenen Ehegatten meist kein Verschulden. Den Verschollenen aber treffe meist insofern ein Verschulden, als er von sich keine Nachricht gegeben habe. Zur Vertheidigung dieses Titels wurde in der Reichstagskomm. (Bericht S. 107 u. 108) noch geltend gemacht: Die Todeserklärung sei einem gerichtlichen Urtheile vergleichbar;

Ehegatten bei der Eheschließung wissen, daß er die Todeserklärung überlebt hat."

Das Gesetz gestattet hier ausnahmsweise, daß Jemand in stehender Ehe zu einer neuen Ehe schreitet. Es ist dies die einzige, aber durch die Anforderungen des Lebens gerechtfertigte Ausnahme von dem Grundsatze, daß Niemand eine Ehe eingehen darf, bevor seine frühere Ehe aufgelöst oder für nichtig erklärt worden ist. § 1309 Abs. 1 B.G.B.[10]) Dem **guten Glauben** der Ehegatten ist jedoch anders als im Falle einer falschen Sterbeurkunde eine große Bedeutung beigelegt.[11]) Die Ehe ist nämlich nichtig, wenn beide Ehegatten bei der Eheschließung wissen, daß der für todt erklärte Ehegatte die Todeserklärung überlebt hat. § 1348 Abs. 1 B.G.B. Die Nichtigkeitsklage kann von jedem der in § 632 Abs. 1 C.P.O. bezeichneten Personen, also auch jedem der beiden Ehegatten der neuen Ehe erhoben werden.[12]) Der für todt erklärte Ehegatte ist zur Nichtigkeitsklage ebenfalls berechtigt, denn der vorliegende Fall entspricht demjenigen des § 1326 B.G.B. (Doppelehe).[13]) Außerdem kann er, nachdem die neue Ehe rechtskräftig für nichtig erklärt worden ist, seine Ehe also zu Recht besteht, die Scheidungsklage aus § 1565 Abs. 1 wegen Verstoßes gegen das Verbot der Doppelehe erheben.[14]) Das Wissen eines Ehegatten genügt nicht. Hat nur ein Ehegatte von jener Thatsache Kenntniß, so bleibt die neue Ehe aus Rücksicht[15]) auf den anderen gutgläubigen Ehegatten

---

die zweite Ehe sei also geschlossen auf Grund einer staatlichen Ermächtigung. Das Bedürfniß trete besonders in solchen Gegenden hervor, wo die Seeverschollenheit häufig sei. Nach Kirchenrecht, sowohl nach katholischem, wie evangelischem, sei die erste Ehe gültig. Diesem Konflikt gegenüber habe der Entwurf eine Vermittelung versucht, indem er in § 1333 Entwurf IV (jetzt § 1350 B.G.B.) demjenigen Ehegatten, der aus religiösen oder sittlichen Bedenken nicht in der zweiten Ehe aushalten wolle, das Recht der Anfechtung gebe. Damit sei die Gewissensfreiheit gewahrt. Vergl. auch Denkschrift S. 264 unten.

[10]) Auf den für todt erklärten Ehegatten ist diese Ausnahmevorschrift nicht auszudehnen.

[11]) Die Ehegatten schließen die neue Ehe nicht auf Grund der Todeserklärung allein, sondern weil sie glauben, daß der verschollene Ehegatte todt sei. Die Todeserklärung dient nur als Grundlage ihres Glaubens. Prot Bd. 4 S. 455.

[12]) Daraus, daß das im § 1350 Abs. 1 bestimmte Anfechtungsrecht nur dem gutgläubigen Ehegatten gegeben ist, ist eine gleiche Beschränkung für die Erhebung der Nichtigkeitsklage nicht herzuleiten.

[13]) Hier ist noch Rücksicht zu nehmen auf § 629 C.P.O. Das Urtheil wirkt für und gegen alle. Ist jedoch die Nichtigkeitsklage auf Grund des § 1326 B.G.B. erhoben, so wirkt das Urtheil, durch welches sie abgewiesen wird, gegen den Dritten, mit dem die frühere Ehe geschlossen war, nur dann, wenn er an dem Rechtsstreite Theil genommen hat. Diese Bestimmung kommt auch dem für todt erklärten Ehegatten zu statten, wenn beide Ehegatten der neuen Ehe von seinem Leben Kenntniß hatten.

[14]) Vergl. Anm. 18, auch Rehbein in Deutsche Jur.Z. 1897 S. 198.

[15]) Der Entw. I hatte diese Rücksichtnahme abgelehnt. Er ließ die Auflösung der früheren Ehe von der Kenntniß oder Unkenntniß des doppelt verheiratheten Ehegatten allein abhängen, hauptsächlich deshalb, weil dies dem Zwecke der Vorschrift, dem Ehegatten des für todt erklärten Ehegatten die Möglichkeit der Wiederverheirathung zu verschaffen, entspreche. Begr. Bd. 4 S. 643. Den Nichtigkeitsgrund des § 1348 Abs. 1 B.G.B. hatte der Entw. I überhaupt nicht aufgestellt. Erst der Entw. III

bestehen und unterliegt nur der Anfechtung nach § 1350 B.G.B. Die Thatsache, daß der für todt erklärte Ehegatte die Todeserklärung überlebt hat, ist natürlich zu unterscheiden von der Thatsache, daß jener Ehemann zur Zeit der Schließung der neuen Ehe noch lebt. Zwar sind beide Thatsachen nothwendige Voraussetzungen der Nichtigkeit der neuen Ehe; aber das Wissen der beiden Ehegatten der neuen Ehe braucht sich nicht auch auf die letztere Thatsache zu erstrecken.[16]) Man wird allerdings bei demjenigen Ehegatten, welcher zur Zeit der Eheschließung weiß, der für todt erklärte Ehegatte habe die Todeserklärung überlebt, in der Regel unterstellen können, daß er zur Zeit der Eheschließung auch weiß, jener lebt noch, denn für das Fortleben eines Menschen bis zu einer gewissen Grenze spricht, solange der Tod nicht nachgewiesen ist, eine natürliche Vermuthung. Wissen beide Ehegatten zur Zeit der Eheschließung, daß der für todt erklärte Ehegatte die Todeserklärung überlebt hat, so dürfen sie sich dem Standesbeamten gegenüber zum Ausweise über den Tod des früheren Ehegatten nicht auf die Todeserklärung berufen, denn diese hat, nachdem sich die dadurch begründete Todesvermuthung als falsch herausgestellt hat, ihre Bedeutung für das Recht der Wiederverheirathung verloren. Indem sie sich dennoch auf die Todeserklärung berufen, gehen sie eine Ehe ein, von der sie wissen, daß sie möglicherweise gegen das Verbot der Doppelehe verstößt.[17]) Selbstverständlich ist die Ehe auch dann nichtig, wenn einer der Ehegatten zwar keine Kenntniß von der Erlassung des die Todeserklärung aussprechenden Urtheils haben sollte, aber weiß, daß der andere Ehegatte der früheren Ehe noch lebt. Die nach der Eheschließung erlangte Wissenschaft kommt nicht in Betracht. Mit der Rechtskraft der Nichtigkeitserklärung tritt die alte Ehe, deren rechtlicher Bestand überhaupt nicht aufgehoben war, wieder in Geltung.

„Mit der Schließung der neuen Ehe wird die frühere Ehe aufgelöst.[18]) Sie bleibt auch dann auf-

---

schuf ihn (§ 1333 Abs. 1), nachdem der Entw. II (§ 1482 Abs. 2) bestimmt hatte, daß die Auflösung der früheren Ehe nicht eintrete, wenn beide Ehegatten der neuen Ehe die bezeichnete Kenntniß besitzen.

[16]) Der Entw. I § 1464 Abs. 2 ließ es auf die Kenntniß davon, daß der für todt erklärte Ehegatte zur Zeit der Eingehung der neuen Ehe noch lebt, ankommen. Dabei ging er neben anderen Erwägungen davon aus, daß der Thatbestand des § 171 St.G.B. diese Kenntniß voraussetze. Begr. 4 S. 643. Darüber, daß die Annahme nicht richtig ist, vergl. Anm. 17. Bei der 2. Lesung des Entw. I war maßgebend für die beschlossene Aenderung der Gedanke, daß, wenn die Ehegatten wissen, daß der frühere Ehegatte die Todeserklärung überlebt hat, die Todeserklärung keine Bedeutung haben könne. Prot. Bd. 4 S. 456.

[17]) Nach § 171 St.G.B. sind strafbar, trotz ihres auf Eingehung einer gültigen Ehe gerichteten Wunsches, sowohl der Ehegatte als auch die unverheirathete Person, welche zweifelnd, ob die frühere Ehe noch bestehe bezw. ob der andere Theil gleichfalls unverheirathet sei, dennoch auf die Gefahr hin, gegen die Rechtsnorm der Monogamie zu verstoßen, die Doppelehe eingehen. So Olshausen Anm. 7 zu § 171 St.G.B. unter Berufung auf R.G. 31./3. 81 und 15./10. 83 in Entsch. in Straff. Bd. 4 S. 38 und Bd. 9 S. 84.

[18]) Das hat zur Folge, daß auch der für todt erklärte Ehegatte das Recht erlangt, eine neue Ehe einzugehen. Das gegenseitige Erbrecht der früheren Ehegatten (§ 1931 B.G.B.) fällt weg. Begr. Bd. 4 S. 645. Wegen des Einflusses der Auf-

gelöst, wenn die Todeserklärung in Folge einer Anfechtungsklage aufgehoben wird." § 1348 Abs. 2 B.G.B.[19])

Die Auflösung tritt dann nicht ein, wenn beide Eheleute bei der Eheschließung wissen, daß der für todt erklärte Ehegatte die Todeserklärung überlebt hat, ebensowenig dann, wenn die neue Ehe aus einem anderen Grunde[20]), sei es einem Nichtigkeits-, sei es einem Anfechtungsgrunde nichtig ist. Dagegen bleibt die frühere Ehe aufgelöst, wenn die neue Ehe nur anfechtbar ist, sei es aus dem Grunde des § 1350, sei es aus einem anderen Anfechtungsgrunde, aber nicht angefochten wird.[21]) Wird die neue Ehe aus dem Grunde des § 1350 oder aus einem anderen Anfechtungsgrunde angefochten, so tritt die frühere Ehe wieder ins Leben.[22]) Die frühere Ehe bleibt aufgelöst, wenn die neue Ehe geschieden oder durch den Tod eines der Ehegatten aufgelöst wird.

---

lösung auf eine letztwillige Verfügung, durch die ein Ehegatte den anderen bedacht hat, vergl. §§ 2077 u. f. B.G.B. und auf einen zwischen den Ehegatten geschlossenen Erbvertrag vergl. § 2281 u. f. B.G.B.

[19]) Der Bestand der früheren wie der neuen Ehe würde sonst von dem Ermessen eines Dritten, der an der Aufhebung der Todeserklärung ein rechtliches Interesse hat, abhängig sein, was nicht gestattet sein darf. Begr. Bd. 4 S. 644, Denkschr. S. 264, § 962 C.P.O.

[20]) Der Entw. I hatte dies im § 1464 Abs. 3 ausdrücklich ausgesprochen und ebenso der Entw. II im § 1482 Abs. 2.

[21]) Es kann sich fragen, ob im Falle der Anfechtbarkeit der neuen Ehe aus § 1350 Abs. 1 der schlechtgläubige Ehegatte durch den guten Glauben des anderen Ehegatten vor der Strafe des § 171 St.G.B. geschützt wird. Vergl. Rehbein in der Deutschen Jur.Z. 1897 S. 198 und Francke ebenda S. 382. Die Frage ist zu verneinen. Der gute Glaube der anderen Ehegatten hat nur die Wirkung, daß die neue Ehe nicht nichtig sondern nur anfechtbar ist und daß, wenn die Anfechtung unterbleibt, die frühere Ehe aufgelöst bleibt. Für den Thatbestand des § 171 St.G.B. ist es aber gleichgültig, ob die neue Ehe gültig, anfechtbar oder nichtig ist, wie schon der Abs. 3 des § 171 St.G.B. ergiebt. Nur darf sie nicht wegen Formmangels nichtig sein, denn das Wesen dieses Verbrechens besteht gerade in der mißbräuchlichen Vornahme der für die Eheschließungshandlung vorgeschriebenen Förmlichkeiten, in der Vollziehung der Eheschließungsform. Olshausen, Komm. z. St.G.B. 4. Aufl. Anm. 4 zu § 171. Gegen die Anwendbarkeit des § 171 läßt sich auch nicht der Umstand geltend machen, daß mit Schließung der neuen Ehe die frühere Ehe aufgelöst wird, denn diese Auflösung ist nicht, wie es das B.G.B. voraussetzt (vergl. den Ausdruck: „bevor seine Ehe aufgelöst ist"), eine der Eingehung einer neuen Ehe vorangehende, die Zulässigkeit der letzteren begründende Thatsache, sondern eine erst mit Vornahme der zweiten Eheschließungshandlung eintretende Folge, die lediglich den Schutz des gutgläubigen Ehegatten bezweckt. Der Eheschließungshandlung haftet im Zeitpunkt ihrer Vornahme vom Beginne bis zum Schlusse die Eigenschaft der Ungesetzlichkeit an. Zudem ist die Auflösung der früheren Ehe nur eine durch den Nichtgebrauch des Anfechtungsrechtes bedingte Wirkung. Vergl. auch § 6.

[22]) Die Entwürfe I, II, III nahmen den Standpunkt ein, daß die Auflösung der früheren Ehe nur dann nicht eintrete, wenn die neue Ehe aus einem Nichtigkeitsgrunde nichtig sei. War die neue Ehe aus einem Anfechtungsgrunde nichtig, so sollte, wenn die neue Ehe angefochten wurde, dennoch nicht Auflösung der früheren Ehe eintreten. Der Entw. IV vertritt, wie aus der vom Bundesrath vorgenommenen Aenderung des Wortlauts des § 1333 Abs. 2 Entw. III hervorgeht, den entgegengesetzten Standpunkt, und damit stimmt das B.G.B. überein.

Ist das Urtheil, durch das einer der Ehegatten für todt erklärt worden ist, im Wege der Klage angefochten [23]), so darf der andere Ehegatte nicht vor Erledigung des Rechtsstreits eine neue Ehe eingehen, es sei denn, daß die Anfechtung erst zehn Jahre [24]) nach der Verkündigung des Urtheils erfolgt ist. [25]) Dieses Verbot enthält ein aufschiebendes Ehehinderniß. Die dem Verbote zuwider geschlossene Ehe ist nicht wegen dieser Zuwiderhandlung nichtig.

„Jeder Ehegatte der neuen Ehe kann, wenn der für todt erklärte Ehegatte noch lebt, die neue Ehe anfechten, es sei denn, daß er bei der Eheschließung von dessen Leben Kenntniß hatte." § 1350 Abs. 1 Satz 1 B.G.B.

Die Kenntniß von dessen Leben bedeutet hier ein anderes als die Kenntniß davon, daß der für todt erklärte Ehegatte die Todeserklärung überlebt hat. Letztere Kenntniß genügt zur Ausschließung des Anfechtungsrechtes nicht, vielmehr ist vorausgesetzt, daß der Ehegatte zur Zeit der Eheschließung weiß, daß der für todt Erklärte noch lebt. [26]) Dem schlechtgläubigen Ehegatten ist die Anfechtung, wie oben erwähnt, mit Rücksicht auf den gutgläubigen Ehegatten versagt. Dem gutgläubigen Ehegatten ist das Anfechtungsrecht, wie in Anm. 6 erwähnt, zur Wahrung seiner Gewissensfreiheit gegeben. [27]) Sind beide Eheleute in gutem Glauben gewesen, so hat jeder von ihnen das Recht, die neue Ehe anzufechten. Der für todt erklärte Ehegatte hat kein Anfechtungsrecht. [28])

---

[23]) §§ 957 f. C.P.O.

[24]) Nach Ablauf von zehn Jahren, von dem Tage der Verkündung des die Todeserklärung aussprechenden Urtheils an gerechnet, ist die Klage unstatthaft. § 958 Abs. 2 C.P.O.

[25]) Eine ähnliche Vorschrift ist für die Fälle der Anfechtung eines Urtheils, durch das die frühere Ehe aufgelöst oder für nichtig erklärt worden ist, im § 1309 Abs. 2 B.G.B. gegeben.

[26]) Planck Anm. 1 Abs. 2 zu § 1350.

[27]) Es kann sich fragen, ob der gutgläubige Ehegatte gegenüber dem schlechtgläubigen Ehegatten das Recht hat, sich auf Grund des § 1565 Abs. 1 wegen Verstoßes gegen das Verbot der Doppelehe scheiden zu lassen. Die Frage ist zu verneinen, da § 1565 Abs. 1 voraussetzt, daß der andere Ehegatte während der Ehe mit dem auf Scheidung klagenden Ehegatten und unter Verletzung der durch diese Ehe begründeten Pflichten sich jenes Verstoßes schuldig macht, was hier nicht zutrifft. Uebrigens wurde in der Komm. f. d. 2. Lesung der Antrag gestellt, jedem Ehegatten der neuen Ehe unter bestimmten Voraussetzungen das Recht zu geben, auf Scheidung zu klagen. Unter Ablehnung dieses Antrages wurde ein anderer Antrag, welcher dahin ging, den Ehegatten statt des Rechtes, auf Scheidung zu klagen, unter denselben Voraussetzungen das Recht zu geben, die neue Ehe als ungültig anzufechten, angenommen. Prot. Bd. 4 S. 455 unten. Dagegen können die Anfechtungsgründe wegen Irrthums und arglistiger Täuschung in Frage kommen. §§ 1333 u. 1334.

[28]) Wohl aber kann er, wie bereits oben erwähnt, im Fall des § 1348 Abs. 1 in Bezug auf die neue Ehe die Nichtigkeitsklage und nach erfolgter Nichtigkeitserklärung in Bezug auf die alte Ehe die Scheidungsklage aus § 1565 Abs. 1 wegen Ehebruchs und Verstoßes gegen das Verbot der Doppelehe erheben. Letzteren Scheidungsgrund kann er auch dann geltend machen, wenn seine Ehe in Folge An-

„Die Anfechtung kann nur binnen sechs Monaten von dem Zeitpunkt an erfolgen, in welchem der anfechtende Ehegatte erfährt, daß der für todt erklärte Ehegatte noch lebt." § 1350 Abs. 1 Satz 2.

Die sechsmonatige Frist entspricht der Bestimmung des § 1339 Abs. 1. Die Frist beginnt, sobald der Ehegatte von dem Vorhandensein des Anfechtungsgrundes Kenntniß erlangt, und das fällt mit dem vom Gesetze bezeichneten Zeitpunkte zusammen. Diese Regelung entspricht der Bestimmung des § 1339 Abs. 2. Auf die Frist finden die für die Verjährung geltenden Vorschriften der §§ 203, 206 entsprechende Anwendung. Zwar ist dies nicht ausdrücklich ausgesprochen, wie im § 1339 Abs. 2, folgt aber aus der allgemeinen Natur der in §§ 203, 206 enthaltenen Bestimmungen und der Gleichartigkeit des Anfechtungsrechtes im Falle der Todeserklärung mit den übrigen Anfechtungsrechten.

„Die Anfechtung ist ausgeschlossen, wenn der anfechtungsberechtigte Ehegatte die Ehe bestätigt[29]), nachdem er von dem Leben des für todt erklärten Ehegatten Kenntniß erlangt hat oder wenn die neue Ehe durch den Tod eines der Ehegatten aufgelöst worden ist." § 1350 Abs. 2.

Der Bestätigung der Ehe ist hier ebenso wie in §§ 1325 Abs. 2 und 1337 Abs. 1 und 2 für andere Fälle ausschließende Wirkung beigelegt. Dagegen ist hier abweichend von der Bestimmung des § 1338, wonach die Anfechtung dann nicht ausgeschlossen ist, wenn die Ehe durch den Tod des zur Anfechtung **nicht** berechtigten Ehegatten herbeigeführt worden ist, die Anfechtung für den Fall der Auflösung der Ehe durch Tod uneingeschränkt ausgeschlossen.[30]) Es kann also der überlebende gutgläubige Ehegatte die neue Ehe auch dann nicht anfechten, wenn der verstorbene Ehegatte schlechtgläubig war. Diese Abweichung hat ihren Grund in dem Zwecke des Anfechtungsrechtes. Dem für todt erklärten, ein Anfechtungsrecht nicht besitzenden Ehegatten gegenüber können sich, solange dieser lebt, die gutgläubigen Ehegatten der neuen Ehe in ihrem Gewissen bedrückt fühlen. Das Anfechtungsrecht giebt ihnen das Mittel, das Hinderniß der Wiedervereinigung des für todt erklärten Ehegatten mit seinem früheren Ehegatten hinwegzuräumen. Da diese Möglichkeit aber auch im Falle der Auflösung der neuen Ehe durch den Tod eines der Ehegatten eintritt, so verliert das Anfechtungsrecht in diesem Falle seinen Zweck. Dasselbe trifft auch dann zu, wenn der für todt erklärte Ehegatte stirbt. Deshalb ist das Anfechtungsrecht nur, solange dieser lebt, gegeben. Stirbt er vor der Rechtskraft

---

fechtung der neuen Ehe wieder ins Leben tritt und sein Ehegatte schlechtgläubig also nicht der anfechtende Theil war. Dagegen kann er in diesem Falle eine auf Ehebruch gestützte Scheidungsklage nicht erheben, weil der geschlechtliche Verkehr seines Ehegatten mit dem zweiten Ehegatten während einer Zeit stattfand, in welcher die erste Ehe aufgelöst war.

[29]) Ueber Bestätigung der Ehe vergl. oben § 5.

[30]) Erst der Entwurf II stellte diesen Grundsatz auf. Entw. II § 1483 Abs. 2.

des Anfechtungsurtheils, so ist der Anfechtungsstreit erledigt. Die neue Ehe gilt wie eine **nicht** aus § 1350 angefochtene Ehe.

Wird die neue Ehe angefochten, so lebt mit Eintritt der Rechtskraft des Anfechtungsurtheils die frühere Ehe mit dem für todt erklärten Ehegatten wieder auf.[31]) Allerdings wurde die frühere Ehe durch und mit Schließung der neuen Ehe aufgelöst und eine aufgelöste Ehe muß, wenn sie rechtlich von Neuem ins Leben treten soll, wieder in aller Form geschlossen werden, aber die Anfechtung im Falle des § 1350 Abs. 1 hat nur den Grund und Zweck, das dem Fortbestehen der früheren Ehe durch Schließung der neuen Ehe entstandene Hinderniß hinwegzuräumen. Hinge es nach rechtskräftiger Anfechtung der neuen Ehe von dem **Belieben** des doppelt verheiratheten Ehegatten ab, ob er sich nunmehr mit dem für todt erklärten Ehegatten wieder vereinigen oder eine neue dritte Ehe eingehen wolle, so würde der gesetzliche Zweck des Anfechtungsrechtes willkürlich vereitelt werden können, und das ist nicht zulässig. Freilich lebt die Ehe mit dem für todt erklärten Ehegatten, wenn dieser die ihm in Folge Auflösung der früheren Ehe erwachsene Ehefreiheit selbst zur Eingehung einer neuen Ehe benutzt hat, nicht ohne Weiteres wieder auf. In diesem Falle bedarf es vielmehr der Nichtigkeitserklärung der neuen Ehe des für todt erklärten Ehegatten aus § 1309.[32])

> „**Wird die Ehe nach § 1350 von dem Ehegatten der früheren Ehe angefochten, so hat dieser dem anderen Ehegatten nach den für die Scheidung geltenden Vorschriften der §§ 1578—1582 Unterhalt[33]) zu gewähren, wenn nicht der andere Ehegatte bei der Eheschließung wußte, daß der für todt erklärte Ehegatte die Todeserklärung überlebt hat.**“ § 1351.[34])

Der Ehegatte der früheren Ehe ist der doppelt verheirathete Ehegatte, denn dem für todt erklärten Ehegatten der früheren Ehe steht ein Anfechtungsrecht überhaupt nicht zu. Die Verpflichtung tritt also nicht ein, wenn die Anfechtung von dem anderen Ehegatten der späteren Ehe ausgeht oder wenn

---

[31]) Vergl. Denkschrift S. 265, wo die Versagung des Unterhaltsanspruchs des doppelt verheiratheten Ehegatten an seinen 2. Ehegatten mit dem Wiederaufleben der früheren Ehe begründet wird. Auch der Entw. I ging davon aus, daß durch Vernichtung der neuen Ehe auf erhobene Anfechtungsklage die Wiederherstellung der ersten Ehe und damit die Lösung sittlicher und religiöser Konflikte erzielt werde. Begr. Bd. 4 S. 644 Abs. 4. Dem für todt erklärten Ehegatten steht in diesem Falle die Scheidungsklage aus § 1565 Abs. 1 wegen Doppelehe nicht zu. Vergl. Anm. 28.

[32]) Planck Anm. 2c zu § 1350.

[33]) Wegen des Unterhalts vergl. § 33.

[34]) Diese Bestimmung schuf die 2. Kom. Entw. II § 1484. Es wurde für unbillig erachtet, die Sache so zu behandeln, als wenn eine Ehe unter den Ehegatten der späteren Ehe nicht bestanden hätte. Als Nachwirkung der Ehe und zur Entschädigung für die verlorene Zeit und Arbeitskraft und den Verlust der erbrechtlichen Aussichten müsse ein Unterhaltsanspruch gewährt werden. Dafür spreche auch die bei der Scheidung wegen Geisteskrankheit beschlossene Regelung. Der Unterhaltsanspruch könne auch dazu dienen, einem Mißbrauche des Anfechtungsrechtes vorzubeugen. Prot. Bd. 4 S. 535.

dieser schlechtgläubig ist. Dem anderen Ehegatten der späteren Ehe ist eine gleiche Verpflichtung gegen den doppelt verheiratheten Ehegatten nicht auferlegt und zwar, da in Folge der Anfechtung die frühere Ehe mit dem für todt erklärten Ehegatten und mit ihr der Anspruch auf Unterhalt gegen diesen wieder auflebt. [35]) Wenn von dem Anfechtungsrechte Gebrauch gemacht wird, gilt also die frühere Ehe als nicht aufgelöst, folglich als noch fortbestehend. [36])

„Wird die frühere Ehe nach § 1348 Abs. 2 aufgelöst, so bestimmt sich die Verpflichtung der Frau, dem Manne zur Bestreitung des Unterhalts eines gemeinschaftlichen Kindes einen Beitrag zu leisten nach den für die Scheidung geltenden Vorschriften des § 1585." [37]) § 1352.

§ 20.

Kinder aus nichtigen Ehen.[1])

„Ein Kind aus einer nichtigen Ehe, das im Falle der Gültigkeit der Ehe ehelich sein würde, gilt als ehelich, sofern nicht beide Ehegatten die Nichtigkeit der Ehe bei der Eheschließung gekannt haben.

Diese Vorschrift findet keine Anwendung, wenn die Nichtigkeit der Ehe auf einem Formmangel beruht und die Ehe nicht in das Heirathsregister eingetragen worden ist." § 1699.

Es fragt sich zunächst, ob es sich um eine nichtige Ehe handelt, deren Nichtigkeit auf einem **Formmangel** beruht, oder um eine andere nichtige Ehe. Eine nichtige Ehe ersterer Art ist, ohne daß es einer Nichtigkeitserklärung bedarf, überhaupt nicht als eine Ehe anzusehen; das in einem solchen Verhältniß erzeugte Kind ist unehelich, selbst wenn beide Eltern geglaubt haben sollten, eine Ehe geschlossen zu haben. [2]) Auf das aus einer solchen formungültigen Ehe hervorgegangene Kind beziehen sich die Bestimmungen des B.G.B. 4. Buch, 2. Abschnitt, 5. Theil über die rechtliche Stellung der Kinder aus nichtigen Ehen überhaupt nicht. Nur wenn die

---

[35]) Denkschrift S. 265.

[36]) Prot. Bd. 4 S. 535.

[37]) Siehe darüber § 33.

[1]) Die §§ 1699—1704 B.G.B. stimmen wörtlich mit den §§ 1675—1680 Entw. IV und den §§ 1677—1682 Entw. III sowie sachlich mit den §§ 1587—1591 und § 1592 Satz 2, Entw. II überein, weichen aber von den §§ 1562—1567 Entw. I in wesentlichen Punkten ab. Begr. Bd. 4 S. 843—851; Prot. Bd. 4 S. 662—670; Denkschrift S. 347, 348. Die §§ 1699—1704 finden auch Anwendung auf ein durch nachfolgende Ehe der Eltern legitimirtes uneheliches Kind, wenn die Ehe nichtig ist. § 1721.

[2]) Vergl. oben § 4. Begr. Bd. 4 S. 844 u. 845.

formungültige Ehe in das Heirathsregister eingetragen worden ist, steht sie der Ehe, die aus einem anderen Grunde als wegen Formmangels nichtig ist, gleich, und fällt unter die Vorschriften dieses Titels. Auch die anfechtbaren Ehen fallen unter die Vorschriften dieses Titels, denn eine anfechtbare Ehe ist, wenn sie angefochten wird, als von Anfang an nichtig anzusehen.[3]) Kinder aus solchen nichtigen Ehen gelten grundsätzlich als ehelich, vorausgesetzt, daß ihre Ehelichkeit auch nach den allgemeinen Bestimmungen über die eheliche Abstammung (§ 1591 bis 1600) begründet ist. Von diesem Grundsatz ist nur eine Ausnahme zugelassen. Wenn nämlich beide Ehegatten die Nichtigkeit beziehungsweise Anfechtbarkeit der Ehe bei der Eheschließung gekannt haben, so gilt das Kind als unehelich.[4]) Dabei ist jedoch zu berücksichtigen, daß das uneheliche Kind nach § 1705 im Verhältnisse zu der Mutter und zu den Verwandten der Mutter die rechtliche Stellung eines ehelichen Kindes hat.[5])

Schon der **gute Glaube** eines einzigen Ehegatten wahrt dem Kinde die volle Rechtsstellung eines ehelichen Kindes. Handelt es sich um eine formungültige, in das Heirathsregister eingetragene Ehe, so erlangt das Kind trotz des bösen Glaubens beider Eltern die Rechtsstellung eines ehelichen Kindes, wenn die Eltern unter den Voraussetzungen des § 1324 Abs. 2 die dort bestimmte Zeit hindurch als Ehegatten gelebt haben.

Beiden Ehegatten muß die **Kenntniß der Nichtigkeit** beziehungsweise Anfechtbarkeit der Ehe beiwohnen. Bloße auf grober Fahrlässigkeit beruhende Unkenntniß genügt nicht.[6]) Die Kenntniß muß ihnen bei der Eheschließung beiwohnen. Später erlangtes Wissen schadet nicht.[7]) Für das Vorhandensein des guten Glaubens der Ehegatten bei der Eheschließung spricht die Vermuthung; ihre Kenntniß der Nichtigkeit beziehungsweise Anfechtbarkeit muß daher von demjenigen, der die Unehelichkeit des Kindes behauptet, nachgewiesen werden.[8]) Dieser Nachweis setzt voraus, daß die Ehe in Wirklichkeit nichtig ist, was wiederum, solange die Ehe nicht aufgelöst

---

[3]) Die Gleichstellung der Kinder aus einer anfechtbaren Ehe nach erfolgter Anfechtung mit den Kindern aus einer nichtigen Ehe ist um so mehr gerechtfertigt, als nach § 142 Abs. 2 B.G.B. allgemein die Kenntniß der Anfechtbarkeit eines Rechtsgeschäfts derjenigen der Nichtigkeit gleichgestellt wird. Prot. Bd. 4 S. 670.

[4]) Der Entw. I § 1562 wollte auch in diesem Falle aus Billigkeitsrücksichten die Kinder als eheliche angesehen wissen (Begr. Bd. 4 S. 844), allerdings mit der Einschränkung aus § 1566 Abs. 2 Entw. I. Schon im Entw. II § 1587 wurde jedoch dieser Standpunkt aufgegeben. Man hielt es mit der Würde der Ehe nicht vereinbar, Kindern aus einer nur scheinbaren Ehe die im Rechte anerkannte Vollstellung von Kindern aus gesetzmäßigen Ehen dann zu geben, wenn beide Ehegatten gewußt haben, daß sie eigentlich nur im Konkubinate zusammenlebten. Prot. Bd. 4 S. 663 u. 668. Denkschr. S. 347.

[5]) Nach § 1706 Abs. 1 erhält das Kind den Familiennamen der Mutter.

[6]) Prot. Bd. 4 S. 664. Hierin liegt eine Abweichung vom Entw. I § 1563. Begr. Bd. 4 S. 846 u. 69; dies gilt auch für die Fälle der §§ 1701 u. 1702.

[7]) mala fides superveniens ist ohne Einfluß. Begr. Bd. 4 S. 846; dies gilt auch für die Fälle der §§ 1701 u. 1702.

[8]) Prot. Bd. 4 S. 664.

ist, nur durch Erwirkung der Nichtigkeitserklärung festgestellt werden kann.[9]) Das Kind gilt in allen Beziehungen als ehelich, insbesondere auch in erbrechtlicher Beziehung, sowohl im Verhältniß zu der Mutter und den mütterlichen **Verwandten** als auch im Verhältnisse zu dem Vater und den väterlichen Verwandten.[10]) Auch den mütterlichen und väterlichen Verwandten stehen gegenüber dem Kinde alle durch dessen Ehelichkeit begründeten Rechte zu.[11])

„Das Rechtsverhältniß zwischen den Eltern und einem Kinde, das nach § 1699 als ehelich gilt, bestimmt sich, soweit sich nicht aus den §§ 1701, 1702 ein Anderes ergiebt, nach den Vorschriften, die für ein Kind aus einer geschiedenen Ehe gelten, wenn beide Ehegatten für schuldig erklärt sind." § 1700.

Es finden also namentlich die in den §§ 1635 und 1636 enthaltenen Bestimmungen über das Recht, für die Person des Kindes zu sorgen, es zu vertreten und mit ihm persönlich zu verkehren, entsprechende Anwendung.

„War dem **Vater** die Nichtigkeit der Ehe bei der Eheschließung bekannt[12]), so hat er nicht die sich aus der Vaterschaft ergebenden Rechte. Die elterliche Gewalt steht der Mutter zu." § 1701.[13])

Zu den sich aus der Vaterschaft ergebenden Rechten, die dem Vater versagt sind, gehören namentlich das Recht auf Gewährung des Unterhalts aus § 1601, das Erbrecht aus § 1925 und das Pflichttheilsrecht aus § 2303 Abs. 2. Ferner finden keine Anwendung § 1305 (Einwilligung des Vaters zur Eheschließung des Kindes), § 1617 (Verpflichtung des Kindes zur Dienstleistung im Hauswesen des Vaters), § 1747 (Einwilligung des Vaters zur Annahme des Kindes an Kindesstatt), § 1777 (Benennung eines Vormundes für das Kind), §§ 1752 bis 1854 (Anordnung gewisser Befreiungen des Vormundes), §§ 1858 u. f. (Anordnungen betreffs eines einzusetzenden Familienraths), § 1899 Abs. 1 (Berufung des Vaters als Vormund über ein volljähriges Kind).[14])

„War der **Mutter** die Nichtigkeit der Ehe bei der Eheschließung bekannt[15]), so hat sie in Ansehung

---

[9]) Wegen Aussetzung des Verfahrens, wenn die Nichtigkeitsklage noch nicht erhoben ist, vergl. §§ 151, 155 C.P.O.

[10]) Begr. Bd. 4 S. 845.

[11]) Begr. Bd. 4 S. 846.

[12]) Während sie der Mutter unbekannt war. Kenntniß der Anfechtbarkeit steht der Kenntniß der Nichtigkeit gleich.

[13]) Anträge, welche darauf gerichtet waren, dem bösgläubigen Vater bei Zustimmung der gutgläubigen Mutter die elterliche Gewalt zu überlassen, wurden bei der 2. Lesung abgelehnt. Prot. Bd. 4 S. 665—667.

[14]) „Stammt das Mündel aus einer nichtigen Ehe, so ist der Vater im Falle des § 1701, die Mutter im Falle des § 1702 nicht berufen." § 1899 Abs. 3.

[15]) Während sie dem Vater unbekannt war. Kenntniß der Anfechtbarkeit steht der Kenntniß der Nichtigkeit gleich.

des Kindes nur diejenigen Rechte, welche im Falle der Scheidung der allein für schuldig erklärten Frau zustehen.

Stirbt der Vater oder endigt seine elterliche Gewalt aus einem anderen Grunde, so hat die Mutter nur das Recht und die Pflicht, für die Person des Kindes zu sorgen; zur Vertretung des Kindes ist sie nicht berechtigt. Der Vormund des Kindes hat, soweit der Mutter die Sorge zusteht, die rechtliche Stellung eines Beistandes.

Die Vorschriften des Abs. 2 finden auch dann Anwendung, wenn die elterliche Gewalt des Vaters wegen seiner Geschäftsunfähigkeit oder nach § 1677[16]) ruht.“ § 1702.

Hiernach steht die Sorge für die Person des Kindes dem Vater zu; die Mutter behält jedoch die Befugniß, mit dem Kinde persönlich zu verkehren. §§ 1635, 1636. Die Bestimmungen des Abs. 2 § 1702 entsprechen den Bestimmungen des § 1707 über die Rechte der Mutter eines unehelichen Kindes. Weitergehende Rechte als der Mutter eines unehelichen Kindes stehen im vorliegenden Falle der bösgläubigen Mutter nicht zu.[17])

„Gilt das Kind nicht als ehelich, weil beiden Ehegatten die Nichtigkeit der Ehe bei der Eheschließung bekannt war, so kann es gleichwohl von dem Vater[18]), solange er lebt, Unterhalt wie ein eheliches Kind verlangen. Das im § 1612 Abs. 2 bestimmte Recht[19]) steht dem Vater nicht zu.“ § 1703.

Ueber den Begriff und Zeitpunkt der Kenntniß, sowie die Beweislast ist bereits oben gehandelt worden. Das Kind ist zwar unehelich, seinen Unterhaltsanspruch kann es aber nicht wie ein uneheliches[20]), sondern nur wie ein eheliches Kind geltend machen, solange der Vater lebt. Während der Lebensdauer des Vaters bemißt sich also der Unterhaltungsanspruch des

[16]) Dies ist der Fall, wenn von dem Vormundschaftsgerichte festgestellt wird, daß der Vater auf längere Zeit an der Ausübung der elterlichen Gewalt thatsächlich verhindert ist.

[17]) Begr. Bd. 4 S. 847. Den Standpunkt des Entw. I theilen die späteren Entwürfe und das B.G.B. Prot. Bd. 4 S. 665 und oben Anm. 1.

[18]) Nach §§ 1705 u. 1601 steht dem Kinde auch gegen die Mutter ein Unterhaltsanspruch wie einem ehelichen Kinde zu. Deshalb wurde in der Reichstagskommission ein Antrag, statt: „von dem Vater“ zu setzen: „von den Eltern“ abgelehnt. Bericht S. 156.

[19]) Das Recht, wonach die Eltern vorbehaltlich eines Eingriffs des Vormundschaftsgerichts die Art der Gewährung des Unterhalts und die Zeit der Vorausleistung selbst zu bestimmen berechtigt sind, findet also keine Anwendung.

[20]) Einer Anregung, dem Kinde zu gestatten, seinen Anspruch wie ein uneheliches oder wie ein eheliches, je nachdem es ihm vortheilhafter scheint, geltend zu machen, wurde von der 2. Kom. nicht stattgegeben. Prot. Bd. 4 S. 669. Demnach hat z. B. das Kind keinen Anspruch auf den der Lebensstellung der Mutter entsprechenden Unterhalt. § 1708 Abs. 1.

Kindes nach den für eheliche Kinder gegebenen Vorschriften. Der § 1703 gewährt dem Kinde nur für die Lebenszeit des Vaters Rechte; nach dem Tode des Vaters genießt das Kind in Bezug auf den Unterhalt die Rechte eines unehelichen Kindes und kann diese gegen die Erben des Vaters geltend machen.[21]) Andere Rechte, als den Unterhaltsanspruch z. B. das Recht auf Ausstattung, gewährt § 1703 dem Kinde gegen den Vater nicht.[22])

> „Ist die Ehe wegen Drohung anfechtbar und angefochten, so steht der anfechtungsberechtigte Ehegatte einem Ehegatten gleich, dem die Nichtigkeit der Ehe bei der Eheschließung unbekannt war." § 1704.

Wie bereits oben bemerkt, fallen auch die anfechtbaren Ehen unter die Vorschriften dieses Titels. Es liegt in der Natur der Sache, daß der widerrechtlich bedrohte Ehegatte nicht Nachtheile wegen Kenntniß des Anfechtungsgrundes erleiden kann.[23])

> „Inwieweit die Kinder aus einer vor dem Inkrafttreten des B.G.B. geschlossenen nichtigen oder ungültigen Ehe als eheliche Kinder anzusehen sind und inwieweit der Vater und die Mutter die Pflichten und Rechte ehelicher Eltern haben, bestimmt sich nach den bisherigen Gesetzen." Art. 207 Einf.G. z. B.G.B.[24])

Das bisherige Recht ist in den bezeichneten Beziehungen auch in dem Falle für maßgebend zu erachten, wenn die Geburt des Kindes **nach** dem Inkrafttreten des B.G.B. erfolgt ist. Dagegen regelt sich die gegenseitige Unterhaltspflicht nach den Vorschriften des B.G.B.[25])

---

[21]) Prot. Bd. 4 S. 669. Vergl. § 1712 Abs. 2. Recht des Erben, das Kind mit dem Pflichttheil abzufinden.

[22]) Prot. Bd. 4 S. 669.

[23]) Die gleiche Behandlung läßt ihm auch § 1346 Satz 1 zu Theil werden.

[24]) Art. 207 Einf.G. z. B.G.B. stimmt sachlich mit Art. 125 Entw. I Einf.G. z. B.G.B. überein.

[25]) Begr. Entw. I Einf.G. z. B.G.B. S. 295, 296.

Zweiter Abschnitt.

Ehescheidung.

§ 21.

Ehescheidung und Aufhebung der ehelichen Gemeinschaft.

Die Ehe ist zwar eine für das ganze Leben geschlossene Verbindung von Mann und Frau, jedoch ihre Auflösung vor dem Tode eines der Ehegatten nicht ausgeschlossen. Wenn man auch streng genommen in der Ehe eine von dem Willen der Ehegatten unabhängige sittliche und rechtliche Einrichtung zu erblicken hat, so läßt sich mit dieser Auffassung doch eine billige Rücksichtnahme auf die Bedürfnisse des Lebens wohl vereinigen. Diese aber erheischen die Zulassung der Scheidung, sobald diejenigen sittlichen Grundlagen zerstört sind, auf denen allein eine so innige Lebensgemeinschaft wie die Ehe möglich ist. [1])

Die Scheidung erfolgt durch Urtheil. § 1564. [2]) Da die Ehegatten einander zur ehelichen Lebensgemeinschaft verpflichtet sind (§ 1353 Abs. 1), so dürfen sie ihre Verbindung nicht eigenmächtig aufheben. Nur richterliches Urtheil vermag, solange sie leben, das Band zu lösen. Zur Herbeiführung des Urtheilsspruchs dient die Ehescheidungsklage. § 592 C.P.O. [3]) Mit der Rechtskraft des Urtheils tritt die Auflösung der Ehe ein. § 1564 Satz 3.

Neben der Scheidung läßt das B.G.B. die Aufhebung der ehelichen Gemeinschaft zu. Während die Scheidung eine Auflösung der Ehe dem Bande nach herbeiführt, bleibt bei der Aufhebung der ehelichen

---

[1]) Begr. Bd. 4 S. 562. Prot. Bd. 4 S. 391–399. Das B.G.B. steht grundsätzlich auf dem Standpunkte, daß die Ehe eine die gesammte Persönlichkeit der Ehegatten erfassende Lebensgemeinschaft und als solche eine über den jeweiligen Verhältnissen der Ehegatten stehende sittliche Ordnung sei. Das B.G.B. hat aber diesen Grundsatz nicht streng bis ins Einzelne durchgeführt, sondern durch Anerkennung von unbedingten und bedingten Scheidungsgründen durchbrochen. Prot. Bd. 4 S. 411.

[2]) Damit ist das gerichtliche Urtheil gemeint. Scheidung durch Vertragschließung ist unzulässig. Begr. Bd. 4 S. 581, Prot. Bd. 4 S. 391. Jede Scheidung aus landesherrlicher Machtvollkommenheit fällt weg. Begr. Bd. 4 S. 573 u. 582, Prot. Bd. 4 S. 391, Denkschr. S. 311. Das Personenstandsgesetz v. 6./2. 1875 hatte im § 55 Abs. 2 die landesgesetzlichen Vorschriften, nach denen es zur Trennung einer Ehe einer besonderen Erklärung und Beurkundung vor dem Standesbeamten bedurfte, aufrecht erhalten. Dieser § ist nun durch Art. 46 des Einf.G. z. B.G.B. unter Beseitigung jener Bestimmung ersetzt. Der Standesbeamte hat lediglich Randvermerke auf Grund der gerichtlichen Urtheile in dem Heirathsregister zu bewirken.

[3]) Die Ehescheidungsklage richtet sich im Gegensatze zu der Nichtigkeits- und der Anfechtungsklage gegen Ehen, die gültig zu Stande gekommen sind. Voraussetzung der Scheidung ist daher, daß die zu scheidende Ehe ihrer Gültigkeit nach nicht angefochten ist. Ehen, die ohne Klagen für nichtig zu erachten sind (vergl. § 4), können nicht Gegenstand der Scheidung sein.

Gemeinschaft das Band der Ehe bestehen, und dies hindert die Eingehung einer neuen Ehe. [4])

> „Der Ehegatte, der auf Scheidung zu klagen berechtigt ist, kann statt auf Scheidung auf Aufhebung der ehelichen Gemeinschaft klagen." § 1575 Abs. 1 Satz 1 B.G.B.

Die Berechtigung zur Klage auf Aufhebung der ehelichen Gemeinschaft hängt also von der Berechtigung zur Scheidungsklage ab. Wie für letztere, so sind auch für erstere die gesetzlich anerkannten Scheidungsgründe ausschließlich maßgebend. Ist der Scheidungsgrund verziehen oder die Berechtigung zu seiner Geltendmachung im Scheidungsverfahren erloschen, so kann er auch nicht die Klage auf Aufhebung der ehelichen Gemeinschaft begründen. [5]) Dem Ehegatten, der klagen will, steht die Wahl frei, welche der beiden Klagen er erheben will. In dieser Wahlfreiheit ist er durch den anderen Ehegatten zwar nicht beschränkt; letzterer hat aber, wenn die Klage auf Aufhebung der ehelichen Gemeinschaft erhoben ist, das Recht, Scheidung statt Aufhebung der ehelichen Gemeinschaft zu verlangen.

> „Beantragt der andere Ehegatte, daß die Ehe, falls die Klage (auf Aufhebung der ehelichen Gemeinschaft) begründet ist, geschieden wird, so ist auf Scheidung zu erkennen." § 1575 Abs. 1 Satz 2. [6]) „Ist

---

[4]) Das Verbot der Wiederverheirathung gewährt den Vortheil, daß eine Wiedervereinigung der Ehegatten bis zum Tode eines von ihnen noch möglich ist. Trotzdem hatte der Entw. I in Anbetracht der Nachtheile und Gefahren, welche das Verbot der Wiederverheirathung für den Hausstand, die Nahrungsverhältnisse, die Erziehung der Kinder und für die Sittlichkeit mit sich bringt, und mit Rücksicht auf den unschuldigen Theil die beständige Trennung von Tisch und Bett nicht zugelassen, auch nicht wahlweise nach Bestimmung des Klägers neben der Ehescheidung. Begr. Bd. 4 S. 562 u. 563. Er befand sich damit im Einklange mit dem bestehenden Reichsrechte. (§ 77 des Personenstandsges. v. 6./2. 1875). Dieses war auch für die gleichfalls ablehnende Stellung des Entw. IV zu der vorliegenden Frage bestimmend. Denkschr. S. 311. Während aber der Entw. I zeitweilige Trennung von Tisch und Bett auf höchstens 2 Jahre als eine die Abwendung der Scheidung bezweckende vorgängige Versöhnungsmaßregel beim Vorhandensein eines bedingten Scheidungsgrundes zulassen wollte (§ 1444 Entw. I und Begr. Bd. 4 S. 579), wurde in der 2. Kom. ein Antrag, diese Einrichtung gänzlich zu beseitigen und als Aussöhnungsmaßregel nur die Aussetzung des Verfahrens (§ 580 C.P.O.) zuzulassen, angenommen. Prot. Bd. 4 S. 398 unten. In der Reichstagskommission wurde sodann mit Rücksicht auf die Lehre der katholischen Kirche (vergl. Prot. Bd. 4 S. 391–399, namentlich die Begründung der damals von der Mehrheit abgelehnten Anträge), wonach eine Scheidung vom Bande der Ehe niemals zulässig ist, beantragt, neben der Scheidung die dauernde Trennung von Tisch und Bett einzuführen. Dieser Antrag gelangte in der Kommission (R.Kom.Ber. S. 119 u. f.) und demnächst auch im Reichstage zur Annahme. Er hat in den §§ 1575, 1576, 1586, 1587 B.G.B. Ausdruck gefunden.

[5]) Die §§ 1570—1572 gelten auch für die Klage auf Aufhebung der ehelichen Gemeinschaft. Dies besonders hervorzuheben, wurde in der Reichstagskommission für überflüssig erachtet, da die Klage auf Aufhebung der ehelichen Gemeinschaft nur dem Ehegatten zusteht, der auf Scheidung zu klagen berechtigt ist und unter den Voraussetzungen und nach dem Inhalte der angeführten §§ der Ehegatte auf Scheidung zu klagen nicht berechtigt ist. R.Kom.Ber. S. 121.

[6]) Nämlich von einem deutschen Gerichte. Auf Urtheile ausländischer Gerichte

auf Aufhebung der ehelichen Gemeinschaft erkannt, so kann jeder der Ehegatten auf Grund des Urtheils die Scheidung beantragen, es sei denn, daß nach der Erlassung des Urtheils die eheliche Gemeinschaft wiederhergestellt worden ist." § 1576 Abs. 1.[7])

Lediglich das Urtheil ist zur Klagebegründung nothwendig und genügend.[8]) Die Worte: **es sei denn**[9]) stellen klar, daß den Beklagten die Beweislast trifft, wenn er behauptet, daß die eheliche Gemeinschaft wiederhergestellt worden sei.

„Wird nach § 1575 die eheliche Gemeinschaft aufgehoben, so treten die mit der Scheidung verbundenen Wirkungen ein; die Eingehung einer neuen Ehe ist jedoch ausgeschlossen." § 1586 Satz 1.

Solange die getrennten Ehegatten leben, darf also keiner von ihnen eine andere Ehe schließen. Da die Ehe dem Bande nach fortbesteht, so führt sie ihr rechtliches Dasein als eine gesetzmäßige Verbindung der Ehegatten weiter.[10]) Auf dem Gebiete der Nichtigkeit und Anfechtbarkeit der Ehe ist daher eine Ehe, die nur dem Bande nach fortbesteht, wie jede

---

bezieht sich diese Bestimmung nicht, weder wenn ein Deutscher das ausländische Urtheil (insbesondere auf beständige Trennung von Tisch und Bett) erwirkt hat, noch wenn ein Ausländer nach Erwirkung eines solchen Urtheils Deutscher geworden ist. Vergl. R.G. 9./10. 1893, Bd. 32 S. 17, wo mit Bezug auf § 77 Abs. 2 Reichsges. 6./2. 1875 ausgeführt worden ist, daß auf Grund ausländischer Urtheile, welche die beständige Trennung einer Ehe von Tisch und Bett anordnen, die Auflösung des Bandes der Ehe bei Gerichten des Deutschen Reichs nicht verlangt werden kann.

[7]) Zu den durch Art. 202 Einf.G. z. B.G.B. aufrechterhaltenen Vorschriften gehört der § 77 Abs. 2 d. Reichsges. v. 6./2. 1875. Die darnach statthafte Umwandlung der Trennung von Tisch und Bett in eine Auflösung des Bandes der Ehe findet keine Anwendung auf Urtheile **ausländischer** Gerichte. R.G. 9./10. 1893 in Entsch. Bd. 32 S. 17. Die Umwandlungsklage setzt ein vor dem Inkrafttreten dieses Gesetzes ergangenes Urtheil voraus. R.G. 24./2. 1889 in Gruchot Bd. 34 S. 892 u. 20./5. 1892 in Jur.W. 1892 S. 315 Ziff. 26.

[8]) Darüber, ob ein Sühneversuch nothwendig, vergl. § 42 Anm. 29.

[9]) In der Reichstagskommission wurde es als die einstimmige Auffassung der Antragsteller und der Kommission bestätigt, daß die Wiederaufnahme des ehelichen Lebens in dem Sinne dieses § eine Einrede darstelle, welche der Beklagte geltend zu machen habe, wenn der Kläger auf Grund des Urtheils auf Aufhebung der ehelichen Gemeinschaft die Scheidung verlange. R.Kom.Ber. S. 121. Durch die Einschränkung „es sei denn" oder durch einen mit den Worten: „dies gilt nicht" eingeleiteten besonderen Satz, vielfach auch durch die Stellung des Wortes „nicht" hat man klar stellen wollen, daß die Beweislast den trifft, der für sich einen Anspruch oder eine Rechtsstellung herleitet, daß etwas nicht geschehen sei. Beschlüsse zum Entw. eines B.G.B., mitgetheilt von Küntzel in Gruchots Beiträgen Bd. 40 S. 357.

[10]) Solange die Scheidung nicht rechtskräftig ausgesprochen ist, ist auch eine böslich verlassene Ehefrau die eheliche Treue zu halten verpflichtet. R.G. 18./2. 1895 in Entsch. Bd. 35 S. 132. Ein nach Aufhebung der ehelichen Gemeinschaft empfangenes Kind hat die Vermuthung der ehelichen Abstammung für sich, da die Auflösung des Bandes der Ehe mit der Aufhebung nicht verbunden ist. Engelmann in Gruchot Bd. 43 S. 250.

andere Ehe zu beurtheilen. Sie kann also mit der Nichtigkeitsklage und der Anfechtungsklage ihrem rechtlichen Bestande nach angegriffen werden.

„Die Vorschriften über die Nichtigkeit und Anfechtbarkeit der Ehe finden Anwendung, wie wenn das Urtheil (auf Aufhebung der ehelichen Gemeinschaft) nicht ergangen wäre. § 1586 Satz 2.

„Wird die eheliche Gemeinschaft nach der Aufhebung wiederhergestellt[11]), so fallen die mit der Aufhebung verbundenen Wirkungen weg[12]) und tritt Gütertrennung ein." § 1587.

Die Wiederherstellung der ehelichen Gemeinschaft wirkt auf alle Ehescheidungsgründe, welche vor ihr liegen, wie die Verzeihung. Entsteht ein neuer Ehescheidungsgrund, so hat wiederum der gekränkte Ehegatte das Recht, nach seiner Wahl eine neue Klage auf Aufhebung der ehelichen Gemeinschaft oder eine Klage auf Scheidung zu erheben, und der andere Ehegatte kann, wenn erstere Klage erhoben ist, den Ausspruch der Scheidung beantragen. Ebenso steht wiederum beiden Ehegatten, wenn auf Aufhebung der ehelichen Gemeinschaft erkannt ist, das Recht zu, auf Grund des Urtheils die Scheidung zu beantragen.[13])

Im Uebrigen wird die Aufhebung der ehelichen Gemeinschaft zweckmäßiger bei der Darstellung der einzelnen Theile behandelt. Hier bedürfen jedoch noch einige **Uebergangsvorschriften** der Erwähnung.

„Die Scheidung und die Aufhebung der ehelichen Gemeinschaft erfolgen von dem Inkrafttreten des Bürgerlichen Gesetzbuchs an nach dessen Vorschriften.[14])

Hat sich ein Ehegatte vor dem Inkrafttreten des B.G.B. einer Verfehlung der in den §§ 1565 bis 1568 des B.G.B. bezeichneten Art schuldig gemacht, so kann auf Scheidung oder auf Aufhebung der ehelichen Gemeinschaft nur erkannt werden, wenn die Verfehlung auch nach den bisherigen Gesetzen ein

---

[11]) Ueber die Wiederherstellung der ehelichen Gemeinschaft hat der Standesbeamte auf Antrag einen Randvermerk im Heirathsregister zu bewirken. Einf.G. z. B.G.B. Art. 46 II § 55 Abs. 2.

[12]) In der Reichstagskommission wurde ein Antrag, den Wegfall der Wirkungen zugleich von der Anzeige der Wiederherstellung der ehelichen Gemeinschaft bei dem Standesbeamten abhängig zu machen, abgelehnt. R.Kom.Ber. S. 122.

[13]) In der Reichstagskommission wurde ausdrücklich klargestellt, daß, wie es in dem Bericht S. 121 heißt, jeder der beiden Ehegatten das Recht habe, sowohl eine neue Klage auf Aufhebung der ehelichen Gemeinschaft als eine Klage auf Scheidung anzustellen.

[14]) Dies entspricht der Bestimmung des Art. 199 Einf.G., wonach sich die persönlichen Rechtsbeziehungen der Ehegatten zu einander, insbesondere die gegenseitige Unterhaltungspflicht auch für die zur Zeit des Inkrafttretens des Bürgerlichen Gesetzbuchs bestehenden Ehen nach dessen Vorschrift bestimmen. Vergl. auch Art. 14 Einf.G.

Scheidungsgrund[15]) oder ein Trennungsgrund war." Art. 201 Einf.G. z. B.G.B.[16])

Die neuen Vorschriften finden auch auf die bereits vor dem 1. Januar 1900 anhängig gewordenen Ehesachen Anwendung, es sei denn, daß sie bereits in die Revisionsinstanz gelangt wären.[17])

Die als Scheidungs- und Trennungsgründe sich darstellenden Thatsachen beruhen — abgesehen von der Geisteskrankheit — auf einem Verschulden des Ehegatten, und ein solches kann füglich nur angenommen werden, wenn der Ehegatte wußte oder doch wissen mußte, daß sein Verhalten nach der bestehenden Gesetzgebung geeignet sei, die Scheidung oder Trennung herbeizuführen.[18])

Derselbe Grundsatz, der hier für die zeitliche Herrschaft der Gesetze ausgesprochen ist, gilt nach Art. 17 Abs. 2 und 4 Einf.G. auch für die räumliche Herrschaft der Gesetze.

„Für die Wirkungen einer beständigen[19]) oder zeitweiligen Trennung von Tisch und Bett, auf welche vor dem Inkrafttreten des B.G.B. erkannt worden ist, bleiben die bisherigen Gesetze maßgebend. Dies gilt insbesondere auch von den Vorschriften, nach denen eine bis zu dem Tode eines der Ehegatten fortbestehende Trennung in allen oder einzelnen Beziehungen der Auflösung der Ehe gleichsteht." Art. 202 Einf.G. z. B.G.B.[20])

Der gesammte erste Abschnitt des vierten Buches bezieht sich auf die bürgerliche Ehe, wie seine Ueberschrift ergiebt.

„Die kirchlichen Verpflichtungen in Ansehung der

---

[15]) Wenn auch nach den bisherigen Gesetzen bösliche Verlassung ein Scheidungsgrund ist, so wird doch, abgesehen von dem Falle des § 1567 Abs. 2 Ziff. 2 B.G.B., zunächst auf Herstellung der häuslichen Gemeinschaft geklagt werden müssen, bevor die Scheidungsklage erhoben werden kann. Davon wird man absehen können, wenn eine Verurtheilung zur Herstellung des ehelichen Lebens erfolgt ist.

[16]) Art. 201 Einf.G. z. B.G.B. stimmt sachlich mit Art. 120 Entw. I Einf.G. z. B.G.B. überein. Begr. zu letzterem S. 288—290. Mit Art. 171 der Bundesrathsvorlage und Art. 200 der Reichstagsvorlage stimmt er — abgesehen von dem späteren Zusatze über die Aufhebung der ehelichen Gemeinschaft — ebenfalls überein.

[17]) Begr. Entw. I Einf.G. z. B.G.B. S. 289.

[18]) Begr. Entw. I Einf.G. z. B.G.B. S. 288.

[19]) Seit dem 1. Januar 1876, dem Inkrafttreten des Reichsgesetzes vom 6. Februar 1875 war im Reiche der Anspruch auf beständige Trennung der Ehegatten ohne Lösung des Bandes allgemein versagt. § 77 Abs. 1 d. Ges. R.G. 4./6. 1887 in Bolze Bd. 4 Ziff. 857. Es kommen also nur Erkenntnisse auf beständige Trennung von Tisch und Bett in Betracht, die vor dem 1./1. 1876 ergangen sind. Für diese gilt nach wie vor § 77 Abs. 2 d. Ges. Vergl. § 23.

[20]) Art. 202 Einf.G. z. B.G.B. stimmt wörtlich mit Art. 201 d. Reichstagsvorlage und Art. 172 d. Bundesrathsvorlage, zum Theil auch mit Art. 124 Entw. I Einf.G. z. B.G.B. überein. Begr zum letzteren S. 294, 295.

Ehe werden durch die Vorschriften dieses Abschnitts nicht berührt.“ § 1588.[21])

§ 22.

Scheidungsgründe und Trennungsgründe im Allgemeinen.

Das Scheidungsrecht des B.G.B. beruht auf dem Grundsatze, daß ein Ehegatte nur wegen schweren Verschuldens des anderen Ehegatten die Scheidung zu verlangen berechtigt sein soll.[1]) Verdient die Scheidung als die Ausnahme von dem natürlichen Verlaufe der Ehe schon an und für sich keine Begünstigung, so sprechen auch gewichtige Gründe für eine strengere Gestaltung des Scheidungsrechtes.[2]) Der Staat hat ein dringendes Interesse daran, die Auffassung der Ehe als einer von dem Willen der Ehegatten unabhängigen sittlichen Ordnung zu fördern, denn auf der Ehe, wie sie sein soll, beruhen zum guten Theile Gesittung, Bildung und Wohlfahrt. Eine erhebliche Gefahr für das Wohl des Staates und der Familie liegt in leichtsinnigen Eheschließungen. Diesen wird wirksam durch Erschwerung der Ehescheidung begegnet. Dadurch wird ferner erzielt, daß die Ehegatten, wenn eheliche Zerwürfnisse vorkommen, eher geneigt sein werden, den keimenden Wunsch nach Scheidung zu unterdrücken und sich wieder zu versöhnen. Andererseits darf dem gekränkten Ehegatten nicht zu viel zugemuthet werden. Ist einmal seine eheliche Gesinnung erstorben, so hat es wenig Zweck, die Ehe aufrecht zu erhalten, und selbst im Interesse der Kinder wird der Fortbestand einer in seinen sittlichen Grundlagen zerrütteten Ehe schwerlich liegen. Gegenüber dem schuldvollen Verhalten des anderen Ehegatten hat der Ehegatte ein Recht auf Scheidung, d. h. auf denjenigen Schutz, den der Staat in Bezug auf die Ehe überhaupt nur gewähren kann.

So schließt denn das B.G.B. jede Scheidung aus Willkür aus. Daß die Ehe nicht auf einseitiges, willkürliches Verlangen geschieden werden darf, folgt schon aus ihrer Natur als eines Rechtsverhältnisses. Aber auch auf Grund gegenseitiger Einwilligung ist die Scheidung nicht zulässig. Aus denselben Gründen kann weder einseitige noch beiderseitige unüberwindliche Abneigung zur Scheidung führen. Grundsätzlich ausgeschlossen ist auch die Scheidung wegen körperlicher Gebrechen[3]), jedoch zugelassen wegen Geisteskrankheit.[4]) Religionswechsel bildet ebenfalls keinen Scheidungsgrund.

---

[21]) Damit ist nicht gesagt, daß es zwei Ehen gebe, eine bürgerliche und eine kirchliche. Es giebt nur eine Ehe, diese aber hat eine bürgerliche und eine kirchliche Seite. Das B.G.B. befaßt sich entsprechend dem Grundsatze, daß Religion Privatsache ist, nur mit der bürgerlichen Ehe. Vergl. R.Kom.Ber. S. 103.

[1]) Begr. Bd. 4 S. 567.

[2]) Begr. Bd. 4 S. 563.

[3]) Geschlechtliches Unvermögen oder unheilbare körperliche Krankheiten, die ein

Die im B.G.B. anerkannten Scheidungsgründe lassen sich in bedingte und unbedingte eintheilen, d. h. solche, die zur Scheidung nur unter der Bedingung führen, daß der Richter zugleich die Ueberzeugung gewinnt, es sei eine so tiefe Zerrüttung des ehelichen Verhältnisses eingetreten, daß dem klagenden Ehegatten die Fortsetzung der Ehe nicht zugemuthet werden könne, und solche, die unbedingt die Scheidung rechtfertigen.[5]) Zu den letzteren gehören Ehebruch und die diesen gleich zu achtenden strafbaren Handlungen (§ 1565), Lebensnachstellung (§ 1566) und bösliche Verlassung (§ 1567). In diesen Fällen ist die Verletzung der ehelichen Pflichten schon an sich als eine so schwere und unmittelbare anzusehen, daß die Folge der Zerrüttung der Ehe ohne Weiteres vorausgesetzt werden kann. Die Möglichkeit des Gegentheils ist zwar nicht ausgeschlossen, fällt aber nicht entscheidend ins Gewicht. Neben diese unbedingten Scheidungsgründe tritt der Scheidungsgrund der Geisteskrankheit, der in der Art, wie er in B.G.B. § 1569 geregelt ist, ebenfalls ein unbedingtes Scheidungsrecht begründet, aber seiner Natur nach eine Sonderstellung einnimmt. Alle übrigen Scheidungsgründe sind bedingte und werden, ohne einzeln aufgeführt zu werden, im § 1568 durch Zurückführung auf einen gemeinsamen Grundsatz gekennzeichnet. Darnach soll die Scheidung auch in solchen Fällen zulässig sein, in denen ein Ehegatte durch schwere Verletzung der durch die Ehe begründeten Pflichten oder durch ehrloses oder unsittliches Verhalten eine so tiefe Zerrüttung des ehelichen Verhältnisses verschuldet[6]) hat, daß dem Ehegatten die Fortsetzung der Ehe nicht zugemuthet werden kann. Auf die Thatsache der Zerrüttung kann sich derjenige Ehegatte, der die Zerrüttung durch eigenes schuldvolles Verhalten herbeigeführt hat, zur Begründung eines Scheidungsanspruchs nicht berufen, was aus der Natur der Ehe als eines Rechtsverhältnisses folgt.[7])

Aus anderen Gründen als den vorbezeichneten kann die Ehe nicht geschieden werden. § 1564 Satz 1. Die Scheidungsgründe sind auch für die Aufhebung der ehelichen Gemeinschaft die ausschließlich zulässigen Trennungsgründe.

Ehegatte sich während der Ehe schuldvoller Weise durch unsittliches Verhalten zugezogen hat, können allerdings einen Scheidungsgrund nach § 1568 abgeben. Begr. Bd. 4 S. 570.

[4]) Der Entw. I hatte folgerichtig die Scheidung wegen Geisteskrankheit ausgeschlossen (Begr. Bd. 4 S. 570); aber schon in der 2. Kom. wurde beschlossen, Geisteskrankheit als Ehescheidungsgrund anzuerkennen.

[5]) Die Begr. Bd. 4 S. 572 bezeichnet die ersteren als relative, die letzteren als absolute Scheidungsgründe.

[6]) Einem entmündigten Ehegatten können Handlungen, die an sich als Scheidungsgrund gelten, aber erst nach Eintritt der Entmündigung (§ 661 C.P.O.) begangen sind, nicht zugerechnet werden und der Gegenbeweis, daß dieselben im Zustande der Handlungsfähigkeit vorgenommen worden seien, ist nicht zuzulassen. R.G. 13./2. 99 in Jur.W. 1899 S. 180 Ziff. 17.

[7]) Begr. Bd. 4 S. 564.

§ 23.

Verhältniß des deutschen zum ausländischen Ehescheidungsrechte.

Rechtslehre: Barazetti, Erörterungen aus dem Gebiete des internationalen Privatrechts im B.G.B. in Böhm's Zeitschrift Bd. 8 S. 133–142. Biberfeld, zu Art. 17 Einf.G. z. B.G.B. ebenda S. 384–388. Heidecker, über die materielle Rechtskraft ausländischer Urtheile, insbes. ausländischer Ehescheidungsurtheile in Deutschland, in Busch's Zeitschr. f. Civ.Proz. Bd. 18 S. 453–505. Keidel, internationales Eherecht nach B.G.B. in Böhm's Zeitschr. Bd. 7 S. 228–244. Klein, örtliches Recht in Ehescheidungssachen ebenda 1897 S. 487–500. A. Mariolle, Nichtigkeitserklärung und Auflösung der Ehe im internationalen Verkehr, ebenda Bd. 8 S. 133–142.

Der 1. Entwurf des Bürgerlichen Gesetzbuchs und des Einführungsgesetzes enthält keine Vorschriften über das Verhältniß des Reichsrechts zum ausländischen Rechte. Erst bei der zweiten Lesung gelangte dieser Rechtsstoff in einem dem 2. Entwurf angefügten sechsten Buche mit der Ueberschrift „Anwendung ausländischer Gesetze" zur gesetzlichen Regelung. Durch den Bundesrath wurden die betreffenden Bestimmungen demnächst dem Einführungsgesetze zum Bürgerlichen Gesetzbuch einverleibt. [1])

Was das deutsche Ehescheidungsrecht anbelangt, so ist im Verhältniß zum ausländischen Rechte der Grundsatz an die Spitze gestellt worden, daß in erster Linie das Recht desjenigen Staates entscheidet, dem der Ehegatte angehört. Das sogenannte **Nationalgesetz** beherrscht das Scheidungsrecht. Art. 17 Abs. 1 Einf.G. z. B.G.B. bestimmt:

> „Für die Scheidung der Ehe sind die Gesetze des Staates maßgebend, dem der Ehemann zur Zeit der Erhebung der Klage angehört."

Das Gesetz des Heimathsstaates schließt also grundsätzlich das Gesetz des Ortes aus, wo die Klage erhoben wird. Der deutsche Ehescheidungsrichter muß sich gegebenen Falls mit dem ausländischen Ehescheidungsrechte befassen. Das Deutsche Reich beweist hierdurch ebensosehr seine entgegenkommende Haltung gegenüber anderen Staaten, wie es seine Anforderungen an die Befähigung der Richter steigert. [2])

---

[1]) Sie beruhen, wie J. Keidel in Böhm's Zeitschrift für internationales Privat- und Strafrecht Bd. VII S. 228–244 dargelegt hat, im allgemeinen auf denselben Grundanschauungen wie die Beschlüsse des internationalen Kongresses im Haag 1893 und 1894 und die Grundsätze des Institut de droit international und sind geeignet, dazu beizutragen, die Rechtsbeziehungen des Deutschen Reichs zu anderen Staaten in einer alle Theile befriedigenden Weise zu regeln, auch einheitliche Grundsätze über die räumliche Herrschaft der Gesetze im völkerrechtlichen Verkehr auszubilden.

[2]) Mit dem den früheren Gesetzen und Rechtsanschauungen entsprechenden Grundsatze, daß der Prozeßrichter bei seiner Entscheidung über das Vorhandensein eines Scheidungsgrundes stets sein eigenes Recht anzuwenden habe, wie er in den Urtheilen des Reichsgerichts vom 19. Juni 1883 in Entsch. Bd. 9 S. 191, 26. Juni 1886 in Entsch. Bd. 16 S. 138 sowie 5. Dezember 1893 in Gruchot Bd. 38 S. 474 aufgestellt ist, wird somit endgültig gebrochen.

Da es nach dem neuen Grundsatz auf die **Staatsangehörigkeit, nicht** den Wohnsitz des Ehemannes ankommt, so ist es für die vorliegende Frage regelmäßig bedeutungslos, ob der Mann seinen allgemeinen Gerichtsstand im Deutschen Reich oder im Auslande hat oder ob er überhaupt keinen allgemeinen Gerichtsstand hat. Sind beide Ehegatten zur Zeit der Klageerhebung Deutsche, so kommt die Anwendung eines anderen Rechts als des Reichsrechts nicht in Frage. Dazu gehört auch der Fall, wenn eine Ausländerin einen Deutschen heirathet, denn sie erwirbt durch die Heirath die Reichsangehörigkeit.[3]) Sind beide Ehegatten zur Zeit der Klageerhebung Ausländer, so ist ausländisches Recht anzuwenden und zwar, da das Heimathsgesetz des Mannes dem Heimathsgesetze der Frau vorgeht, das Recht desjenigen ausländischen Staates, dem der Ehemann zur Zeit der Klageerhebung angehört. Dazu gehört auch der Fall, wenn eine Deutsche einen Ausländer heirathet, denn sie verliert durch die Heirath die Reichsangehörikeit.[4])

Etwas Besonderes bietet der Fall, wenn zu der erheblichen Zeit die Frau Deutsche, der Mann nicht Deutscher ist. Dazu kann es kommen, wenn eine Deutsche einen Deutschen heirathet, der Mann die **Reichsangehörigkeit** verliert, die Frau sie aber behält, ebenso wenn eine Ausländerin einen Deutschen heirathet, die von ihr erworbene Reichsangehörigkeit behält, der Mann sie aber verliert. Auf derartige Fälle bezieht sich Art. 17 Abs. 3 Einf.G. z. B.G.B., indem er bestimmt:

> „Ist zur Zeit der Erhebung der Klage die Reichsangehörigkeit des Mannes erloschen, die Frau aber Deutsche, so finden die deutschen Gesetze Anwendung."

Diese Bestimmung entspricht dem Art. 14 Abs. 2 Einf.G., wonach die persönlichen Rechtsbeziehungen deutscher Eheleute zu einander auch dann nach den deutschen Gesetzen zu beurtheilen sind, wenn der Mann die Reichsangehörigkeit verloren, die Frau sie aber behalten hat. Das Gesetz bezweckt hier aus wohlerwogenen Gründen, die deutsche Frau gegenüber dem nicht mehr deutschen Manne zu schützen und fördert dadurch die Anhänglichkeit an das Vaterland. Die Bestimmung wird hauptsächlich dann von Wichtigkeit sein, wenn der Mann die Frau böslich verlassen hat. Dabei ist es gleichgültig, ob der Mann eine andere Staatsangehörigkeit erworben hat oder nicht denn es bedarf auf seiner Seite nur des Erlöschens der Reichsangehörigkeit.[5])

Der an die Spitze gestellte Grundsatz erleidet jedoch in mehrfacher Beziehung Einschränkungen. Sind nach dem Rechte eines fremden Staates, dessen Gesetze in dem oben angeführten Artikel 7 Abs. 1 Einf.G. für maßgebend erklärt sind, die deutschen Gesetze anzuwenden, so finden die deutschen Gesetze Anwendung. Art. 27 Einf.G. Dies ist der Fall der **Rückverweisung.**

---

[3]) § 5 Ges. v. 1. Juni 1870 über die Erwerbung und den Verlust der Bundes- und Staatsangehörigkeit und § 2 Ges. v. 16. April 1871 betr. die Verfassung des Deutschen Reichs.

[4]) § 13 Ziff. 5 Ges. v. 1. Juni 1870 und § 2 Ges. v. 16. April 1871.

[5]) Insbesondere findet der Art. 29 Einf.G. auf diesen Fall keine Anwendung.

Will das fremde Gesetz den bevorzugten Rang, den ihm als dem Heimathsgesetze das deutsche Gesetz einräumt, nicht einnehmen, so wird die Bevorzugung gegenstandslos und der deutsche Richter hat sich dann lediglich an das deutsche Recht zu halten. Eine Verweisung des fremden Gesetzes auf das Gesetz eines dritten Staates muß er unbeachtet lassen.

„Gehört eine Person keinem Staate an, so werden ihre Rechtsverhältnisse, soweit die Gesetze des Staates, dem eine Person angehört, für maßgebend erklärt sind, nach den Gesetzen des Staates beurtheilt, dem die Person zuletzt angehört hat und, wenn sie auch früher einem Staate nicht angehört hat, nach den Gesetzen des Staates, in welchem sie ihren Wohnsitz und in Ermangelung eines Wohnsitzes ihren Aufenthalt hat oder zu der maßgebenden Zeit gehabt hat." Art. 29 Einf.G.

Zur Anwendung dieses Artikels kann es kommen, wenn der Mann zur Zeit der Erhebung der Scheidungsklage keinem Staate angehört bezw. früher angehört hat, und die Ehefrau zur Zeit der Klageerhebung nicht Deutsche ist. Ist sie Deutsche, so muß ihr Ehemann auch Deutscher gewesen sein, und dann läge der oben besprochene Fall des Art. 17 Abs. 3 des Einf.G. vor.

Ferner ist die Anwendung eines ausländischen Gesetzes ausgeschlossen, wenn die Anwendung gegen **die guten Sitten** oder gegen den Zweck eines deutschen Gesetzes verstoßen würde. Art. 30 Einf.G. Einem in der Reichstagskommission gestellten Antrage, die Anwendung eines ausländischen Gesetzes im Deutschen Reiche auch dann auszuschließen, wenn diese Anwendung „gegen die öffentliche Ordnung" verstoßen würde, wurde nur deshalb nicht stattgegeben, weil man annahm, daß die dem Antrage zu Grunde liegenden Bedenken bereits durch die Worte „gegen den Zweck eines deutschen Gesetzes" genügend Rechnung getragen worden sei.[6]) Dem Zweck eines deutschen Gesetzes würde es z. B. widersprechen, wenn ein ausländisches Gesetz den Ehegatten gestatten möchte, die Ehescheidungsfrage im Voraus durch vertragliche Abmachungen zu regeln. Der deutsche Richter darf ein solches Gesetz nicht beachten.

Man könnte die Frage aufwerfen, ob der Grundsatz des Art. 17 Abs. 1 auch dann gelte, wenn der Mann vor oder nach der Erhebung der Klage einem anderen Staate angehörte als demjenigen, dem er zur Zeit der Erhebung der Klage angehörte. Es unterliegt wohl keinem Zweifel, daß die Frage für beide Fälle zu bejahen ist, da das Gesetz lediglich den Zeitpunkt der Klageerhebung für maßgebend erklärt.

Art. 17 Abs. 2 Einf.G. bestimmt:

„Eine Thatsache, die sich ereignet hat, während der Mann einem anderen Staate angehörte, kann als Scheidungsgrund nur geltend gemacht werden, wenn die Thatsache auch nach den Gesetzen dieses

---

[6]) R.Kom.Ber. S. 181.

Staates ein Scheidungsgrund oder ein Trennungsgrund ist." [7])

Während der erste Absatz des Art. 17 das Verhältniß des Heimathsgesetzes des Mannes zu dem Heimathsgesetze der Frau regelt, will der zweite Absatz für den Fall, daß der Mann **mehreren Heimathsgesetzen** nacheinander unterworfen gewesen ist, das Verhältniß dieser unter einander ordnen. Ist die Thatsache, die sich ereignet hat, während der Mann einem anderen Staate angehörte, nach den Gesetzen dieses Staates als Ehescheidungsgrund **nicht** anerkannt, wohl aber nach den Gesetzen des Staates, dem der Mann zur Zeit der Klageerhebung angehört, so würde, wenn in solchem Falle die Geltendmachung der Thatsache als Scheidungsgrund zugelassen werden würde, darin ein Antrieb für den Ehemann liegen, sich durch Wechsel der Staatsangehörigkeit die Scheidungsmöglichkeit zu schaffen. Dies würde freilich nur in dem Falle zutreffen, wenn die Ehefrau dem Ehemanne einen Scheidungsgrund gegeben hätte, dagegen nicht in dem Falle, wenn der Ehemann der Ehefrau einen Scheidungsgrund gegeben hätte, denn die Frau ist in Bezug auf den Wechsel der Staatsangehörigkeit von dem Manne abhängig. [8])

Die Bestimmung des Art. 17 Abs. 2 Einf.G. beugt also einem Mißbrauche der von Seiten des Ehemannes zur Erlangung der Scheidungsmöglichkeit getrieben werden könnte, vor. Ist umgekehrt die Thatsache nach den Gesetzen des anderen Staates als Ehescheidungsgrund anerkannt, nicht aber nach den Gesetzen des Staates, dem der Mann zur Zeit der Klageerhebung angehört, so geht die Scheidungsmöglichkeit verloren. Es kann mithin vorkommen, daß der Mann, der seiner Frau Grund zur Scheidung gegeben hat, durch einen Wechsel der Staatsangehörigkeit die Scheidungsmöglichkeit seiner Frau entzieht, wie es auch vorkommen kann, daß der Mann sich selbst die Scheidungsmöglichkeit entzieht, wenn ihm die Frau einen Grund zur Scheidung gegeben hat. In diesen Fällen findet der Verlust des Scheidungsgrundes seine Rechtfertigung in dem allgemeinen Gesichtspunkte, daß Ehen möglichst aufrecht zu erhalten seien.

---

[7]) Dieser Grundsatz war schon in der Rechtsprechung und Rechtslehre für das preußische Recht wiederholt anerkannt worden. R.G. 27./5. 86 in Gruchot Bd. 31 S. 839 und neuerdings in Entsch. 28./2. 98 Bd. 41 S. 215. Mit Recht ist in diesen Urtheilssprüchen betont worden, daß, wie die Lebenserfahrung erkennen lasse, die Sittenlehre in der Ehe von der Zeit und dem Lande beherrscht werde, unter deren Rechte die Eheleute leben.

[8]) Dem Urtheile des Reichsgerichts vom 26. Juni 1888 in Entsch. Bd. 16 S. 139 lag ein Fall zu Grunde, in welchem der Ehemann der Ehefrau einen Scheidungsgrund insofern gegeben hatte, als sein früheres Verhalten zwar nicht nach dem Rechte seines früheren, wohl aber nach dem Rechte seines späteren Wohnortes die Scheidung rechtfertigte. Man nahm keinen Anstand, sein früheres Verhalten nach dem für ihn nachtheiligeren Ehescheidungsrechte seines von ihm selbst freiwillig erwählten Wohnsitzes zu beurtheilen, und verwarf den Einwand, daß eine Thatsache, welche nach dem sie im Zeitpunkt ihrer Begehung beherrschendem Rechte keinen Ehescheidungsgrund darstelle, nicht durch die spätere, wenn auch freiwillige Verlegung des ehelichen Wohnsitzes in ein anderes Rechtsgebiet (aus dem Gebiete des französischen in das des gemeinen Rechts) rückwirkend zu einem Ehescheidungsgrunde geworden sein könne. Die dieser Entscheidung zu Grunde liegenden Erwägungen können gegenüber dem Reichsrechte nicht mehr Stich halten.

Nicht ausgeschlossen erscheint die Anwendung des Art. 17 Abs. 2 Einf.G. auf den Fall, daß der Ehemann nach Erhebung der Klage die Staatsangehörigkeit gewechselt hat.[9])

Art. 17 Abs. 4 Einf.G. bestimmt:

„Auf Scheidung sowie auf Aufhebung der ehelichen Gemeinschaft kann auf Grund eines ausländischen Gesetzes im Inlande nur erkannt werden, wenn sowohl nach dem ausländischen Gesetze als nach den deutschen Gesetzen die Scheidung zulässig sein würde.“[10])

Der Art. 17 Abs. 4 regelt das Verhältniß des ausländischen Gesetzes, das nach Abs. 1 und 2 maßgebend sein würde, zu den deutschen Gesetzen und wahrt den letzteren die ihnen als den Gesetzen des Landes zukommende Würdigung. Bei aller Nachsicht gegenüber dem Heimathsgesetze des Ausländers müssen doch im Interesse der Selbsterhaltung gewisse Schranken beobachtet werden. Das Scheidungsrecht des Deutschen Reiches hängt innig mit den sittlichen und rechtlichen Anschauungen des deutschen Volkes von dem Wesen der Ehe zusammen, und es verbietet sich von selbst, widersprechenden Anschauungen Eingang zu gewähren. Die deutschen Gerichte können sich nicht in unmittelbaren Gegensatz mit den Anschauungen ihres Landes setzen und letzteren zuwider das **Scheidungsrecht** handhaben. Vielmehr wohnt diesem bis zu einem gewissen Maße **zwingende Natur** für die deutschen Gerichte und alle diejenigen Personen bei, welche bei ihnen Recht nehmen. Es kann daher auf Scheidung oder Aufhebung der ehelichen Gemeinschaft nicht erkannt werden, wenn dies zwar nach dem ausländischen aber nicht nach dem deutschen Rechte zulässig wäre. Wird also auf Grund eines ausländischen Gesetzes Scheidung verlangt, so muß diese sowohl nach ausländischem wie inländischem Gesetze zulässig sein. Wird auf Grund eines ausländischen Gesetzes Aufhebung der ehelichen Gemeinschaft verlangt, so muß diese sowohl nach ausländischem wie nach inländischem Gesetze zulässig sein. Dabei ist zu bemerken, daß die im Deutschen Reiche zugelassene Aufhebung der ehelichen Gemeinschaft sich von der beständigen Trennung von Tisch und Bett nur durch den sprachlichen Ausdruck unterscheidet.[11])

Die als Scheidungsgrund geltend gemachte Thatsache muß in beiden Rechten als Scheidungsgrund[12]), die als Trennungsgrund geltend gemachte

---

[9]) Wenn in dem Urtheile des Reichsgerichts vom 5. Dezember 1893 in Gruchot Bd. 38 S. 474 ausgeführt worden ist, daß auf diejenigen für die Ehetrennung erheblichen Handlungen, welche während des Rechtsstreits vorgenommen werden, jedenfalls das Recht des Prozeßgerichts Anwendung finden müsse, so findet dies in der früheren Gesetzgebung seine Rechtfertigung. Mit dem Grundsatze des Art. 17 Abs. 1 Einf.G. ist aber die Anwendung des Rechtes des Prozeßgerichts nicht vereinbar.

[10]) Derselbe Grundsatz, der hier für die räumliche Herrschaft der Gesetze ausgesprochen ist, gilt nach Art. 201 Abs. 2 Einf.G. auch für die zeitliche Herrschaft der Gesetze.

[11]) Vergl. auch § 21 Anm. 4.

[12]) Wenn ein und dieselbe That des Ehegatten in beiden Rechtsgebieten als Ehescheidungsgrund anerkannt ist, so kommt es darauf, ob auch der rechtliche Gesichtspunkt für die Auffassung der That als Ehescheidungsgrund in beiden Rechtsgebieten

Thatsache muß in beiden Rechten als Trennungsgrund anerkannt sein. Gestattet das ausländische Gesetz die beständige Trennung von Tisch und Bett nicht, so kann, wenn nach dem ausländischen Gesetz ein Scheidungsgrund vorliegt, im Deutschen Reiche nur auf Scheidung, nicht **Aufhebung der ehelichen Gemeinschaft** erkannt werden, obwohl nach dem B.G.B. jeder Scheidungsgrund auch Trennungsgrund ist. Denn nach Art. 17 Abs. 1 sind die ausländischen Gesetze maßgebend. Gestattet das ausländische Gesetz, aus dem geltend gemachten Grunde zwar die beständige Trennung von Tisch und Bett zu verlangen, nicht aber die Scheidung, so kann im Deutschen Reiche nur auf Aufhebung der ehelichen Gemeinschaft, nicht auf Scheidung erkannt werden.[13]) Insbesondere ist sowohl dem beklagten Ehegatten das im § 1575 Abs. 1 B.G.B. bestimmte Recht, der Klage auf Aufhebung der ehelichen Gemeinschaft gegenüber die Scheidung zu beantragen, als auch beiden Ehegatten das im § 1576 Abs. 1 bestimmte Recht versagt, auf Grund des die Aufhebung der ehelichen Gemeinschaft aussprechenden Urtheils die Scheidung zu beantragen. Das folgt aus dem allgemeinen Grundsatze des Art. 17 Abs. 1 B.G.B.

Wenn es in Art. 17 Abs. 1 Einf.G. z. B.G.B. heißt, daß für die *Scheidung* der Ehe die Gesetze des Staates maßgebend sind, dem der Ehemann zur Zeit der Erhebung der Klage angehört, so ist damit noch nicht bestimmt, daß dieselben Gesetze auch für die Wirkungen der Scheidung auf die **Vermögensauseinandersetzung** der Eheleute, ihre gegenseitige Unterhaltspflicht, ihre Rechte und Pflichten gegenüber den Kindern und auf ihre sonstigen Rechtsverhältnisse maßgebend sein sollen. Die Frage ist aber zu bejahen, denn die Scheidung kann sammt ihren Rechtswirkungen nur *einheitlich* nach denselben Gesetzen beurtheilt werden, was hinsichtlich der vermögensrechtlichen Wirkungen wiederholt angenommen worden ist.[14]) Nach dem

---

derselbe ist, nicht weiter an. R.G. 25./1. 1892 in Bolze Bd. 14 Ziff. 506. (Grobe Verunglimpfung nach badischem und unerlaubter Umgang nach preußischem Rechte.)

[13]) Das Reichsgesetz vom 6. Februar 1875 bestimmt im § 77 Abs. 1:

„*Wenn nach dem bisherigen Rechte auf beständige Trennung der Ehegatten von Tisch und Bett zu erkennen sein würde, ist fortan die Auflösung des Bandes der Ehe auszusprechen.*"

Diese Bestimmung ist auch auf Ehen ausländischer Ehegatten anwendbar, R.G. 22. April 1884 in Entsch. Bd. 11 S. 35, selbst dann, wenn nach dem Rechte des Heimathsstaates des im Inlande wohnenden Ehemannes nur die beständige Trennung der Ehegatten von Tisch und Bett statthaft ist. R.G. 4. Januar 1881 in Entsch. Bd. 3 S. 27, 22. April 1884 in Entsch. Bd. 11 S. 29 u. 21. Oktober 1886 in Jur.W. 1886 S. 399. Dieser Grundsatz muß künftig als verlassen betrachtet werden, wenngleich der § 77 Abs. 1 des R.Ges. v. 6. Februar 1875 im Einf.G. z. B.G.B. Art. 46 nicht mit unter den aufgehobenen Vorschriften des genannten Reichsgesetzes ausdrücklich aufgeführt worden ist.

[14]) Wegen des inneren Zusammenhanges der zwischen der Ehescheidung und den sogenannten privatrechtlichen Ehescheidungsstrafen besteht, hat das R.G. wiederholt der Ansicht den Vorzug gegeben, nach welcher die letzteren nach dem Rechte desjenigen Ortes zu bestimmen sind, dessen Recht die Grundlage für die (auf Grund der Schuld des zu bestrafenden Ehegatten ausgesprochenen) Ehescheidung gebildet hat. R.G. 26./11. 1896 Bd. 38 S. 198, 25./6. 1898 Bd. 41 S. 175, 11./7. 1898 in Jur.W. 1898 S. 545 Ziff. 14.

Inkrafttreten des B.G.B. kann eine solche Verschiedenheit der Gesetzgebung in Bezug auf die rechtlichen Folgen der Ehescheidung nicht mehr im Verhältniß der Bundesstaaten zu einander, sondern nur noch im Verhältniß des Deutschen Reichs zum Auslande vorkommen.[15])

Die einzelnen Scheidungsgründe.
(§§ 24 bis 28.)

§ 24.
Ehebruch.

„Ein Ehegatte kann auf Scheidung klagen, wenn der andere Ehegatte sich des Ehebruchs... schuldig macht." § 1565 Abs. 1 B.G.B.[1])

Die Anwendung dieser Bestimmung setzt vor Allem das Bestehen einer Ehe voraus. Beruht das zwischen Mann und Frau eingegangene Verhältniß nicht auf einer förmlichen Eheschließungshandlung, so kann ein Ehebruch nicht begangen werden. Wie bereits im § 4 hervorgehoben, genügt es nicht, daß Mann und Frau einander die Ehe versprechen und in Erfüllung dieses Versprechens wie Eheleute leben. Daran ändert es auch nichts, wenn sie der irrigen Meinung sind, daß sie eine Ehe eingegangen wären. Andererseits ist es nicht erforderlich, daß das eingegangene Verhältniß eine solche Ehe darstellt, gegen deren Bestehen weder Nichtigkeits- noch Anfechtungsgründe geltend gemacht werden können. Denn auch nichtige und anfechtbare Ehen genießen solange, bis sie auf erhobene Nichtigkeits- oder Anfechtungsklage für nichtig erklärt sind, den Schutz des Gesetzes und müssen wie jede andere gültige Ehe von den Ehegatten geachtet werden. Es giebt daher einen Ehebruch auch bei nichtiger und anfechtbarer, aber noch nicht für nichtig erklärter Ehe. Von besonderer Wichtigkeit erscheint hier der Nichtigkeitsgrund des Formmangels. Wesentlich für das Bestehen einer Ehe ist die Beobachtung der im § 1317 B.G.B. vorgeschriebenen Form. Bei Nichtbeobachtung dieser Form entsteht eine Ehe überhaupt nicht (matrimonium non existens) und es kann keinem Zweifel unterliegen, daß in einem solchen Falle ein Ehebruch nicht begangen werden kann. Mit Rücksicht darauf aber, daß die Eintragung der Ehe in das Heirathsregister nach § 1324 Abs. 2 B.G.B. unter den dort angegebenen Umständen im Stande ist, den Formmangel völlig zu heilen, muß eine gegen die wesentliche Form verstoßende, aber **in das Heirathsregister eingetragene Ehe** ausgenommen werden. In einer solchen Ehe kann ein Ehebruch begangen

---

[15]) Art. 201 Abs. 1 Einf.G. z. B.G.B.

[1]) § 1565 B.G.B. stimmt wörtlich mit § 1548 Entw. IV, § 1550 Entw. III, sachlich mit § 1460 Entw. II und § 1441 Entw. I überein. Begr. Bd. 4 S. 582 bis 587; Prot. Bd. 4 S. 399–401; Denkschr. S. 314; R.Kom.Ber. S. 110.

werden. Dies ergiebt sich auch schon daraus, daß das B.G.B. eine solche Ehe zu denjenigen Ehen rechnet, welche, um als nichtig angesehen zu werden, der Nichtigkeitserklärung bedürfen. § 1324 Abs. 2.[2]) Was die **Aufhebung der ehelichen Gemeinschaft** durch Urtheil betrifft, so treten in solchem Falle zwar nach § 1568 B.G.B. die mit der Scheidung verbundenen Wirkungen mit Ausschluß der Berechtigung, eine neue Ehe einzugehen, ein; aber die Ehe besteht doch dem Bande nach fort und es muß daher eine während der Dauer dieses Verhältnisses begangene Verletzung der ehelichen Treue als Ehebruch angesehen werden.

Das B.G.B. versteht im § 1565 unter Ehebruch **denselben Thatbestand**, wie das **Strafgesetzbuch** in § 172. Dies ergiebt sich schon aus dem Wortlaute und Zusammenhange des § 1565 und ist bei den Berathungen wiederholt zum Ausdruck gelangt.[3])

Begrifflich besteht der Ehebruch in der **Vollziehung des Beischlafs** eines Ehegatten mit einer anderen Person als seinem Ehegatten.[4]) Die Vornahme unzüchtiger Handlungen ohne hinzukommende Beischlafsvollziehung stellt sich nicht als Ehebruch dar. Zum Begriffe der Beischlafsvollziehung gehört aber nicht mehr als die **Vereinigung der Geschlechtstheile** zweier Personen verschiedenen Geschlechts.[5]) Mit der bloßen äußeren Berührung der beiderseitigen Geschlechtstheile wird der Ehebruch nicht vollendet.[6]) Ob eine Geschlechtsvereinigung stattgefunden hat, ist Thatfrage und kann mangels unmittelbaren Beweises aus anderen Thatsachen gefolgert werden.[7]) Immer aber muß ein wirklicher Ehebruch und nicht ein bloßer, wenn auch dringen-

---

[2]) Nach § 172 St.G.B. wird der Ehebruch, wenn wegen desselben die Ehe geschieden ist, an dem schuldigen Ehegatten sowie dessen Mitschuldigen mit Gefängniß bis zu sechs Monaten bestraft. Das Reichsgericht hat in dem Urtheile vom 12./4. 1886 (Rechtspr. Bd. 8 S. 277) angenommen, daß der § 172 St.G.B. zu seiner Anwendung nicht eine durchaus gültige, gegen jede Anfechtung, namentlich wegen formeller Mängel bei Eingehung derselben sichergestellte Ehe voraussetze.

[3]) Begr. Bd. 4 S. 582. Der hier angeführte § 1441 Entw. I ist im Wesentlichen unverändert geblieben. Auch bei der 2. Lesung war man darüber einig, daß sich der Begriff des Ehebruchs (ebenso der Doppelehe und der widernatürlichen Unzucht) nach dem jeweiligen Inhalte des St.G.B. zu richten hätten und ein Unterschied zwischen civilrechtlichem und strafrechtlichem Ehebruche nicht gemacht werden dürfe. Prot. Bd. 4 S. 400.

[4]) Der Thatbestand des Ehebruchs kann nur dann angenommen und mit Strafe belegt werden, wenn die Verletzung der ehelichen Treue durch Vollziehung des Beischlafs nachgewiesen ist. R.G. 8./10. 1886 in Entsch. in Straff. Bd. 14 S. 352. Der strafrechtliche Begriff des Ehebruchs ist erfüllt, wenn eine verheirathete Person mit einer anderen Person als ihrem Ehegatten den Beischlaf vollzieht. R.G. 21./6. 1889 in Goltdammers Archiv Bd. 37 S. 292.

[5]) Für den Begriff des Beischlafs ist Samenerguß bedeutungslos. R.G. 17./3. 81 in Entsch. in Straff. Bd. 4 S. 23. Der Beischlaf ist durch Vereinigung der Geschlechtstheile als verübt anzusehen. R.G. 3./2. 90 in Entsch. in Straff. Bd. 20 S. 226.

[6]) Ueber die Merkmale des vollendeten Ehebruchs als Ehescheidungsgrundes vergl. R.G. 24./9. 96 in Entsch. Bd. 38 S. 181 und Seufferts Archiv Bd. 52 S. 293, worin auch betont wird, daß der Begriff des Ehebruchs für das Eherecht kein anderer ist, als für das Strafrecht.

[7]) Ueber Darlegung und Begründung der auf Ehebruch zu stützenden Anträge vergl. unten § 47.

der **Verdacht**, daß die eheliche Treue verletzt worden sei, den Thatsachen entnommen werden, denn das B.G.B. anerkennt auf diesem Gebiete nur den Thatbestand des Ehebruchs als Ehescheidungsgrund. [8])

Nur der vollendete, nicht der **versuchte Ehebruch** bildet einen Scheidungsgrund nach § 1565. Der vollendete Ehebruch zerstöre, wie die Begründung des Entw. I ausführt [9]), die im Wesen der Ehe begründete Ausschließlichkeit der Geschlechtsgemeinschaft unwiederbringlich. In den Fällen des Versuchs des Ehebruchs und anderer die eheliche Treue verletzenden Handlungen solle zwar die Scheidung nicht unbedingt ausgeschlossen sein; allein in Fällen dieser Art komme es darauf an, ob nach den Umständen dem anderen Theile die Fortsetzung der Ehe nicht zugemuthet werden könne und also gegebenenfalls die Scheidung aus § 1568 B.G.B. begründet sei.

Der Ehegatte muß sich des Ehebruchs **schuldig** machen. Ihm muß die Verletzung der ehelichen Treue als eine Schuld angerechnet werden können. Das ist nicht der Fall, wenn der Ehegatte **genothzüchtigt** wird oder wenn er die fleischliche Vermischung im Zustande der **Bewußtlosigkeit** [10]) oder der **Geisteskrankheit** vornimmt. Ueberhaupt kann von einem Ehebruche nicht die Rede sein, wenn bei dem Vorgange die freie Willensbestimmung des betreffenden Ehegatten ausgeschlossen erscheint. [11]) Auch der irrige Glaube des Ehegatten, er vollziehe den Beischlaf mit seinem eigenen Ehegatten oder die Ehe mit letzterem sei bereits geschieden [12]) oder sonst beendigt, entschuldigt.

Mit Rücksicht auf das **Eheverbot** wegen Ehebruchs im § 1312 B.G.B. und die Strafandrohung gegen den Ehebruch im § 172 St.G.B. bedarf die Abfassung des Scheidungsurtheils einer besonders sorgfältigen Feststellung des Thatbestandes. [13])

> „Ein Ehegatte kann auf Scheidung klagen, wenn der andere Ehegatte sich... einer nach den § 171, 175 des Strafgesetzbuchs strafbaren Handlung schuldig macht." § 1565 Abs. 1.

Dies sind die Fälle der **Doppelehe** (§ 171) [14]) und der **widernatür-**

---

[8]) Der § 172 St.G.B. erfordert, daß der Ehegatte sich des Ehebruchs, also der fleischlichen Vermischung, in der That und nicht bloß muthmaßlich schuldig macht. R.G. 8./10. 86 in Entsch. in Straff. Bd. 14 S. 355.

[9]) Begr. Bd. 4 S. 583.

[10]) Z. B. in Folge hochgradiger Trunkenheit. R.G. 18./9. 86 in Bolze Bd. 3 Ziff. 839.

[11]) Begr. Bd. 4 S. 583.

[12]) R.G. 23./11. 91 in Bolze Bd. 13 Ziff. 530 und in Jur.W. 1892 S. 21 Ziff. 29.

[13]) Vergl. wegen des Eheverbots oben § 8 und wegen Namhaftmachung des Ehebrechers im Urtheil unten § 50.

[14]) § 171 St.G.B. lautet in der durch das Einf.G. z. B.G.B. Art. 34, V geänderten Fassung:

„Ein Ehegatte, welcher eine neue Ehe eingeht, bevor seine Ehe aufgelöst oder für nichtig erklärt worden ist, ingleichen

lichen Unzucht (§ 175).[15]) Auf sie trifft das in Vorstehendem über die Voraussetzung des Bestehens einer Ehe und über die Schuldfrage Gesagte ebenfalls zu. Die Doppelehe kommt sowohl als Nichtigkeitsgrund für die neue, wie als Scheidungsgrund für die alte Ehe in Betracht.[16]) Hier interessirt sie nur in letzterer Eigenschaft. Es sei jedoch auf den Unterschied hingewiesen, daß der Nichtigkeitsgrund der Doppelehe abweichend vom § 171 St.G.B. Gültigkeit der alten Ehe voraussetzt (§ 1326 B.G.B.), wogegen der Scheidungsgrund der Doppelehe, wie sich aus dem Vorhergesagten ergiebt, in Uebereinstimmung mit § 171 St.G.B. nur das Bestehen einer früheren Ehe schlechthin voraussetzt. Es sei ferner auf Folgendes aufmerksam gemacht. Der Scheidungsgrund der Doppelehe ist schon in dem Zeitpunkte begründet, in welchem die Schließung der neuen Ehe vollendet ist. Es ist demnach nicht erforderlich, daß der neue Ehebund noch durch Beischlafsvollziehung bethätigt wird. Kommt diese hinzu, so liegt sogar Ehebruch in Bezug auf die alte Ehe vor. Die Gleichstellung des Scheidungsgrundes der Doppelehe mit dem Scheidungsgrunde des Ehebruchs hat also selbständige Bedeutung nur für die seltenen Fälle, in welchen es zu einer Beischlafsvollziehung der Ehegatten der neuen Ehe noch nicht gekommen ist.[17]) Wie beim Ehebruch entschuldigt den Ehegatten auch hier sein irriger Glaube, seine frühere Ehe sei bereits geschieden oder sonst beendigt.[18])

Außer der widernatürlichen Unzucht des § 175 St.G.B. sind andere **unzüchtige Handlungen** dem Ehescheidungsgrunde des Ehebruchs nicht gleichgestellt. Dies schließt nicht aus, daß sie unter Umständen den Thatbestand eines bedingten Ehescheidungsgrundes nach § 1568 erfüllen.[19])

Wie nur der vollendete, nicht der versuchte Ehebruch einen Ehe-

---

eine unverheirathete Person, welche mit einem Ehegatten, wissend, daß er verheirathet ist, eine Ehe eingeht, wird mit Zuchthaus bis zu fünf Jahren bestraft.

Sind mildernde Umstände vorhanden, so tritt Gefängnißstrafe nicht unter sechs Monaten ein.

Die Verjährung der Strafverfolgung beginnt mit dem Tage, an welchem eine der beiden Ehen aufgelöst oder für nichtig erklärt worden ist."

[15]) § 175 St.G.B. lautet:

„Die widernatürliche Unzucht, welche zwischen Personen männlichen Geschlechts oder von Menschen mit Thieren begangen wird, ist mit Gefängniß zu bestrafen; auch kann auf Verlust der bürgerlichen Ehrenrechte erkannt werden."

[16]) Ueber die Voraussetzungen der Doppelehe als Nichtigkeitsgrundes vergl. oben § 6.

[17]) Begr Bd. 4 S. 583.

[18]) Für die Geltendmachung der Doppelehe als eines Nichtigkeitsgrundes der neuen Ehe ist dieser Irrthum bedeutungslos. Vergl. oben § 6.

[19]) Begr. Bd. 4 S. 584. In der Reichstags-Kommission war beantragt worden, auch die nach §§ 174, 176 St.G.B. strafbaren unzüchtigen Handlungen als unbedingte Ehescheidungsgründe anzuerkennen. Der Antrag ist jedoch abgelehnt worden. R.Kom.Ber. S. 110.

scheidungsgrund abgiebt, so wird auch hier vollendete, nicht bloß versuchte widernatürliche Unzucht vorausgesetzt.[20])

„Das Recht des Ehegatten auf Scheidung ist ausgeschlossen, wenn er dem Ehebruch oder der (nach §§ 171, 175 St.G.B.) strafbaren Handlung zustimmt oder sich der Theilnahme schuldig macht.“ § 1565 Abs. 2.

Die Ehe rein und unbefleckt zu erhalten, ist zwar ein für jeden Ehegatten bestehendes, im Wesen der Ehe begründetes sittliches Gebot, von dessen Beobachtung auch nicht die Erlaubniß des anderen Theils befreien kann; aber derjenige Ehegatte, welcher seine Zustimmung zum Ehebruch oder zu den diesem gleichgestellten strafbaren Handlungen des anderen Ehegatten ertheilt, giebt dadurch zu erkennen, daß ein solches unsittliches Verhalten des anderen Ehegatten nicht geeignet sei, ihm das Zusammenleben mit dem anderen Ehegatten unerträglich zu machen. Da nun der Scheidungsanspruch wesentlich durch die Rücksicht auf den unschuldigen Ehegatten gerechtfertigt wird, so entbehrt er der Rechtfertigung, wenn der Ehegatte selbst auf diese Rücksicht gewissermaßen verzichtet. Es entsteht daher für den Ehegatten, welcher dem unsittlichen Verhalten des anderen Ehegatten zustimmt, ein Scheidungsanspruch überhaupt nicht. Die **Zustimmung** bedarf keiner besonderen Form. Sie hat nicht die Eigenschaft eines Rechtsgeschäfts.[21]) Sie kann vor und nach Begehung der unsittlichen Handlung ertheilt werden. Im letzteren Falle wird sie meist mit der Verzeihung zusammenfallen, wie denn überhaupt Zustimmung und Verzeihung das mit einander gemein haben, daß sie beide thatsächlicher, nicht rechtsgeschäftlicher Natur sind.[22]) Dagegen steht es der Zustimmung nicht gleich, wenn der Ehegatte nur durch sein eigenes rechtswidriges oder unsittliches Verhalten dem anderen Ehegatten zur Begehung der unsittlichen Handlung **Anlaß** giebt.[23]) Auf ein derartiges Verhalten des Klägers kann jedoch der Beklagte geeignetenfalls eine Widerklage gründen.[24])

Wie die Zustimmung zu den unsittlichen Handlungen, so schließt auch die **Theilnahme** an denselben das Scheidungsrecht aus. Wenn sich der

---

[20]) Der Versuch zur Vornahme der unzüchtigen Handlung gewährt keinen Ehescheidungsgrund. R.G. 13./12. 97 in Jur.W. 1898 S. 92 Ziff. 88.

[21]) Es genügt, wenn der Ehegatte sein Einverständniß mit der fraglichen Handlung in irgend welcher Art thatsächlich zu erkennen gegeben hat, was z. B. auch durch die Anstiftung des Dritten geschehen kann. Begr. Bd. 4 S. 587.

[22]) Begr. Bd. 4 S. 587, 603.

[23]) Die im Scheidungsverfahren nicht oder doch nicht mit Erfolg geltend gemachte Zustimmung kann im Strafverfahren nicht berücksichtigt werden. Sie bildet keinen die Strafbarkeit des Ehebruchs oder das Strafantragsrecht des gekränkten Ehegatten ausschließenden Grund. Dasselbe gilt auch von der Verzeihung. R.G. 7./6. 86 in Entsch. in Straff. Bd. 14 S. 202. Der Einwand, daß der beleidigte Ehegatte den begangenen Ehebruch verziehen habe, ist nicht geeignet, die Strafbarkeit desselben auszuschließen. R.G. 21./6. 89 in Goltdammers Archiv Bd. 37 S. 292. Die Annahme, daß wegen der Verzeihung das ehebrecherische Leben straflos sei, schützt nicht vor Strafe. R.G. 10./10. 93 ebenda Bd. 41 S. 386.

[24]) Z. B. wenn Anlaß zum Ehebruch durch bösliche Verlassung oder Verweigerung der ehelichen Pflicht gegeben ist. Begr. Bd. 4 S. 587.

Ehegatte der Theilnahme schuldig macht, giebt er nicht nur zu erkennen, daß ihm das Zusammenleben mit dem anderen Ehegatten nicht unerträglich sei, sondern er macht sich auch zum **Mitschuldigen** an der unsittlichen Handlung. Ein Scheidungsanspruch kann aber nicht dem mitschuldigen, sondern nur dem unschuldigen Ehegatten zustehen. Auch wäre sonst ein Ehegatte in der Lage, sich einen Scheidungsgrund durch eigene Schuld selbst zu schaffen. Der Begriff der Theilnahme ist nach den Bestimmungen des Strafgesetzbuchs zu beurtheilen.

Eine Ausschließung des Scheidungsrechts aus dem Gesichtspunkte der **Aufrechnung**, wenn beide Ehegatten sich des Ehebruchs schuldig machen, kennt das B.G.B. nicht.[25]) Ebenso ist ihm eine ungleiche Beurtheilung des Ehebruchs, je nachdem ihn der Mann oder die Frau begangen hat, unbekannt.

§ 25.

Lebensnachstellung.

„Ein Ehegatte kann auf Scheidung klagen, wenn der andere Ehegatte ihm nach dem Leben trachtet." § 1566 [1]) B.G.B.

Trägt ein Ehegatte sich ernsthaft mit dem Gedanken, das Leben des anderen Ehegatten [2]) anzutasten, so trachtet er ihm nach dem Leben. Ein solches Trachten steht mit der rechten ehelichen Gesinnung im grellsten Widerspruch und giebt unter allen Umständen einen Scheidungsgrund ab. Ist die verbrecherische Absicht des Ehegatten nur irgend erkennbar vorhanden, so genügt dies zur Begründung des Scheidungsanspruchs. Meist wird die Absicht erst durch die auf deren Ausführung gerichtete Thätigkeit erkennbar; es ist aber nicht erforderlich, daß der Ehegatte einen Schritt zur Ausführung der Absicht unternimmt. Insbesondere verlangt das Gesetz nicht den Thatbestand eines strafbaren Versuches. Selbst Handlungen, die sich als bloße außerhalb des strafrechtlichen Gebietes fallende Vorbereitungshandlungen kennzeichnen, können den Scheidungsanspruch begründen. Da es lediglich auf den verbrecherischen Willen ankommt, so ist es unerheblich, wenn die gegen das Leben gerichtete Thätigkeit wegen Untauglichkeit des angewendeten Mittels die beabsichtigte Wirkung garnicht haben konnte.[3]) Lebensgefährliche Mißhandlung des anderen Ehegatten ist kein unbedingter

[25]) Begr. Bd. 4 S. 585.

[1]) § 1566 B.G.B. stimmt wörtlich mit dem § 1549 Entw. IV, § 1551 Entw. III, sachlich mit § 1461 Entw. II und im Wesentlichen auch mit § 1442 Entw. I überein. Begr. Bd. 4 S. 587, 588. Prot. Bd. 4 S. 401. Denkschr. S. 314. R.Kom.Ber. z. B.G.B. S. 110, 111.

[2]) Lebensnachstellung in Bezug auf nahe Verwandte des anderen Ehegatten kann einen Scheidungsgrund aus § 1568 abgeben. Begr. Bd. 4 S. 587.

[3]) Z. B. die Frau giebt dem Manne Cremortartarie in der Meinung, es sei Arsenik. Die Scheidung wäre gerechtfertigt, da die Frau dem Manne offenbar nach dem Leben getrachtet hat. Vergl. auch R.G. 27./2. 88 in Straff. Bd. 17 S. 158.

Scheidungsgrund, kann vielmehr nur bedingt auf Grund des § 1568 zur Scheidung führen. [4])

§ 26.

Bösliche Verlassung.

„Ein Ehegatte kann auf Scheidung klagen, wenn der andere Ehegatte ihn böslich verlassen hat." § 1567 Abs. 1.

Da das Verlassen ein **bösliches** sein muß, so kommt es hier auf den Beweis einer inneren Thatsache an und dieser ist um so schwieriger, als einmal das Verlassen an sich nicht eine solche Handlung darstellt, welche, wie z. B. eine Mißhandlung, aus Böslichkeit vorgenommen zu werden pflegt und zum anderen Male die Eigenthümlichkeit dieses Ehescheidungsgrundes die Gefahr nahe legt, daß ihn Ehegatten nur zum Schein vorschieben, um eine sonst nicht zulässige Scheidung herbeizuführen. Deshalb ist gerade bei der Feststellung dieses Scheidungsgrundes mit besonderer Vorsicht zu verfahren und aus gleichen Gründen ist das Scheidungsverfahren für diesen Fall mit eigenen Sicherheitsmaßregeln ausgestattet.

Die Fälle der böslichen Verlassung scheiden sich in zwei Hauptgruppen, je nachdem sich der abtrünnige Ehegatte in einer für die Staatshülfe erreichbaren oder unerreichbaren Entfernung aufhält (Fälle der uneigentlichen und der eigentlichen Verlassung). Dieser Unterschied ist insofern von Bedeutung, als bei der ersteren Hauptgruppe die Annahme böslicher Verlassung an andere Voraussetzungen geknüpft ist, als bei der letzteren. Der § 1567 Abs. 2 [1]) bestimmt nämlich:

„Bösliche Verlassung liegt nur vor:

1. wenn ein Ehegatte, nachdem er zur Herstellung der häuslichen Gemeinschaft rechtskräftig verurtheilt worden ist, ein Jahr lang gegen den Willen des anderen Ehegatten in böslicher Absicht dem Urtheile nicht Folge geleistet hat;
2. wenn ein Ehegatte sich ein Jahr lang gegen den Willen des anderen Ehegatten in böslicher Absicht von der häuslichen Gemeinschaft ferngehalten hat und die Voraussetzungen für die öffentliche Zustellung seit Jahresfrist gegen ihn bestanden haben."

Unter Ziff. 1 sind die Fälle der uneigentlichen Verlassung und unter

---

[4]) Die 2. Kom. lehnte einen Antrag, lebensgefährliche Mißhandlung als unbedingten Scheidungsgrund aufzustellen, ab, weil es in diesen Fällen auf die einzelnen Umstände ankäme. Prot. Bd. 4 S. 401.

[1]) § 1567 B.G.B. stimmt wörtlich mit § 1550 Entw. IV, § 1552 Entw. III, fast wörtlich mit § 1462 Entw. II überein, weicht aber vom § 1443 Entw. I ab. Begr. Bd. 4 S. 588—593. Prot. Bd. 4 S. 401—404. Denkschr. S. 413. R.Kom.Ber. S. 112—114.

Ziff. 2 die Fälle der eigentlichen Verlassung begriffen. Andere Fälle der böslichen Verlassung giebt es nicht. Das Gesetz ordnet diesen Scheidungsgrund im § 1567 erschöpfend. Beide Hauptgruppen sind trotz der bezeichneten Verschiedenheiten wesentlich gleich geartet. Es soll zunächst die erstere Hauptgruppe behandelt werden.

Die Scheidung in dem unter Ziff. 1 bezeichneten Falle setzt vor allem die rechtskräftige Verurtheilung des abtrünnigen Ehegatten zur Herstellung der häuslichen Gemeinschaft voraus. Es müssen also **zwei Rechtsstreite** [2]) geführt werden, von denen der erstere den letzteren vorbereitet. Schon in dem vorbereitenden Rechtsstreite gelangen wichtige Merkmale der böslichen Verlassung zur Sprache und erst deren Vorhandensein ermöglicht eine klagegemäße Verurtheilung. Vor allen Dingen werden in diesem Verfahren die Gründe, aus welchen der andere Ehegatte sich der häuslichen Gemeinschaft entzieht, auf ihre Triftigkeit geprüft. [3])

Da Ehegatten einander zur ehelichen Lebensgemeinschaft verpflichtet sind (§ 1353 Abs. 1), so haben sie auch grundsätzlich häusliche Gemeinschaft zu halten. Beide Ehegatten haben in dieser Beziehung gegeneinander gleiche Pflichten. Es darf sich weder die Frau von dem Manne noch der Mann von der Frau trennen. Zwar bestimmt der Mann für die häusliche Gemeinschaft Wohnort und Wohnung (§ 1354 Abs. 1), er kann also auch den bisherigen Sitz der häuslichen Gemeinschaft ändern, aber die Frau braucht seiner Entscheidung, wenn sie sich als Mißbrauch seines Rechtes darstellt, keine Folge zu leisten. (§ 1354 Abs. 2). Es kann sich daher *jeder* Ehegatte, der die häusliche Gemeinschaft aufhebt, der böslichen Verlassung schuldig machen.

Die Klage auf *Herstellung* der häuslichen Gemeinschaft setzt deren vorangegangene **Aufhebung** voraus. Ein Ehegatte muß den anderen *verlassen* haben. Ohne hinzukommende *räumliche* Trennung kann von einer Aufhebung der häuslichen Gemeinschaft keine Rede sein. Sonstige Verletzungen der aus der ehelichen Gemeinschaft folgenden Pflichten, z. B. die Verweigerung der ehelichen Beiwohnung, fallen unter andere Gesichtspunkte. Die räumliche Trennung braucht aber nicht darin zu bestehen, daß der eine Ehegatte einen von dem Wohnorte des anderen Ehegatten entfernten Wohnort aufschlägt, sondern kann sich in demselben *Wohnorte*, ja in demselben *Wohnhause* vollziehen. Wie in *räumlicher* Beziehung die *Größe*, so ist in *zeitlicher* Beziehung die *Dauer* der Entfernung unwesentlich. Für den Begriff der Verlassung wird in keiner der beiden Beziehungen ein bestimmtes Maaß verlangt. Nur ist in Betreff der Dauer des Zustandes zu beachten, daß eine Verurtheilung zur Herstellung der häus-

---

[2]) Unbekannt ist dem B.G.B. die Anwendung von Zwangsmaßregeln zur Herstellung des ehelichen Lebens und der Erlaß von gerichtlichen Rückkehr- und Aufnahmebefehlen. Begr. Bd. 4 S. 588, 589.

[3]) Der praktische Werth der vorgängigen Verurtheilung zur Herstellung der häuslichen Gemeinschaft besteht gerade darin, daß dem abtrünnigen Ehegatten durch den Richterausspruch zum Bewußtsein gebracht wird, seine Weigerungsgründe seien keine triftigen und er handle bei fortgesetzter Weigerung *widerrechtlich*. Begr. Bd. 4 S. 589, 590.

lichen Gemeinschaft nicht erfolgen kann, wenn diese inzwischen wieder hergestellt worden ist.

Der Ehegatte muß aus **freiem Willen** die häusliche Gemeinschaft aufgehoben haben, und von seiner freien Willensbestimmung muß die Herstellung der häuslichen Gemeinschaft abhängen. Wer z. B. in Kriegsgefangenschaft oder Strafhaft festgehalten wird oder zur Erfüllung der Wehrpflicht eingezogen wird, kann trotz der Aufhebung der häuslichen Gemeinschaft zu deren Herstellung nicht verurtheilt werden. Dasselbe gilt von einem Ehegatten, der durch anhaltende Krankheit[4]), Unvermögen zur Bestreitung der Reisekosten[5]) oder andere Ursachen an der Wiedervereinigung gehindert wird. Der freie Wille des Ehegatten muß sich in einseitiger Weise bethätigen. Gehen Eheleute in beiderseitigem Einverständniß auseinander, so heben sie zwar die häusliche Gemeinschaft auf, aber keiner giebt, solange das Einverständniß besteht, dem anderen Grund zur Klage. Einverständniß besteht nicht mehr, sobald ein Ehegatte seine Einwilligung in die Trennung zurücknimmt. An der Zurücknahme seiner Einwilligung kann ihn auch ein mit dem anderen Ehegatten über gegenseitige Gestattung des Getrenntlebens geschlossener Vertrag nicht hindern, denn ein solcher Vertrag widerspricht dem Wesen der Ehe.[6]) Er ist unverbindlich und kann jederzeit einseitig widerrufen werden.[7])

Gleichgültig ist es, ob das Einverständniß offen zu Tage liegt oder nur im **Geheimen** besteht. Das offene wie das geheime Einverständniß schließen die Annahme eines Verschuldens des abtrünnigen Ehegatten

---

[4]) In einem Falle hatte die beklagte Ehefrau ihre Pflicht zur Rückkehr anerkannt aber eingewendet, daß sie in Folge Gelenkrheumatismus reiseunfähig sei. Dieser Einwand wurde als die Behauptung zeitweiliger, thatsächlicher Behinderung in das Zwangsvollstreckungsverfahren verwiesen. R.G. 16./10. 91 in Jur.W. 1891 S. 531 Ziff. 15.

[5]) Wenn der Ehemann, der seine mittellose Ehefrau verlassen hatte, verlangt, daß sie nach seinem neuen Wohnorte übersiedle, ihr aber nicht die Reisekosten zur Verfügung stellt, so liegt bösliche Verlassung nicht vor. R.G. 9./10. 84 in Bolze Bd. 1 Ziff. 1232.

[6]) Dagegen läßt sich ein Einwand nicht daraus herleiten, daß dem B.G.B. eine Ehe ohne eheliche Gemeinschaft bekannt ist. § 1575. Die urtheilsmäßige Aufhebung der ehelichen Gemeinschaft ist etwas wesentlich Anderes als die vertragsmäßige Gestattung des Getrenntlebens. Erstere beruht auf der richterlichen Feststellung eines Verschuldens des verlassenen Ehegatten, letztere nur auf einer Einigung der Ehegatten. Das gesammte Ehescheidungsrecht des B.G.B. wird aber von dem Grundsatze, daß zu jeder Art von Trennung ein Verschulden nachgewiesen sein muß, beherrscht. Für die Unverbindlichkeit des Vertrages ist es gleichgültig, ob er vor oder während der Ehe geschlossen worden ist. Auch wenn er vor dem Inkrafttreten des B.G.B. geschlossen wäre, würde er unverbindlich sein, da sich nach Art. 199 Einf.G. z. B.G.B. die persönlichen Rechtsbeziehungen der Ehegatten untereinander auch für die zur Zeit des Inkrafttretens des B.G.B. bestehenden Ehen nach dessen Vorschriften bestimmen.

[7]) Ist ein solcher Vertrag widerrufen, so fallen damit auch diejenigen Abreden weg, welche lediglich mit Rücksicht auf das Getrenntleben getroffen und damit in unzertrennbaren Zusammenhang gebracht sind. R.G. 2./2. 82 in Gruchot Bd. 26 S. 1001. Der Vertrag kann nur seinem vollen Inhalte nach widerrufen werden, und es ist nicht statthaft, daß eine Partei die der Gegenpartei im Vertrage eingeräumten Vortheile oder Befugnisse ganz oder zum Theil widerruft unter Aufrechterhaltung der zu ihren Gunsten lautenden Vertragsbestimmungen. Ein solcher Widerruf ist rechtsunwirksam. R.G. 6./11. 95 in Jur.W. 1895 S. 609 Ziff. 67.

aus, können daher niemals eine Scheidung wegen böslicher Verlassung und demzufolge auch nicht eine Verurtheilung zur Herstellung der häuslichen Gemeinschaft begründen. Eine darauf gerichtete Klage ist als ein Versuch anzusehen, zum Schein einen in Wirklichkeit nicht vorhandenen Scheidungsgrund zu schaffen.

Die von einem Ehegatten aus freiem Willen einseitig herbeigeführte Aufhebung der häuslichen Gemeinschaft muß ferner die Merkmale einer **widerrechtlichen** Handlung an sich tragen.

Die Ehe bringt für jeden Ehegatten gewisse Rechte und Pflichten mit sich. Wer seine Rechte mißbraucht oder seine Pflichten verletzt, handelt widerrechtlich. Darauf, daß sich der Ehegatte der Widerrechtlichkeit seiner Handlung bewußt sei, kommt es zunächst nicht an, denn ein etwaiger Mangel des Bewußtseins der Rechtswidrigkeit wird regelmäßig durch die Verurtheilung zur Herstellung der häuslichen Gemeinschaft gehoben [8]), kann also die Verurtheilung selbst nicht hindern. Da jedem Ehegatten ein gewisses Maß von **Bewegungsfreiheit** zugestanden werden muß, kann von einer Widerrechtlichkeit in allen denjenigen Fällen nicht die Rede sein, in welchen der Ehegatte den anderen Ehegatten zwar ohne oder gegen dessen Willen verläßt, aber von vornherein die Wiederherstellung der häuslichen Gemeinschaft nach einer vorübergehenden Unterbrechung in Aussicht nimmt. Ein vorübergehender Aufenthaltswechsel erscheint daher zur Begründung einer Klage nicht geeignet. Es giebt ferner eine ganze Reihe von Umständen, die schon an sich geeignet sind, die Abwesenheit des Ehegatten zu entschuldigen. Dazu gehören z. B. Reisen, die ein Ehegatte zur Wiederherstellung seiner Gesundheit vornimmt. Erfordert die eigene Berufsthätigkeit längere Abwesenheit, so ist diese regelmäßig für gerechtfertigt anzusehen. [9]) Der Berufsthätigkeit steht die Verrichtung öffentlichen Dienstes z. B. in der Eigenschaft als Abgeordneter gleich. Auch die Erledigung anderer dringender Angelegenheiten entschuldigen den abwesenden Ehegatten.

Giebt ein Ehegatte dem anderen Ehegatten rechtmäßige **Ursache**, sich von ihm zu entfernen, so geschieht die Entfernung nicht widerrechtlich. [10])

---

[8]) Vergl. oben Anm. 3.

[9]) Die Pflicht der Ehefrau, die Wohnung des Mannes zu theilen, schließt nach der Natur der Sache Unterbrechungen aus mancherlei wichtigen Gründen nicht aus. Zu solchen wichtigen Gründen ist zu zählen die zum Zwecke der Erfüllung eines mit Genehmigung des Mannes eingegangenen Vertrages erforderliche Abwesenheit der Frau (diese hatte mit Zustimmung des Mannes eine Stelle als Opernsängerin in Bremen auf 1½ Jahre angenommen). Die Frau war nicht verpflichtet, dem Manne vor Ablauf der Vertragszeit an seinen Wohnort in Berlin zu folgen. Ungültig wäre ein Vertrag, durch dessen Abschluß der Mann für immer oder auf viele Jahre auf die thatsächliche Lebensgemeinschaft verzichtet. R.G. 17./10. 91 in Bolze Bd. 13 Ziff. 536.

[10]) Die Ursache braucht keineswegs in Thatsachen zu bestehen, die den Anspruch auf Ehescheidung rechtfertigen. R.G. 18./11. 81 in Entsch. Bd. 6 S. 449. Gegen die Klage (auf Herstellung des ehelichen Lebens) hat der beklagte Ehegatte eine Einrede, wenn und solange das Zusammenleben als eine unerträgliche Last für ihn erscheinen muß. R.G. 24./1. 88 in Bolze Bd. 5 Ziff. 805. Außer der Darlegung der böslichen Verlassung braucht der Kläger nicht noch darzulegen, daß er sich nichts Erhebliches gegen den abtrünnigen Ehegatten habe zu Schulden kommen lassen. Letzterer

Als solche Ursache ist z. B. körperliche Mißhandlung anzusehen. Die Mißhandlung braucht nicht gerade eine grobe, also nicht gerade geeignet zu sein, einen Ehescheidungsgrund im Sinne des § 1568 B.G.B. abzugeben. Auch geringere Thätlichkeiten, die Leben und Gesundheit des Gemißhandelten nicht in Gefahr setzen, können genügen, das Getrenntleben zu rechtfertigen.[11]) Der Frau als dem schwächeren Theile erwächst ein Trennungsgrund schon dann, wenn sie der Mann mit Mißhandlungen nur bedroht. Es kann ihr nicht zugemuthet werden, sich durch ihr Verbleiben beim Manne der Verwirklichung der Bedrohung auszusetzen.[12]) Freilich ist dabei vorauszusetzen, daß für die Frau eine wirkliche Gefahr vorliegt. Eine vermeintliche, eingebildete Besorgniß der Frau vor einer in Wirklichkeit nicht vorhandenen Gefahr giebt der Frau keinen rechtmäßigen Grund zur Aufhebung der häuslichen Gemeinschaft. Das Verhalten des Mannes kommt in seiner Gesammtheit in Betracht[13]) und es fragt sich, ob darin ein **zwingender Anlaß** zur Trennung liegt.[14]). Der Frau, die sich weigert, zu ihrem Manne zurückzukehren, müssen in Wirklichkeit, nicht bloß in der Einbildung, gerechtfertigte Gründe zur Seite stehen. Der gute Glaube der Frau, zur Weigerung der Rückkehr berechtigt zu sein, entschuldigt sie nicht.[15]) Ist für die Frau die Beischlafsvollziehung gesundheitsgefährlich, so kann ihr Fernbleiben von einem Manne, der darauf keine Rücksicht nimmt, wohl als entschuldigt gelten.[16]) Auch in wiederholten Beschimpfungen, denen die

---

muß das einredeweise geltend machen. R.G. 19./4. 94 in Entsch. Bd. 33 S. 173. (Hamburg.)

[11]) Natürlich muß ein ursächlicher Zusammenhang zwischen der Mißhandlung und der Entfernung bestehen, was namentlich dann einer besonderen Begründung bedarf, wenn ein längerer Zeitraum zwischen ersterer und letzterer verflossen ist. R.G. 19./11. 91 in Bolze Bd. 13 Ziff. 531. Es macht keinen Unterschied, daß der Entschluß des gemißhandelten Ehegatten, den anderen zu verlassen, der Zeit nach nicht unmittelbar auf die Mißhandlung erfolgt ist. R.G. 11./5. 94 in Gruchot Bd. 38 S. 1017; 8./11. 94 in Jur.W. 1895 S. 27 Ziff. 83.

[12]) R.G. 25./11. 86 in Gruchot Bd. 30 S. 850.

[13]) Neben dem Verhalten des Mannes ist auch sein Geisteszustand zu berücksichtigen. R.G. 19./3. 91 in Jur.W. 1891 S. 259 Ziff. 43. Die Gefahren, die der Frau durch ihren zeitweisen Geistesstörungen unterworfenen Ehemann drohen, berechtigt sie nicht, ihn dauernd zu verlassen.

[14]) Ein rechtmäßiger Grund für die Entfernung der Frau ist überall dann gegeben, wenn auf Seiten der Frau ein zwingender Anlaß zur Trennung obwaltet, solche also unter Umständen vorgenommen wird, welche es nicht zweifelhaft lassen, daß der Frau nicht die bösliche Absicht, sich der Pflicht der ehelichen Gemeinschaft rechtswidrig zu entziehen, beiwohnt. Ein solcher zwingender Anlaß zur Trennung kann auch in dem Verhalten des Mannes gegen die Frau gefunden werden, insbesondere wenn der Mann die Frau mißhandelt, denn alsdann kann es ihr nicht zugemuthet werden, dem Manne gegenüber duldend zu verharren und sich fortgesetzt weiteren Unbilden auszusetzen. R.G. 22./11. 86 Bd. 17 S. 213, 16./6. 95 in Jur.W. 1898 S. 488 Ziff. 38. Ein Anspruch auf getrenntes Leben ist in R.G. 1./11. 92 in Bolze Bd. 15 Ziff. 434 der Frau, deren Mann in hohem Grade dem Trunk ergeben war, zugesprochen worden.

[15]) R.G. 15./10. 97 Bd. 40 S. 161 (Hannover).

[16]) Neben dem Rechte der Versagung der ehelichen Pflicht steht dem Ehegatten auch noch das weitere Recht zu, das eheliche Zusammenleben aufzuheben, wenn er

Frau unter wissentlicher Duldung des Mannes von Seiten eines Dritten ausgesetzt ist, kann ein rechtmäßiger Grund zur Entfernung gefunden werden.[17]) Die Frau ist berechtigt und verpflichtet, das gemeinschaftliche Hauswesen zu leiten. § 1356 Abs. 1. Ein Mann, der seiner Frau die ihr gebührende Stellung im Hauswesen ohne Grund versagt, kränkt ihre Rechte und giebt ihr Veranlassung zum Fernbleiben.[18]) Hält sich der Mann in seiner Wohnung eine Beischläferin, so entzieht sich die Frau mit vollem Rechte der häuslichen Gemeinschaft.[19]) Andererseits verweigert der Ehemann mit Recht die Herstellung der häuslichen Gemeinschaft, wenn die Ehefrau in der Zeit, während welcher sie vom Manne getrennt lebte, Ehebruch trieb.[20]) Solange der verlassene Ehegatte die gerügten Uebelstände nicht abgestellt, hinlängliche Beweise seiner Sinnesänderung und eine gewisse Gewähr für entsprechende Aenderung seines Verhaltens gegeben hat, entbehrt das Fernbleiben des anderen Ehegatten der Widerrechtlichkeit.[21])

Die häusliche Gemeinschaft hat an dem Orte stattzufinden, den der Mann in Gemäßheit des § 1354 Abs. 1 B.G.B. dazu bestimmt.[22]) Die vom Mann gewählte **Ehewohnung** muß aber so beschaffen sein, daß sich darin ein ordentliches eheliches Zusammenleben führen läßt.[23]) Ein Mann,

---

Grund zu der Annahme hat, daß der andere Ehegatte sich durch die ihm mitgetheilte Gesundheitsgefährlichkeit der Beischlafsvollziehung nicht abhalten lassen würde, diese zu verlangen. Es kann in einem solchen Falle dem leidenden Ehegatten nicht zugemuthet werden, eine Gemeinschaft fortzusetzen, welche eine dauernde Besorgniß für die Gesundheit zur nothwendigen Folge haben müßte. R.G. 28./11. 95 in Jur.W. 1896 S. 62 Ziff. 30. Vergl. auch R.G. 27./3. 88 in Bolze Bd. 5 Ziff. 806 b.

[17]) R.G. 21./10. 86 in Bolze Bd. 4 Ziff. 837. In diesem Falle hatte es der Mann wissentlich geduldet, daß die Frau von ihrer Schwiegermutter, welche die Wohnung gegen deren Wunsch mitbewohnte, wiederholt beschimpft wurde. Die Frau weigerte die Rückkehr bis zur Entfernung der Schwiegermutter.

[18]) Auch wenn der Ehemann die Besorgniß hegte, daß die Beklagte doch nicht dauernd bei ihm bleiben oder wegen ihrer Kränklichkeit zur Leitung des gesammten Hauswesens außer Stande sein werde, durfte er seiner Ehefrau nicht von vornherein die ihr gebührende Stellung im Hauswesen versagen. R.G. 22./10. 85 in Bolze Bd. 2 Ziff. 1151.

[19]) R.G. 8./12. 87 in Bolze Bd. 5 Ziff. 788. Das O.L.G. in Hamburg hat in einem Falle die Klage einer Ehefrau gegen ihren Ehemann auf Entfernung einer Beischläferin aus seiner Wohnung zugelassen. Urt. 12./7. 97 in Seufferts Arch. Bd. 54 S. 50.

[20]) R.G. 23./9. 95 in Jur.W. 1895 S. 489 Ziff. 51.

[21]) R.G. 1./5. 90 in Bolze Bd. 10 Ziff. 572. R.G. 6./6. 93 in Bolze Bd. 17 Ziff. 559.

[22]) Auch wenn der Frau das Haus, in dem die Eheleute bisher wohnten, gehört, so muß sie doch dem Manne, wenn dieser eine andere Wohnung bestimmt, dorthin folgen, es sei denn, daß sich die Maßregel des Mannes als ein Mißbrauch seines Rechtes darstellt. Vergl. R.G. 1./3. 94 in Jur.W. 1894 S. 246 Ziff. 25 und 13./7. 93 in Gruchot Bd. 38 S. 719.

[23]) Die Ehefrau ist nur dann verpflichtet, dem Ehemann an den von diesem gewählten Wohnort zu folgen, wenn er die zu ihrer standesmäßigen Aufnahme erforderlichen Einrichtungen trifft, mithin auch für eine zum Zwecke des ehelichen Zusammenlebens geeignete Wohnung sorgt. R.G. 25./10. 81 in Entsch. Bd. 5 S. 165. In einem anderen Falle hatte der Mann seiner getrennt lebenden Frau nur eine unzureichend mit Hausrat ausgestattete Wohnung zur Verfügung gestellt. Die Weige=

der nur in Schlafstelle liegt, kann nicht verlangen, daß sich seine Frau zu ihm begebe. In der Regel wird der Wohnsitz des Mannes, an welchem er sich ständig niederläßt (§ 7 Abs. 1 B.G.B.) als der Ort der häuslichen Gemeinschaft zu gelten haben. Muß aber der Mann außerhalb seines Wohnsitzes dauernd Aufenthalt nehmen z. B. in Ausübung seines Berufes als Kahnschiffer, herumziehender Künstler oder Handelsmann, so kann unter Umständen auch der Aufenthaltsort als Sitz der häuslichen Gemeinschaft gelten. Ob die Frau, wenn der Mann seinen Wohnsitz im **Auslande** aufschlägt, zur häuslichen Gemeinschaft verbunden ist, hängt von den Umständen des einzelnen Falles ab. Jedenfalls darf ihr nicht zugemuthet werden, sich aus ihrer Heimath in unsichere oder ungesunde Lebensverhältnisse zu begeben.

Derjenige Ehegatte, welcher auf Herstellung der häuslichen Gemeinschaft klagt, muß selbst bereit sein, die häusliche Gemeinschaft herzustellen. Er muß die **ernstliche Absicht** haben, das eheliche Zusammenleben wieder fortzusetzen. [24]) Die Erhebung der Klage ist ein Umstand, der zwar für das Vorhandensein dieser Absicht spricht, aber die gegentheilige Annahme auf Grund anderer Thatsachen nicht ausschließt; die Klage kann in der Absicht erhoben sein, nur zum Schein die Verurtheilung als unerläßliche Voraussetzung für die Scheidung wegen böslicher Verlassung herbeizuführen. Ein Ehegatte, dem es nicht daran liegt [25]), den abtrünnigen Ehegatten zur

---

rung der Frau wurde für begründet erachtet. R.G. 29./9. 85 in Bolze Bd. 2 Ziff. 1150. Der gegen die Klage (auf eheliche Folge) erhobene Einwand, daß der klagende Ehemann keine für die gemeinschaftliche Wirthschaft geeignete Wohnung besitze, darf nicht der Verhandlung und Entscheidung im Zwangsvollstreckungsverfahren vorbehalten bleiben. Die Beweislast trifft regelmäßig die Beklagte. R.G. 7./6. 89 in Entsch. Bd. 23 S. 162. Hat die Ehefrau sich thatsächlich bereit erklärt, das eheliche Leben fortzusetzen, ist aber von dem Ehemanne wegen Wohnungsmangels zurückgewiesen, so ist der Anspruch des letzteren auf Rückkehr der Ehefrau nur aufrecht zu halten, wenn er behauptet und beweist, daß er die erforderliche Wohnung beschafft habe und zur Benutzung bereit halte. R.G. 12./1. 91 in Jur.W. 1891 S. 392 Ziff. 22. Der Mann ist verpflichtet, die von ihm beschaffte Ehewohnung mit der Frau zu theilen. Unter Umständen kann aber der Mann verlangen, daß die Frau die Wohnung zuerst bezieht, z. B. wenn die Frau jahrelang ferngeblieben, der andere Ehegatte als älterer Mann einer gewissen Pflege bedürftig war und frühere Einigungsversuche fehlgeschlagen waren. Vergl. den Fall: R.G. 4./4. 99 in Jur.W. 1899 S. 285 Ziff. 24.

[24]) Vergl. R.G. 2./1. 85 in Bolze Bd. 1 Ziff. 1230, 6./2. 88 in Bolze Bd. 5 Ziff. 797, 1./2. 87 in Jur.W. 1888 S. 34 Ziff. 84 und 22./5. 91 in Jur.W. 1891 S. 365 Ziff. 44. Wer den Willen, die Ehe fortzusetzen, in Wirklichkeit nicht hegt, soll eben nicht als ein böslich verlassener Ehegatte die Scheidung zu verlangen berechtigt sein. R.G. 9./10. 93 Bd. 31 S. 203 (Hamburg). Von dieser Auffassung weichen anscheinend ab R.G. 28/6. 95 Bd. 40 S. 159 (gemeines R.) und 7./7. 96 in Jur.W. 1896 S. 433 Ziff. 11.

[25]) Die Annahme der Ernstlichkeit der Absicht ist nicht schon dadurch ausgeschlossen, daß es als möglich hinzustellen ist, daß den geheimen Wünschen beider Eheleute die Fortsetzung des ehelichen Zusammenlebens nicht entsprach. R.G. 29./1. 92 in Bolze Bd. 14 Ziff. 509. Eideszuschiebung darüber, daß der Ehegatte nicht in ernstlicher Absicht gehandelt habe, ist zulässig. Der innere Vorgang ist eine Thatsache im Sinne des § 445 C.P.O. R.G. 10./5. 94 in Jur.W. 1894 S. 363 Ziff. 13. Gerade, wenn Grund zu der Annahme vorhanden ist, daß die Frau entschlossen ist, die Ehe-

Herstellung der häuslichen Gemeinschaft zu bewegen, im Gegentheil den Wunsch[26]) hegt, dieser möge bei seinem Entschluß verharren, kann nicht verlangen, daß der andere Ehegatte zur Herstellung der Gemeinschaft verurtheilt werde. Letzterer handelt nicht widerrechtlich[27]), wenn er dem Verlangen nicht Folge leistet, denn er würde, wenn er Folge leistete, auf das in dem widerstrebenden Sinne des Klägers liegende Hinderniß stoßen, also den Erfolg der Herstellung der häuslichen Gemeinschaft nicht erreichen können. Der Rechtsstreit über Herstellung der häuslichen Gemeinschaft soll aber die Grundlosigkeit der Weigerung des abwesenden Ehegatten feststellen, und diesen Zweck kann er nur dann erreichen, wenn er auf einer Grundlage geführt wird, der es dem abwesenden Ehegatten an sich möglich macht, der Verurtheilung nachzukommen. Alle Schritte, die ein Ehegatte zur Wiedervereinigung mit dem anderen Ehegatten unternimmt, haben für den Rechtsstreit keine Bedeutung, wenn sie nicht von jener ernstlichen Absicht getragen sind. Deshalb kann auch der beklagte Ehegatte, wenn ihm diese Absicht mangelt, sein Fernbleiben nicht damit entschuldigen, daß er einen vergeblichen Wiedervereinigungsversuch gemacht habe.[28]) Anderer-

---

gemeinschaft nicht wieder aufzunehmen, liegt für den Ehemann Veranlassung vor, Bemühungen aufzuwenden, um die Frau zu bewegen, daß sie ihren Entschluß fallen läßt. R.G. 16./3. 93 in Bolze Bd. 16 Ziff. 518.

[26]). Mit der Ernstlichkeit ist freilich der in zweiter Reihe gehegte Wunsch, schlimmstenfalls bei fortgesetzter Weigerung von dem widerspenstigen Ehegatten geschieden zu werden, vereinbar, kann doch nach § 615 C.P.O. die Klage auf Herstellung des ehelichen Lebens mit der Scheidungsklage verbunden werden. Unter dem Mangel der ernstlichen Absicht bei dem die Scheidung suchenden Theile zur Wiederherstellung des ehelichen Lebens ist nicht etwa bloß der Wunsch zu verstehen, es möchte der andere Theil den Befehl unbeachtet lassen und so den Grund zur Scheidung geben. Ein solcher Wunsch würde mit der ernstlichen Absicht, das eheliche Zusammenleben mit dem zurückkehrenden Theile fortzusetzen, nicht schlechthin unvereinbar sein. Der Mangel der ernstlichen Absicht liegt vielmehr nur vor, falls anzunehmen ist, daß der die Scheidung suchende Theil überhaupt nicht den Willen hat, mit dem Rückkehrenden das eheliche Zusammenleben wieder aufzunehmen, sei es, daß er die Absicht hat, von vornherein die Aufnahme auch nur in die häusliche Gemeinschaft zu verweigern, oder zwar diese zuzulassen, jedoch mit dem Plane, durch ehewidriges Verhalten den Rückkehrenden von neuem zur Trennung zu veranlassen. Von dieser Auffassung geht offenbar auch das Berufungsgericht nach seiner wiedergegebenen Feststellung aus, nach welcher es dem Kläger mit seinen an die Beklagte gerichteten Aufforderungen zur Rückkehr nur um ein überlegtes Ziel, lediglich um die Ehescheidung zu betreiben, zu thun gewesen ist, während er garnicht willens war, das eheliche Zusammenleben wiederherzustellen. Daß aber der Scheidungsgrund der böslichen Verlassung die ernstliche Absicht des verlassenen Ehegatten, die eheliche Gemeinschaft wieder herzustellen, zur Voraussetzung hat, folgt schon daraus, daß andernfalls beim Mangel dieser Absicht in Wahrheit von einer Trennung wider den Willen des Verlassenen nicht die Rede sein kann. R.G. 15./11. 97 in Jur.W. 1898 S. 93 Ziff. 90 (Preuß. A.L.R.).

[27]) Ein Ehegatte, der sich von dem anderen Ehegatten gegen dessen Willen ohne rechtmäßigen Grund entfernt, begeht allerdings zunächst ein Unrecht gegenüber dem anderen Ehegatten und hat an sich die Pflicht zur Rückkehr. Wenn aber der andere Ehegatte ebenfalls den Entschluß faßt, die Trennung aufrecht zu erhalten, so entbindet er den abwesenden Ehegatten von dieser Pflicht und er handelt, wenn er trotzdem auf Herstellung der häuslichen Gemeinschaft klagt, seiner wahren Absicht zuwider. Hiervon verschieden ist der Fall des beiderseitigen Einverständnisses.

[28]) Das Verhalten des Mannes der Frau gegenüber bei deren Rückkehr kann,

seits muß es zur Klageabweisung führen, wenn der **Wiedervereinigungsversuch** des beklagten Ehegatten von jener ernstlichen Absicht getragen, aber an dem widerstrebenden Verhalten des Klägers gescheitert war.[29]) Ernstlich gemeinte Widervereinigungsversuche sind, auch wenn sie im Laufe des Rechtsstreits gemacht werden, zu berücksichtigen.[30])

Der **zweite Rechtsstreit** ist das eigentliche Scheidungsverfahren. In ihm kommt es zur Entscheidung, ob wegen böslicher Verlassung zu scheiden ist oder nicht. Der § 1567 Abs. 2 Ziff. 1 bestimmt genau, unter welchen Voraussetzungen bösliche Verlassung vorliege. Darnach muß der abwesende Ehegatte vor allem zur Herstellung der häuslichen Gemeinschaft rechtskräftig verurtheilt worden sein.

In dieser Beziehung darf auf die vorangegangenen Erörterungen verwiesen werden. Ist der Kläger mit der Klage auf Herstellung der häuslichen Gemeinschaft rechtskräftig abgewiesen worden, so hat er Mangels einer gesetzlichen Voraussetzung überhaupt keinen Anspruch auf Scheidung und die darnach erhobene Scheidungsklage ist abzuweisen. Der mit der Klage auf Herstellung der häuslichen Gemeinschaft abgewiesene Kläger kann aber diese Klage von neuem erheben, z. B. dann, wenn die Gründe, welche zu seiner Abweisung geführt haben, inzwischen weggefallen oder unwirksam geworden sind.[31]) Das den Beklagten zur Herstellung der häuslichen Gemeinschaft verurtheilende Erkenntniß muß rechtskräftig geworden sein.[32])

Ferner bestimmt der § 1567 Abs. 2 Ziff. 1, daß der Ehegatte, nachdem er zur Herstellung der häuslichen Gemeinschaft rechtskräftig verurtheilt worden ist, ein Jahr lang gegen den Willen des anderen Ehegatten in böslicher Absicht dem Urtheile nicht Folge geleistet haben muß. Der Eintritt der Rechtskraft des den abwesenden Ehegatten zur Herstellung der häuslichen Gemeinschaft verurtheilenden Erkenntnisses bezeichnet den Zeitpunkt, von welchem ab das **Jahr** zu rechnen ist. Es wird nur verlangt, daß das Jahr vor dem Erlaß des Scheidungsurtheils, nicht, daß es schon zu einem früheren Zeitpunkte, etwa dem Zeitpunkte der

---

wenn die Frau nicht die Absicht hat, das eheliche Zusammenleben aufzunehmen, für den Scheidungsgrund der böslichen Verlassung nicht in Betracht kommen. R.G. 10./10. 95 in Jur.W. 1895 S. 549 Ziff. 54.

[29]) Vergl. R.G. 29./1. 92 in Bolze Bd. 14 Ziff. 509. Hier war die Ehescheidungsklage des Ehemannes wegen böslicher Verlassung abgewiesen worden, weil festgestellt worden war, daß die Ehefrau in der ernstlichen Absicht, die Ehe fortzusetzen, zurückgekehrt, aber von dem Ehemanne (wegen Fristversäumung) abgewiesen worden war.

[30]) Anders im nachfolgenden Scheidungsprozesse, wenn bereits der Ehescheidungsgrund der böslichen Verlassung gegeben ist. R.G. 20./11. 79 in Gruchot Bd. 24 S. 495. Begr. Bd. 4 S. 591.

[31]) Z. B. der Mann wurde abgewiesen, weil er keine ordentliche Ehewohnung beschaffte, oder der Frau die Mittel zur Uebersiedlung nicht vorstreckte, oder die Frau mit Thätlichkeiten bedroht hatte. Hat er nun die Ehewohnung beschafft, die Mittel hergegeben, bezw. seine Drohungen zurückgenommen, und sein Verhalten geändert, so erscheint sein Verlangen nach Herstellung der häuslichen Gemeinschaft trotz vorangegangener Abweisung nunmehr gerechtfertigt. Ueber die Wirkung der Klageabweisung vergl. R.G. 8./11. 81 Bd. 6 S. 149. Vergl. auch unten § 43.

[32]) Ueber Eintritt der Rechtskraft vergl. unten § 50.

Klageerhebung, abgelaufen ist, denn es genügt zur Scheidung, wenn deren Voraussetzungen zur Zeit der Urtheilsfällung vorhanden sind. Während des ganzen Jahres muß der Ehegatte gegen den Willen des anderen Ehegatten in böslicher Absicht dem Urtheile nicht Folge geleistet haben. Hat dagegen der Ehegatte vor Ablauf des Jahres die häusliche Gemeinschaft hergestellt, also dem vorangegangenen Urtheile genügt, so entfällt eine Voraussetzung für die bösliche Absicht und der Scheidungsanspruch ist unbegründet, selbst wenn die Wiedervereinigung der Ehegatten nicht von Dauer gewesen ist.[33]) Unstatthaft ist es, die Frist von einem Jahre durch Zusammenrechnung derjenigen Zeiträume, während welcher die häusliche Gemeinschaft aufgehoben war, zu berechnen. In jedem Zeitpunkte der Frist müssen alle gesetzlichen Voraussetzungen der böslichen Verlassung vorliegen.

Mit den Worten: „gegen den Willen des anderen Ehegatten" bringt das Gesetz zum Ausdruck, daß, wenn die Nichtbefolgung des vorangegangenen Urtheils mit dem Willen des anderen Ehegatten stattgefunden hat, der Scheidungsgrund nicht vorliegt. Das in diesem Falle vorliegende Einverständniß beider Eheleute über das Getrenntleben hindert die Scheidung.[34]) Der Ehegatte muß in böslicher Absicht dem Urtheile nicht Folge geleistet haben. Sein Verhalten muß also die Merkmale einer widerrechtlichen Handlung an sich tragen. Insofern diese Fragen schon bei der Klage auf Herstellung der häuslichen Gemeinschaft zur Erörterung kommen, sind sie bereits oben behandelt. Es kann daher über das oben hierüber Gesagte Bezug genommen werden.

Der zur Herstellung der häuslichen Gemeinschaft verurtheilte Ehegatte ist nicht gehindert, im Scheidungsverfahren zur Rechtfertigung seines Verhaltens Thatsachen, die sich nach dem Urtheile und vor Ablauf der Frist ereignet haben, anzuführen.[35]) Ergiebt sich daraus, daß sein Fernbleiben nunmehr zu entschuldigen ist, so kann auf Scheidung nicht erkannt werden. Während es bei der Klage auf Herstellung der häuslichen Gemeinschaft nicht darauf ankommt, daß sich der beklagte Ehegatte der Widerrechtlichkeit seiner Handlungsweise bewußt ist, wird dies Bewußtsein bei der Scheidungsklage allerdings verlangt. Wie bereits erwähnt, wird in der Regel das Urtheil dem Ehegatten die Widerrechtlichkeit seiner Handlungsweise zum Bewußtsein bringen. Es ergiebt sich daraus bei unverändertem Fortbestehen der Sachlage das Vorhandensein der vom Gesetz geforderten böslichen Absicht. Demzufolge kann andererseits von einer böslichen Handlungsweise dann nicht die Rede sein, wenn der verurtheilte Ehegatte auch nur im guten Glauben war, daß nach dem Urtheile während der Frist ein neuer das Aufgeben der häuslichen Gemeinschaft rechtfertigender Grund eingetreten sei.[36])

---

[33]) In diesem Falle erledigt sich die Verurtheilung zur Herstellung der häuslichen Gemeinschaft durch Erfüllung. Nur eine neue Verurtheilung kann zur Scheidung führen.

[34]) Begr. Bd. 4 S. 590.

[35]) Begr. Bd. 4 S. 590.

[36]) Begr. Bd. 4 S. 590, vergl. jedoch R.G. 15./10. 97 in Jur.W. 1897 S. 579

Sind die Voraussetzungen der böslichen Verlassung vorhanden, so hat der Ehegatte ein wohlerworbenes Recht zur Scheidung. Wie sich die Ehegatten nach Ablauf der Frist hinsichtlich der häuslichen Gemeinschaft verhalten, ist für den Thatbestand des Ehescheidungsgrundes gleichgültig.[37]) Die Scheidung wegen böslicher Verlassung kann daher auch dann verlangt werden, wenn inzwischen die häusliche Gemeinschaft wiederhergestellt worden ist.[38])

Nach § 1567 Abs. 2 Ziff. 2 liegt bösliche Verlassung vor, wenn ein Ehegatte sich ein Jahr lang gegen den Willen des anderen Ehegatten in böslicher Absicht von der häuslichen Gemeinschaft ferngehalten hat und die Voraussetzungen für die **öffentliche Zustellung** seit Jahresfrist gegen ihn bestanden haben.[39]) Soweit die in dem ersten Satztheile zum Ausdruck gebrachten Rechtsbegriffe bereits oben erörtert sind, genügt es, darauf zu verweisen. Das Fernhalten von der häuslichen Gemeinschaft muß während des ganzen Jahres gegen den Willen des anderen Ehegatten in böslicher Absicht geschehen. Es wird also verlangt, daß die bezeichneten Umstände während der ganzen Frist fortdauernd vorhanden sind. Soweit es sich hierbei um das Verhalten des abwesenden Ehegatten handelt, wird mit Rücksicht darauf, daß in dem vorausgesetzten Falle auf genaue und zuverlässige Ermittelungen über seine Willensrichtung überhaupt nicht zu rechnen ist, der Nachweis genügen, daß der Ehegatte die häusliche Gemeinschaft

---

Ziff. 53 (gemeines Recht), wo ausgeführt wird, daß es bei der böslichen Verlassung, wenn die Weigerung des Zusammenlebens thatsächlich unbegründet ist, darauf nicht ankomme, ob der das Zusammenleben weigernde Ehegatte einen guten Grund zu haben glaube. Dieser Grundsatz kann auf den Begriff der böslichen Verlassung, wie ihn das B.G.B. aufstellt, nicht angewendet werden. Darnach schließt guter Glaube die bösliche Absicht aus. Uebrigens muß angenommen werden, daß ein Ehegatte zur Zeit der Urtheilsfällung nicht mehr in gutem Glauben ist, wenn das vorangegangene Verfahren seine Nichtberechtigung zur Fernhaltung von der ehelichen Gemeinschaft oder doch begründete Zweifel an seiner Berechtigung dazu ergeben hat. Nöthigenfalls wird der Kläger mit Rücksicht auf die einjährige Frist des § 1567 Abs. 2 Ziff. 1 Aussetzung des Verfahrens beantragen, wozu ihn § 620 C.P.O. ermächtigt.

[37]) Das Gericht kann nicht von Amtswegen, sondern nur auf Antrag die Aussetzung des Verfahrens anordnen. Vergl. unten § 49.

[38]) In der 2. Kommission und in der Reichstagskommission wurde der Anregung, die Scheidung in diesem Falle auszuschließen, keine Folge gegeben. Für entscheidend wurde erachtet, daß durch eine so lange Mißachtung des durch rechtskräftiges Urtheil als gerechtfertigt anerkannten Verlangens des unschuldigen Ehegatten auf Wiederherstellung des ehelichen Lebens eine so tiefe Zerrüttung bewirkt werde, daß die Fortsetzung der Ehe dem unschuldigen Ehegatten nicht zugemuthet werden könne, sowie daß ohne Bestimmung eines festen Zeitpunkts der entwichene Ehegatte mit dem verlassenen durch scheinbare Rückkehr seinen Spott treiben könne. Der entwichene Ehegatte müsse sich von Anfang an sagen, er könne nur bis zu dem ihm im Voraus bekannten Augenblick überlegen und dürfe sich nicht darauf verlassen, der verlassene Ehegatte werde schon noch länger zusehen. Prot. Bd. 4 S. 403, 404. R.Kom.Ber. S. 113, 114.

[39]) Dies ist der Fall der eigentlichen Verlassung. Eine vorgängige Verurtheilung des abtrünnigen Ehegatten zur Herstellung der häuslichen Gemeinschaft ist nicht erforderlich. Begr. Bd. 4 S. 592. Anträge auf Beseitigung dieses Scheidungsgrundes wurden bei der 2. Lesung und in der Reichstagskommission abgelehnt. Prot. Bd. 4 S. 404. R.Kom.Ber. S. 112.

unter Umständen aufgegeben hat, die das Vorhandensein der böslichen Absicht erkennen lassen. Die fortdauernde Fernhaltung läßt dann eben auf fortdauernde bösliche Absicht schließen, solange entgegenstehende Thatsachen nicht bekannt sind.

Die Voraussetzungen für die öffentliche Zustellung sind im § 203 (früher § 186) C.P.O. bestimmt.[40]) Diese müssen seit Jahresfrist gegen den abwesenden Ehegatten bestanden haben. Das hier gemeinte Jahr fällt mit dem Jahr des Fernhaltens zusammen. Es müssen also ein Jahr hindurch bösliches Verhalten und die Voraussetzungen für die öffentliche Zustellung zugleich dauernd vorhanden sein. Außerdem müssen letztere während des Scheidungsverfahrens fortbestehen. Nach § 1567 Abs. 3 ist nämlich die Scheidung unzulässig, wenn die Voraussetzungen für die öffentliche Zustellung am Schlusse der mündlichen Verhandlung, auf die das Urtheil ergeht[41]), nicht mehr bestehen. Der Kläger kann jedoch in einem solchen Falle, ohne daß es der Erhebung einer neuen Klage bedarf, die Verurtheilung des Beklagten zur Herstellung der häuslichen Gemeinschaft beantragen.[42])

§ 27.

Schwere Pflichtverletzung, ehrloses und unsittliches Verhalten.

„Ein Ehegatte kann auf Scheidung klagen, wenn der andere Ehegatte durch schwere Verletzung der durch die Ehe begründeten Pflichten oder durch ehrloses oder unsittliches Verhalten eine so tiefe Zerrüttung des ehelichen Verhältnisses verschuldet hat, daß dem Ehegatten die Fortsetzung der Ehe nicht zugemuthet werden kann. Als schwere Verletzung

---

[40]) Der § 203 C.P.O. lautet:

„Ist der Aufenthalt einer Partei unbekannt, so kann die Zustellung durch öffentliche Bekanntmachung erfolgen.

Die öffentliche Zustellung ist auch dann zulässig, wenn bei einer im Auslande zu bewirkenden Zustellung die Befolgung der für diese bestehenden Vorschriften unausführbar ist oder keinen Erfolg verspricht.

Das Gleiche gilt, wenn die Zustellung aus dem Grunde nicht bewirkt werden kann, weil die Wohnung einer nach den §§ 18, 19 des Gerichtsverfassungsgesetzes der Gerichtsbarkeit nicht unterworfenen Person der Ort der Zustellung ist."

[41]) Nämlich das Urtheil 1. oder 2. Instanz. Der Entw. I hob dies im § 1443 Abs. 3 Satz 2 ausdrücklich hervor. Begr. Bd. 4 S. 593. Die Red.Kom. gab diesem Satz eine andere Fassung. Prot. Bd. 4 S. 404. Die Revisionsinstanz ist mit der Prüfung thatsächlicher Voraussetzungen nicht befaßt. Anderer Meinung Gerhard a. a. O. S. 17.

[42]) Der Entw. I sprach dies im § 1443 Abs. 3 Satz 3 ausdrücklich aus. Begr. Bd. 4 S. 593. Dieser Satz wurde bei der 2. Lesung zwar gebilligt, aber für entbehrlich erachtet und ist daher gestrichen worden. Prot. Bd. 4 S. 404.

der Pflichten gilt auch grobe Mißhandlung." § 1568 B.G.B.[1])

Während die §§ 1565 bis 1567 B.G.B. einzelne Scheidungsgründe besonders bezeichnen (Ehebruch und diesem gleichgestellte strafbare Handlungen, Lebensnachstellung, bösliche Verlassung), die ohne Frage sämmtlich schwere Verletzungen der durch die Ehe begründeten Pflichten sind, stellt der § 1568 in seinem ersten Satze einen gemeinsamen Grundsatz[2]) auf, nach welchem es zu beurtheilen ist, ob sonstige derartige Pflichtverletzungen des anderen Ehegatten einen Scheidungsgrund abgeben. Die Ehe begründet zwischen den Eheleuten Pflichten, die in dem Gebote gegenseitiger Liebe und Achtung wurzeln, und deren Mannigfaltigkeit und Zahl unerschöpflich ist. Auf jede der Pflichten ist der Grundsatz des § 1568 an sich anwendbar. Wie aber den verschiedenen Pflichten höhere oder geringere Bedeutung beiwohnt, so ist auch deren Verletzung mehr oder minder geeignet, störend auf das eheliche Verhältniß einzuwirken. Pflichten, deren Verletzung das eheliche Verhältniß nur unwesentlich berührt, z. B. die Pflicht der Höflichkeit, können hier nicht in Frage kommen. Abgesehen von dem Grunde der Wichtigkeit der Pflichten kommt es darauf an, daß die Verletzung als eine schwere anzusehen ist. Das wird regelmäßig der Fall sein, wenn der Ehegatte die betreffende Pflicht unmittelbar und mit einer gänzlichen Mangel an ehelicher Gesinnung bekundenden Rücksichtslosigkeit verletzt. Ist nun eine solche schwere Pflichtverletzung in böser Absicht begangen worden, so muß der Ehegatte auch die Verantwortlichkeit für die infolgedessen etwa eintretende Zerrüttung des ehelichen Verhältnisses tragen. Er hat die Zerrüttung verschuldet. Daß diese Folge unter allen Umständen eintreten müßte, wird freilich nicht vorausgesetzt. Vielmehr bleibt es eine nach den thatsächlichen Verhältnissen des einzelnen Falles selbständig zu prüfende Frage, ob das eheliche Verhältniß wirklich zerrüttet worden ist. Die Pflichtverletzung muß nicht nur an sich geeignet sein, das eheliche Verhältniß zu zerrütten, sondern diese Wirkung im einzelnen Falle auch thatsächlich gehabt haben. Ist diese Frage zu bejahen, so liegt ein Scheidungsgrund doch nur dann vor, wenn die vom anderen Ehegatten verschuldete Zerrüttung eine so tiefe ist, daß dem Ehegatten die Fortsetzung der Ehe nicht zugemuthet werden kann. Gradmesser für die Tiefe der Zerrüttung ist also das, was dem gekränkten Ehegatten in Bezug auf die Fortsetzung der Ehe als Erfüllung einer Rechtspflicht zugemuthet werden kann. Einem

---

[1]) § 1568 B.G.B. stimmt wörtlich mit § 1551 Entw. IV, § 1553 Entw. III, fast wörtlich mit § 1463 Entw. II überein, weicht aber vom § 1444 Entw. I ab. Begr. Bd. 4 S. 593–599. Prot. Bd. 4 S. 405—417. Denkschr. S. 315. R.Kom.Ber. z. B.G.B. S. 114—116.

[2]) Dieser Grundsatz läßt sich aus sinnentsprechender Anwendung der Scheidungsgründe des Ehebruchs und der böslichen Verlassung ableiten, wenn man den entscheidenden Grund für Anerkennung dieser Scheidungsgründe darin erblickt, daß sie sich als aus bösem Willen hervorgegangene, unmittelbare und schwere Verletzungen ehelicher Pflichten darstellen. Begr. Bd. 4 S. 594. Die Gesetzgeber haben es aber für besser erachtet, die Hereinziehung dieser beiden Scheidungsgründe zum Zwecke der Vergleichung zu vermeiden. Begr. Bd. 4 S. 595. Prot. Bd. 4 S. 411.

Ehegatten kann nun aber die Fortsetzung der Ehe als Erfüllung einer Rechtspflicht dann nicht mehr zugemuthet werden, wenn anzunehmen ist, daß seine eheliche Gesinnung durch die Pflichtverletzung des anderen Ehegatten völlig und unwiderruflich zerstört worden ist, er also die Fortsetzung der Ehe nur als eine unerträgliche Last empfinden würde. Ob die Zerrüttung im einzelnen Falle als eine so tiefe zu erachten ist, läßt sich wiederum nur nach den jeweiligen thatsächlichen Verhältnissen beurtheilen. Vorhandensein und Tiefe der Zerrüttung hat der Richter unter umfassender Würdigung aller Umstände festzustellen und dabei insbesondere Rücksicht zu nehmen auf die Eigenart des gekränkten Ehegatten, seine Denk- und Empfindungsweise, seinen Bildungsgrad, seine äußere Stellung und ähnliche die Persönlichkeit ausmachende Merkmale. Dieselbe Thatsache kann, wie es in der Begr. Bd. 4 S. 574 heißt, in dem einen Falle die völlige Zerrüttung der Ehe zur Folge haben, während sie in einem anderen Falle den ehelichen Frieden vielleicht garnicht oder doch nur vorübergehend stört.[3])

Wenn nun auch eine erschöpfende Aufzählung der hier in Betracht kommenden Pflichtverletzungen nicht möglich ist, so mag doch hervorgehoben werden, daß der vorstehend erläuterte gemeinsame Grundsatz angewendet werden kann auf Mißhandlungen, gefährliche Drohungen, Ehrenkränkungen, falsche Anschuldigung, Unverträglichkeit und Zanksucht des einen Theiles, welche sich in vorsätzlichen, das Leben oder die Gesundheit des anderen Theiles gefährdenden Handlungen äußern, absichtliche Entziehung des Unterhalts und hartnäckige Verweigerung der ehelichen Pflicht.[4]) Die Verletzung des im § 1353 ausgesprochenen Gebotes der ehelichen Lebensgemeinschaft kann unter Umständen das Recht auf Scheidung aus § 1568 begründen.[5]) Versuch des Ehebruchs oder anderer die eheliche Treue verletzender Handlungen ist zwar kein Ehescheidungsgrund nach § 1565, schließt aber die Scheidung aus § 1568 nicht unbedingt aus.[6]) Dasselbe gilt von unzüchtigen Handlungen.[7]) Unter die bedingten Scheidungsgründe fällt auch die Lebensnachstellung in Bezug auf nahe Verwandte des anderen Ehegatten.[8]) In der 2. Kom. wurde beantragt, die schuldhafte Verweigerung der kirchlichen Trauung oder doch der zugesagten kirchlichen Trauung im Gesetze besonders als Scheidungsgrund hervorzuheben. Dieser Antrag fand

[3]) Gerade in dieser Möglichkeit so verschiedener Folgen der nämlichen Thatsache und in der Unerschöpflichkeit der möglichen Pflichtverletzungen liegt die Rechtfertigung dafür, daß der Gesetzgeber Abstand genommen hat, die sämmtlichen bedingten Scheidungsgründe einzeln zu regeln, sondern es vorgezogen hat, einen gemeinsamen Grundsatz aufzustellen. Begr. Bd. 4 S. 574.

[4]) In der Begr. Bd. 4 S. 594 wird gesagt, es lasse sich nicht verkennen, daß durch den aufgestellten gemeinsamen Grundsatz viele der in den bestehenden Rechten anerkannten, auf einem Verschulden beruhenden Scheidungsgründe, sofern sie im gegebenen Falle die bezeichneten Wirkungen haben, gedeckt werden. Namentlich werden dann die oben genannten Pflichtverletzungen unter Bezugnahme auf die landesgesetzlichen Bestimmungen und die Rechtsprechung des Reichsgerichts aufgeführt.

[5]) Begr. Bd. 4 S. 104.

[6]) Begr. Bd. 4 S. 583. Vergl. oben § 24.

[7]) Begr. Bd. 4 S. 584. Vergl. oben § 24 Anm. 19.

[8]) Begr. Bd. 4 S. 587. Vergl. oben § 25.

zwar nicht die Zustimmung der Mehrheit. Von verschiedenen der Mehrheit angehörigen Mitgliedern wurde jedoch anerkannt, daß auch in Fällen dieser Art unter Umständen Scheidung nach § 1444 Entw. I (§ 1568 B.G.B.) verlangt werden könne.[9]) Auch in der R.Kom. wurde von allen Seiten anerkannt, daß das Verweigern einer ausdrücklich vereinbarten, kirchlichen Trauung als ein „ehrloses und unsittliches Verhalten" zu betrachten sei, das unter den Grundsatz des § 1568 falle.[10])

Das Gesetz selbst führt als schwere Pflichtverletzung nur ein Beispiel an, nämlich grobe Mißhandlung. Der Schlußsatz des § 1568 B G.B.:

> „Als schwere Verletzung der Pflichten gilt auch grobe Mißhandlung"

ist nicht etwa hinzugefügt worden, weil man es für zweifelhaft gehalten hat, ob grobe Mißhandlung einen Scheidungsgrund im Sinne des § 1568 abgeben könne, sondern um einen wichtigen und bezeichnenden Fall beispielsweise hervorzuheben. Selbstverständlich ist dadurch nicht ausgeschlossen, daß unter Umständen die Scheidung auch wegen einer nicht groben[11]) Mißhandlung zulässig sein kann. Daß Mißhandlungen, um zur Scheidung zu führen, lebens- oder gesundheitsgefährlich sein müssen, ist ebenfalls keine gesetzliche Voraussetzung.[12]) Ehrenkränkungen können als schwere Verletzungen der durch die Ehe begründeten Pflichten nur dann erachtet werden, wenn ein böswilliger Angriff auf die Ehre des anderen Ehegatten unter besonders erschwerenden Umständen stattgefunden hat. Die Absicht des beleidigenden Theiles muß dahin gehen, dem anderen Ehegatten die Achtung, die jeder Mensch als Mitglied der bürgerlichen Gesellschaft nach Maßgabe seiner Verhältnisse beanspruchen darf, zu entziehen und ihm dadurch einen bleibenden Schaden zuzufügen. Neben die schwere Verletzung der durch die Ehe begründeten Pflichten stellt der § 1568 das ehrlose und unsittliche Verhalten. Zwar unmittelbar verletzt der Ehegatte in solchen Fällen keine der aus der Ehe fließenden Rechtspflichten, aber er legt doch, wie es in der Begr. Bd. 4 S. 595 heißt, durch ein solches Verhalten gegenüber dem anderen Ehegatten eine mit dem Wesen der Ehe nicht vereinbare Lieblosigkeit und Rücksichtslosigkeit an den Tag.

---

[9]) Prot. Bd. 4 S. 414—416.

[10]) R.Kom.Ber. S. 115.

[11]) Der Entw. I bediente sich des Ausdrucks: schwere nicht grobe Mißhandlung. § 1444 Entw. I. Der Entw. II hat offenbar nur aus sprachlichen Rücksichten den Ausdruck gewechselt.

[12]) Wie sich Mißhandlungen denken lassen, welche, ohne lebens- oder gesundheitsgefährlich zu sein, einen gänzlichen Mangel der ehelichen Gesinnung beweisen, bezw. entschuldbarer Weise bei dem Verletzten zu bewirken geeignet sind, z. B. Mißhandlung durch Peitschen, so läßt sich andererseits eine lebens- oder gesundheitsgefährliche Handlung denken, die weder einen solchen Mangel bekundet, noch geeignet ist, die eheliche Gesinnung des anderen Theils dauernd zu zerstören, z. B. wenn die Handlung in leidenschaftlicher Erregung verübt worden ist. Begr. Bd. 4 S. 575. In der 2. Kom. war beantragt worden, nur fortgesetzte gesundheitsgefährliche Mißhandlungen als Voraussetzungen für die Zulässigkeit der Scheidung anzuerkennen. Dieser Antrag wurde jedoch abgelehnt. Prot. Bd. 4 S. 413. Vergl. übrigens auch R.G. 28./2. 98 Bd. 41 S. 215.

Während der Scheidungsgrund schwerer Pflichtverletzung mit der Natur der Ehe als eines Rechtsverhältnisses zusammenhängt, will der Scheidungsgrund ehrlosen und unsittlichen Verhaltens die Ehe auch nach ihrer sittlichen Seite hin schützen, und es läßt sich in der That nicht verkennen, daß in letzteren Fällen eine gleich tiefe Zerrüttung des ehelichen Verhältnisses eintreten kann wie im ersteren. Was in Bezug auf die Verschuldung, Tiefe und richterliche Feststellung der Zerrüttung oben gesagt ist, gilt auch hier. Eines ehrlosen oder unsittlichen Verhaltens macht sich der Ehegatte z. B. durch die Begehung eines aus ehrloser Gesinnung entsprungenen Verbrechens oder Vergehens [13]) oder durch die Ergreifung eines schimpflichen Gewerbes oder durch unverbesserliche Trunksucht [14]) schuldig. Was insbesondere die Begehung eines Verbrechens oder Vergehens betrifft, so verdient hervorgehoben zu werden, daß es nicht auf die Verurtheilung zu einer Freiheitsstrafe von bestimmter Dauer oder Schwere oder auf den Verlust der bürgerlichen Ehrenrechte ankommt [15]), sondern dem Sinne dieses Scheidungsgrundes entsprechend auf die thatsächlich entehrende Eigenart der Handlung und die durch die letztere an den Tag gelegte ehrlose Gesinnung, denn gerade diese Umstände sind es vorzugsweise, welche dem anderen Ehegatten die Fortsetzung der Ehe unerträglich machen können. Auch nicht auf die Thatsache der Bestrafung, sondern auf die Begehung einer strafwürdigen Handlung fällt entsprechendes Gewicht. [16]) Die Feststellung des Verbrechens oder Vergehens ist regelmäßig Sache der Strafgerichte. Ihre Urtheile haben aber für den Ehescheidungsrichter keine bindende Kraft. [17]) Ist das Verbrechen oder Vergehen vor Eingehung der Ehe begangen, so liegt, auch wenn die strafgerichtliche Verurtheilung erst nach Eingehung der Ehe erfolgt ist, der Ehescheidungsgrund des § 1568 nicht vor. Dagegen kann in solchem Falle der Anfechtungsgrund des Irrthums [18]) oder der arglistigen Täuschung (§§ 1333 und 1334) in Fage kommen. [19]) Hat der

---

[13]) Der Entw. I hatte im § 1444 ausdrücklich gesagt: „Insbesondere durch ein nach Schließung der Ehe begangenes entehrendes Verbrechen oder Vergehen.“ Diese Worte wurden von der 2. Kom. gestrichen, weil man der Ansicht war, daß es der Beurtheilung des einzelnen Falles zu überlassen sei, ob die Begehung eines Verbrechens oder Vergehens sich als ein solch ehrloses oder unsittliches, das eheliche Verhältniß zerrüttendes Verhalten darstelle, daß dem anderen Ehegatten die Fortsetzung der Ehe nicht zugemuthet werden könne. Prot. Bd. 4 S. 413.

[14]) Vergl. Begr. Bd. 4 S. 595.

[15]) Begr. Bd. 4 S. 596, 597. In der 2. Kom. war beantragt worden, Verurtheilung wegen eines während der Ehe begangenen Verbrechens zu einer Freiheitsstrafe von mindestens drei Jahren als Erforderniß aufzustellen. Dieser Antrag wurde abgelehnt. Prot. Bd. 4 S. 413.

[16]) Es würden sonst diejenigen Sittlichkeitsvergehen, deren Verfolgung nur auf Antrag eintritt, ausscheiden müssen, falls der Verletzte einen Antrag nicht stellt. Prot. Bd. 4 S. 413.

[17]) § 14 Abs. 2 Ziff. 1 Einf.G. z. C.P.O.

[18]) Vergl RG. 19./6. 83 Bd. 9 S. 193.

[19]) Hat der andere Ehegatte von der strafbaren Handlung Kenntniß gehabt, so sei anzunehmen, daß er, wenn er trotzdem die Ehe geschlossen habe, dem schuldigen Ehegatten verziehen habe. Prot. Bd. 4 S. 414.

klagende Ehegatte der das Recht der Scheidung an sich begründenden Handlung zugestimmt oder sich der Theilnahme schuldig gemacht z. B. als Genosse des schimpflichen Gewerbes oder als Mitthäter, Anstifter, Gehülfe, Begünstiger oder Hehler der strafbaren Handlung, so hat er damit gezeigt, daß er seiner Gesinnung nach keinen Anstoß an der Handlung nehme, Zerrüttung der Ehe also nicht vorliegen könne. In solchem Falle wird die Scheidung regelmäßig ausgeschlossen sein.[20]) Eine Ausschließung des Scheidungsrechts aus dem Gesichtspunkte der Aufrechnung, wenn sich beide Ehegatten Handlungen schuldig gemacht haben, die unter den § 1568 fallen, kennt das B.G.B. nicht.[21]) In solchen Fällen kann jeder Ehegatte Scheidung verlangen, wenn nicht etwa der Umstand, daß sich der klagende Ehegatte ebenfalls schuldvoll verhalten hat, die Annahme ausschließt, daß seine eheliche Gesinnung durch die Handlungen des anderen Ehegatten zerstört worden sei.

Zu erwähnen ist noch, daß, wenn auf Grund des § 1568 B.G.B. auf Scheidung geklagt ist und Aussicht auf Aussöhnung der Parteien nicht ausgeschlossen erscheint, das Verfahren von Amtswegen auszusetzen ist.[22])

§ 28.

Geisteskrankheit.

Rechtslehre: Schiffer, Die Ehescheidung wegen Geisteskrankheit in d. Deutschen Jur.Z. 1896 S. 253.

> „Ein Ehegatte kann auf Scheidung klagen, wenn der andere Ehegatte in Geisteskrankheit verfallen ist, die Krankheit während der Ehe mindestens drei Jahre gedauert und einen solchen Grad erreicht hat, daß die geistige Gemeinschaft zwischen den Ehegatten aufgehoben, auch jede Aussicht auf Wiederherstellung dieser Gemeinschaft ausgeschlossen ist.“ § 1569 B.G.B.[1])

Von dem Grundsatze des B.G.B., daß ein Ehegatte nur wegen schweren Verschuldens des anderen Ehegatten die Scheidung zu verlangen berechtigt sein solle[2]), bildet der Scheidungsgrund der Geistes-

---

[20]) Der § 1565 Abs. 2 enthält für diese Fälle hinsichtlich des Ehescheidungsgrundes des Ehebruchs und der diesem gleichgestellten Fleischesverbrechen ausdrückliche dahingehende Bestimmungen. Für die Scheidungsgründe des § 1568 folgt die Ausschließung der Scheidung von selbst aus dem für die Scheidung maßgebenden gemeinsamen Grundsatze. Begr. Bd. 4 S. 596.

[21]) Begr. Bd. 4 S. 596.

[22]) § 620 C.P.O. Vergl. auch Prot. Bd. 4 S. 416, 417 über den Werth der Aussetzungsmaßregel.

[1]) § 1569 B.G.B. stimmt wörtlich mit dem § 1552 Entw. IV, § 1554 Entw. III und § 1464 Entw. II überein. Begr. Bd. 4 S. 570—572. Prot. Bd. 4 S. 423—429. Denkschr. S. 315, 316. R.Kom.Ber. S. 116—118.

[2]) Begr. Bd. 4 S. 567. Vergl. oben § 22.

krankheit eine Ausnahme und zwar die einzige.[3]) Der Scheidungsanspruch besteht unabhängig davon, ob der andere Ehegatte die Zerrüttung seines Geistes durch eigene Schuld herbeigeführt hat. Das B.G.B. unterscheidet zwischen **Geisteskrankheit** und **Geistesschwäche**.[4]) Letztere bildet keinen Scheidungsgrund. Das Gesetz hat davon Abstand genommen, den Unterschied zwischen Geisteskrankheit und Geistesschwäche näher darzulegen.[5]) Im Allgemeinen läßt sich schon aus dem Wortlaut erkennen, daß es sich bei der Geisteskrankheit um eine krankhafte Verbildung, bei der Geistesschwäche um eine unvollkommene Ausbildung der geistigen Kräfte handelt. Wer in Folge von Geisteskrankheit oder von Geistesschwäche seine Angelegenheiten nicht zu besorgen vermag, kann entmündigt werden.[6]) Der Entmündigte ist im ersteren Falle geschäftsunfähig, im letzteren Falle in Ansehung der Geschäftsfähigkeit einem Minderjährigen gleichgestellt, der das siebente Lebensjahr vollendet hat.[7]) Die Zulässigkeit der Scheidung wegen Geisteskrankheit ist aber von einer vorgängigen **Entmündigung** des geisteskranken Ehegatten

---

[3]) Der Entw. I hatte es abgelehnt, die Scheidung wegen Geisteskrankheit zuzulassen. Wie in der Begr. Bd. 4 S. 570 und 571 ausgeführt wird, lasse es sich zwar nicht verkennen, daß, hingesehen auf die realen Verhältnisse des Lebens, auf die wirthschaftlichen Nachtheile und die sittlichen Gefahren, welche dem Ehegatten und den Kindern drohen, wenn ersterer durch Versagung des Scheidungsrechts wegen Geisteskrankheit des anderen Ehegatten gehindert werde, eine neue Ehe einzugehen, vom sozialistischen Standpunkt aus gewichtige Gründe für die Zulassung der Scheidung wegen Geisteskrankheit sprächen. Allein — abgesehen von ethischen Bedenken — sei es praktisch nicht ausführbar, diejenigen Fälle, in welchen durch die Geisteskrankheit jede geistige Gemeinschaft aufgehoben werde und der geisteskranke Ehegatte daher als geistig todt zu betrachten sei, von anderen Fällen zu sondern. Die 2. Kom. entschied sich jedoch für Zulassung der Scheidung wegen Geisteskrankheit und nahm eine dem § 1569 entsprechende Bestimmung in den Entw. auf. Prot. Bd. 4 S. 424. R.Kom.Ber. S. 116—118. Wie in der Denkschr. S. 315 ausgeführt wird, sprächen überwiegende Gründe dafür, daß dem anderen Ehegatten durch die Zulassung der Scheidung die Möglichkeit gewährt werde, eine neue Ehe einzugehen und so die wirthschaftlichen Nachtheile und die sittlichen Gefahren abzuwenden, welche ihm und den Kindern aus der Fortsetzung der Ehe mit dem geisteskranken Ehegatten drohten. Andererseits dürfe aber diese Folge nur eintreten, wenn sie nach der Art der Krankheit unabweisbar sei. Das fordere die Würde der Ehe und die Rücksicht auf den erkrankten Ehegatten.

[4]) § 6 Abs. 1 Ziff. 1, § 104 Ziff. 3, § 114.

[5]) In Bezug auf die die Entmündigung rechtfertigende Geisteskrankheit ist, abgesehen von dem Hinweis, daß durch die Geisteskrankheit Unfähigkeit des Kranken zur Besorgung seiner Angelegenheiten bewirkt sein muß, eine nähere Kennzeichnung der Krankheit entsprechend der aus ärztlichen Kreisen hervorgegangenen Wünsche unterblieben. Denkschr. S. 9. Als geistesschwach wird derjenige angesehen, dessen geistige Kräfte unvollständig entwickelt sind. Denkschr. ebenda. Der Entw. I hatte eine nähere Bestimmung der die Entmündigung rechtfertigenden Geisteskrankheit ins Auge gefaßt, indem er im § 28 Abs. 1 bestimmte, daß eine Person, welche des Vernunftgebrauches beraubt sei, wegen Geisteskrankheit entmündigt werden könne. Im Gegensatze zu dem Mangel der Fähigkeit regelrechter Willensbestimmung spricht die Begründung (Bd. 1 S. 62) von bloßer Geistesschwäche als dem Zustande ungenügender Entwickelung der geistigen Kräfte. Die im Anschlusse an den gewöhnlichen Sprachgebrauch übliche Einteilung in Raserei, Wahnsinn und Blödsinn ist als bedenklich und zwecklos vermieden. Begr. Bd. 1 S. 61.

[6]) § 6 Abs. 1 Ziff. 1.

[7]) § 104 Ziff. 3 und § 114.

nicht abhängig.[8]) Etwas anderes ist es, wenn die Durchführung der Scheidungsklage gegen einen geisteskranken Ehegatten, falls ihm nicht gemäß § 1910 Abs. 2 B.G.B. ein Pfleger[9]) bestellt wird[10]), die Bestellung eines Vormundes auf Grund vorgängiger Entmündigung[11]) erforderlich macht. Hat eine Entmündigung wegen Geisteskrankheit oder Geistesschwäche stattgefunden, so kann es sich fragen, ob diejenigen Feststellungen, welche das die Entmündigung aussprechende Gericht über die Beschaffenheit des Geisteszustandes des Ehegatten getroffen hat, für den Ehescheidungsstreit dergestalt maßgebend seien, daß jeder Beweis einer anderen Beschaffenheit ausgeschlossen wäre. Diese Frage ist zu verneinen. Die gegentheilige Annahme läßt sich aus den Vorschriften des B.G.B. nicht begründen und würde mit dem in der deutschen C.P.O. zur Anerkennung gelangten, auch das Verfahren in Ehesachen beherrschenden Grundsatze der **freien Beweisführung** nicht vereinbar sein.[12]) Der Ehescheidungsrichter kann Geisteskrankheit als Ehescheidungsgrund selbständig feststellen. Durch § 623 C.P.O. ist ihm jedoch zur Pflicht gemacht, bevor er auf Scheidung wegen Geisteskrankheit erkennt, einen oder mehrere Sachverständige über den Geisteszustand des Beklagten zu hören.[13])

Die Geisteskrankheit muß während der Ehe mindestens **drei Jahre** gedauert haben. Hiernach fällt die Krankheitszeit vor der Eheschließung außer Betracht. Andererseits genügt es, wenn der dreijährige Zeitraum bei der Urtheilsfällung vollendet ist.[14]) Für die Berechnung ist die Kalenderzeit maßgebend. Hat die Krankheit nicht ununterbrochen fortgedauert, so erscheint es nicht ausgeschlossen, vorübergehende **Zwischenräume**

---

[8]) Ein Antrag, die Scheidung an die Voraussetzung der Entmündigung zu knüpfen, wurde bei der Berathung in 2. Lesung abgelehnt. Prot. Bd. 4 S. 427. Vergl. R.G. 10./3. 92 in Entsch. Bd. 30 S. 186.

[9]) Nach § 1910 Abs. 2 B.G.B. kann ein nicht unter Vormundschaft stehender Volljähriger, wenn er in Folge geistiger Gebrechen einzelne seiner Angelegenheiten oder einen bestimmten Kreis seiner Angelegenheiten nicht zu besorgen vermag, für diese Angelegenheiten einen Pfleger erhalten. Die Vertretung des beklagten Theils im Ehescheidungsverfahren stellt sich als eine einzelne, wenn auch in die Verhältnisse des Vertretenen tief eingreifende Angelegenheit dar. Es ist daher zulässig, die Vertretung einem Pfleger zu übertragen. R.G. 10./3. 92 Bd. 30 S. 188. Vergl. auch unten § 40.

[10]) Zur Bestellung eines besonderen Vertreters gemäß § 57 Abs. 1 C.P.O. dürfte im Ehescheidungsverfahren schwerlich Anlaß entstehen, da hier regelmäßig Gefahr im Verzuge ausgeschlossen ist.

[11]) Ein Volljähriger erhält einen Vormund, wenn er entmündigt ist. § 1896 B.G.B.

[12]) Vergl. R.G. 12./7. 86 Bd. 16 S. 234 und 10./3. 92 Bd. 30 S. 186.

[13]) In der 2. Kom. wurden Anträge, welche bezweckten, die Scheidung von einer längeren Beobachtung des geisteskranken Ehegatten in einer zur Aufnahme Geisteskranker bestimmten öffentlichen Anstalt oder durch einen psychiatrisch ausgebildeten Arzt abhängig zu machen, abgelehnt. Prot. Bd. 4 S. 426. Die Zweckmäßigkeit derartiger Maßregeln liegt auf der Hand, aber man wollte jedenfalls die Freiheit des richterlichen Ermessens nicht zu sehr beschränken.

[14]) Es ist nicht nothwendig, daß der dreijährige Zeitraum schon bei der Klageerhebung vollendet ist. Anderer Meinung Gerhard a. a. O. S. 20. Der vor Ablauf der drei Jahre klagende Ehegatte hat allerdings Klageabweisung zu gewärtigen.

ungeschwächter Verstandeskraft oder gesunder Vernunft in den dreijährigen Zeitraum mit einzurechnen. Art und Beschaffenheit der Krankheit können hierbei von maßgebender Bedeutung werden.[15])

Die Geisteskrankheit muß einen solchen **Grad** erreicht haben, daß die geistige Gemeinschaft zwischen den Ehegatten aufgehoben, auch jede Aussicht auf Wiederherstellung dieser Gemeinschaft ausgeschlossen ist. Die völlige Lebensgemeinschaft der Eheleute schließt auch ihre geistige Gemeinschaft in sich. Mag letztere eine tiefgehende oder oberflächliche sein, immer ist sie eine wesentliche Bedingung zur völligen Lebensgemeinschaft. Sie zeigt sich in der gegenseitigen, mehr oder minder regen Theilnahme an allem, was das geistige Leben der Ehegatten erfüllt. Hat nun der geisteskranke Ehegatte die **Fähigkeit zur geistigen Gemeinschaft** unwiederbringlich verloren, so liegt der Scheidungsgrund vor. Es genügt, wenn die Krankheit diesen Höhepunkt zur Zeit der Urtheilsfällung erreicht hat. Das Gesetz verlangt, daß jede Aussicht auf Wiederherstellung der geistigen Gemeinschaft ausgeschlossen sei, nicht aber, daß jede Aussicht auf Heilung ausgeschlossen sei. Die Scheidung ist daher unstatthaft, wenn Aussicht auf Besserung bis zu dem Grade vorhanden wäre, daß zwischen dem Kranken und dem anderen Ehegatten die geistige Gemeinschaft wieder hergestellt würde. Der gesetzliche Thatbestand des Ehescheidungsgrundes deckt sich nicht mit dem Begriffe der unheilbaren Geisteskrankheit.

Bei der Auseinandersetzung der geschiedenen Ehegatten stehen im Falle der Gütergemeinschaft dem geisteskranken Ehegatten dieselben Rechte wie dem unschuldigen Ehegatten zu. § 1478.

§ 29.

Verzeihung.

„Das Recht auf Scheidung erlischt in den Fällen der §§ 1565 bis 1568 durch Verzeihung." § 1570.[1])

Hiernach können, abgesehen von dem Scheidungsgrunde der Geisteskrankheit, alle Scheidungsgründe infolge Verzeihung ihre Wirkung verlieren.

Um den Begriff der Verzeihung im Sinne § 1570 richtig zu erfassen, ist ein Zurückgehen auf die allgemeine Grundlage des Scheidungsrechtes nothwendig. Das B.G.B. läßt die Scheidung, abgesehen von dem Scheidungsgrunde der Geisteskrankheit, nur in solchen Fällen zu, in denen die Ehe infolge schuldvollen Verhaltens eines Ehegatten zerrüttet ist. Ehebruch und die diesem gleichstehenden strafbaren Handlungen, Lebensnachstellung

---

[15]) Besteht die Krankheit z. B. in zeitweilig wiederkehrenden Tobsuchtsanfällen, so ergiebt sich schon aus der Art der Krankheit, daß derartige Zwischenräume mit einzurechnen sind. Vergl. R.G. 13./3. 93 in Bolze Bd. 16 Ziff. 519.

[1]) § 1570 B.G.B. stimmt wörtlich mit § 1553 Entw. IV, § 1555 Entw. III, § 1465 Entw. II überein, weicht aber vom § 1446 Entw. I ab. Begr. Bd. 4 S. 602—604. Prot. Bd. 4 S. 429. Denkschr. S. 316. R.Kom.Ber. S. 119.

und bösliche Verlassung werden als so schwere Verletzungen der durch die Ehe begründeten Pflichten angesehen, daß ohne Weiteres angenommen wird, sie haben stets die Zerrüttung der Ehe zur Folge. Bei den Scheidungsgründen des § 1568 bedarf es einer besonderen richterlichen Feststellung, daß die Zerrüttung der Ehe eingetreten ist. Die Thatsache der Zerrüttung hängt nun ausschließlich oder doch sehr wesentlich von dem persönlichen Empfinden des gekränkten Ehegatten ab. Je nachdem seine eheliche Gesinnung zerstört ist oder nicht, muß die Ehe als zerrüttet angesehen werden. Ist es einem Ehegatten möglich, die Schuld des anderen Ehegatten zu verzeihen, so kann die Ehe vom Standpunkte des gekränkten Ehegatten nicht als zerrüttet angesehen, vielmehr kann ihm billiger Weise die Fortsetzung der Ehe zugemuthet werden.[2]) Darin liegt aber gerade der gesetzgeberische Grund für die Bestimmung, daß durch Verzeihung das Recht auf Scheidung erlischt. Eben weil der Ehegatte durch Verzeihung an den Tag legt, daß er trotz des ihm widerfahrenen Leides die eheliche Gesinnung bewahrt, die Fortsetzung der Ehe nicht als eine unerträgliche Last empfindet, fällt auch der Grund zur Scheidung hinweg. Schon dieser Zusammenhang weist darauf hin, daß die Verzeihung im Sinne des B.G.B. ein innerer seelischer Vorgang ist. Ein Ehegatte verzeiht, wenn er erlittenes Unrecht im Gemüthe nicht nachträgt, wenn er, obgleich er sich mit Recht verletzt fühlen darf, dieser Empfindung nicht oder doch nicht mehr Raum giebt und sich in die geschaffene Lage findet, gleich als wäre das Geschehene ihm gegenüber kein Unrecht. Die Verzeihung ist wesentlich Gefühlssache und kann sich im Innern der Ehegatten ebenso zu einer Thatsache ausbilden, wie die Empfindung des Hasses, der Eifersucht, des Mitleids oder einer anderen Gemüthsstimmung. Der Umstand, daß gegenüber dem erlittenen Unrecht eine versöhnliche Stimmung im Innern des Ehegatten Platz greift, ist das Entscheidende. Ob diese Stimmung die unwillkürlich eingetretene Wirkung persönlicher Eigenschaften z. B. angeborener Sanftmuth ist, oder ob sie erst durch Einwirkung des eigenen Willens unter Bekämpfung des verletzten und sich empörenden Gefühls hervorgebracht werden muß, ist dabei gleichgültig. Eine bestimmte Willensthätigkeit setzt die Verzeihung nicht voraus, nur, daß sie, wenn der Wille thätig wird, mehr die Bezeichnung einer Handlung als einer Thatsache verdient.

Aus Gesagtem folgt, daß die Verzeihung nicht in dem Sinne eines Verzichtes auf das Scheidungsrecht zu verstehen ist. Der verletzte Ehegatte kann verzeihen, ohne auch nur zu wissen, daß das ihm zugefügte Unrecht einen Scheidungsgrund bildet. Für die Wirksamkeit der Verzeihung ist es nicht erforderlich, daß der Ehegatte die Eigenschaft der verziehenen Handlung als eines Scheidungsgrundes kennt und den Willen hat, durch Verzeihung den Wegfall des Rechtes auf Scheidung herbeizuführen. Em-

[2]) In den Fällen des § 1568 fehlt es dann an einer begrifflichen Voraussetzung für das Vorhandensein des Scheidungsgrundes. Es folgt also schon aus der Natur dieser Scheidungsgründe, daß Verzeihung dem Scheidungsrecht entgegensteht. Da es aber für die Fälle der §§ 1565 bis 1567 eines ausdrücklichen Ausspruchs über die Wirkung der Verzeihung bedurfte, so lag es im Interesse der Deutlichkeit, die Fälle des § 1568 nicht auszunehmen. Begr. Bd. 4 S. 602.

pfindet ein Ehegatte die Fortsetzung der Ehe nicht als eine unerträgliche Last, so fällt der Rechtfertigungsgrund für die Scheidung auch dann weg, wenn er nicht gerade den Willen hat, darauf zu verzichten. Neben jener Thatsache ist ein weiterer Verzichtswille, die Handlung als Scheidungsgrund nicht geltend zu machen, überflüssig. Die Verzeihung ist demnach eine Thatsache, die lediglich deshalb, weil sie eingetreten ist und weil sie vermöge ihrer Eigenart dem Scheidungsanspruch entgegensteht, jene Wirkung erzeugt, gleichviel ob letztere gewollt oder nicht gewollt ist.[3]) Es verhält sich damit ähnlich wie mit der im § 1565 Abs. 2 vorgesehenen Zustimmung zum Ehebruch oder zu der strafbaren Handlung. Wie im Falle des § 1565 Abs. 2 die Zustimmung, so hat im Falle des § 1570 die Verzeihung keine rechtsgeschäftliche Eigenschaft.[4])

Da die Verzeihung ihrem Wesen nach ein **innerer Vorgang** ist, so ist es an sich unerheblich, ob dieser Vorgang einen sinnlich wahrnehmbaren Ausdruck findet. Allerdings fehlt es, solange der Ehegatte sich nicht offenbart, an einer zuverlässigen Erkenntnißquelle für seine wahre Stimmung, allein das Vorhandensein der Verzeihung wird dadurch nicht in Frage gestellt. Erklärt der Ehegatte seine Verzeihung, so liefert er damit einen Beweis seiner versöhnlichen Stimmung. Für die Verzeihung bildet die Erklärung ein Mittel der Offenbarung und einen Beweisgrund, ist aber nicht wie bei der rechtsgeschäftlichen Willenserklärung ein nothwendiges Erforderniß.[5]) Die Verzeihung kann auf jede Weise erklärt werden, insbesondere nicht nur ausdrücklich durch gesprochene oder geschriebene Worte oder Zeichen, sondern auch stillschweigend durch schlüssiges Verhalten. (Bethätigung.[6]))

Da die Verzeihung kein Rechtsgeschäft ist, so können die für Rechtsgeschäfte im 1. Buch, 3. Abschnitt aufgestellten Grundsätze, insbesondere über Geschäftsfähigkeit und den Einfluß der Willensmängel auf die Gültigkeit der Willenserklärung nicht ohne Weiteres auf die Verzeihung ange-

[3]) Die Verzeihung ist in dem Sinne des Entw. I jedenfalls kein Rechtsgeschäft. Ob im Uebrigen die Verzeihung einen lediglich thatsächlichen Charakter hat oder aber als eine Rechtshandlung aufzufassen ist, auf welche die Vorschriften über Rechtsgeschäfte, soweit dieselben passen, sinnentsprechende Anwendung finden können, bedarf einer besonderen gesetzlichen Entscheidung nicht, sondern kann unbedenklich der Wissenschaft und Praxis überlassen werden. Begr Bd. 4 S. 603. Rechtsgeschäft im Sinne des Entw. I ist eine Privatwillenserklärung, gerichtet auf die Hervorbringung eines rechtlichen Erfolges, welcher nach der Rechtsordnung deswegen eintritt, weil er gewollt ist. Begr. Bd. 1 S. 126. Den Rechtsgeschäften stehen die Rechtshandlungen gegenüber, d. h. Handlungen, an welche sich Rechtswirkungen anschließen, für deren Eintritt nach der Rechtsordnung gleichgültig ist, ob dieselben von den Handelnden gewollt oder nicht gewollt sind. Allgemeine Vorschriften über Rechtshandlungen sind nicht aufgestellt. Begr. Bd. 1 S. 127.

[4]) Begr. Bd. 4 S. 587. Vergl. oben § 24 Anm. 21.

[5]) In der Seele des Handelnden bildet sich die Idee des Rechtsgeschäfts. Sie findet Verwirklichung durch entsprechende Erklärungen. Ehe sie geäußert ist, ist sie beliebig wandelbar und ohne rechtliche Bedeutung. Dernburg, Pandekten Bd. 1 § 96.

[6]) Den Handlungen stehen die Unterlassungen gleich. So kann z. B. die Duldung von Liebkosungen ein Zeichen versöhnlicher Stimmung sein.

wendet werden. Ob eine sinnentsprechende Anwendung gestattet ist, hängt von der Natur der Verzeihung und der eigenartigen Gestaltung des Ehescheidungsrechts ab.

Wie die Verzeihung selbst, so muß auch die Verzeihungserklärung ein Ausfluß freier **Selbstbestimmung** sein. Wenn der Ehegatte zur Zeit der Verzeihung geschäftsunfähig ist oder sich im Zustande der Bewußtlosigkeit oder vorübergehender Störung der Geistesthätigkeit befindet [7]), ist die Verzeihung unwirksam, ebenso, wenn er dazu widerrechtlich durch Drohung oder durch arglistische Täuschung bestimmt wird. Auch der Irrthum ist geeignet, die Wirksamkeit der Verzeihung zu beeinflussen. Dagegen kann die Erklärung, verzeihen zu wollen, nicht deshalb als unwirksam angesehen werden, weil der Erklärende sich insgeheim vorbehält, das Erklärte *nicht* zu wollen.[8]) Eine geheuchelte Verzeihung ist allerdings keine Verzeihung, aber die rechtliche Anerkennung dieses Satzes würde in die Beziehungen der Ehegatten zu einander Verwirrung tragen. Wie im allgemeinen rechtsgeschäftlichen Verkehre verdient auch im Ehescheidungsrechte der Geheimvorbehalt im Interesse der Rechtssicherheit keine Beachtung.[9]) Nur wenn der andere Ehegatte den Geheimvorbehalt kennt, ist die Verzeihung unwirksam.[10])

Was die Fälle des Scherzes und Scheines betrifft, so wird es wohl nicht leicht vorkommen, daß ein Ehegatte *zum Scherz* verzeiht und dabei von der Erwartung ausgeht, die Nichternstlichkeit der Verzeihung werde vom anderen Ehegatten nicht verkannt werden, ebensowenig, daß ein Ehegatte in wirklichem oder irrthümlich vorausgesetztem Einverständnisse mit dem anderen Ehegatten eine Verzeihung *zum Schein* veranstaltet.

Die Frage, ob unter einer **Bedingung** oder unter einem *Vorbehalte*, z. B. dem Vorbehalte der Besserung, verziehen werden kann, muß verneint

---

[7]) Das sind die im § 1325 B.G.B. aufgeführten Fälle der Ehenichtigkeit. *Unbeschränkte* Geschäftsfähigkeit des Verzeihenden ist zur Wirksamkeit der Verzeihung nicht erforderlich. Die Fähigkeit, zu verzeihen, unterliegt naturgemäß keinen weiteren Beschränkungen als die Fähigkeit, zu klagen. In Ehesachen ist aber ein in der Geschäftsfähigkeit beschränkter Ehegatte, mit einer einzigen hier nicht in Betracht kommenden Ausnahme, *prozeßfähig*. § 612 Abs. 1 C.P.O. Die Verzeihung wie die Anfechtung der Ehe ist höchst persönlicher Natur. Sie kann nicht durch einen Vertreter erfolgen, wohl aber durch einen Vertreter *erklärt* werden, z. B. durch den Prozeßbevollmächtigten vor dem Ehescheidungsrichter. Ist der Ehegatte in der Geschäftsfähigkeit beschränkt, so bedarf er zur Verzeihung nicht der Zustimmung seines gesetzlichen Vertreters. (Ebenso bei der Anfechtung § 1336 Abs. 1.)

[8]) Vergl. über Ernstlichkeit der Verzeihung R.G. 18./6. 96 Bd. 37 S. 348, wo es mit Bezug auf preußisches Recht heißt: „Ein von der äußeren Erklärung abweichender innerer Wille des Erklärenden, der keinen erkennbaren Ausdruck gefunden hat, muß als bloße Mentalreservation ohne rechtliche Beachtung bleiben." Diese Ausführung trifft auch für das B.G.B. zu, wenngleich die Verzeihung nach diesem nicht als Rechtsgeschäft aufzufassen ist.

[9]) Dem Erklärenden darf nicht gestattet werden, sich auf seine eigene Arglist zu berufen. Denkschr. S. 30. Wie der Geheimvorbehalt ist auch eine Willenserklärung zu beurtheilen, die zum Scherz aber mit der Absicht, den anderen über den Mangel der Ernstlichkeit zu täuschen, abgegeben ist. Denkschr. S. 31.

[10]) Auch bei der Eheschließung wird der Geheimvorbehalt nicht berücksichtigt, sogar auch dann nicht, wenn der andere Ehegatte den Geheimvorbehalt kennt. Vergl. § 10.

werden. Wäre die Verzeihung ein Rechtsgeschäft, so ließe sich wohl daran zweifeln. Die Verzeihung ist aber ein seelischer Vorgang, der eine Willensthätigkeit überhaupt nicht voraussetzt, und kann ihrer Natur nach nur bedingungs- und vorbehaltlos gedacht werden. Sie ist entweder vorhanden oder nicht vorhanden. Ihr Dasein oder die an ihr Dasein geknüpfte Rechtswirkung ins Ungewisse zu stellen, widerstreitet der Natur der Verzeihung.

Was zunächst die Bedingungen selbst betrifft, so müssen von vornherein alle diejenigen als unerheblich bezeichnet werden, welche das Wesen der Ehe überhaupt nicht berühren. Erklärt z. B. eine Frau, sie verzeihe ihrem Manne den Ehebruch, wenn er ihr einen neuen Hut kaufe, so kann es wohl keinem Zweifel unterliegen, daß diese Bedingung der Annahme nicht im Wege steht, die Frau empfinde den Ehebruch des Mannes garnicht als eine schwere Verletzung der durch die Ehe begründeten Pflichten und sei versöhnlich gestimmt. Sie muß daher auch dann als verzeihend erachtet werden, wenn die Bedingung fehlschlägt.[11])

Bei den das Wesen der Ehe berührenden Bedingungen kann zwischen auflösenden und aufschiebenden Bedingungen unterschieden werden. Wer unter einer auflösenden Bedingung verzeiht, giebt dadurch eine sofort eintretende versöhnliche Stimmung zu erkennen, und diese für den Begriff der Verzeihung allein wesentliche Thatsache kann durch das spätere Fehlschlagen der Bedingung nicht ungeschehen gemacht werden. Wer unter einer aufschiebenden Bedingung verzeiht, giebt nur eine Zusage künftiger Verzeihung ab, verzeiht aber noch nicht. Bei eintretender Bedingung müßte er nun zwar seiner Zusage gemäß verzeihen, aber er ist durch nichts gehindert, die Erfüllung seiner Zusage zu verweigern. Da nun im Ehescheidungsrechte nur die wirkliche Verzeihung, nicht die bloße Verbindlichkeit zur Verzeihung beachtlich ist, so ist eine so bedingte Verzeihung keine Verzeihung. Dies schließt freilich nicht aus, daß die aufschiebend bedingte Verzeihung aus einem anderen Grunde als sofort eingetretene wirkliche Verzeihung aufgefaßt werden kann, z. B. wenn die Umstände ergeben, daß die Hinzufügung der Bedingung nur eine leere Formalität war.

Der wichtigste Fall bedingter Verzeihung ist die Verzeihung unter der **Bedingung der Besserung**, sei es, daß Eintritt der Besserung als aufschiebende, sei es, daß Eintritt der Rückfälligkeit als auflösende Bedingung gemeint ist. Im letzteren Falle kann dem verletzten Ehegatten allerdings daran liegen, die Wirkungen der Verzeihung rückgängig zu machen. Dies ist nun zwar nicht zulässig, aber er kann Thatsachen, die er verziehen hat, zur Unterstützung einer auf andere Thatsachen gegründeten Scheidungsklage geltend machen (§ 1573), und damit ist dem Interesse des verletzten Ehegatten, soweit es als berechtigt anzuerkennen ist, genügt.

Der Verlust des Scheidungsrechts knüpft sich an die Verzeihung, ohne daß es erforderlich ist, daß die Verzeihung eine bestimmte Zeit hin-

---

[11]) Dasselbe würde z. B. vom Manne gelten, der erklärt, er wolle der Frau die bösliche Verlassung verzeihen, wenn sie die bisher entstandenen Gerichtskosten trage.

durch andauert.[12]) Ein Widerruf der einmal wirksam erfolgten Verzeihung ist unstatthaft. Verzeihung auf Zeit widerstreitet der Natur der Verzeihung ebenso wie Verzeihung unter einer Bedingung. Verzeihung infolge Zeitablaufs hat das B.G.B. nicht besonders geregelt.[13])

Die Verzeihung berührt das Verhältniß zum anderen Ehegatten und ist naturgemäß für diesen bestimmt. Es beeinträchtigt aber nicht ihre Wirksamkeit, wenn sie nicht dem anderen Ehegatten gegenüber erklärt ist, ebensowenig, wenn dieser die Verzeihung nicht angenommen oder überhaupt nicht erfahren hat.[14])

Begrifflich kann die Verzeihung sich nur auf erlittenes, nicht auf künftig zu erleidendes Unrecht beziehen.[15]) Dies entspricht auch der hergebrachten Bedeutung des Wortes „verzeihen".[16]) Die im Voraus abgegebene Zusicherung der Verzeihung eines noch nicht begangenen Ehevergehens ist keine Verzeihung. Stellt das Ehevergehen eine strafbare Handlung dar, so kann es wirksam schon vor ihrer Aburtheilung und Bestrafung verziehen werden.[17]) Eine im Voraus abgegebene Verzeihungserklärung kann aber im Falle des Ehebruchs und der diesem gleichgestellten strafbaren Handlungen als eine das Recht auf Scheidung ausschließende Zustimmung in Betracht kommen und in den Fällen der §§ 1566 bis 1568 den Thatbestand des Ehescheidungsgrundes überhaupt ausschließen.

Verzeihung setzt **Kenntniß** des begangenen Unrechts voraus. Auf eine genaue Kenntniß der Einzelheiten kommt es dabei nicht an; soviel muß aber dem Verzeihenden bekannt sein, daß er die Tiefe der Pflichtverletzung ermessen kann. Dies schließt beim Vorliegen mehrerer Pflichtverletzungen derselben oder verschiedener Art nicht aus, daß der Ehegatte in der Art verzeiht, daß er alle, auch die ihm nicht bekannt gewordenen Fälle von Pflichtverletzungen als verziehen gelten lassen will.[18]) Andererseits liegt

---

[12]) Den Verlust des Scheidungsrechts erst dann eintreten zu lassen, wenn die Versöhnung sich dadurch als eine dauerhafte erwiesen hat, daß der berechtigte Ehegatte die Scheidungsklage nicht binnen einer bestimmten Frist angestellt hat, empfiehlt sich nicht, theils im Hinblick auf das geltende Recht, theils im Interesse der Aufrechterhaltung der Ehe. Begr. Bd. 4 S. 602.

[13]) Dazu lag, da die Verzeihung auch stillschweigend erklärt werden kann, ein Bedürfniß wohl auch nicht vor, zumal der § 1571 Abs. 1 für die Erhebung der Scheidungsklage eine sechsmonatige Frist vorschreibt.

[14]) Wäre die Verzeihung ein Rechtsgeschäft, so läge die Sache anders. So wird z. B. im R.G. 4./10. 94, in Bolze Bd. 19 Ziff. 641 und 16./1. 96 in Jur. W. 1896 S. 138 Ziff. 49 ausgeführt, der Verzicht könne rechtswirksam auch einer dritten Person gegenüber erfolgen, wenn nur der Wille des Verzeihenden darauf gerichtet gewesen sei, daß der Verzicht dem anderen Theile übermittelt werde und die Uebermittelung stattfinde.

[15]) R.G. 19./9. 89, in Jur. W. 1889 S. 426 Ziff. 16 und 26./1. 91 in Bolze Bd. 11 Ziff. 502.

[16]) R.G. 22./9. 84 in Gruchot Bd. 29 S. 917.

[17]) Begrifflich steht der Annahme nichts entgegen, daß die aus der verbrecherischen That und ihren weiteren Folgen sich ergebende Beleidigung des unschuldigen Theils von diesem bereits vor erfolgter Aburtheilung des Verbrechens verziehen werden kann. R.G. 25./10. 94 in Entsch. Bd. 34 S. 212.

[18]) Unrichtig ist, daß die Verzeihung immer nur eine bestimmte zum Ehe-

es in seiner Hand, die Verzeihung auf eine oder mehrere Pflichtverletzungen zu beschränken, denn die Verzeihung hat an und für sich nicht die Bedeutung einer vollständigen Aussöhnung der Eheleute.

Die Verzeihung kann sowohl vor als auch nach der Erhebung der Klage erfolgen. Im letzteren Falle wird nicht mehr erfordert als im ersteren. Das Aufrechterhalten der Klage ist nur ein Beweisgrund gegen den Einwand, daß der Kläger verziehen habe. Ist dieser aber sonst erwiesen, so macht ihn die unterbliebene Zurücknahme der Klage nicht wirkungslos.[19])

Andererseits ist die **Zurücknahme der Klage** ein Beweisgrund für die Verzeihung des darin gerügten Ehescheidungsgrundes.[20])

Dies alles gilt von der Scheidungsklage als auch von der Klage auf Aufhebung der ehelichen Gemeinschaft und der Klage auf Herstellung der häuslichen Gemeinschaft. In dem auf die rechtskräftige Aufhebung der ehelichen Gemeinschaft bezw. rechtskräftige Verurtheilung zur Herstellung der häuslichen Gemeinschaft folgenden Scheidungsverfahren kann der Einwand der Verzeihung nur insofern berücksichtigt werden, als die Verzeihung nach dem Schlusse derjenigen mündlichen Verhandlung erfolgt ist, in welcher nach der C.P.O. Einwendungen spätestens hätten geltend gemacht werden müssen. (§ 767 Abs. 2 C.P.O.)[21]) Dagegen kann eine während des Scheidungsverfahrens nach Schluß jener Verhandlung erfolgte Verzeihung dann überhaupt nicht mehr berücksichtigt werden, wenn das Scheidungsurtheil rechtskräftig geworden ist.[22]) Sie steht einer nach rechtskräftiger Scheidung erfolgten Verzeihung gleich, und diese kann das Urtheil nicht nachträglich in Frage stellen.[23])

Ob und inwieweit die Leistung der ehelichen Pflicht nach erlangter

---

scheidungsgrunde geeignete Thatsache zum Gegenstande haben müsse. R.G. 27./3. 90 in Jur. W. 1890 S. 167 Ziff. 40.

[19]) Es widerstrebt der sittlichen Natur der Ehe, daß ein Ehegatte, der ein zum Ehescheidungsgrunde geeignetes Ehevergehen als solches verziehen hat, dasselbe unter Nichtbeachtung der Verzeihung doch noch als Scheidungsursache sollte verwerthen dürfen. R.G. 4. 10. 94 in Entsch. Bd. 34 S. 190. Die Rechtswirksamkeit der nach der Erhebung der Ehescheidungsklage ertheilten Verzeihung ist nicht bedingt durch Zurücknahme der Klage. R.G. 1./11. 97 in Jur. W. 1898 S. 31 Ziff. 82. (Beide Entscheidungen beziehen sich zwar auf preußisches Recht, ihre Gründe treffen aber auch hier zu.)

[20]) Als eine vergleichsweise Erledigung des anhängigen Verfahrens auf Grund einer thatsächlichen Aussöhnung wurde die Zurücknahme der Klage und Widerklage nach der Beweisaufnahme angesehen in R.G. 16./5. 89 in Bolze Bd. 8 Ziff. 563.

[21]) In der Begr. Bd. 4 S. 603 wird dies mit Bezug auf das im § 1445 Entw. I bezeichnete Trennungsurtheil ausgeführt, da dies den Charakter eines bedingten Scheidungsurtheils habe.

[22]) Aus § 767 Abs. 2 C.P.O. kann das Gegentheil nicht hergeleitet werden, da dieser § auf dem Grundsatze beruht, daß die in der Zwischenzeit zwischen dem Schlusse der mündlichen Verhandlung und dem Urtheile entstandenen Einwendungen so behandelt werden sollen, wie wenn deren Grund erst nach dem Urtheile entstanden wäre. Begr. Bd. 4 S. 603 und 51.

[23]) Nachträgliche Verzeihung findet auch im Strafverfahren wegen Ehebruchs keine Berücksichtigung. R.G. 28./12. 86 in Entsch. in Straff. Bd. 15 S. 122 und 21./6. 89 in Goltdammers Archiv Bd. 37 S. 292.

Kenntniß des Scheidungsgrundes, namentlich im Falle des Ehebruchs und einer diesem gleichgestellten Handlung als stillschweigende Verzeihung anzusehen ist, hängt von den Umständen des einzelnen Falles ab. [24])

Jedenfalls giebt der Ehegatte, wenn er aus freier Entschließung die Geschlechtsgemeinschaft sucht oder gestattet, dadurch einen deutlichen Beweis seiner versöhnlichen Gesinnung. [25])

Was schließlich die Frage betrifft, ob der Ehegatte auf das bereits erworbene Recht der Scheidung rechtsgeschäftlich, sei es durch einseitige Willenserklärung oder durch Vertrag verzichten kann, so ist diese Frage, obwohl das B.G.B. eine ausdrückliche, dies zulassende Bestimmung nicht enthält, zu bejahen. [26]) Der **Verzicht** hat die Aufrechterhaltung der Ehe zur Folge und dient somit einem sittlichen Zwecke. Die Scheidung gewährt dem Scheidungsberechtigten einen verzichtbaren Schutz, jedenfalls kann nicht behauptet werden, daß die Durchführung der Scheidung ein Gebot der Sittlichkeit oder des öffentlichen Interesses sei. Hat es aber der Ehegatte in der Hand, durch Verzeihung sein Scheidungsrecht in Wegfall zu bringen, so liegt auch kein Grund vor, ihm das Recht zu versagen, denselben Erfolg durch Verzicht herbeizuführen. Meist wird übrigens aus der Verzichtserklärung auf Verzeihung zu schließen sein. Der rechtsgeschäftliche Verzicht steht, soweit er nicht als Verzeihung in Betracht kommt, unter den allgemeinen Regeln über Rechtsgeschäfte.

§ 30.

Klagefristen.

> „Die Scheidungsklage muß in den Fällen der §§ 1565 bis 1568 binnen sechs Monaten [1]) von dem Zeitpunkt an erhoben werden, in dem der Ehegatte von dem Scheidungsgrunde Kenntniß erlangt. Die Klage ist ausgeschlossen, wenn seit dem Eintritte des Scheidungsgrundes zehn Jahre verstrichen sind."
> § 1571 Abs. 1 B.G.B. [2])

Die sechsmonatige Frist ist eine **Ausschlußfrist.** Mit ihrem Ablauf ist die Geltendmachung des Scheidungsgrundes durch Erhebung der Scheidungs-

---

[24]) Begr. Bd. 4 S. 603.

[25]) Die Frau kann sich auch nicht darauf berufen, daß sie geglaubt habe, zur Gestattung des Beischlafs verpflichtet gewesen zu sein, denn eben in der fortgesetzten freiwilligen Erfüllung der ehelichen Pflichten liegt eine Anerkennung des Fortbestandes der Ehe trotz der Verfehlungen des schuldigen Ehegatten und damit auch die Verzeihung derselben. (Mißhandlungen.) R.G. 17./3. 99 in Jur. W. 1899 S. 285 Ziff. 25.

[26]) Die Begr. hält diese Frage offen. Begr. Bd. 4 S. 604.

[1]) Die Frist von sechs Monaten entspricht der sechsmonatigen Anfechtungsfrist des § 1339 Abs. 1, hat auch mit dieser viele gemeinsame Berührungspunkte. Vergl. § 14.

[2]) Diese Bestimmung bezweckt, die ordentliche Verjährung zu ersetzen. Da das

klage ausgeschlossen. Die Ehegatten können weder die Verlängerung der Frist vereinbaren noch auf ihre Geltendmachung verzichten. Für den Anfang der Frist ist der Zeitpunkt maßgebend, in dem der Ehegatte von dem Scheidungsgrunde Kenntniß erlangt. Die Kenntniß muß die wesentlichen Merkmale des Ehescheidungsgrundes umfassen. Aus welcher Quelle sie geschöpft wird, ist zwar gleichgültig, aber immerhin sind bloße Gerüchte ungeeignet, die Kenntniß zu begründen. Es müssen überzeugende Erkenntnißmittel vorliegen. Der Kenntniß steht die auf grober Fahrlässigkeit beruhende Unkenntniß nicht gleich. Bei Berechnung der Frist wird der Tag nicht eingerechnet, an welchem der Ehegatte die Kenntniß erlangt hat. Die Frist endigt mit dem Ablaufe desjenigen Tages des sechsten Monats, welcher durch seine Zahl dem Tage entspricht, an welchem der Ehegatte die Kenntniß erlangt hat.[3])

Die zehnjährige[4]) Frist ist ebenfalls eine Ausschlußfrist. Sie läuft vom Eintritte des Scheidungsgrundes, ohne daß es darauf ankommt, daß der klageberechtigte Ehegatte von dem Scheidungsgrunde Kenntniß erlangt hat.[5])

Die sechsmonatige und die zehnjährige Frist schließen jeden Scheidungsgrund, ausgenommen den der Geisteskrankheit, aus.[6]) Liegen Scheidungsgründe vor, die nicht wie z. B. Ehebruch, grobe Mißhandlung regelmäßig mit den einzelnen Vorfällen abgeschlossen sind, sondern in fortdauernden Zuwiderhandlungen gegen die ehelichen Pflichten bestehen, z. B. bösliche Verlassung, fortgesetzte Weigerung der ehelichen Pflicht, so können die Fristen nicht beginnen, solange dieses stets aufs neue einen Scheidungsgrund begründende Verhalten dauert.[7]) Bei dem Scheidungsgrunde der böslichen Verlassung können die Fristen frühestens mit dem Ablaufe der in § 1567 Abs. 2 Ziff. 1 und 2 bezeichneten Jahresfrist beginnen. Die Ausschließung des Scheidungsrechts durch Fristablauf hat diejenige Partei zu beweisen, die sich darauf beruft. Da die Stichhaltigkeit des Einwandes die Aufrechterhaltung der Ehe zur Folge haben würde, kann Beweis auch von Amtswegen erhoben werden.[8])

Recht auf Scheidung sich nicht als ein Anspruch darstellt, so können die Grundsätze über die Anspruchsverjährung (§§ 194 u. f.) keine Anwendung finden. Begr. Bd. 4 S. 605. — § 1571 B.G.B. stimmt wörtlich mit § 1554 Entw. IV, sachlich mit § 1556 Entw. III und § 1466 Entw. II überein, weicht aber von § 1447 Entw. I mehrfach ab. Begr. Bd. 4 S. 604—606; Prot. Bd. 4 S. 429—436; Denkschr. S. 316.

[3]) §§ 186 bis 188 B.G.B.

[4]) § 1447 Abs. 2 Entw. I hatte im Anschluß an die regelmäßige Verjährung eine Frist von 30 Jahren vorgesehen.

[5]) Rücksichtlich so weit zurückliegender Thatsachen soll jeder Streit darüber abgeschnitten werden, ob und wann der Berechtigte von dem Scheidungsgrunde Kenntniß erlangt hatte. Begr. Bd. 4 S. 605.

[6]) § 1447 Abs. 1 Entw. I hatte auch den Scheidungsgrund der böslichen Verlassung ausgenommen. Begr. Bd. 4 S. 605. Die 2. Kommission billigte diese Ausnahme nicht. Prot. Bd. 4 S. 479, 430 und 436 (H.)

[7]) Vergl. R.G. 24./4. 94 in Entsch. Bd. 33 S. 239.

[8]) § 622 Abs. 1 C.P.O

„Die Frist[9]) läuft nicht, solange die häusliche Gemeinschaft der Ehegatten aufgehoben ist. Wird der zur Klage berechtigte Ehegatte von dem anderen Ehegatten aufgefordert, entweder die häusliche Gemeinschaft herzustellen oder die Klage zu erheben, so läuft die Frist von dem Empfange der Aufforderung an." § 1571 Abs. 2.[10])

Der Lauf der sechsmonatigen und zehnjährigen Frist wird durch die thatsächliche Trennung der Ehegatten unterbrochen. Der verletzte Ehegatte hat es aber in der Hand, durch Erlaß der Aufforderung, die Frist wieder in Lauf zu setzen. Für die Aufforderung ist eine besondere Form nicht vorgeschrieben, des Beweises halber jedoch die Anwendung der urkundlichen Form zu empfehlen.

Die **Aufforderungserklärung** muß alles enthalten, was das Gesetz verlangt. Beschränkt sich die Erklärung auf die Aufforderung zur Herstellung der häuslichen Gemeinschaft, so ist sie nicht wirksam, selbst wenn nachträglich eine Aufforderung zur Erhebung der Scheidungsklage erfolgt.

Die **Frist** muß zusammenhängend verlaufen. Es ist nicht zulässig, die Zeiträume zwischen den einzelnen Unterbrechungen zusammenzurechnen. Hat also eine Wiedervereinigung der getrennt lebenden Eheleute stattgefunden, so beginnt eine neue Frist. Erst wenn seit der letzten Unterbrechung der volle Zeitraum der Frist verlaufen ist, erlischt das Scheidungsrecht.

Wird die innerhalb der Frist erhobene Scheidungsklage wieder zurückgenommen, so ist nach § 271 Abs. 3 C.P.O. der Rechtsstreit als nicht anhängig geworden anzusehen, also die Frist durch die zurückgenommene Klage nicht gewahrt. Auch eine durch ein nicht in der Sache selbst entscheidendes Urtheil rechtskräftig abgewiesene Klage (§ 212 Abs. 1 B.G.B.)

---

[9]) Gemeint ist nicht nur die sechsmonatige, sondern auch die zehnjährige Frist. Beide Fristen stellen eigentlich eine und dieselbe Frist dar, nur mit veränderlicher Zeitdauer, je nachdem die Kenntniß von der Entstehung des Scheidungsgrundes innerhalb 10 Jahren früher oder später oder garnicht eintritt. Der Entw. II, der diese Bestimmung schuf, hatte die Bezeichnung: „sechsmonatige Frist". Die Entwürfe III und IV behielten diese Bezeichnung bei. Die Reichstagskommission beschloß jedoch, um die Möglichkeit der Versöhnung für längere Zeit offen zu halten, den Abs. 2 des § 1571 auch auf die zehnjährige Frist zu erstrecken, was demnächst in der veränderten Wortfassung seinen Ausdruck fand. Bericht S. 119.

[10]) Der sechsmonatigen Frist liegt der Gedanke zu Grunde, daß die Frage der Scheidung rasch zum Austrage gebracht werden müsse, weil eine dauernde Ungewißheit über diesen Punkt dem Wesen der Ehe widerstreite. Diese Regelung bringt aber die Gefahr mit sich, daß sich der unschuldige Ehegatte zur schleunigen Erhebung der Ehescheidungsklage gedrängt fühlt. Es solle daher die Möglichkeit gewährt werden, daß sich die Ehegatten zunächst thatsächlich trennen, ohne daß der unschuldige Ehegatte sein Scheidungsrecht durch Zeitablauf einbüße. Prot. Bd. 4 S. 432. Nicht nur im Interesse der Ehegatten, sondern auch der Kinder müsse eine Trennung der Ehegatten in Kauf genommen werden, wenn dieselbe — was nicht selten der Fall sei — Aussicht auf Aussöhnung biete. Ebenda S. 434.

ist zur Wahrung der Frist ungeeignet, denn es fehlte eben an einer zur Durchführung des Scheidungsrechts geeigneten Klage.[11])

„Der Erhebung der Klage steht die Ladung zum Sühnetermine[12]) gleich. Die Ladung verliert ihre Wirkung, wenn der zur Klage berechtigte Ehegatte im Sühnetermine nicht erscheint oder wenn drei Monate[13]) nach der Beendigung des Sühneverfahrens verstrichen sind und nicht vorher die Klage erhoben worden ist.“ § 1571 Abs. 3.

Der Erhebung der Klage steht auch die Erhebung der Widerklage gleich, dagegen nicht die bloße einredeweise Geltendmachung von Ehescheidungsthatsachen.[14]) Die Erhebung der Klage oder Widerklage und die Ladung zum Sühnetermin unterbrechen den Lauf der Frist nur zu Gunsten des Klägers bezw. Widerklägers, nicht auch zu Gunsten des Beklagten bezw. Widerbeklagten.[15]) Wird die Widerklage im ersten Termine zur mündlichen Verhandlung erhoben, so ist die sechsmonatige Frist gewahrt, wenn auch zwischen der Klageerhebung und der ersten mündlichen Verhandlung ein längerer Zeitraum als 6 Monate liegt, es sei denn, daß die Frist schon zur Zeit der Klageerhebung abgelaufen war.[16])

„Auf den Lauf der sechsmonatigen und der dreimonatigen Frist finden die für die Verjährung geltenden Vorschriften der §§ 203, 206[17]) entsprechende Anwendung.“ § 1571 Abs. 4.[18])

---

[11]) Vergl. Begr. Bd. 4 S. 605 unten.

[12]) § 609 C.P.O.

[13]) Die Frist ist gegeben, weil es sonst der berechtigte Ehegatte in der Hand haben würde, die Klage nach beliebig langer Zeit zu erheben. Für den Fall der Klageerhebung bedurfte es einer ähnlichen Bestimmung nicht. Begr. Bd. 4 S. 650.

[14]) Der Ehegatte wendet z. B. gegenüber der auf bösliche Verlassung gegründeten Klage grobe Mißhandlung ein. Vergl. R.G. Urt. 26./4. 94 in Bolze Bd. 18 S. 343 Ziff. 563.

[15]) R.G. 26./1. 91 in Bolze Bd. 11 Ziff. 503. Die Schwierigkeit der Rechtsverfolgung kann das Unterlassen der Klageerhebung nicht rechtfertigen. R.G. 22./6. 96 in Jur.W. 1896 S. 452 Ziff. 61.

[16]) Die Natur der Ehescheidung bringt es mit sich, daß nicht zwei getrennte Prozesse über diesen Gegenstand gleichzeitig geführt werden können. Ist also die Scheidungsklage erhoben, so ist der Beklagte nicht mehr im Stande, eine selbständige Klage zu erheben. Die Widerklage aber kann er nach § 281 C.P.O. erst in der mündlichen Verhandlung rechtshängig machen. Die Erhebung der Widerklage ist nach § 614 Abs. 2 C.P.O. von einem Sühneversuche nicht abhängig. R.G. 5./4. 86 in Entsch. Bd. 15 S. 291.

[17]) „Die Verjährung ist gehemmt, solange der Berechtigte durch Stillstand der Rechtspflege innerhalb der letzten sechs Monate der Verjährungsfrist an der Rechtsverfolgung verhindert ist.

Das Gleiche gilt, wenn eine solche Verhinderung in anderer Weise durch höhere Gewalt herbeigeführt wird.“ § 203.

„Ein Scheidungsgrund kann, auch wenn die für seine Geltendmachung im § 1571 bestimmte Frist[19]) verstrichen ist, im Laufe des Rechtsstreits geltend gemacht werden, sofern die Frist zur Zeit der Erhebung der Klage noch nicht verstrichen war." § 1572 B.G.B.[20])

Auch in diesem Falle steht die Ladung zum Sühnetermine der Erhebung der Klage gleich. Wenn dies auch nicht ausdrücklich gesagt ist, so folgt es doch aus dem Zusammenhange dieser Bestimmung mit § 1571.

„Thatsachen, auf die eine Scheidungsklage nicht mehr gegründet werden kann, dürfen zur Unterstützung einer auf andere Thatsachen gegründeten Scheidungsklage geltend gemacht werden." § 1573.[21])

Diese Bestimmung bezieht sich auf alle Thatsachen, die in Folge Verzeihung (§ 1570), Fristablauf (§ 1571) und Klageabweisung (§ 616 C.P.O.) zur selbständigen Begründung einer Scheidungsklage oder Widerklage ungeeignet geworden sind.

Eine **Uebergangsvorschrift** über die Einwirkung des B.G.B. auf die bei seinem Inkrafttreten laufenden Klagefristen ist nicht gegeben. Bei der Berathung des Entwurfs eines Einführungsgesetzes zum B.G.B. hat man bewußt davon Abstand genommen, die Anwendung der für Verjährungsfristen gegebenen Uebergangsvorschriften auf die hier in Rede stehenden Ausschlußfristen auszudehnen.[22]) Die im Art. 169 Einf.G. z.

„Ist eine geschäftsunfähige oder in der Geschäftsfähigkeit beschränkte Person ohne gesetzlichen Vertreter, so wird die gegen sie laufende Verjährung nicht vor dem Ablaufe von sechs Monaten nach dem Zeitpunkte vollendet, in welchem die Person unbeschränkt geschäftsfähig wird oder der Mangel der Vertretung aufhört. Ist die Verjährungsfrist kürzer als sechs Monate, so tritt der für die Verjährung bestimmte Zeitraum an die Stelle der sechs Monate.

Diese Vorschriften finden keine Anwendung, soweit eine in der Geschäftsfähigkeit beschränkte Person prozeßfähig ist." § 206.

Nach § 612 Abs. 1 C.P.O. ist in Ehesachen ein in der Geschäftsfähigkeit beschränkter Ehegatte — abgesehen von einer hier nicht in Betracht kommenden Ausnahme — prozeßfähig.

[18]) Diese Bestimmung enthalten alle 4 Entwürfe.

[19]) Gemeint ist sowohl die sechsmonatige und dreimonatige, als auch die zehnjährige. Vergl. oben Anm. 9.

[20]) § 1572 B.G.B. stimmt wörtlich mit § 1555 Entw. IV, § 1557 Entw. III, § 1447 Entw. II und sachlich mit § 1447 Abs. 5 Entw. I überein. Dieser Bestimmung liegt derselbe Gedanke zu Grunde, wie den §§ 614, 616 C.P.O. Das eheliche Verhältniß soll in ganzer Vollständigkeit zum Gegenstande des Rechtsstreits gemacht werden. Begr. Bd. 4 S. 606. Vergl. R.G. 5./4. 86 in Entsch. Bd. 15 S. 289.

[21]) § 1573 B.G.B. stimmt wörtlich mit § 1556 Entw. IV, § 1558 Entw. III, § 1468 Entw. II und sachlich mit 1448 Entw. I überein.

[22]) Begr. Entw. I Einf.G. zu B.G.B. S. 254.

B.G.B. [23]) enthaltenen Vorschriften über Verjährungsfristen sind demnach zwar nicht maßgebend, aber der im Art. 201 Abs. 1 Einf.G. z. B.G.B. ausgesprochene Grundsatz, daß die Scheidung und die Aufhebung der ehelichen Gemeinschaft von dem Inkrafttreten des B.G.B. an nach dessen Vorschriften erfolgt, führt im Wesentlichen zu dem gleichen Ergebnisse. Namentlich erscheint es folgerichtig, den zweiten Absatz des Art. 169 Einf.G. z. B.G.B. auch auf die hier gemeinten Ausschlußfristen anzuwenden. [24])

§ 31.

Schuldfrage.

„Wird die Ehe aus einem der in den §§ 1565 bis 1568 bestimmten Gründe geschieden, so ist [1]) in dem Urtheil auszusprechen, daß der Beklagte die Schuld an der Scheidung trägt.

Hat der Beklagte Widerklage erhoben und wird auch diese für begründet erkannt, so sind [1]) beide Ehegatten für schuldig zu erklären.

Ohne Erhebung einer Widerklage [2]) ist auf Antrag des Beklagten auch der Kläger für schuldig zu erklären, wenn Thatsachen vorliegen, wegen deren der Beklagte auf Scheidung klagen könnte oder, falls sein Recht auf Scheidung durch Verzeihung oder durch Zeitablauf ausgeschlossen ist [3]), zur Zeit des Eintritts des von dem Kläger geltend gemachten Scheidungsgrundes berechtigt war, auf Scheidung zu klagen." § 1574. [4])

Die civilrechtlichen Wirkungen der Scheidung sind verschieden, je nachdem die Schuld an der Scheidung einen Ehegatten allein oder beide Ehegatten trifft. Die gegenseitige Unterhaltspflicht der Ehegatten, ihre Unterhaltspflicht gegenüber den Kindern im Verhältnisse der Ehegatten zueinander,

[23]) Art. 169 Einf.G. z. B.G.B. stimmt sachlich mit Art. 102 Entw. I Einf.G. z. B.G.B. überein.

[24]) Vergl. Gerhard, Ehescheidungsgründe, S. 36 u. f.

[1]) Auch ohne Antrag, im Gegensatze zu Abs. 3 § 1574.

[2]) Es soll verhütet werden, den Beklagten in die Zwangslage zu bringen, widerklagend Scheidung zu dem Zwecke zu beantragen, um die Nachtheile der Schuldigerklärung von sich abzuwenden. Begr. Bd. 4 S. 607.

[3]) In solchen Fällen liegt die Annahme nahe, daß der Beklagte den Scheidungsgrund oder Trennungsgrund in der Erwartung verziehen, bezw. binnen der Ausschlußfrist nicht geltend gemacht hat, daß auch der Kläger den ihm zustehenden Scheidungs- oder Trennungsgrund nicht geltend machen werde. Begr. Bd. 4 S. 608.

[4]) Der § 1574 B.G.B. stimmt wörtlich mit § 1557 Entw. IV, § 1559 Entw. III, fast wörtlich mit § 1469 Entw. II und sachlich (abgesehen von der Ausdehnung auf das Trennungsurtheil) mit § 1449 Entw. I überein.

die Sorge für die Person der Kinder, die Namensführung der geschiedenen Frau, die Schenkungen, die letztwilligen Verfügungen, das Erbrecht und die Vermögensauseinandersetzung der geschiedenen Ehegatten werden von der Entscheidung der Schuldfrage mehr oder weniger beeinflußt. Diese erscheint um so dringender geboten, als sich unter den bezeichneten Gegenständen auch solche befinden, deren verständige Regelung nicht nur den Betheiligten zu gute kommt, sondern auch zur allgemeinen Wohlfahrt gereicht (z. B. die Regelung der Kindererziehung und der Namensführung). Insofern kann man die Entscheidung über die Schuldfrage als eine im öffentlichen Interesse nothwendige ansehen. Daher muß sich der Richter im Ehescheidungsprozesse [5]) von Amtswegen über die Schuldfrage aussprechen. [6])

Die im B.G.B. zugelassenen Scheidungs- und Trennungsgründe haben sämmtlich (mit Ausnahme des Scheidungsgrundes der Geisteskrankheit) [7]) zur Voraussetzung, daß die Zerrüttung des ehelichen Verhältnisses von den Ehegatten *verschuldet* worden ist. Wird die Ehe aus einem der bezeichneten Gründe auf Antrag des Klägers geschieden, so ist damit anerkannt, daß den Beklagten ein Verschulden trifft. Die Erklärung des Beklagten für den schuldigen Theil ist daher die nothwendige Folge der auf Grund der Klage ausgesprochenen Scheidung. [8]) Dasselbe gilt von der auf Grund einer Widerklage ausgesprochenen Scheidung. Wird die Widerklage, aber nicht die Klage für begründet anerkannt, so ist der Kläger und Widerbeklagte allein für den schuldigen Theil zu erklären. Werden Klage und Widerklage für begründet anerkannt, so sind beide Theile für schuldig zu erklären. Gegenseitige Abwägung der Schuld und Ermittelung eines etwaigen Uebergewichts der Schuld auf der einen oder der anderen Seite findet nicht statt. [9]) Wie im Scheidungsurtheile, so hat sich der Richter auch in dem Urtheile, worin auf Aufhebung der ehelichen Gemeinschaft erkannt wird, über die Schuldfrage auszusprechen. [10])

Nicht jeder *verziehene* Scheidungsgrund kann zur Begründung der Schuldigerklärung herangezogen werden. Vielmehr sind dazu ungeeignet

---

[5]) In Rechtsstreitigkeiten, welche die Anfechtung oder Nichtigkeit der Ehe, Herstellung des ehelichen Lebens oder Feststellung des Bestehens oder Nichtbestehens einer Ehe zwischen den Parteien betreffen, bedarf es eines Ausspruchs über die Schuldfrage nicht.

[6]) Darüber, daß die Schuldfrage nicht eine reine Vermögensfrage ist, vergl. auch R.G. 1./12. 90 Bd. 27 S. 270. Sie ist im öffentlichen Interesse geboten. R.G. 2./11. 83 in Gruchot Bd. 27 S. 1117.

[7]) Ist die Ehe wegen Geisteskrankheit eines Ehegatten geschieden, so hat ihm der andere Ehegatte Unterhalt in gleicher Weise zu gewähren, wie ein allein für schuldig erklärter Ehegatte. § 1583 B.G.B.

[8]) Die Nichtstellung des Antrages, den Beklagten für den schuldigen Theil zu erklären, sowie die Unterlassung eines Widerspruchs seitens des Beklagten gegen den gestellten Antrag haben sachliche Nachtheile nicht zur Folge.

[9]) Das im Preußischen Landrecht ausgebildete Abwägungssystem hat das B.G.B. abgelehnt. Begr. Bd. 4 S. 607.

[10]) § 1575 Abs. 2. B.G.B. § 639 C.P.O.

alle Thatsachen, die bereits zur Zeit des Eintritts des Scheidungsgrundes verziehen oder in Folge Zeitablaufs als verziehen anzusehen waren.[11])

Auf Thatsachen, deren Geltendmachung in einem früheren Rechtsstreite geschehen konnte und deshalb durch § 616 C.P.O. ausgeschlossen ist, bezieht sich § 1574 Abs. 3 nicht.[12])

Den Parteien ist es nicht gestattet, die Schuldfrage, d. h. die Frage, wem die Schuld an dem ehelichen Zerwürfnisse zur Last fällt, durch ein Abkommen unter sich zu regeln, denn die Schuldfrage ist keine reine Vermögensfrage, sondern berührt zum Theil das öffentliche Interesse.[13]) Ein solches Abkommen ist für Parteien unverbindlich, und der Richter hat sich bei der Entscheidung der Schuldfrage lediglich an die Vorschriften des § 1574 B.G.B. zu halten.

§ 32.

Namensführung der geschiedenen Frau.

Rechtslehre: Staudinger, Das Namensrecht des B.G.B., in den Seuffertschen Blättern für Rechtsanwendung, Jahrg. 62 Nr. 12—14, 19—22. Opet, Das Namensrecht des B.G.B., im Archiv für civ. Praxis, Bd. 87 Heft 2/3. Sohm, Adelsrecht und Namensrecht, in Deutsch.Jur.Z. 1899 S. 8—11. Ramdohr, Recht zum Gebrauch eines Namens nach B.G.B., in Gruchot Bd. 43 S. 1—80.

Zu den Wirkungen der Ehe gehört es, daß die Frau mit der Eheschließung den Familiennamen[1]) des Mannes erhält. § 1355 B.G.B.[2]) Es ist eine natürliche Folge der durch die Ehe begründeten vollständigen Lebensgemeinschaft, daß beide Ehegatten einen und denselben Familiennamen führen und zwar entsprechend der Stellung des Mannes und der deutschen Sitte den Familiennamen des Mannes. Die Frau legt mit der Eheschließung ihren bisherigen Familiennamen ab[3]) und führt fortan den Familiennamen des

---

[11]) Es wäre für den Kläger unter Umständen unbillig, wenn vielleicht weit in der Vergangenheit zurückliegende, nicht mehr schädlich wirkende Thatsachen zu seinen Ungunsten geltend gemacht werden könnten. Begr. Bd. 4 S. 608.

[12]) Begr. Bd. 4 S. 608.

[13]) Statthaft ist dagegen ein zur Vermeidung eines Rechtsstreits getroffenes Abkommen über die vermögensrechtlichen Wirkungen der Schuldigerklärung. Vergl. R.G. 1./12. 90, Bd. 27 S. 375 und 25./11. 95 in Jur. W. 1896 S. 62 Ziff. 29.

[1]) Die Personennamen lassen sich eintheilen in Familiennamen und Vornamen. Der Familienname bezeichnet die Abstammung einer Person. Ihn überkommt mit der Geburt jedes derselben Familie angehörige Mitglied. Die Vornamen dagegen werden dem Kinde von seinen Angehörigen besonders beigelegt. (§ 22 Ziff. 4 Ges. v. 6. Februar 1875.)

[2]) Daß die Frau den Familiennamen des Mannes erhält, bestimmten schon der Entw. I in § 1274, der Entw. II in § 1255 und der Entw. III in § 1338.

[3]) Ein Antrag, wonach die Frau berechtigt sein soll, dem Familiennamen ihres Mannes ihrem Familiennamen beizufügen, wurde in der Kommission f. d. 2. Lesung gestellt, aber abgelehnt. Die in manchen Gegenden bestehende Uebung, daß die Frau dem Familiennamen ihres Mannes ihren Mädchennamen oder der Mann seinen

Mannes. Dazu ist sie aber nicht nur berechtigt, sondern auch verpflichtet.[4])

Wird die Ehe geschieden, so behält die geschiedene Frau den Familiennamen des Mannes. § 1577 Abs. 1.[5]) Wie im Falle der Auflösung der Ehe durch den Tod die Wittwe den Familiennamen ihres verstorbenen Ehegatten fortführt, so soll dies auch für den Fall der Scheidung als Regel gelten. Die geschiedene Frau hat aber vor der Wittwe noch den Vorzug, daß sie zwischen dem Familiennamen ihres geschiedenen Mannes und ihrem Familiennamen wählen darf. Sie ist zur Fortführung des ersteren nicht verpflichtet, darf vielmehr, wie § 1577 Abs. 2 Satz 1 bestimmt, ihren Familiennamen wieder annehmen. Ihr Familienname ist ihr Mädchenname. Es ist der geschiedenen Frau also freigestellt, den Namen des Mannes beizubehalten oder unter Ablegung dieses Namens ihren Mädchennamen wieder anzunehmen. Sie kann sogar noch ein drittes wählen. War sie nämlich vor der Eingehung der geschiedenen Ehe verheirathet, so hat sie auch das Recht, den Namen wieder anzunehmen, den sie zur Zeit der Eingehung der geschiedenen Ehe hatte, es sei denn, daß sie in dem die letzte Ehe scheidenden Urtheil allein für schuldig erklärt worden ist. § 1577 Abs. 2 Satz 2.[6]) War letzteres der Fall, so kommt dieser Name überhaupt nicht in Frage.[7]) Die Wahl zwischen dem Namen ihres geschiedenen Mannes und ihrem Mädchennamen steht der Frau ohne Rücksicht darauf, ob sie die Schuld an der Scheidung trägt[8]), grundsätzlich zu, jedoch kann sie in diesem Wahlrechte, wenn sie allein für schuldig erklärt ist, durch ihren geschiedenen Mann beeinträchtigt werden.[9]) Ist die Frau allein für schuldig erklärt, so kann ihr

---

Namen dem der Frau beifügt, soll durch § 1355 B.G.B. (§ 1274 Entw. I) nicht verboten werden. Prot. Bd. 4 S. 448.

[4]) Diese Verpflichtung ergiebt sich aus dem im § 1353 Abs. 1 B.G.B. ausgesprochenen Grundsatze, daß die Ehegatten einander zur ehelichen Lebensgemeinschaft verpflichtet sind. Begr. B. 4 S. 106. Unbekannt ist dem B.G.B. die Mißheirath und die Ehe zur linken Hand, wobei die Frau nicht den Namen des Mannes erhält. Begr. ebenda. Wegen der Familienverhältnisse der landesherrlichen Familien und der Familien des hohen Adels vergl. jedoch die Ausnahmebestimmungen in Art. 57 und 58 d. Einf.Ges. z. B.G.B.

[5]) Dies bestimmte auch bereits der Entw. I im § 1455 und der Entw. II im § 1478 Abs. 1. Der Entw. II fügte dieser Bestimmung weitere Vorschriften über die Namensführung der geschiedenen Frau in § 1478 Abs. 2 und 3 hinzu, welche in der Fassung des Entwurfs III § 1558 wörtlich in das B.G.G. § 1577 Abs. 2 u. 3 übergangen sind.

[6]) Ob die nicht allein für schuldig erklärte Frau, wenn sie vor Eingehung der nun geschiedenen Ehe schon verheirathet gewesen sei, ihren Mädchennamen oder den früheren Familiennamen anzunehmen habe, müsse, wie in der Kom. f. d. 2. Les. erwogen wurde, ihrer Wahl überlassen bleiben. Prot. Bd. 4 S. 447 Abs. 1.

[7]) Man ging bei der Berathung des Entw. II davon aus, daß die Familie, in welche die Frau vorher durch Heirath eingetreten war, dasselbe Interesse an der Ablegung ihres Familiennamens durch die Frau haben werde, wie der geschiedene Mann an der Ablegung seines Namens. Prot. Bd. 4 S. 448 Abs. 1.

[8]) Die Worte in § 1577 Abs. 2: „es sei denn, daß sie allein für schuldig erklärt ist", beziehen sich nicht auf den Familiennamen der Frau. Vergl. Denkschrift S. 317.

[9]) Der Entw. I anerkannte zwar, daß der geschiedene Ehemann und dessen

der Mann die Führung seines Namens untersagen. § 1577 Abs. 3 Satz 1.[10]) Die Wahl der Frau zwischen den zwei bezw. drei in Frage kommenden Namen ist also nur dann eine unbeschränkte, wenn in dem die letzte Ehe scheidenden Urtheil entweder der Mann allein oder beide Ehegatten für schuldig erklärt worden sind.[11])

Die Wahl kann sich nur auf einen der mehreren in Frage kommenden Namen richten. Der gewählte Name ist im amtlichen und außeramtlichen Verkehre der allein maßgebende.[12]) Sowohl die Wiederannahme eines früheren Namens durch die geschiedene Frau, als auch die Untersagung der Führung seines Namens durch den Mann erfolgen durch Erklärung gegenüber der zuständigen Behörde, und die Erklärung ist in öffentlich beglaubigter Form abzugeben. Die Behörde soll der Frau die Untersagungserklärung des Mannes mittheilen. Mit dem Verluste des Namens des Mannes erhält die Frau ihren Familiennamen wieder. § 1577 Abs. 2 u. 3. Mit der Abgabe der Wiederannahmeerklärung gegenüber der Behörde tritt die Wiederannahme des Namens in Kraft. Einer Mittheilung dieser Erklärung an den geschiedenen Mann bedarf es zu ihrer Wirksamkeit

---

Familie ein Interesse daran haben können, daß die für den schuldigen Theil erklärte Ehefrau den Namen des Ehemannes nicht behalte, lehnte jedoch die Aufnahme eines Untersagungsrechtes des Ehemannes hauptsächlich deshalb ab, weil die Fortführung des Namens des Mannes durch die Frau, allenfalls mit dem Zusatze „geschieden", der Sitte des Lebens entspreche und die mit der Namensänderung für den amtlichen und außeramtlichen Verkehr verbundenen Nachtheile und Verwirrung verhüte. Begr. Bd. 4 S. 621. Der Entwurf II ging dagegen davon aus, daß das Interesse des Mannes, daß die allein schuldige Frau seinen Namen nicht weiter führe, oft ein sehr berechtigtes sein werde und ihm daher ein Untersagungsrecht eingeräumt werden müsse. Prot. Bd. 4 S. 447 Abs. 2.

[10]) Sie hat in diesem Falle stets ihren Mädchennamen zu führen. Prot. Bd. 4 S. 446 Abs. 5. Insbesondere kann sie, wenn sie vorher schon anderweit verheirathet gewesen ist, auf den Namen ihres Mannes nicht zurückgreifen. Vergl. Anm. 7. Die mit der Ablegung des Namens des Mannes verbundene unfreiwillige Wiederannahme des Mädchennamens erscheint hier gewissermaßen als eine Strafe, während die freiwillige Wiederannahme des Mädchennamens in dem Falle, wenn die Frau nicht der allein schuldige Theil ist, als eine Vergünstigung erscheint.

[11]) Z. B. ein Fräulein Ulrike Helm heirathet einen Ritter. Dieser stirbt, und sie heirathet darauf einen Schwanenland. Von diesem wird sie geschieden und allein für schuldig erklärt. Sie kann wählen, ob sie sich Frau Ulrike Schwanenland oder Frau Ulrike Helm nennen will. Sie kann sich aber nicht Frau Ulrike Ritter nennen. Einer Untersagung des Gebrauchs dieses Namens bedarf es nicht. Untersagt Schwanenland ihr die Führung seines Namens, so muß sie sich Frau Ulrike Helm nennen. Wäre Ritter nicht gestorben, sondern von ihr geschieden, so würde sie seinen Namen trotzdem nicht annehmen können, selbst wenn sie bei Scheidung der Ehe mit Ritter nicht für den schuldigen Theil erklärt worden wäre. Wenn bei der Scheidung der Ehe mit Schwanenland der Mann allein oder beide Ehegatten für schuldig erklärt worden sind, so kann sie wählen, ob sie sich Schwanenland, Ritter oder Helm nennen will.

[12]) Dies schließt nicht aus, daß besonders im schriftlichen Verkehre dem ordentlichen Namen Zusätze beigefügt werden, welche auf die frühere Namensführung Bezug haben, z. B. wenn die Frau den Namen des zweiten Mannes beibehalten will: Frau Ulrike Schwanenland, früher verwittwete Ritter, geborene Helm, oder wenn sie sich für den Namen ihres ersten Mannes entscheidet: Wittwe Ulrike Ritter, geborene Helm.

nicht. Die Untersagungserklärung des Mannes gegenüber der zuständigen Behörde bedarf dagegen zu ihrer Wirksamkeit der Mittheilung an die Frau.

Mit dem Empfange der behördlichen Mittheilung geht die Frau des Namens des Mannes verlustig.[13]) Mit diesem Verlust erhält sie, damit sie nicht inzwischen namenlos sei, von selbst[14]) ihren Mädchennamen wieder.[10]) An eine Frist ist weder die Wiederannahme- noch die Untersagungserklärung geknüpft. Sobald die Erklärung in Wirksamkeit getreten ist, darf sie nicht mehr zurückgenommen werden. Auf die Namen der Kinder aus der geschiedenen Ehe hat die Namensänderung der geschiedenen Frau keinen Einfluß. Die im § 1577 den geschiedenen Eheleuten in Bezug auf die Namensführung eingeräumten Rechte können im Wege der Klage zur Geltung gebracht werden. Zulässig sind nicht nur die Feststellungsklage aus § 256 C.P.O.[15]), sondern auch die beiden Leistungsklagen aus § 12 B.G.B.[16]) und, falls ein schuldbar verursachter Schaden vorliegt, auch die Schadenersatzklage.[17])

Den vorbezeichneten Rechtsschutz genießen bürgerliche und adlige Namen ohne Unterschied. Von dem Rechtsschutze des adligen Namens ist aber die Frage nach dem Adelsstande zu trennen. Da das B.G.B. davon ausgeht, daß die Einrichtung des Adels im Wesentlichen dem öffentlichen Rechte angehört, dieses aber von der Regelung durch das B.G.B. ausgeschlossen ist[18]), so hat es sich weder mit dem Erwerb und Verlust des Adelsstandes durch Eheschließung noch mit dem Einflusse der Scheidung der Ehe auf den Adelsstand der Frau befaßt.[19])

Wird eine nichtige oder anfechtbare Ehe für nichtig erklärt, so entfällt damit von selbst die Berechtigung der Frau, den Familiennamen des Mannes zu führen. Für die Kinder aus nichtigen Ehen gelten besondere Bestimmungen.[20])

---

[13]) Der Entwurf II hatte im § 1478 Abs. 2 bestimmt, daß die Frau den Familiennamen des Mannes verliere und ihren Familiennamen wiedererhalte, wenn der Mann ihr die Fortführung seines Namens untersage und der zuständigen Behörde hiervon Anzeige mache. Demnach war als Zeitpunkt des Inkrafttretens des Verbots derjenige anzusehen, in welchem der Mann die Anzeige erstattet. Prot. Bd. 4 S. 448 Abs. 1. Der Entwurf III § 1558 Abs. 3 änderte diese Bestimmung und gab ihr die Fassung des § 1577 Abs. 3 B.G.B.

[14]) Prot. Bd. 4 S. 448 Abs. 1.

[15]) Begr. Bd. 4 S. 1005. Prot. Bd. 1 S. 44. Den Rechtsschutz des Namenrechts, den der Entw. I nur in beschränktem Maße gewährte, haben die folgenden Entwürfe und das B.G.B. bedeutend erweitert.

[16]) Das hier vorausgesetzte Interesse ist, wenn die Frau allein für schuldig erklärt worden ist, schon durch diese Thatsache für den Mann gegeben.

[17]) Vergl. Prot. Bd. 4 S. 44 und 45.

[18]) Begr. Bd. 4 S. 107, 622.

[19]) In der Kom. II wurde es abgelehnt, den Zusatz aufzunehmen, daß die Frau nicht nur den Namen, sondern auch den Stand (im öffentlich-rechtlichen Sinne) des Mannes erhalte. Prot. Bd. 4 S. 97 u. 98. Der Antrag zielte vornehmlich auf eine Regelung der Verhältnisse des niederen Adels ab. Wegen des hohen Adels vergl. Anm. 4.

[20]) Vergl. oben § 20.

§ 33.

Unterhaltsanspruch des geschiedenen Ehegatten.

Zu denjenigen Wirkungen, welche die Ehe nach der Zerreißung des ehelichen Bandes äußert, gehört der Unterhaltsanspruch des geschiedenen Ehegatten. Das B.G.B. hat es abgelehnt, aus dem Gesichtspunkt einer billigen Entschädigung für die dem unschuldigen Theile aus der Scheidung erwachsenden Nachtheile sogenannte Entscheidungsstrafen einzuführen. Von der Auffassung geleitet, daß die Gestaltung der Ehe als eine Quelle vermögensrechtlicher Vortheile dem Wesen der Ehe widerstrebe, hat das B.G.B. nur einen auf den Fall des Bedürfnisses sich beschränkenden Unterhaltsanspruch an die Scheidung geknüpft, bei welchem der Entschädigungsgesichtspunkt in den Hintergrund, dagegen der Gesichtspunkt einer auf Billigkeit beruhenden Nachwirkung der Ehe in den Vordergrund tritt. Dieser Unterhaltsanspruch ist im engen Anschluß an die gesetzliche Unterhaltspflicht der Verwandten (§§ 1601 bis 1615) geregelt, weicht aber von letzterer in mehrfacher Beziehung erheblich ab. Im Folgenden kommt es hauptsächlich auf die Darstellung der Abweichungen an.

Unterhaltsberechtigt ist nur der unschuldige Ehegatte, **unterhaltspflichtig** nur der allein für schuldig erklärte Ehegatte. Sind beide Ehegatten für schuldig erklärt, so findet ein Unterhaltsanspruch nicht statt. Im Falle der Scheidung wegen Geisteskrankheit wird der geisteskranke Ehegatte in Beziehung auf die Unterhaltsberechtigung dem unschuldigen Ehegatten gleichgeachtet. § 1583 B.G.B. Im Falle der Anfechtung der neuen Ehe, wenn der für todt erklärte Ehegatte der alten Ehe noch lebt, durch den doppelt verheiratheten Ehegatten wird der gutgläubige, neue Ehegatte dem unschuldigen Ehegatten in dieser Beziehung ebenfalls gleichgeachtet. § 1351 B.G.B.

Das **Maß** des zu gewährenden Unterhalts bestimmt sich nach der Lebensstellung des Bedürftigen (standesmäßiger Unterhalt). Der Unterhalt umfaßt den gesammten Lebensbedarf. § 1610 B.G.B.[1]) Was der Unterhaltsberechtigte zum standesmäßigen Leben braucht, muß ihm der Unterhaltspflichtige in der Regel gewähren. Mehr als den standesmäßigen Unterhalt braucht der Verpflichtete niemals zu gewähren. Dagegen kann sich aus verschiedenen Ursachen das Maß des Unterhalts verringern, sei es, daß der Unterhaltsberechtigte mehr nicht braucht, sei es, daß der Unterhaltspflichtige mehr nicht gewähren kann. Kann der Unterhaltsberechtigte sich selbst unterhalten, bedarf er also zur Bestreitung seines standesmäßigen Unterhalts der Beihilfe des Unterhaltspflichtigen nicht, so hat dieser nichts zu gewähren. Seine gesetzliche Pflicht zur Gewährung

---

[1]) § 1610 B.G.B. bezieht sich auf die Unterhaltspflicht der Verwandten, findet aber auf die geschiedenen Ehegatten entsprechende Anwendung. § 1580 Abs. 3. Es kommt nicht auf das bisher während der Ehe (vielleicht mit großem Aufwande) geführte Leben, sondern auf die allgemeine Lebensstellung an. Prot. Bd. 4 S. 529

des Unterhalts tritt, wenn der Andere ebenfalls nicht bedürftig ist, überhaupt nicht ins Leben. Sie tritt trotz vorhandener Bedürftigkeit auch dann nicht ins Leben, wenn der Unterhaltspflichtige nur soviel hat, daß er seinen eigenen notdürftigen Unterhalt [2]) bestreiten kann. Er ist dann nicht unterhaltsfähig. **Unterhaltsbedürftigkeit** auf der einen Seite und **Unterhaltsfähigkeit** auf der anderen Seite sind hiernach nothwendige Voraussetzungen der Unterhaltsgewährung. Beide müssen gleichzeitig gegeben sein. Ob sie im einzelnen Falle vorliegen, richtet sich nach Umständen, die verschieden sind, je nachdem der allein für schuldig erklärte Ehegatte der Mann oder die Frau ist. Letztere genießt entsprechend ihrer in der Ehe eingenommenen Rechtsstellung in dieser Beziehung eine günstigere Behandlung als der Mann.

> „Der allein für schuldig erklärte Mann hat der geschiedenen Frau den standesmäßigen Unterhalt insoweit zu gewähren, als sie ihn nicht aus den Einkünften ihres Vermögens und, sofern nach den Verhältnissen, in denen die Ehegatten gelebt haben, Erwerb durch Arbeit der Frau üblich ist, aus dem Ertrag ihrer Arbeit bestreiten kann.“ § 1578 Abs. 1.

Einkünfte ihres Vermögens und Ertrag ihrer Arbeit kommen für die Frage, ob die Frau unterhaltsbedürftig ist, allein in Betracht. Auf die Einkünfte, nicht den Stamm ihres Vermögens kommt es an. Unterhaltsbedürftigkeit der Frau setzt daher nicht voraus, daß der Stamm ihres Vermögens aufgezehrt ist. [3])

Diese Regelung entspricht der Vorschrift des § 1360 Abs. 1, wonach der Mann während der Ehe der Frau nach Maßgabe seiner Lebensstellung, seines Vermögens und seiner Erwerbsfähigkeit Unterhalt zu gewähren hat. Für die Frage, ob Erwerb durch Arbeit der Frau üblich ist, kommen die Verhältnisse, in denen die Ehegatten gelebt haben, in Betracht. Es ist darnach nicht lediglich auf den Stand [4]) der Ehefrau, sondern vielmehr auf die gesammten Lebensverhältnisse der Eheleute, wie sie während der

---

[2]) Was zum nothdürftigen Unterhalt gehört, ist im einzelnen Falle nach den vorliegenden Umständen zu beurtheilen. Das B.G.B. enthält sich einer Begriffsbestimmung. Begr. Bd. 4 S. 698.

[3]) Der Entw. I § 1454 Abs. 1 hatte die Unterhaltungsbedürftigkeit des Mannes und der Frau gleichmäßig davon abhängig gemacht, daß sie wegen Vermögenslosigkeit und Erwerbsunfähigkeit sich selbst zu unterhalten außer Stande seien. Der Entwurf II § 1472 Abs. 1 änderte dies zu Gunsten der Frau mit Rücksicht darauf, daß die Frau in der Ehe ihre Versorgung finde, für die Ehe arbeite und häufig ihr Vermögen dem Manne hingebe und der Mann sie, gleichviel ob sie bedürftig sei oder nicht, während der Ehe zu unterhalten habe. Dies müsse auch nach der Auflösung der Ehe durch Scheidung gelten. Da aber in Folge der Scheidung die Frau ihr Vermögen zurückbekomme, auch dem Manne persönliche Dienste nicht mehr leiste, so sei der Mann zum Unterhalte der Frau nur unter den bezeichneten Voraussetzungen zu verpflichten. Prot. Bd. 4 S. 521. Der Entw. III § 1559 Abs. 1 behielt die Aenderung bei.

[4]) Der Entw. II § 1472 Abs. 1 hatte die Fassung: „sofern bei Ehefrauen ihres Standes Erwerb durch eigene Arbeit üblich ist“. Die veränderte Fassung entstammt dem Entw. III § 1559 Abs. 1.

Ehe bestanden haben, Rücksicht zu nehmen. War die Frau schon während der Ehe auf Erwerb durch eigene Arbeit angewiesen, so erscheint die Annahme begründet, daß sie sich auch fernerhin durch Arbeit Verdienst verschaffen könne. Andererseits schließt die Thatsache, daß die Frau während der Ehe Verdienst durch eigene Arbeit nicht gehabt hat, nicht aus, die Ueblichkeit des Erwerbes durch Arbeit der Frau anzunehmen.

„Die allein für schuldig erklärte Frau hat dem geschiedenen Manne den standesmäßigen Unterhalt insoweit zu gewähren, als er außer Stande ist, sich selbst zu unterhalten." § 1578 Abs. 2.[5])

Der Mann ist außer Stande, sich selbst zu unterhalten, wenn er kein Vermögen hat und zum Erwerbe unfähig ist. **Vermögenslosigkeit** und **Erwerbsunfähigkeit** müssen zusammentreffen, um seine Unterhaltsbedürftigkeit zu begründen.[6]) Diese Regelung entspricht der Vorschrift des § 1360 Abs. 2 B.G.B., wonach die Frau während der Ehe dem Manne, wenn er außer Stande ist, sich selbst zu unterhalten, den seiner Lebensstellung entsprechenden Unterhalt nach Maßgabe ihres Vermögens und ihrer Erwerbsfähigkeit zu gewähren hat.

Ist der unterhaltungsberechtigte Ehegatte im Stande, die zu seinem standesmäßigen Unterhalt erforderlichen Kosten wenigstens zum Theil zu bestreiten, so hat der unterhaltspflichtige Ehegatte nur das Fehlende zuzuschießen. In beiden Absätzen des § 1578 ist darum das Wörtchen „insoweit" gebraucht.

Ist der unterhaltspflichtige Ehegatte nicht in der Lage, seiner Unterhaltspflicht im vollen Umfange zu genügen, so tritt eine Ermäßigung ein. Das Gesetz bestimmt hierüber:

„Soweit der allein für schuldig erklärte Ehegatte bei Berücksichtigung seiner sonstigen Verpflichtungen außer Stande ist, ohne Gefährdung seines standesmäßigen Unterhalts dem anderen Ehegatten Unterhalt zu gewähren, ist er berechtigt, von den zu seinem Unterhalte verfügbaren Einkünften zwei Drittheile oder, wenn diese zu seinem nothdürftigen Unterhalte nicht ausreichen, so viel zurückzubehalten, als zu dessen Bestreitung erforderlich ist." § 1579 Abs. 1 Satz 1.

Die Leistungsfähigkeit des unterhaltspflichtigen Ehegatten bemißt sich im Allgemeinen nach seinem Vermögen und nach seiner Erwerbs-

---

[5]) Auch unter Verwandten ist unterhaltsberechtigt nur, wer außer Stande ist, sich selbst zu unterhalten. § 1602 Abs. 1.

[6]) Sei der Mann unterhaltsberechtigt, so müsse entsprechend dem für die Frau maßgebenden Gedanken, daß es so anzusehen sei, als bestehe die Ehe noch fort, bei ihm Vermögenslosigkeit und Erwerbsunfähigkeit gefordert werden. Denn während der Ehe habe der Mann auch nur unter dieser Voraussetzung einen Unterhaltsanspruch gegen die Frau. Dafür sprächen auch die Billigkeit und die Anschauung des Lebens; die Ehe diene dem Manne nicht zur Versorgung. Prot. Bd. 4 S. 521.

kraft. Insofern das Vermögen auch die Schulden in sich begreift, enthält der Zusatz: „bei Berücksichtigung seiner sonstigen Verpflichtungen" etwas Selbstverständliches. Der Zusatz ist aber im Interesse der Deutlichkeit gemacht.[7]) Es soll auf die sonstigen Verpflichtungen soweit Rücksicht genommen werden, als bei deren ordnungsmäßiger Erfüllung der Unterhaltspflichtige in die Gefahr, selbst nicht mehr standesmäßig, mindestens nothdürftig leben zu können, gerathen würde. Die Selbsterhaltungspflicht geht der Unterhaltspflicht vor; zur Selbsterhaltung gehört aber auch die ordnungsmäßige Befriedigung der Gläubiger.

Was die Erwerbskraft betrifft, so kommt es nicht darauf an, was der Unterhaltspflichtige thatsächlich erwirbt, sondern was er erwerben kann. Kann er soviel durch seine Arbeitskraft erwerben, daß er auch den Unterhalt des Bedürftigen davon zu bestreiten im Stande ist, so ist er auch verpflichtet, seine Kräfte dementsprechend anzuspannen.[8]) Bei der Frau wird allerdings wie im Falle des § 1578 Abs. 1 Vorbedingung sein, daß nach den in der Ehe bestandenen Verhältnissen Erwerb durch Frauenarbeit üblich ist, denn die Unterhaltspflicht ist als eine Nachwirkung der Ehe so zu gestalten, wie sie sein würde, wenn die Ehe noch fortgesetzt würde. Braucht die Frau bei ausgeschlossener Arbeitsüblichkeit als Unterhaltsberechtigte nicht für sich zu arbeiten, ohne den Unterhaltsanspruch gegen den Mann zu verlieren, so kann auch nicht verlangt werden, daß sie als Unterhaltspflichtige für den Mann eigene sonst nicht übliche Arbeit leiste.

Schon die Gefährdung, nicht erst die Beeinträchtigung des standesmäßigen Unterhalts wirkt befreiend. Es genügt, wenn die Unzulänglichkeit der Einkünfte zur Bestreitung des eigenen Unterhalts und des Unterhalts näher Berechtigter zwar nicht für die Gegenwart, so doch für die Zukunft zu besorgen ist.[9])

Insoweit eine solche Besorgniß begründet ist, dürfen dem Unterhaltspflichtigen auch nicht Aufwendungen aus dem Kapitalvermögen zugemuthet werden. Der Unterhaltspflichtige muß die Umstände darlegen, aus denen sich seine Berechtigung zur Zurückbehaltung eines Theiles seiner Einkünfte oder aller Einkünfte ergiebt. Die Beweislast trifft ihn, nicht den Unterhaltsberechtigten, wie aus der Fassung des Gesetzes erhellt.[10])

---

[7]) Begr. Bd. 4 S. 686 Abs. 1 und S. 618 Abs. 2 zu § 1482 Entw. I, wo statt: „sonstigen Verpflichtungen" „anderweite Verpflichtungen" stand. Nach § 1603 Abs. 1 B.G.B. ist auch ein Verwandter nicht unterhaltspflichtig, wenn er bei Berücksichtigung seiner sonstigen Verpflichtungen außer Stande ist, ohne Gefährdung seines standesmäßigen Unterhalts den Unterhalt zu gewähren.

[8]) Begr. Bd. 4 S. 685 u. S. 618.

[9]) Deshalb wurde das Wort: Beeinträchtigung im § 1482 Entw. I ersetzt durch das Wort: Gefährdung im § 1498 Entw. II Prot. Bd. 4 S. 481.

[10]) Kläger hat das Bestehen des familienrechtlichen Verhältnisses und seine eigene Bedürftigkeit nachzuweisen. Sache des Beklagten ist es, darzulegen, daß mit Rücksicht auf seine Vermögensverhältnisse eine Verpflichtung zum Unterhalt ausnahmsweise nicht bestehe. Zu dieser Regelung der Beweislast hat namentlich die Erwägung geführt, daß es für den Unterhaltsberechtigten, der häufig keinen Einblick in die Vermögensverhältnisse des Verpflichteten hat, schwierig sei, den Beweis zu führen. Prot. Bd. 4 S. 480 und 481. Nach § 1482 Entw. I sollte der Kläger die Beweislast für

Wird erst in der Zwangsvollstreckung ein darauf gegründeter Einwand erhoben, so ist dieser wie jeder andere Einwand zu behandeln, der den durch das Urtheil festgestellten Anspruch selbst betrifft. § 767 C.P.O.

Zwei Drittheile[11]) der verfügbaren Einkünfte, mindestens aber so viel, als zur Bestreitung des eigenen nothdürftigen Unterhalts erforderlich ist, dürfen zurückbehalten werden. Betragen im einzelnen Falle die zwei Drittheile mehr, als zur Bestreitung des standesmäßigen Unterhalts des Verpflichteten erforderlich ist, so gebührt der Mehrbetrag dem Unterhaltsberechtigten, denn die zwei Drittheile sind nicht unter allen Umständen voll, sondern nur soweit zurückzubehalten, als sie zur Deckung des standesmäßigen Unterhalts gebraucht werden.[12]) Betragen die zwei Drittheile weniger, als zur Bestreitung des standesmäßigen Unterhalts des Verpflichteten erforderlich ist, so gebühren dem Verpflichteten die vollen zwei Drittheile, dem Berechtigten ein Drittheil.[13])

Betragen die zwei Drittheile nicht einmal soviel, daß sie zur Bestreitung des nothdürftigen Unterhalts ausreichen[14]), so kann das hierzu Fehlende außer den zwei Drittheilen zurückbehalten werden und der Unterhaltsberechtigte bekommt nur den Ueberschuß.[15])

---

die Leistungsfähigkeit des Beklagten als einer rechtserzeugenden Thatsache haben. Begr. Bd. 4 S. 687.

[11]) Es sollte ein fester Maßstab für die Fälle geschaffen werden, in denen die thatsächlichen Verhältnisse eine Einschränkung des Unterhaltsanspruchs verlangten. Der angenommene Bruchtheil entspricht der Erfahrung, daß 2 Personen, wenn sie einzeln leben, zum Leben mehr gebrauchen, als wenn sie zusammen leben. Der Entw. I § 1454 entbehrte einer solchen Bestimmung, so daß darnach der unterhaltsberechtigte Ehegatte garnichts erhalten hätte, wenn dem unterhaltspflichtigen Ehegatten vielleicht nur eine Kleinigkeit an seinem standesmäßigen Unterhalte gefehlt hätte. Prot. Bd. 4 S. 524 u. 525.

[12]) Beispiel: zum standesmäßigen Unterhalt eines jeden der beiden Ehegatten werden 3000 Mk. jährlich gebraucht. Der unterhaltspflichtige Ehegatte verfügt über 6000 Mk. Jahreseinkünfte. Dann darf er 3000 Mk. zurückbehalten und muß volle 3000 Mk. an den unterhaltsberechtigten Ehegatten abgeben. Verfügte der unterhaltspflichtige Ehegatte aber nur über 5400 Mk., so darf er nicht etwa volle zwei Drittheile, also $2 \times 1800 = 3600$ Mk., sondern auch nur 3000 Mk. zurückbehalten und muß 2400 Mk. abgeben. Dürfte er in letzterem Falle volle zwei Drittheile zurückbehalten, so würde sich, was widersinnig wäre, ergeben, daß der weniger Bemittelte mehr zurückbehalten dürfte als der Bemittelte und daß der unterhaltspflichtige Theil besser als standesmäßig leben könnte, während der unterhaltsberechtigte Theil unter seinem Stande leben müßte.

[13]) Beispiel: zum standesmäßigen Unterhalte des Verpflichteten werden jährlich 3000 Mk. gebraucht. Er verfügt über 4200 Mk. Jahreseinkünfte. Zurückbehalten kann er $2 \times 1400 = 2800$ Mk.; abgeben muß er 1400 Mk.

[14]) Bei der Bemessung des nothdürftigen Unterhalts wird man wie beim standesmäßigen Unterhalt die bloße Gefährdung, nicht Beeinträchtigung derselben als Grenze festzuhalten haben. Der Wortlaut des Gesetzes scheint dagegen zu sprechen, aber die ausschlaggebende Rücksicht auf den Verpflichteten macht sich hier noch dringender geltend als dort.

[15]) Beispiel: zum nothdürftigen Unterhalt des Verpflichteten werden 2400 Mk. jährlich gebraucht. Er verfügt über 3300 Mk. Jahreseinkünfte. Zurückbehalten kann er nicht nur $2 \times 1100 = 2200$ Mk., sondern auch noch die fehlenden 200 Mk., braucht also nur 900 Mk. abzugeben.

Hat der unterhaltspflichtige Ehegatte einem minderjährigen unverheiratheten Kinde oder in Folge seiner Wiederverheirathung dem neuen Ehegatten Unterhalt zu gewähren, so beschränkt sich seine Verpflichtung dem geschiedenen Ehegatten gegenüber auf dasjenige, was mit Rücksicht auf die Bedürfnisse sowie auf die Vermögens- und Erwerbsverhältnisse der Betheiligten der Billigkeit entspricht. § 1579 Abs. 1.[16])

Der Mann ist der Frau gegenüber unter der Voraussetzung des § 1579 Abs. 1 B.G.B. von der Unterhaltspflicht ganz befreit, wenn die Frau den Unterhalt aus dem Stamme ihres Vermögens bestreiten kann. § 1579 Abs. 2.[17])

Die Vermögens- und Erwerbsverhältnisse der geschiedenen Ehegatten unterliegen natürlich dem Wechsel und es können sich die Grundlagen für die Unterhaltsbedürftigkeit und Unterhaltsfähigkeit ändern. Solche Aenderungen machen eine neue Regelung der Unterhaltsgewährung jedenfalls dann nöthig, wenn sie geeignet sind, dauernden und wesentlichen Einfluß auf die Unterhaltsfrage auszuüben. Es soll eben der Unterhaltsberechtigte den Unterhalt so weiter beziehen, als wenn die Ehe noch bestände. Mit diesem Standpunkt ist aber die Unabänderlichkeit der Unterhaltsrente unvereinbar. Die Unterhaltsrente kann demnach nachträglich erhöht, gemindert oder ganz in Wegfall gebracht werden.[18])

Der Unterhalt ist durch Entrichtung einer **Geldrente** nach Maßgabe des § 760 B.G.B. zu gewähren.[19]) Ob, in welcher Art und für welchen Betrag der Unterhaltspflichtige **Sicherheit** zu leisten hat, bestimmt sich nach den Umständen. Statt der Rente kann der Berechtigte eine[20]) **Abfindung in Kapital** verlangen, wenn ein wichtiger Grund vorliegt. Im Uebrigen finden die für die Unterhaltspflicht der Verwandten geltenden Vorschriften der §§ 1607, 1610, des § 1611 Abs. 1, des § 1613 und für den Fall des Todes des Berechtigten die Vorschriften des § 1615 entsprechende Anwendung. § 1580.

---

[16]) Diese Bestimmung hat erst der Entw. III § 1560 Abs. 1 geschaffen.

[17]) In der 2. Kommission war man darin einig, daß die Frau, wenn sie sich aus ihrem Stammvermögen unterhalten könne, den Mann nicht in Anspruch nehmen dürfe. Prot. Bd. 4 S. 524. Entw. II § 1473 Abs. 2.

[18]) Die II. Kommission erachtete die Nachtheile, welche mit der Festlegung der Unterhaltsrente verknüpft sind, größer als die Vortheile und lehnte die hierauf gerichteten Anträge ab. Prot. Bd. 4 S. 522 u. 523.

[19]) Eine Geldrente ist für drei Monate vorauszuzahlen. Hat der Unterhaltungsberechtigte den Beginn des Zeitabschnitts erlebt, so gebührt ihm der volle auf den Zeitabschnitt entfallende Betrag. § 760 B.G.B. Die Bestimmung des § 1612, wonach der Verpflichtete verlangen kann, daß ihm die Gewährung des Unterhalts in anderer Art (z. B. durch Naturalversorgung) gestattet wird, wenn besondere Gründe es rechtfertigen, findet hier keine Anwendung. Dafür war die Rücksicht auf die in Folge der Scheidung regelmäßig unter den Eheleuten entstandene Verfeindung und Entfremdung maßgebend. Begr. Bd. 4 S. 618.

[20]) Ein Antrag, dies Recht auch dem Verpflichteten zu gewähren, wurde von der 2. Kommission abgelehnt. Auch den Erben des Verpflichteten steht dies Recht nicht zu. Prot. Bd. 4 S. 529 und 530. Dies schließt natürlich nicht aus, daß die Betheiligten das Verhältnis untereinander durch Vertrag in endgültiger Weise, insbesondere im Wege der Kapitalabfindung, ordnen. Begr. Bd. 4 S. 619 Abs. 2.

Der geschiedene unterhaltspflichtige Ehegatte [21]) haftet vor den Verwandten des Bedürftigen. Soweit jedoch der Ehegatte bei Berücksichtigung seiner sonstigen Verpflichtungen außer Stande ist, ohne Gefährdung seines standesmäßigen Unterhalts den Unterhalt zu gewähren, haften die Verwandten des Bedürftigen vor dessen Ehegatten. § 1608 Abs. 2. Sie haften auch dann vor dem Ehegatten, wenn die Rechtsverfolgung gegen diesen im Inland ausgeschlossen oder erheblich erschwert ist. Der Anspruch gegen den Ehegatten geht, soweit ein Verwandter den Unterhalt gewährt, auf diesen über. Der Uebergang kann dann zum Nachtheile des unterhaltungsberechtigten Ehegatten geltend gemacht werden. §§ 1607 Abs. 2 und 1608.

Sind neben dem geschiedenen unterhaltsberechtigten Ehegatten [22]) noch unterhaltsberechtigte Verwandte vorhanden und ist der Unterhaltspflichtige außer Stande, allen Unterhalt zu gewähren, so steht der geschiedene Ehegatte dem späteren Ehegatten und den minderjährigen unverheiratheten Kindern nach, geht aber den volljährigen sowie den verheiratheten Kindern und allen übrigen Verwandten vor. § 1609 Abs. 2. [23])

Ist der geschiedene unterhaltsberechtigte Ehegatte durch sein sittliches Verschulden bedürftig geworden, so kann er nur den nothdürftigen Unterhalt verlangen. § 1611 Abs. 1.

Für die Vergangenheit kann der Berechtigte Erfüllung oder Schadensersatz wegen Nichterfüllung nur von der Zeit an fordern, zu welcher der Verpflichtete in Verzug gekommen oder der Unterhaltsanspruch rechtshängig geworden ist. § 1613. [24])

Die im § 1614 ausgesprochene Unzulässigkeit des Verzichts auf den Unterhalt für die Zukunft und Beschränkung einer wirksamen Vorausleistung des Unterhalts ist auf den Unterhaltsanspruch des geschiedenen Ehegatten nicht übertragen worden. [25]) Der § 1614 ist daher in § 1580 Abs. 3 nicht in Bezug genommen worden. **Mit der Vorausleistung** mehrerer Geldrentenbeträge ist nicht zu verwechseln die **Kapitalabfindung** anstatt der Geldrente. Die Vorausleistung stellt nur die frühere Erfüllung später fällig werdender Ansprüche dar. Sie beseitigt diese nur, soweit sie erfüllt werden. Die Kapitalabfindung hebt den Anspruch auf Geldrente endgültig auf. Vorausleistung muß sich der Berechtigte gefallen lassen, Kapitalabfindung kann er zurückweisen.

---

[21]) Diesem steht hier ein Ehegatte, der nach § 1351 (Wiederverheirathung im Falle der Todeserklärung) unterhaltspflichtig ist, gleich. § 1608 Abs. 2.

[22]) Diesem steht hier ein Ehegatte, der nach § 1351 (Wiederverheirathung im Falle der Todeserklärung) unterhaltsberechtigt ist, gleich. § 1609 Abs. 2.

[23]) Der geschiedene Ehegatte steht nicht etwa wie der neue Ehegatte, den minderjährigen, unverheiratheten Kindern gleich. Der Entw. II hatte im § 1504 Abs. 2 diese Gleichstellung allerdings angenommen (Prot. Bd. 4 S. 531); aber die abweichende Fassung, welche dieser § im Entw. III § 1587 Abs. 2 erhalten hat, läßt sich nur dadurch erklären, daß der Bundesrath die Gleichstellung abgelehnt hat. Im Entw. I § 1483 Abs. 4 war die Nachstellung ausdrücklich ausgesprochen. Begr. Bd. 4 S. 688, 689.

[24]) Begr. Bd. 4 S. 705 und 706. Den Antrag auf Streichung dieses § lehnte die 2. Kommission ab. Prot. Bd. 4 S. 496 und 497.

[25]) Begr. Bd. 4 S. 619.

Für den Fall des **Todes** eines der beiden Ehegatten gilt als Regel, daß zwar die Pflicht zum Unterhalte des unschuldigen Ehegatten auf die Erben des verpflichteten Ehegatten, nicht aber das Recht auf Gewährung des Unterhalts auf die Erben des berechtigten Ehegatten übergeht. Mit dem Tode des Berechtigten erlischt der Unterhaltsanspruch, soweit er nicht auf Erfüllung oder Schadensersatz wegen Nichterfüllung für die Vergangenheit oder auf solche im Voraus zu bewirkende Leistungen gerichtet ist, die zur Zeit des Todes des Berechteten fällig sind. § 1615 Abs. 1.[26]) Im Falle des Todes des Berechtigten hat der Verpflichtete die Kosten der Beerdigung zu tragen, soweit ihre Bezahlung nicht von den Erben zu erlangen ist. § 1615 Abs. 2.

Die Unterhaltspflicht erlischt nicht mit dem Tode des Verpflichteten.[27]) Die Verpflichtung der Erben unterliegt nicht den Beschränkungen des § 1579.[28]) Der Berechtigte muß sich jedoch die Herabsetzung der Rente bis auf die Hälfte der Einkünfte[29]) gefallen lassen, die der Verpflichtete zur Zeit des Todes aus seinem Vermögen bezogen hat.[30]) Einkünfte aus einem Rechte, das mit dem Eintritt eines bestimmten Zeitpunkts oder Ereignisses erlischt,[31]) bleiben von dem Eintritte des Zeitpunkts oder des Ereignisses an außer Betracht. Sind mehrere Berechtigte[32]) vorhanden, so

---

[26]) Da der hier fragliche Unterhaltsanspruch die Befriedigung eines persönlichen Bedürfnisses des unschuldigen Ehegatten bezweckt, so muß mit dem Tode des letzteren die Unterhaltsverpflichtung für die Zukunft erlöschen. Begr. Bd. 4 S. 619. Die davon ausgenommenen Leistungen sind solche, welche nach §§ 1580 und 760 als bereits zur Zeit des Todes des Berechtigten erworben gelten. Begr. Bd. 4 S. 711.

[27]) Hierin liegt eine Abweichung von der Unterhaltspflicht der Verwandten, welche nicht nur mit dem Tode des Berechtigten, sondern auch mit dem Tode des Verpflichteten erlischt. § 1615 Abs. 1. Der Entw. I hatte in derselben Weise sowohl die Unterhaltspflicht der Verwandten, wie die der geschiedenen Ehegatten geregelt. §§ 1496 und 1454 Abs. 1 Entw. I. Begr. Bd. 4 S. 711 und 619. Die 2. Kommission anerkannte jedoch im Interesse des unschuldigen Ehegatten die Vererblichkeit der Unterhaltspflicht. Wenn die Sache auch so anzusehen sei, als ob die Ehe noch fortbestehe und daher mit dem Tode des Verpflichteten der Unterhaltsanspruch erlösche, so bilde doch der dem überlebenden Ehegatten aus dem Nachlasse des Verstorbenen zukommende Betrag, wenn auch nicht juristisch, so doch wirthschaftlich das Entgelt für den verlorenen Unterhalt und sei wesentlich dazu bestimmt, als Quelle für den ferneren Unterhalt zu dienen. Prot. Bd. 4 S. 526.

[28]) Der § 1579 bezweckt, den schuldigen Ehegatten vor einer Gefährdung seines nothdürftigen Unterhalts zu schützen; der nothdürftige Unterhalt seiner Erben kann aber einen Maßstab nicht abgeben. Prot. Bd. 4 S. 528.

[29]) Das Stammvermögen bleibt sonach unberührt.

[30]) Hiernach kann der Unterhaltsanspruch mit dem Tode des Verpflichteten unter Umständen eine starke Herabsetzung erfahren; dafür genießt aber der berechtigte Ehegatte den Vortheil, daß sein Anspruch vor Schwankungen, die sich aus Veränderungen in der Person des Verpflichteten ergeben könnten, gesichert ist; denn da die Rente in ihrer Höhe von später eintretenden Vermehrungen oder Verminderungen der Einkünfte des beim Tode des schuldigen Ehegatten vorhandenen Vermögens nicht berührt wird, so gewährt der Uebergang des Unterhaltsanspruchs auf die Erben des schuldigen Ehegatten die Aussicht auf ein sicheres, wenn auch knapp bemessenes Einkommen. Prot. Bd. 4 S. 527 u. 528.

[31]) z. B. Das Urheberrecht.

[32]) z. B. mehrere geschiedene, unschuldige Ehegatten.

kann der Erbe die Renten nach dem Verhältniß ihrer Höhe soweit herabsetzen, daß sie zusammen der Hälfte der Einkünfte gleichkommen. § 1582. Hat der verstorbene Verpflichtete zuletzt in allgemeiner Gütergemeinschaft oder Fahrnißgemeinschaft gelebt, so bildet der Unterhaltsanspruch eine Gesammtgutsverbindlichkeit, welche wie jede andere zu behandeln ist.[33])

Die Unterhaltspflicht erlischt mit der Wiederverheirathung des Berechtigten. Im Falle der Wiederverheirathung des Verpflichteten finden die Vorschriften des § 1604 entsprechende Anwendung. Der § 1604 bestimmt:

„Soweit die Unterhaltspflicht einer Frau ihren Verwandten gegenüber davon abhängt, daß sie zur Gewährung des Unterhalts im Stande ist, kommt die dem Manne an dem eingebrachten Gute zustehende Verwaltung und Nutznießung nicht in Betracht.

Besteht allgemeine Gütergemeinschaft, Errungenschaftsgemeinschaft oder Fahrnißgemeinschaft, so bestimmt sich die Unterhaltspflicht des Mannes oder der Frau Verwandten gegenüber so, wie wenn das Gesammtgut dem unterhaltspflichtigen Ehegatten gehörte. Sind bedürftige Verwandte beider Ehegatten vorhanden, so ist der Unterhalt aus dem Gesammtgute so zu gewähren, wie wenn die Bedürftigen zu beiden Ehegatten in dem Verwandtschaftsverhältnisse ständen, auf dem die Unterhaltspflicht des verpflichteten Ehegatten beruht."

Ist die Ehe wegen Geisteskrankheit eines Ehegatten geschieden, so hat ihm der andere Ehegatte Unterhalt in gleicher Weise zu gewähren, wie ein allein für schuldig erklärter Ehegatte. § 1583.[34])

An dieser Stelle soll auch der Unterhaltsanspruch des von dem anderen **getrennt lebenden Ehegatten** erläutert werden.

„Leben die Ehegatten getrennt, so ist, so lange einer von ihnen die Herstellung des ehelichen Lebens verweigern darf und verweigert, der Unterhalt durch Entrichtung einer Geldrente zu gewähren; auf die Rente finden die Vorschriften des § 760 Anwendung. Der Mann hat der Frau auch die zur Führung eines abgesonderten Haushalts erforderlichen Sachen aus dem gemeinschaftlichen Haushalte zum Gebrauche herauszugeben, es sei denn, daß die Sachen für ihn unentbehrlich sind oder daß sich

---

[33]) Prot. Bd. 4 S. 527.

[34]) Wie im § 1478 Abs. 3 bei der Theilung des Gesammtguts wird auch hier der geistig gesunde Ehegatte gleich dem schuldigen Ehegatten behandelt. Prot. Bd. 4 S. 532. Vergl. auch S. 443, 444, 534 und 535.

solche Sachen in dem der Verfügung der Frau unterliegenden Vermögen befinden.

Die Unterhaltspflicht des Mannes fällt weg oder beschränkt sich auf die Zahlung eines Beitrags, wenn der Wegfall oder die Beschränkung mit Rücksicht auf die Bedürfnisse sowie auf die Vermögens- und Erwerbsverhältnisse der Ehegatten der Billigkeit entspricht." § 1361.[35])

Dieser § bezieht sich auf den Fall, daß die Ehegatten thatsächlich von einander getrennt leben und einer von ihnen mit Recht die Herstellung des ehelichen Lebens verweigert. Gerichtliche Erlaubniß zum Getrenntleben wird hierbei nicht vorausgesetzt. Das Recht eines Ehegatten, sich auch ohne richterliche Erlaubniß der häuslichen Gemeinschaft zu entziehen, wenn dies nach allgemeinen Grundsätzen gerechtfertigt ist, hat als selbstverständlich im Gesetz keinen besonderen Ausdruck gefunden.[36]) Ist durch gerichtliches Urtheil gemäß § 1576 auf Aufhebung der ehelichen Gemeinschaft erkannt, so verweigert jeder Ehegatte dem anderen zwar auch mit Recht die Herstellung des ehelichen Lebens, aber in diesem Falle sind nach § 1586 die mit der Scheidung verbundenen Wirkungen eingetreten, von denen § 1361 nichts enthält. Ebensowenig setzt die Anwendung des § 1361 voraus, daß der die Herstellung des ehelichen Lebens verweigernde Ehegatte einen Termin zum Sühneversuche nachsucht oder auf Aufhebung der ehelichen Gemeinschaft, Scheidung oder Nichtigkeitserklärung der Ehe klagt oder die Ehe anficht. Für die letzteren Fälle ist im § 627 C.P.O. dem Gerichte die Befugniß beigelegt, durch **einstweilige Verfügung** die Unterhaltspflicht der Ehegatten für die Dauer des Rechtsstreits nach Maßgabe des § 1361 zu ordnen. Die Entrichtung der Geldrente und Herausgabe der Haushaltsachen kann durch selbständige Klage bezw. einstweilige Verfügung erzwungen werden.

Ein Ehegatte darf die **Herstellung des ehelichen Lebens** verweigern, wenn und solange er berechtigt ist, aus einem der in den §§ 1565 bis 1568 aufgeführten Scheidungsgründe auf Scheidung zu klagen. Dies folgt aus § 1353 Abs. 2 Satz 2.[37]) Aber auch wenn ein Scheidungsgrund

---

[35]) Der § 1361 B.G.B. stimmt wörtlich mit § 1344 Entw. IV, § 1346 Entw. III, sachlich mit § 1261 Entw. II überein und weicht vom § 1460 Entw. I nur hinsichtlich des 1. Absatzes dieses § ab. Begr. Bd. 4 S. 633—635. Prot. Bd. 4 S. 451. Bericht der Reichst.Kom. S. 129.

[36]) Begr. Bd. 4 S. 637, 639. R.G. 22./11. 86 in Entsch. Bd. 17 S. 213 und 7./3. 87 in Entsch. Bd. 18 S. 189.

[37]) Den Satz: „Das Gleiche gilt, wenn der andere Ehegatte berechtigt ist, auf Scheidung zu klagen" enthielten die Entwürfe I bis IV nicht. Erst die Reichstagskommission beschloß den Zusatz, daß ein Ehegatte, der wegen eines Verschuldens des anderen Ehegatten berechtigt sei, auf Scheidung zu klagen, die Herstellung der häuslichen Gemeinschaft verweigern könne. Die Worte „wegen eines Verschuldens des anderen Ehegatten" wurden sodann von der Redaktionskommission als überflüssig erachtet, nachdem § 1552 Entw. IV (Ehescheidung wegen Geisteskrankheit) gestrichen worden war. Bericht S. 123. Es ist übersehen worden, die für überflüssig er-

nicht vorliegt oder die Geltendmachung eines vorliegenden Scheidungsgrundes durch Verzeihung oder Zeitablauf ausgeschlossen ist, darf ein Ehegatte die Herstellung des ehelichen Lebens verweigern, wenn sich das Verlangen des anderen Ehegatten nach Herstellung der Gemeinschaft als Mißbrauch seines Rechtes darstellt. § 1353 Abs. 2 Satz 1.[38]) Nur zu einer solchen Lebensgemeinschaft sind die Ehegatten berechtigt, wie sie dem Wesen der Ehe entspricht.[39])

Mit Recht verweigert die Gemeinschaft auch der zur Nichtigkeits- oder Anfechtungsklage berechtigte Ehegatte, wenn die Voraussetzungen des § 1345 Abs. 1 B.G.B. vorliegen.

Für die zur Zeit des Inkrafttretens des B.G.B. bestehenden Ehen ist die **Uebergangsvorschrift** gegeben, daß sich die gegenseitige Unterhaltspflicht der Ehegatten nach den Vorschriften des B.G.B. bestimmt.[40]) Damit ist zugleich vorgeschrieben, daß ein am 1. Januar 1900 anhängiger, die Herstellung des ehelichen Lebens betreffender Rechtsstreit nach den Bestimmungen des B.G.B. zu erledigen ist.[41])

§ 34.

Widerruf von Schenkungen. Unwirksamkeit letztwilliger Verfügungen. Ausschließung des Erbrechts. Einfluß der Scheidung auf die Auseinandersetzung des Vermögens.

Ist ein Ehegatte allein für schuldig erklärt, so kann der andere Ehegatte Schenkungen [1]), die er ihm während des Brautstandes oder während der Ehe gemacht hat, widerrufen. Die Vorschriften des § 531 finden An-

---

achteten Worte wieder einzuschalten, nachdem der Reichstag in 3. Lesung den Scheidungsgrund der Geisteskrankheit wieder angenommen hatte.

[38]) Z. B. wenn der Mann an die Frau das Ansinnen stellt, ihm an einen Ort zu folgen, wo eine dem Wesen der Ehe entsprechende Lebensgemeinschaft ausgeschlossen ist. Prot. Bd. 4 S. 95.

[39]) Nach Lage des Falles kann sich als Mißbrauch seines Rechtes das Verlangen des Ehegatten darstellen, vor der von ihm versprochenen kirchlichen Trauung die eheliche Gemeinschaft zu beginnen. Die Verweigerung der zugesicherten kirchlichen Trauung schlechthin als Grund zur Verweigerung der ehelichen Gemeinschaft gesetzlich anzuerkennen, wurde in der Kommission abgelehnt. Prot. Bd. 4 S. 95—97. Ebenso ist ein Vorschlag, die Anfechtung der Ehe dann zuzulassen, wenn die nach kirchlicher Vorschrift erforderte Trauung von dem anderen Theile verweigert wird oder nicht erlangt werden kann, bei der 2. Lesung abgelehnt worden. Prot. Bd. 4 S. 79, 80.

[40]) Art. 199 Einf.G. z. B.G.B. Dieser stimmt sachlich überein mit Art. 118 Entw. I Einf.G. z. B.G.B.

[41]) Begr. Entw. I Einf.G. z. B.G.B. S. 280.

[1]) Unter dem Ausdrucke „Schenkungen“ sind nur Schenkungen unter Lebenden und solche Schenkungen auf den Todesfall zu verstehen, welche nach § 2301 Abs. 2 B.G.B. als Schenkungen unter Lebenden behandelt werden. Begr. Bd. 4 S. 613.

wendung.[2]) Der Widerruf ist ausgeschlossen, wenn seit der Rechtskraft des Scheidungsurtheils ein Jahr verstrichen oder wenn der Schenker oder der Beschenkte gestorben ist. § 1584.[3])

Wenn beide Ehegatten für schuldig erklärt sind, steht keinem von ihnen das Widerrufsrecht zu, denn dieses ist aus billiger Rücksicht auf den unschuldigen Ehegatten gegeben.[4])

Hier mögen auch die Bestimmungen Platz finden, wonach letztwillige Verfügungen, durch die ein Ehegatte den andern bedacht hat, im Zweifel unwirksam sind, wenn die Ehe geschieden worden ist, ohne Unterschied, ob der bedachte Ehegatte allein für schuldig erklärt worden ist oder nicht.[5])

„Eine letztwillige Verfügung, durch die der Erblasser seinen Ehegatten bedacht hat, ist unwirksam, wenn die **Ehe nichtig** oder wenn sie vor dem Tode des Erblassers **aufgelöst** worden ist. Der Auflösung der Ehe steht es gleich, wenn der Erblasser zur Zeit seines Todes auf **Scheidung** wegen Verschuldens des Ehegatten zu klagen berechtigt war und die Klage auf Scheidung oder auf Aufhebung der ehelichen Gemeinschaft erhoben hatte.

Die Verfügung ist nicht unwirksam, wenn anzunehmen ist, daß der Erblasser sie auch für einen solchen Fall getroffen haben würde." § 2077 Abs. 1 und 3.

„Ein gemeinschaftliches Testament ist in den Fällen des § 2077 seinem ganzen Inhalte nach unwirksam.

Wird die Ehe vor dem Tode eines der Ehegatten aufgelöst oder liegen die Voraussetzungen des § 2077 Abs. 1 Satz 2 vor, so bleiben die Verfügungen insoweit wirksam, als anzunehmen ist, daß sie auch für diesen Fall getroffen sein würden." § 2268.

„Auf vertragsmäßige Zuwendungen und Auflagen finden die für letztwillige Zuwendungen und Auflagen geltenden Vorschriften entsprechende Anwendung.

Die Vorschriften des § 2077 gelten für einen Erbvertrag zwischen Ehegatten oder Verlobten auch insoweit, als ein Dritter bedacht ist." § 2279.

---

[2]) Der § 531 bestimmt:

„Der Widerruf erfolgt durch Erklärung gegenüber dem Beschenkten.

Ist die Schenkung widerrufen, so kann die Herausgabe des Geschenkes nach den Vorschriften über die Herausgabe einer ungerechtfertigten Bereicherung gefordert werden."

[3]) Der § 1584 B.G.B. entspricht dem § 1453 Entw. I, der in der Kom. II sachlich keinen Widerspruch erfuhr. Prot. Bd. 4 S. 438.

[4]) Begr. Bd. 4 S. 612.

[5]) Denkschr. S. 319.

„Das Erbrecht des überlebenden Ehegatten sowie das Recht auf den Voraus ist ausgeschlossen, wenn der Erblasser zur Zeit seines Todes auf Scheidung wegen Verschuldens des Ehegatten zu klagen berechtigt war und die Klage auf Scheidung oder auf Aufhebung der ehelichen Gemeinschaft erhoben hatte.“ § 1933.

Inwiefern Kindern die ihnen von den Eltern in Verfügungen von Todeswegen ausgesetzten Vortheile verbleiben, trotzdem diese Verfügungen im Verhältnisse der Ehegatten zu einander durch die Scheidung hinfällig werden, richtet sich nach den Bestimmungen des Erbrechts (§§ 2077, 2085, 2161, 2279).[6])

Welchen Einfluß die Scheidung der Eheleute, für deren Ehe vertragsmäßig die allgemeine Gütergemeinschaft vereinbart war, auf die Auseinandersetzung übt, bestimmt § 1478 dahin:

„Sind die Ehegatten **geschieden** und ist einer von ihnen allein für schuldig erklärt, so kann der andere verlangen, daß jedem von ihnen der Werth desjenigen zurückerstattet wird, was er in die Gütergemeinschaft eingebracht hat; reicht der Werth des Gesammtguts zur Rückerstattung nicht aus, so hat jeder Ehegatte die Hälfte des Fehlbetrags zu tragen.

Als eingebracht ist anzusehen, was eingebrachtes Gut gewesen sein würde, wenn Errungenschaftsgemeinschaft bestanden hätte. Der Werth des Eingebrachten bestimmt sich nach der Zeit der Einbringung.

Das im Abs. 1 bestimmte Recht steht auch dem Ehegatten zu, dessen Ehe wegen seiner Geisteskrankheit geschieden worden ist.“

§ 35.

Kinder aus geschiedenen Ehen.

Durch die Scheidung wird das die Eltern unter einander verknüpfende Band der Ehe gelöst, nicht aber das die Eltern mit den Kindern verknüpfende Familienband. Die rechtlichen Beziehungen der Eltern zu den Kindern beruhen nicht auf der Ehe, sondern auf der ehelichen Zeugung. Da diese ihre Grundlage trotz der Auflösung der Ehe fortbesteht, so hat die Scheidung der Eltern daher auf ihr Rechtsverhältniß zu den Kindern regelmäßig keinen Einfluß. Die Kinder bleiben der Scheidung ungeachtet

[6]) Begr. Bd. 4 S. 622.

eheliche [1]) und behalten die ihnen durch die eheliche Geburt gegen die Eltern erwachsenen Rechte. Insbesondere behalten sie das ihnen gegen beide Eltern zustehende Recht auf Erziehung und Unterhalt sowie das Erbrecht. [2]) Auch die rechtlichen Beziehungen der Eltern unter einander in Ansehung der Kinder erfahren durch die Scheidung regelmäßig keine Aenderung. Dies gilt namentlich davon, ob dem Vater oder der Mutter die elterliche Gewalt zusteht. Ausnahmen sind nur in Bezug auf folgende zwei Fragen zugelassen:

1. Welchem Theile der Eltern ist nach deren Scheidung die thatsächliche Sorge für die Person der Kinder anzuvertrauen?
2. Nach welchem Maßstabe sind nach der Scheidung die Eltern im Verhältniß zu einander zur Erfüllung ihrer gemeinsamen Pflicht zum Unterhalt der Kinder anzuhalten?

„Ist die Ehe aus einem der in den §§ 1565—1568 bestimmten Gründe geschieden [3]), so steht, solange die geschiedenen Ehegatten leben [4]), die Sorge für die Person des Kindes [5]), wenn ein Ehegatte allein für schuldig erklärt ist, dem anderen Ehegatten zu; sind beide Ehegatten für schuldig erklärt, so steht

---

[1]) „Die Unehelichkeit eines Kindes, das während der Ehe oder innerhalb 302 Tagen nach der Auflösung der Ehe geboren ist, kann nur geltend gemacht werden, wenn der Mann die Ehelichkeit angefochten hat oder, ohne das Anfechtungsrecht verloren zu haben, gestorben ist." § 1593 B.G.B.

„Wird von einer Frau, die sich nach der Auflösung ihrer Ehe wiederverheirathet hat, ein Kind geboren, das nach den §§ 1591 bis 1599 ein eheliches Kind sowohl des ersten als des zweiten Mannes sein würde, so gilt das Kind, wenn es innerhalb 270 Tagen nach der Auflösung der früheren Ehe geboren wird, als Kind des ersten Mannes, wenn es später geboren wird, als Kind des zweiten Mannes." § 1600.

[2]) Wegen des Einflusses der Scheidung auf die Wirksamkeit letztwilliger Verfügungen in Ansehung der Kinder vergl. oben § 34.

[3]) Erst mit der Rechtskraft des Scheidungsurtheils ist die Ehe geschieden. Während des Scheidungsprozesses kann für die Dauer desselben das Prozeßgericht auf Antrag eines der Ehegatten nach Maßgabe des § 627 C.P.O. durch einstweilige Verfügung wegen der Sorge für die Person der gemeinschaftlichen minderjährigen Kinder, soweit es sich nicht um die gesetzliche Vertretung handelt, Anordnungen treffen. Der Anspruch eines Ehegatten, ihm für die Zeit nach der Ehescheidung das Recht der Sorge für die Person des Kindes zuzusprechen, kann nicht verbunden mit dem Anspruch auf Scheidung in der Scheidungsklage geltend gemacht werden. § 615 Abs. 2 C.P.O.

[4]) Nach dem Tode eines geschiedenen Ehegatten treten, da dem überlebenden Ehegatten das Recht des gestorbenen nicht mehr entgegensteht, die allgemeinen Bestimmungen über die elterliche Gewalt wieder in Kraft. Das Interesse der Kinder wird dann durch die Bestimmungen der §§ 1666 u. f. und 1686 genügend geschützt. Begr. Bd. 4 S. 627

[5]) Da das Kind nur, solange es minderjährig ist, unter elterlicher Gewalt steht (§ 1626), die Sorge für die Person des Kindes aber ein Ausfluß der elterlichen Gewalt ist (§ 1627), so dauert das Recht und die Pflicht, für die Person des Kindes zu sorgen, regelmäßig nur bis zur Volljährigkeit des Kindes. (Ausnahme § 1682.)

die Sorge für einen Sohn unter sechs Jahren oder für eine Tochter der Mutter, für einen Sohn, der über sechs Jahre alt ist, dem Vater zu.[6]) Das Vormundschaftsgericht[7]) kann eine abweichende Anordnung treffen, wenn eine solche aus besonderen Gründen im Interesse des Kindes geboten ist; es kann die Anordnung aufheben, wenn sie nicht mehr erforderlich ist.

Das Recht des Vaters zur Vertretung des Kindes bleibt unberührt." § 1635.[8])

Der § 1635 handelt lediglich von der **Sorge für die Person des Kindes**, läßt aber die übrigen in der elterlichen Gewalt enthaltenen Befugnisse unberührt.[9]) Insbesondere verbleiben dem Inhaber der elterlichen Gewalt das Recht und die Pflicht, für das Vermögen des Kindes zu sorgen (§ 1627), die Vertretung des Kindes (§ 1630) und die Nutznießung an dem Vermögen des Kindes (§ 1649). Die Sorge für die Person des Kindes umfaßt das Recht und die Pflicht, das Kind zu erziehen, zu beaufsichtigen und seinen Aufenthalt zu bestimmen. Der Inhaber der elterlichen Gewalt kann kraft des Erziehungsrechts angemessene Zuchtmittel gegen das Kind anwenden. Auf seinen Antrag hat das Vormundschaftsgericht ihn durch Anwendung geeigneter Zuchtmittel zu unterstützen. § 1631. Die Pflicht, für die Person des Kindes zu sorgen, ist nicht zu verwechseln mit der Pflicht, das Kind zu unterhalten. Von der Unterhaltungspflicht wird unten gehandelt.

Der § 1635 unterscheidet die beiden Fälle, wenn *ein* Ehegatte allein für schuldig erklärt ist und wenn *beide* Ehegatten für schuldig erklärt sind. Im ersteren Falle steht die Erziehung sämmtlicher Kinder *ohne Unterschied des Geschlechts* dem unschuldigen Ehegatten zu, im letzteren Falle ist eine Vertheilung der Kinder nach dem Geschlechte vorgeschrieben, jedoch mit der Einschränkung, daß auch Söhne bis zum zurückgelegten

---

[6]) Der Berechtigte kann, wenn ihm vom anderen Ehegatten das Kind widerrechtlich vorenthalten wird, die Herausgabe desselben im Prozeßwege erzwingen.

[7]) Die Zuständigkeit des Vormundschaftsgerichts (nicht des Prozeßgerichts) entspricht dem Grundsatze, daß die Entscheidung über die Beschränkung oder die Entziehung der elterlichen Gewalt überhaupt dem Vormundschaftsgerichte zusteht. §§ 1666 u. f., § 1686. Begr. Bd. 4 S. 627. Vergl. auch wegen Unzulässigkeit der Verbindung einer Entscheidung über die Erziehungsfrage mit der Scheidungsklage § 615 C.P.O. und R.G.Entsch. Bd. 9 S. 111. Wenn nun auch für die im Interesse des Kindes gebotenen abweichenden Anordnungen im Sinne des 2. Satzes des § 1635 ausschließlich das Vormundschaftsgericht zuständig ist, so ist damit nicht gesagt, daß es auch für die Entscheidung der Streitigkeiten der Eltern über Anwendung und Auslegung des 1. Satzes des § 1635 überhaupt zuständig ist. Vielmehr kann zur Herbeiführung einer solchen Entscheidung nur das ordentliche Prozeßgericht angerufen werden. Vergl. R.G. 24./9. 88 in Bolze Bd. 6 Ziff. 707, 30./11. 93 in Gruchot Bd. 38 S. 475 und Jur. W. 1894 S. 59 Ziff. 21.

[8]) Der § 1635 B.G.B. stimmt sachlich mit § 1456 Entw. I, § 1479 Entw. II, § 1613 Entw. III, mit letzterem auch wörtlich überein.

[9]) Begr. Bd. 4 S. 623.

sechsten Lebensjahre (dem regelmäßigen Beginne der Schulpflicht) der Mutter zugewiesen werden.[10])

Das Einschreiten des **Vormundschaftsgerichts** ist davon abhängig gemacht, daß besondere Umstände das Einschreiten im Interesse des Kindes gebieten.[11]) Die hier dem Vormundschaftsgerichte beigelegte Befugniß geht aber nur dahin, eine anderweitige Regelung der Sorge für die Person unter den Eltern selbst vorzunehmen; dagegen ist das Vormundschaftsgericht auf Grund der hier fraglichen besonderen Bestimmung nicht befugt, die Sorge für die Person beiden Ehegatten zu entziehen und einem Dritten zu übertragen. Vielmehr verbleibt es in dieser Hinsicht bei den allgemeinen Grundsätzen der elterlichen Gewalt und des Vormundschaftsrechts[12]) (vergl. §§ 1666, 1676, 1677, 1685, 1773, 1909). Einigen sich die Eltern über die Vertheilung der Kinder und findet das Vormundschaftsgericht keine Veranlassung zum Einschreiten, so bewendet es bei der getroffenen **Uebereinkunft.** Verbindliche Kraft wohnt aber einer solchen Uebereinkunft nicht bei. Es kann daraus nicht bei dem Prozeßgericht geklagt werden.[13]) Eine die Eltern bindende Uebereinkunft über die Erziehungsfrage ist selbst dann unzulässig, wenn sie mit dem Vorbehalte getroffen würde, daß seine Wirksamkeit von der Genehmigung des Vormundschaftsgerichts abhängen und dieses befugt sein solle, seine Genehmigung jeder Zeit zurückzuziehen.[14])

> „Der Ehegatte, dem nach § 1635 die Sorge für die Person des Kindes nicht zusteht, behält die Befugniß, mit dem Kinde persönlich zu verkehren.[15]) Das Vormundschaftsgericht kann den Verkehr näher regeln." § 1636.

---

[10]) Ueber die maßgebenden Erwägungen vergl. Begr. Bd. 4 S. 624 und 625.

[11]) Diese Machterweiterung des Vormundschaftsgerichts gegenüber den allgemeinen Grundsätzen der §§ 1666 und 1686 erschien angemessen, weil in Folge der Scheidung die in dem Zusammenwirken der Eltern liegende Gewähr für eine sorgfältige Erziehung der Kinder wegfällt und die Entscheidung der Schuldfrage im Ehescheidungsprozesse nicht immer einen unbedingt sicheren Maßstab giebt, das Wohl der Kinder daher eines erhöhten Schutzes bedarf. Begr. Bd. 4 S. 626. Denkschr. S. 330.

[12]) Begr. Bd. 4 S. 626.

[13]) Die im R.G. 28./10. 97 in Gruchot Bd. 52 S. 126 angenommenen Rechtssätze, daß geschiedene Eheleute das Erziehungsrecht ihrer Kinder — vorbehaltlich anderer Bestimmungen des Vormundschaftsgerichts — vertragsmäßig regeln können, daß ein solches Abkommen nach den Grundsätzen von Verträgen über Handlungen zu beurtheilen und daß bei Verletzungen des Vertrages der Rechtsweg zulässig sei, gelten nicht mehr.

[14]) Die Zulassung einer bindenden Uebereinkunft ist mit dem Gesichtspunkte, daß das Recht der Sorge für die Person der Kinder nur die Kehrseite einer den Eltern gegenüber den Kindern obliegenden Pflicht ist, auf welche selbstverständlich nicht verzichtet werden kann, nicht vereinbar und auch durch ein Bedürfniß nicht geboten. Zudem wäre die Zulassung geeignet, die Scheidungen zu befördern. Begr. Bd. 4 S. 627 u. 628.

[15]) Auch der schuldige Theil muß das Recht haben, sich durch eigene Wahrnehmung von dem geistigen und leiblichen Wohle der Kinder in angemessenen Zeiträumen zu überzeugen und durch den persönlichen Verkehr einer völligen Entfremdung vorzubeugen. Vergl. R.G. 19./11. 97 in Jur. W. 1898 S. 57 Ziff. 39.

Die Zulassung des persönlichen Verkehrs des schuldigen Theils mit den Kindern ist ein Gebot der Billigkeit.[16]) Es können zwar Fälle eintreten, in denen der persönliche Verkehr auf das Kind einen nachtheiligen Einfluß ausübt,[17]) jedoch versagt das Gesetz die Möglichkeit, den Verkehr gänzlich auszuschließen,[18]) vertraut vielmehr dem Vormundschaftsgerichte, daß es durch sachgemäße Anordnungen[19]) über Zeit, Ort und Bedingungen des Verkehrs jeder Gefahr für das persönliche Wohl des Kindes vorbeugen werde.[20]) Regeln die Eltern den persönlichen Verkehr des schuldigen Theils mit den Kindern durch beiderseitige Uebereinkunft und wird nach dem Ermessen des Vormundschaftsgerichts dadurch das Wohl der Kinder nicht gefährdet, so kann es bei der Uebereinkunft bewenden, aber verbindliche Kraft wohnt ihr ebensowenig bei, wie der Uebereinkunft über Regelung der Erziehungsfrage. Eine Klage bei dem Prozeßgerichte läßt sich darauf nicht gründen.

> „Ist die Ehe nach § 1348 Abs. 2 (Wiederverheirathung im Falle der Todeserklärung) aufgelöst, so gilt in Ansehung der Sorge für die Person des Kindes das Gleiche, wie wenn die Ehe geschieden ist und beide Ehegatten für schuldig erklärt sind.“ § 1637.

Für den Fall, daß die Ehe wegen Geisteskrankheit eines Ehegatten geschieden wird, trifft das Gesetz keine ausdrückliche Bestimmung darüber, wie es dann mit der Erziehung der Kinder zu halten sei. Daraus folgt, daß dann nach der allgemeinen Bestimmung des § 1685 zu verfahren ist.[21])

Verwandte in gerader Linie sind verpflichtet, einander **Unterhalt** zu gewähren. § 1601. Die Unterhaltspflicht der Eltern gegenüber den Kindern beruht also auf der Verwandtschaft, nicht auf der Ehe und kann mithin im Verhältniß zu den Kindern durch die Scheidung der Ehe nicht beseitigt oder auch nur geändert werden. Sie besteht nach der Scheidung den Kindern gegenüber in demselben Umfange und in derselben Ordnung fort, wie sie vor der Scheidung bestanden hat. Demgemäß haftet, wie § 1606 Abs. 2 bestimmt, der Vater vor der Mutter, ausgenommen wenn der Mutter die Nutznießung an dem Vermögen des Kindes zusteht,[22]) in welchem Falle die Mutter vor dem Vater haftet. Diese Reihenfolge der

---

[16]) Denkschrift S. 330.

[17]) Z. B. wenn die Mutter eine Prostituirte oder der Vater ein Säufer ist.

[18]) Begr. Bd. 4 S. 628.

[19]) Das Gericht handelt nach freiem Ermessen. Anordnungen, die das Erziehungsrecht des unschuldigen Ehegatten beeinträchtigen würden, sind ausgeschlossen. Vergl. R.G. 19./11. 97 in Jur. W. 1898 S. 57 Ziff. 39.

[20]) Ein auf Ermächtigung des Vormundschaftsgerichts zur gänzlichen Ausschließung eines Ehegatten von dem persönlichen Verkehr mit den Kindern gerichteter Antrag wurde von der Kom. II abgelehnt. Prot. Bd. 4 S. 449.

[21]) Prot. Bd. 4 S. 661.

[22]) Begr. Bd. 4 S. 691.

Haftung gilt ohne Rücksicht darauf, ob nach § 1635 das Recht der Sorge für die Person des Kindes dem Vater oder der Mutter zusteht.[23])

Im Verhältniß der Eltern zu einander sind diese jedoch gemeinschaftlich[24]) nach Maßgabe der gesetzlichen Bestimmungen verpflichtet, die Kosten des Unterhalts der Kinder zu tragen. Hierüber bestimmt § 1585:[25])

„Hat der Mann einem gemeinschaftlichen Kinde Unterhalt zu gewähren, so ist die Frau verpflichtet,[26]) ihm aus den Einkünften ihres Vermögens und dem Ertrag ihrer Arbeit[27]) oder eines von ihr selbstständig betriebenen Erwerbsgeschäfts einen angemessenen Beitrag zu den Kosten des Unterhalts zu leisten, soweit nicht diese durch die dem Manne an dem Vermögen des Kindes zustehende Nutznießung gedeckt werden.[28])

Der Anspruch des Mannes ist nicht übertragbar.[29])

Steht der Frau die Sorge für die Person des Kindes zu[30]) und ist eine erhebliche Gefährdung des

---

[23]) Begr. Bd. 4 S. 628.

[24]) Die Bestimmung, daß der Vater vor der Mutter haftet, beruht mit auf der bevorzugten Stellung, die der Vater als das Haupt der Familie in der Ehe einnimmt. Begr. Bd. 4 S. 691. Mit der Scheidung fällt diese Voraussetzung aber hinweg, und es ist daher billig, wenn nach der Scheidung, wenigstens im Verhältnisse der Ehegatten unter einander, auch die Ehefrau zugleich mit dem Ehemanne die gemeinschaftlichen Kinder zu unterhalten verpflichtet ist. Begr. Bd. 4 S. 629.

[25]) Der § 1585 B.G.B. stimmt sachlich mit § 1481 Entw. II, § 1566 Entw. III, mit letzterem auch wörtlich überein. Der entsprechende § 1458 Entw. I ist in mehreren Punkten geändert und ergänzt worden.

[26]) Die Mitverpflichtung der Frau trifft diese ohne Rücksicht darauf, ob sie für den schuldigen Theil erklärt worden ist oder nicht. Begr. Bd. 4 S. 629.

[27]) Die Ausdehnung der Beitragspflicht der Frau auf den Ertrag ihrer Arbeit wurde bei der 2. Lesung beschlossen. Sie entspricht der Bestimmung des § 1427 Abs. 2 bei Gütertrennung. Prot. Bd. 4 S. 450. Entw. I § 1458; Entw. II § 1481.

[28]) Entw. I § 1458 geht davon aus, daß der Vater, wenn ihm die elterliche Nutznießung zusteht, von der Mutter keinen Beitrag verlangen könne, selbst wenn er aus der Nutznießung wenig oder garnichts beziehe. Begr. Bd. 4 S. 629. Bei der 2. Lesung erachtete man es für angemessen, die Mutter zur Beitragsleistung heranzuziehen, wenn und soweit der Vater die Kosten des Unterhalts aus der Nutznießung nicht decken könne. Prot. Bd. 4 S. 450. Entw. II § 1481. Es kommt demnach darauf an, den Reinertrag der elterlichen Nutznießung festzustellen, was wohl weniger auf eine genaue Berechnung als eine billige Veranschlagung hinauslaufen kann. Die gegenwärtige Regelung entspricht der Bestimmung des § 1371 in Bezug auf das Vorbehaltsgut der Frau. Uebrigens kann der Mann nach § 1662 auf Nutznießung verzichten.

[29]) Die Nichtübertragbarkeit des Anspruchs soll die Erreichung des Zweckes, dem die Beitragspflicht der Frau dient, thunlichst sicherstellen. Begr. Bd. 4 S. 630. Nach § 851 Abs. 1 C.P.O. ist eine Forderung in Ermangelung besonderer Vorschriften der Pfändung nur insoweit unterworfen, als sie übertragbar ist. Der hier fragliche Anspruch des Ehemanns ist daher unpfändbar und eignet sich demzufolge gemäß § 394 weder zur Aufrechnung noch gemäß § 400 zur Abtretung.

[30]) Es ist hier also vorausgesetzt, daß das Kind thatsächlich von der Mutter

Unterhalts des Kindes zu besorgen, so kann die Frau den Beitrag zur eigenen Verwendung[31]) für den Unterhalt des Kindes zurückbehalten."

Wenn ein gemeinschaftliches Kind vorhanden ist, so fragt es sich zunächst, ob es den Eltern gegenüber überhaupt unterhaltsberechtigt ist. Diese Frage entscheidet sich gemäß § 1602 Abs. 2 darnach, ob und inwieweit die Einkünfte seines Vermögens und der Ertrag seiner Arbeit zum Unterhalt ausreichen. Insoweit es hiernach unterhaltsberechtigt ist, hat ihm regelmäßig der Vater Unterhalt zu gewähren. Dies ist der Fall des § 1585. Für den Fall, daß nicht der Mann, sondern die Frau einem gemeinschaftlichen Kinde Unterhalt zu gewähren hat, trifft der § 1585 keine Bestimmung. Die Frau hat dem Kinde den Unterhalt zu gewähren, wenn ihr die Nutznießung an dem Vermögen des Kindes zusteht, denn sie haftet dann nach § 1606 Abs. 2 vor dem Manne. Für diesen Fall verbleibt es bei den allgemeinen Bestimmungen und darnach ist eine entsprechende Beitragspflicht des Vaters gegenüber der Mutter, wenn diese aus den Erträgnissen des Kindesvermögens den Unterhalt des Kindes nicht oder nicht ganz bestreiten kann, nicht festgestellt.[32])

Ist der unterhaltspflichtige Ehegatte nicht zugleich derjenige Ehegatte, dem die Sorge für die Person des Kindes zusteht, so muß er seine Verpflichtung zur Gewährung des Unterhalts nach der allgemeinen Bestimmung des § 1612 Abs. 1 durch Entrichtung einer Geldrente erfüllen[33]), kann jedoch, wenn besondere Gründe es rechtfertigen, verlangen, daß ihm die Gewährung des Unterhalts in anderer Art gestattet wird.[34]) Auf den zu gewährenden Unterhalt finden die Vorschriften des § 760 Anwendung. Dagegen treffen hier die besonderen Vorschriften des § 1612 Abs. 2, wonach die Eltern das Bestimmungsrecht haben, nicht zu.[35])

Um den unterhaltspflichtigen Ehegatten zur Gewährung des Unterhalts anzuhalten, ist nicht das Vormundschaftsgericht, sondern das Prozeßgericht anzurufen. Ist der unterhaltspflichtige Ehegatte zugleich derjenige, dem die Sorge für die Person des Kindes zusteht, so kann er seine Unterhaltspflicht in der ihm beliebenden Art erfüllen, insbesondere durch **Naturalverpflegung**

---

unterhalten wird, der Vater aber rechtlich zur Unterhaltsgewährung verpflichtet ist und die Mutter ihm dazu einen Beitrag zu gewähren hat.

[31]) Dadurch, daß der dem Manne zur Bestreitung des Unterhalts des Kindes zukommende Beitrag nun von der Frau bestimmungsgemäß verwendet wird, fällt für den Mann jeder Beschwerdegrund hinweg. Prot. Bd. 4 S. 451.

[32]) Ein bei der 2. Lesung zu § 1485 Entw. I, § 1606 B.G.B. gestellter Antrag auf Feststellung der Beitragspflicht des Vaters wurde abgelehnt. Prot. Bd. 4 S. 485 u. 486. Warum aber nicht wenigstens für die Zeit nach der Scheidung die Beitragspflicht des Mannes gegenüber der Frau in dem fraglichen Falle angenommen worden ist, ist nicht einzusehen, da dafür dieselben Gründe sprechen, welche zur Annahme der Beitragspflicht der Frau gegenüber dem Manne geführt haben. Prot. Bd. 4 S. 450. Die Frau kann auf die elterliche Nutznießung verzichten. §§ 1661 u. 1686.

[33]) Begr. Bd. 4 S. 630.

[34]) Durch das Prozeßgericht.

[35]) Begr. Bd. 4 S. 630.

im eigenen Hause. Er hat aber seiner Unterhaltspflicht durch Zahlung einer Geldrente zu genügen, wenn die ordnungsmäßige Erziehung des Kindes oder andere ohne Verschulden des Kindes eingetretene Umstände dessen Aufenthalt außer dem Hause bedingen. Er wird dadurch allein, daß der andere Ehegatte, dem die Sorge für die Person des Kindes nicht zusteht, das Kind vom Hause des unterhaltspflichtigen Ehegatten fernhält und dessen Herausgabe verweigert, von seiner Unterhaltspflicht gegenüber dem Kinde nicht frei [36]), unbeschadet seines Rechtes, die Herausgabe des Kindes im ordentlichen Prozeßwege zu erzwingen.

Es fragt sich, in welchem Verhältniß die Thätigkeit des **Prozeßgerichts** [37]) zu der des **Vormundschaftsgerichts** steht. Das Prozeßgericht kann nur auf Antrag einer Partei in Thätigkeit treten. Fehlt es an einem Antrage, so wird das Prozeßgericht überhaupt nicht thätig und das Vormundschaftsgericht kann seine Thätigkeit frei entfalten. Hat aber das Prozeßgericht auf Antrag eine **einstweilige Verfügung** wegen der Sorge für die Person der Kinder erlassen, so darf das Vormundschaftsgericht den auf diesem Wege geregelten Zustand nicht ändern, aber das Vormundschaftsgericht wird doch durch das Schweben des Scheidungsprozesses und das Eingreifen des Prozeßgerichts seiner durch §§ 1666 und 1686 begründeten Amtspflicht nicht enthoben, Maßregeln zu ergreifen, wenn das geistige oder leibliche Wohl der Kinder durch den Vater oder die Mutter gefährdet wird. Das Prozeßgericht entscheidet den Streit zwischen den Eltern, wem von ihnen das Recht der Sorge für die Person der Kinder zu entziehen bezw. zu übertragen sei. Da es bei dieser Entscheidung nicht nur die gesetzlichen Bestimmungen, sondern auch das Wohl der Kinder zu berücksichtigen hat (vergl. R.G. 21./5. 94 in Gruchot Bd. 38 S. 1019 und Jur. W. 1894 S. 402 Ziff. 21 und 22), so übt es gewissermaßen zugleich vormundschaftsrichterliche Thätigkeit aus und es liegt daher keine Veranlassung für das

---

[36]) Die Frage, ob durch die von der geschiedenen Mutter erklärte Weigerung, die Kinder dem Vater herauszugeben, der Verpflegungsanspruch der Kinder gegen den Vater berührt wird, ist zu verneinen. Es ist anerkannten Rechtes, daß der Vater den Kindern an dem Orte ihres Aufenthalts durch Zahlung von Geldbeträgen Unterhalt gewähren muß, wenn sie sich ohne ihre Schuld außerhalb der väterlichen Wohnung aufhalten. Die Weigerung der Mutter, welche nicht gesetzliche Vertreterin der Kinder war, stand dem Verpflegungsanspruch der Kinder nicht entgegen, den die Mutter als vom Vormundschaftsgerichte bestellte Pflegerin der Kinder gegen den Vater gerichtlich einklagte. R.G. 24./12. 96 in Gruchot Bd. 41 S. 978 (preuß.). Zum entgegengesetzten Ergebnisse gelangt R.G. 8./12. 96 in Gruchot Bd. 41 S. 978 (gem. R.), indem es ausführt, daß die rechtlichen Folgen der von der Mutter als vormundschaftsgerichtlich bestellten Pflegerin ausgesprochenen Weigerung zur Herausgabe des Kindes das Kind treffen und den mit der Weigerung unvereinbaren Anspruch desselben auf Zahlung von Geldbeträgen als unbegründet erscheinen lassen. Die Eheleute waren in diesem Falle zwar noch nicht geschieden, lebten aber thatsächlich getrennt.

[37]) Es ist hier immer nur das mit dem Ehestreite befaßte Gericht gemeint. Wird ein Gericht anderweit mit einem Streite der Eltern über die Frage, wem von ihnen das Recht der Erziehung ihres Kindes zusteht, befaßt, so hat in solchem Falle das Gericht die Entscheidung lediglich nach der Sachlage, nicht nach den persönlichen Interessen des Kindes zu treffen und die Wahrnehmung der Interessen des Kindes dem Vormundschaftsrichter zu überlassen. R.G. 7./11. 98 in Jur. W. 1898 S. 18 Ziff. 57.

Vormundschaftsgericht vor, ebenfalls noch in Thätigkeit zu treten. Die Entscheidung des Prozeßgerichts kann sich aber in Folge nachträglicher Aenderung der Verhältnisse als dem Wohle der Kinder nachtheilig herausstellen, z. B. wenn nunmehr beide Eltern die Erziehung der Kinder vernachlässigen und die Unterbringung nothwendig wird. Eine Aenderung seiner Entscheidung kann das Prozeßgericht von Amtswegen nicht herbeiführen. Zur Stellung von Anträgen bei dem Prozeßgericht auf Erlaß einer ändernden einstweiligen Verfügung können weder Parteien gezwungen werden, noch ist dazu das Vormundschaftsgericht ermächtigt. In solchem Falle handelt das Vormundschaftsgericht zweckmäßig, wenn es den Kindern zur Geltendmachung ihrer Rechte einen Pfleger bestellt und diesen zur Stellung geeigneter Anträge bei dem Prozeßgerichte veranlaßt.

Für die Uebergangszeit gilt folgende Vorschrift:

> „Ist auf Grund der bisherigen Gesetze eine Ehe geschieden oder in Folge der Todeserklärung eines der Ehegatten aufgelöst oder ist auf Trennung der Ehegatten von Tisch und Bett erkannt worden, so bestimmen sich das Recht und die Pflicht der Eltern, für die Person der gemeinschaftlichen Kinder zu sorgen, nach den bisherigen Gesetzen; die Vorschriften des § 1635 Abs. 1 Satz 2, Abs. 2 und des § 1636 des Bürgerlichen Gesetzbuchs finden jedoch Anwendung." Art. 206 Einf.G. z. B.G.B. [38])

---

[38]) Art. 206 stimmt sachlich mit Art. 124 Entw. I Einf.G. z. B.G.B. überein. Begr. dazu S. 291 und 295. Ein Wechsel in der Person des zur Erziehung berechtigten Elterntheils erschien weder im Interesse der Eltern noch der Kinder angemessen.

Zweiter Theil.

Ehescheidungsprozeß.

§ 36.

Allgemeine Gesichtspunkte.

Die deutsche Civilprozeßordnung (Fassung vom 20. Mai 1898, R.G.Bl. S. 369) behandelt in einem besonderen Abschnitte (6. Buch, 1. Abschnitt §§ 606 bis 639) das **Verfahren in Ehesachen**, indem sie hier eine Reihe der aus der Wichtigkeit und Natur des Streitgegenstandes sich ergebenden Abweichungen von dem regelmäßigen Verfahren zusammenstellt. Diese Abweichungen sind hauptsächlich aus folgenden Gesichtspunkten hergeleitet:

1. Der Staat hat ein Interesse an möglichster Aufrechterhaltung der Ehen, insbesondere aber daran, daß die Auflösung einer Ehe nur aus gesetzlich gebilligten Gründen erfolge und daß eine Ehe, die auf gesetzwidrige Weise zu Stande gekommen ist, nicht fortbestehe.

Deshalb ist:

a) die Mitwirkung der Staatsanwaltschaft bei dem Verfahren zugelassen, §§ 607, 632, 634, 636—638 C.P.O.,
b) dem Gerichte die Befugniß gegeben, von Amtswegen die Aufnahme von Beweisen anzuordnen, § 622 C.P.O., das persönliche Erscheinen einer Partei anzuordnen und zu erzwingen, § 619 C.P.O., und die Aussetzung des Verfahrens anzuordnen, §§ 620, 621 C.P.O.,
c) die Vornahme eines Sühneversuchs vor Erhebung der Klage angeordnet, §§ 608—611 C.P.O.,
d) ein Versäumnißurtheil gegen den Beklagten unzulässig, § 618 C.P.O.,
e) die Beweisführung und Beweiswürdigung so gestaltet, daß die Erforschung der Wahrheit möglichst gewährleistet und durch geheimes Einvernehmen der Parteien nicht beeinträchtigt wird, § 617 C.P.O.,
f) ein ausschließlicher Gerichtsstand bestimmt, § 606 und § 40 Abs. 2 C.P.O.

2. Durch die Klageerhebung wird, um der Vervielfältigung von Eheprozessen vorzubeugen, das eheliche Verhältniß *in ganzer Vollständigkeit* zum Gegenstande des Rechtsstreits und der richterlichen Beurtheilung gemacht.[1])

Deshalb ist:

a) Häufung von Klagegründen in einem und demselben Rechtsstreit und Verbindung mehrerer gleichartiger Klagen, soweit thunlich, gestattet, §§ 614, 615 Abs. 1, 633 Abs. 1 C.P.O.,

b) die Ausschließung versäumter Klagegründe angeordnet, § 616 C.P.O.[2]),

c) eine Wiederholung des Sühneversuchs im Falle des Vorbringens neuer Klagegründe oder der Erhebung einer Widerklage nicht erforderlich, § 614 Abs. 2 C.P.O.,

d) die Zurückweisung nachträglich vorgebrachter Vertheidigungsmittel unzulässig, § 626 C.P.O.

3. Das in den §§ 606—639 C.P.O. geregelte Verfahren ist für Ehesachen ausschließlich bestimmt.

Deshalb ist:

a) die Verbindung von Klagen andrer Art mit Klagen in Ehesachen unstatthaft, § 615 Abs. 2 und § 633 Abs. 2 C.P.O. insbesondere in diesem Verfahren nicht zu entscheiden[3]) über den Unterhalt der Ehegatten und Kinder, die Herausgabe der zur Führung eines abgesonderten Haushalts erforderlichen Sachen, die rechtliche Stellung der Kinder, die Sorge für die Person und das Vermögen der Kinder, die Befugniß der Eltern, mit den Kindern zu verkehren, die Namensführung der geschiedenen Ehefrau, das Recht zum Widerruf von Schenkungen, die Unwirksamkeit letztwilliger Verfügungen, die Ausschließung des Erbrechts und über den Einfluß des Urtheils auf die Vermögens-Auseinandersetzung der Ehegatten,

b) in diesem Verfahren über die Schuldfrage als einem gesetzlichen Bestandtheile des Scheidungsurtheils (§ 1574 B.G.B.) zu entscheiden.

Schließlich ist zu bemerken, daß in Ehesachen[4]) die Verhandlung vor dem erkennenden Gerichte, einschließlich der Verkündung der Urtheile und Beschlüsse desselben, nach § 170 G.V.G. zwar öffentlich erfolgt, die **Oeffentlichkeit** aber, wenn eine der Parteien es beantragt, gemäß § 171 G.V.G. auszuschließen ist. Daneben besteht wie in allen anderen Sachen die Befugniß des Gerichts, von Amtswegen gemäß § 173 G.V.G. die Oeffentlichkeit auszuschließen. Die Verkündung des Urtheils erfolgt aber in

---

[1]) Derselbe Gedanke liegt auch der Bestimmung des § 1572 B.G.B. zu Grunde, wonach ein Scheidungsgrund, auch wenn die für seine Geltendmachung im § 1571 bestimmte Frist verstrichen ist, im Laufe des Rechtsstreits geltend gemacht werden kann, sofern die Frist zur Zeit der Erhebung der Klage noch nicht verstrichen war. Vergl. oben § 30 Anm. 20.

[2]) Unbeschadet der Bestimmung des § 1573 B.G.B., wonach Thatsachen, auf die eine Scheidungsklage nicht mehr gegründet werden kann, zur Unterstützung einer auf andere Thatsachen gegründeten Scheidungsklage geltend gemacht werden dürfen. Vergl. oben § 30 S. 130.

[3]) Unbeschadet der Befugniß des Gerichts zum Erlaß einer einstweiligen Verfügung gemäß § 627 C.P.O.

[4]) Mit Einschluß der Verhandlung und Entscheidung über einen Antrag auf Erlaß einer einstweiligen Verfügung gemäß § 627 C.P.O. und des Sühneverfahrens.

edem Falle öffentlich, jedoch kann für die Verkündung der Urtheilsgründe oder eines Theiles derselben die Oeffentlichkeit ausgeschlossen werden. § 174 G.V.G.

§ 37.

Ehesachen.

Unter Ehesachen versteht die C.P.O. diejenigen Rechtsstreitigkeiten, welche zum Gegenstande haben:

1. Die Scheidung einer Ehe,
2. die Aufhebung der ehelichen Gemeinschaft (§ 639 C.P.O.),
3. die Nichtigkeit einer Ehe,
4. die Feststellung des Bestehens oder Nichtbestehens einer Ehe [1]) zwischen den Parteien [2]),
5. die Anfechtung einer Ehe,
6. die Herstellung des ehelichen Lebens (Herstellung der häuslichen Gemeinschaft, § 1567 Abs. 1 Ziff. 1 B.G.B).

Die **Scheidung** bedeutet Trennung des **Bandes** der Ehe. Das Band der Ehe wird vollständig und für immer gelöst. Die geschiedenen Eheleute dürfen sich anderweit verheirathen.

Die **Aufhebung der ehelichen Gemeinschaft** läßt das Band der Ehe fortbestehen, hat aber im Uebrigen die mit der Scheidung verbundenen Wirkungen. Die getrennten Eheleute dürfen sich nicht anderweit verheirathen.

Während die Scheidungsklage und die Klage auf Aufhebung der ehelichen Gemeinschaft voraussetzen, daß die Ehe in gesetzmäßiger Weise zu Stande gekommen ist, nehmen die Nichtigkeitsklage und die Anfechtungsklage von dem gesetzwidrigen Zustandekommen der Ehe ihren Ausgang.

Die Nichtigkeitsklage und die Anfechtungsklage bezwecken die Nichtigkeitserklärung der Ehe durch gerichtliches Urtheil. Während aber die Anfechtungsklage regelmäßig nur von den Ehegatten erhoben werden kann, steht die Nichtigkeitsklage auch dem Staatsanwalt und unter gewissen Voraussetzungen jedem Dritten zu. Die Anfechtungsklage ist also ausschließlich im Sonderinteresse, die Nichtigkeitsklage dagegen auch im öffentlichen Interesse gegeben und kann von Amtswegen erhoben werden.

Die Nichtigkeitsklage setzt eine formgültige oder eine in das Heirathsregister eingetragene formungültige Ehe voraus und kann nur aus den gesetzlich bestimmten Nichtigkeitsgründen erhoben werden. Außerdem sind Fälle denkbar, in denen es fraglich ist, ob zwischen Parteien eine Ehe besteht oder

---

[1]) Entsprechend dem allgemeinen Standpunkte der C.P.O., daß das Rechtsverhältniß der Ehe der Verfügung der Parteien entzogen sein muß, sind auch die Rechtsstreitigkeiten, welche die Feststellung des Bestehens oder Nichtbestehens einer Ehe zwischen ihnen zum Gegenstande haben, ausdrücklich den Vorschriften über das Verfahren in Ehesachen unterstellt. Begr. C P.O. S. 126. Begr. Einf.G. z. B.G.B. S. 77.

[2]) Vergl. oben § 3.

nicht besteht, sei es, daß es sich fragt, ob eine formgültige Ehe vorhanden ist, sei es, daß es sich fragt, ob die an sich formgültige Ehe aufgelöst oder für nichtig erklärt ist. Für diese Fälle ist den Betheiligten die Klage auf Feststellung des Bestehens oder Nichtbestehens der Ehe gegeben. Von Amtswegen kann letztere Klage nicht erhoben werden.

Die Klage auf Herstellung des ehelichen Lebens gründet sich auf eine Verletzung des im § 1353 Abs. 1 B.G.B. ausgesprochenen Gebotes, daß die Ehegatten einander zur ehelichen Lebensgemeinschaft verpflichtet sind. Die Verletzung dieser Verpflichtung kann unter Umständen das Recht auf Scheidung aus § 1567 oder § 1568 B.G.B. begründen.[3]) Zur Begründung der Scheidung wegen böslicher Verlassung braucht die Klage nur auf Herstellung der häuslichen Gemeinschaft gerichtet zu sein. Im Uebrigen sei hier zur Vermeidung von Wiederholungen auf die §§ 2, 3, 15, 21 und 26 hingewiesen, in denen über das Wesen und die Unterscheidungsmerkmale der bezeichneten Rechtsansprüche ausführlicher gehandelt worden ist.

Klagen aus dem Verlöbnisse gehören nicht zu den Ehesachen in dem Sinne der C.P.O. Ueberhaupt nicht im civilprozessualen Verfahren wird die Ersetzung der verweigerten Einwilligung zur Eingehung einer Ehe (§§ 1304, 1308) und die Bewilligung der Befreiung von Eheverboten (§§ 1303, 1312, 1313, 1322) erledigt.

Die vorgenommenen Aenderungen der C.P.O. finden auf die vor dem 1. Januar 1900 anhängig gewordenen Ehesachen sofort Anwendung.[4])

§ 38.

Gerichtszuständigkeit für Ehesachen.

Für Ehesachen ist das Landgericht, bei welchem der Ehemann seinen allgemeinen Gerichtsstand hat, ausschließlich[1]) zuständig. § 606 Abs. 1 C.P.O. Es ist dabei gleichgültig, ob die Klage von einem der Ehegatten gegen den anderen Ehegatten oder vom Staatsanwalte, beziehungsweise einem Dritten gegen beide Ehegatten erhoben wird. Die Zuständigkeit des Landgerichts ist in sachlicher[2]) und örtlicher Beziehung eine ausschließliche, mit-

---

[3]) Wenngleich die aus dem Wesen der Ehe sich ergebenden persönlichen Rechte und Pflichten der Ehegatten unter einander in erster Linie sittlicher Natur sind, so haben dieselben doch auch eine rechtliche Seite. Sie bilden nicht allein die Grundlage des Anspruchs auf Herstellung des ehelichen Lebens, sondern ihre Verletzung kann unter Umständen auch das Recht auf Scheidung begründen. Begr. Bd. 4 S. 104.

[4]) Begr. Entw. I Einf.G. z. B.G.B. S. 289.

[1]) „Die Ausübung einer geistlichen Gerichtsbarkeit in weltlichen Angelegenheiten ist ohne bürgerliche Wirkung. Dies gilt insbesondere bei Ehe- und Verlöbnißsachen." § 15 Abs. 3 G.V.G. Vergl. § 76 Ges. 6./2. 1875.

[2]) Vergl. §§ 23, 70 Abs. 1 G.V.G. über die sachliche Zuständigkeit der Landgerichte für Ehesachen.

hin eine Vereinbarung der Parteien über die Zuständigkeit eines Gerichts, insbesondere eines Gerichts gleicher Gattung, unzulässig. § 40 Abs. 2 C.P.O.

Für die Frage der Zuständigkeit sind die Verhältnisse, wie sie zur Zeit der Klageerhebung liegen, maßgebend. Die Zuständigkeit des Prozeßgerichts wird durch eine nach der Klageerhebung eingetretene Veränderung der sie begründenden Umstände nicht berührt. § 263 Abs. 2 Ziff. 2 C.P.O.[3])

Der allgemeine Gerichtsstand des Ehemannes wird durch seinen Wohnsitz im In- oder Auslande, in Ermangelung eines solchen durch den Aufenthaltsort im Deutschen Reiche und, wenn ein solcher nicht bekannt ist[4]), durch den letzten Wohnsitz im In- oder Auslande bestimmt.[5])

„Ist[6]) der Ehemann ein Deutscher[7]) und hat er im Inlande keinen allgemeinen Gerichtsstand,[8]) so kann[9]) die Klage[10]) bei dem Landgericht erhoben werden, in dessen Bezirk er den letzten Wohnsitz im Inlande hatte; in Ermangelung eines solchen Wohnsitzes finden die Vorschriften des § 15 Abs. 1 Satz 2, 3[11]) entsprechende Anwendung. Das Gleiche gilt,

---

[3]) Daran ist auch festzuhalten, wenn die Klage insofern mangelhaft ist, als ihr der erforderliche Sühneversuch nicht vorangegangen ist. Der Umstand, daß der Ehemann seinen Wohnsitz, den er z. B. der Erhebung der Klage im Bezirke des Landgerichts hatte, demnächst außerhalb des Landgerichtsbezirks verlegt, und nunmehr ein Amtsgericht außerhalb jenes Landgerichtsbezirks den Sühneversuch vornehmen müßte, ändert nichts an der einmal begründeten Zuständigkeit. R.G. 13./11. 84 in Bolze Bd. 1 Ziff. 2098.

[4]) Die Ladung erfolgt in diesem Falle durch öffentliche Zustellung gemäß §§ 203 u. f. C.P.O.

[5]) Begr. C.P.O. S. 360. Dadurch, daß der Ehemann behufs Strafverbüßung von seinem bisherigen Wohnort an einen anderen Ort abgeführt ist, wird das Landgericht dieses Orts nicht zuständig R.G. 23./10. 84 in Gruchot Bd. 29 S. 117.

[6]) nämlich zur Zeit der Klageerhebung.

[7]) Ist der Ehemann ein Deutscher, so kann die Ehefrau ebenfalls nur eine Deutsche sein, denn eine Ausländerin, die einen Deutschen heirathet, erwirbt durch die Heirath die Reichsangehörigkeit. § 5 Ges. 1./6. 70 über die Erwerbung und den Verlust der Bundes- und Staatsangehörigkeit und § 2 Ges. 16./4. 71, betreffend die Verfassung des Deutschen Reichs.

[8]) sei es, daß er den Wohnsitz nur im Auslande hat, sei es, daß er einen Wohnsitz überhaupt nicht hat, weder im Inlande noch im Auslande, auch früher einen Wohnsitz im Inlande nicht gehabt hat und im Auslande sich aufhält. Begr. Einf.G. z. B.G.B. S. 79.

[9]) Besteht auch ein ausländischer Gerichtsstand, so kann der Kläger zwischen dem ausländischen und inländischen Gerichtsstande wählen. Begr. Einf.G. z. B.G.B. S. 79.

[10]) Jede Ehesache im Sinne des § 606 Abs. 1 C.P.O. kann hier anhängig gemacht werden und zwar sowohl im Wege der Klageerhebung als auch durch Erwirkung einer einstweiligen Verfügung.

[11]) Nach diesen Vorschriften gilt in Ermangelung eines solchen Wohnsitzes die Hauptstadt des Heimathstaates als Wohnsitz des Ehemannes. Ist die Hauptstadt in mehrere Gerichtsbezirke getheilt, so wird der als Wohnsitz geltende Bezirk von der Landesjustizverwaltung durch allgemeine Anordnung bestimmt. Gehört der Ehemann einem Bundesstaate nicht an, so gilt als sein Wohnsitz die Stadt Berlin. Ist die

sofern der Ehemann im Inlande keinen allgemeinen Gerichtsstand hat, in dem Falle, daß der Ehemann die Reichsangehörigkeit verloren, die Ehefrau sie aber behalten hat[12]) oder daß beide Ehegatten die Reichsangehörigkeit verloren haben, der Ehemann aber eine andere Staatsangehörigkeit nicht erworben hat" § 606 Abs. 2 C.P.O.

Diese Bestimmungen stehen im engen Zusammenhange mit Art. 14 und Art. 17 Abs. 3 Einf.G. z. B.G.B.[13]) Nach Art. 14 Abs. 1 werden die persönlichen Rechtsbeziehungen deutscher Ehegatten zu einander nach den **deutschen Gesetzen** beurtheilt, auch wenn die Ehegatten ihren Wohnsitz im Auslande haben. Nach Art. 14 Abs. 2 Einf.G. z. B.G.B. finden auf die persönlichen Rechtsbeziehungen die deutschen Gesetze auch Anwendung, wenn der Mann die Reichsangehörigkeit verloren, die Frau sie aber behalten hat, und nach Art. 17 Abs. 3 ebenda finden auf die Scheidung ebenfalls die deutschen Gesetze Anwendung, wenn zur Zeit der Erhebung der Klage die Reichsangehörigkeit des Mannes zwar erloschen, die Frau aber Deutsche ist.

Um die Anwendung deutscher Gesetze zu sichern, mußte den Betheiligten für alle hierher gehörigen Fälle ein inländischer Gerichtsstand eröffnet werden. Eine solche Regelung war auch um deswillen geboten, weil durch die Gesetzgebung des Auslandes vielfach die Mitwirkung der dortigen Gerichte in Ehestreitigkeiten Deutscher, sei es überhaupt, sei es für gewisse Arten von Sachen, insbesondere für Scheidungsklagen, ausgeschlossen ist.[14])

Entsprechend dem Art. 29 Einf.G. z. B.G.B. ist derselbe Gerichtsstand auch für den Fall eröffnet, daß beide Ehegatten die Reichsangehörigkeit verloren haben und der Ehemann eine andere Staatsangehörigkeit nicht erworben hat. Hat der Ehemann eine andere Staatsangehörigkeit erworben, so liegt kein Anlaß vor, die Anwendung der deutschen Gesetze zu gewährleisten und demgemäß einen inländischen Gerichtsstand zu schaffen.[15])

„Ist eine Deutsche eine Ehe mit einem Ausländer eingegangen[16]) und hat dieser im Inlande keinen

Stadt Berlin in mehrere Gerichtsbezirke getheilt, so wird der als Wohnsitz geltende Bezirk von dem Reichskanzler durch allgemeine Anordnung bestimmt.

[12]) Gleichviel ob die Frau bei der Heirath bereits Deutsche war, oder durch die Heirath Deutsche wurde.

[13]) Vergl. oben § 23 S. 89.

[14]) Begr. C.P.O. S. 126. Es giebt Staaten, welche mit Rücksicht auf die staatsrechtliche Bedeutung der Ehe jede Mitwirkung zur Lösung von Ehen Nicht-Staatsangehöriger ablehnen. Darüber Näheres in der Begr. Entw. eines Einf.G. z. B.G.B. S. 77, 78. Durch die Schaffung eines inländischen Gerichtsstandes sind die im Auslande lebenden Deutschen der Nothwendigkeit enthoben, behufs Erlangung eines Scheidungsurtheils oder der Nichtigkeitserklärung der Ehe ihren Wohnsitz nach Deutschland zu verlegen oder ihren ausländischen Wohnsitz aufzugeben und im Deutschen Reiche den Aufenthalt zu nehmen. Ebenda S. 78.

[15]) Ausnahme in Anmk. 16.

[16]) Wenn eine Deutsche einen Ausländer heirathet, verliert sie durch die Heirath die Reichsangehörigkeit. § 13 Ziff. 5 Ges. 1./6. 70 und § 2 Ges. 16./4. 71.

allgemeinen Gerichtsstand, so können die **Nichtigkeitsklage** und die **Anfechtungsklage** von der Ehefrau bei dem Landgericht erhoben werden, in dessen Bezirke sie den letzten Wohnsitz im Inlande hatte; in Ermangelung eines solchen Wohnsitzes finden die Vorschriften des § 15 Abs. 1 Satz 2, 3[17]) entsprechende Anwendung. Das Gleiche gilt, sofern nicht nach Abs. 2 Satz 2 ein Gerichtsstand begründet ist,[18]) in dem Falle, daß eine Deutsche eine Ehe mit einem Deutschen eingegangen ist, dieser aber die Reichsangehörigkeit verloren und im Inlande keinen allgemeinen Gerichtsstand hat." § 606 Abs. 3 C.P.O.

Diese Bestimmungen stehen im engen Zusammenhange mit Art. 13 Abs. 1 Einf.G. z. B.G.B., wonach die Eingehung der Ehe, sofern auch nur einer der Verlobten ein Deutscher ist, in Ansehung eines jeden der Verlobten nach den Gesetzen des Staates beurtheilt wird, dem er angehört.[19]) Eine Deutsche, die eine Ehe mit einem Ausländer eingegangen ist, würde also in Ansehung der Nichtigkeit und Anfechtbarkeit der Ehe den deutschen Gesetzen unterworfen sein. Um ihr die Durchführung des Klagerechtes wegen einer nach deutschem Rechte begründeten Nichtigkeit oder Anfechtbarkeit der Ehe für den Fall zu sichern, daß der Ehemann im Inlande keinen allgemeinen Gerichtsstand hat, ist zu ihren Gunsten ein inländischer Gerichtsstand geschaffen worden. Die Bestimmung des § 606 Abs. 3 Satz 2 C.P.O. entspricht dem gleichen Schutzbedürfnisse der nicht mehr deutschen Frau gegenüber dem nicht mehr deutschen Manne.[20])

„Sind beide Ehegatten Ausländer, so kann die Scheidungsklage im Inlande nur erhoben werden, wenn das inländische Gericht auch nach den Gesetzen des Staates zuständig ist, dem der Ehemann angehört." § 606 Abs. 4 C.P.O.

Diese den Grundsatz des § 606 Abs. 1 C.P.O. einschränkende Bestimmung soll neben Art. 17 Abs. 1 Einf.G. z. B.G.B., wonach für die Scheidung der Ehe die Gesetze des Staates maßgebend sind, dem der Ehe-

---

[17]) Vergl. Anmk. 11.

[18]) Das ist der Fall, wenn zwar der Ehemann die Reichsangehörigkeit verloren, die Ehefrau sie aber behalten hat, sowie wenn zwar beide Eheleute die Reichsangehörigkeit verloren haben, der Ehemann aber eine andere Staatsangehörigkeit nicht erworben hat. Für die Anwendung des § 606 Abs. 3 Satz 2 C.P.O. bleibt also nur der Fall übrig, daß beide Eheleute die Reichsangehörigkeit verloren haben und der Ehemann eine andere Staatsangehörigkeit erworben hat.

[19]) Vergl. oben § 23.

[20]) Namentlich für die Fälle, in denen das ausländische Recht der Anfechtbarkeit der Ehe wegen Irrthums oder wegen arglistiger Täuschung engere Grenzen zieht als das deutsche, bedeuten diese Bestimmungen einen wirksamen Schutz der deutschen Frau. Begr. C.P.O. S. 127. Für den umgekehrten Fall, daß eine Ausländerin einen Deutschen heirathet, gewährt der § 606 Abs. 2 C.P.O. den erforderlichen Schutz.

mann zur Zeit der Erhebung der Klage angehört, eine Gewähr dafür bieten, daß der fremde Staat das inländische Scheidungsurtheil anerkennt. [21])

§ 39.

Staatsanwaltschaft.

„In Ehesachen ist die Staatsanwaltschaft zur Mitwirkung befugt.

Der Verhandlung vor dem erkennenden Gerichte sowie vor einem beauftragten oder ersuchten Richter kann der Staatsanwalt beiwohnen. Er ist von allen Terminen von Amtswegen in Kenntniß zu setzen.

Er kann sich über die zu erlassende Entscheidung gutachtlich äußern und, sofern es sich um die Aufrechterhaltung einer Ehe handelt, neue Thatsachen und Beweismittel vorbringen.

Im Sitzungsprotokoll ist der Name des Staatsanwalts anzugeben, auch sind in dasselbe die von dem Staatsanwalte gestellten Anträge aufzunehmen. § 607 C.P.O. [1])

Da es in Ehesachen auf Ermittelung des wahren Sachverhalts ankommt, dies Ziel aber bei dem das Verfahren beherrschenden Verhandlungsgrundsatz und bei der Gefahr des geheimen Einverständnisses der Parteien über Aufstellung erdichteter Thatsachen zum Zwecke der Auflösung oder Nichtigkeitserklärung der Ehe im Einzelfalle schwer erreichbar sein kann, so hat das Gesetz behufs Wahrung des öffentlichen Interesses bestimmt, daß in Ehesachen die Staatsanwaltschaft zur Mitwirkung befugt sein und dieser Behörde eine gewisse untersuchende Thätigkeit, die sich mit dem Richteramte nicht gut vereinigen läßt, zustehen solle. [2]) In allen Ehesachen ohne Aus-

---

[21]) Erfahrungsgemäß führen die gegenüber ausländischen Ehegatten ergehenden Scheidungsurtheile inländischer Gerichte häufig dadurch zu schweren Unzuträglichkeiten, daß die Scheidung demnächst in dem Staate, dem die Ehegatten angehören, nicht anerkannt wird, eine Gefahr, die der Art. 17 Abs. 1 Einf.G. z. B.G.B. allerdings zu mindern geeignet ist. Begr. C.P.O. S. 127.

[1]) § 607 C.P.O. stimmt wörtlich mit § 569 C.P.O. überein.

[2]) Der vom Bundesrathe beschlossene Entwurf einer deutschen C.P.O. (alte Fassung) hatte im § 545 die Mitwirkung der Staatsanwaltschaft als unumgänglich **nothwendig** vorgeschrieben und das Gericht von jeder untersuchenden Thätigkeit befreit. Begr. C.P.O. S. 360. In der Kommission des Reichstages wurde die Mitwirkung der Staatsanwaltschaft überhaupt abgelehnt (Prot. d. Reichstagskommission S. 286), dafür aber dem Gerichte die Befugniß beigelegt, zum Zwecke der Aufrechterhaltung der Ehe von Amtswegen Beweise zu erheben (§ 581 C.P.O., Prot. S. 604). Schließlich wurde die Mitwirkung der Staatsanwaltschaft als in deren Ermessen gestellt zugelassen (Prot. S. 724) und die im § 581 C.P.O. bezeichnete Thätigkeit des Gerichts beibehalten. Prot. d. Justizkommission S. 8.

nahme ist die Staatsanwaltschaft zur Mitwirkung befugt, ihre Stellung im Verfahren jedoch verschieden, je nachdem sie das Verfahren selbst betreibt oder nicht.

Diejenigen Ehesachen, welche die Scheidung, Aufhebung der ehelichen Gemeinschaft, Anfechtung einer Ehe, Feststellung des Bestehens oder Nichtbestehens einer Ehe zwischen den Parteien oder die Herstellung des ehelichen Lebens (der häuslichen Gemeinschaft) zum Gegenstande haben, kann der Staatsanwalt niemals selbst betreiben. Er kann in diesem Verfahren nur mitwirken, insbesondere kann er, sofern es sich um Aufrechterhaltung einer Ehe handelt, neue Thatsachen und Beweismittel vorbringen. Die staatsanwaltliche Thätigkeit soll in diesen Fällen das Interesse des Staates an Aufrechterhaltung der Ehen überhaupt wahrnehmen, vor Allem dem etwaigen Bestreben der Parteien, für die Scheidung oder Anfechtung der Ehe oder Feststellung des Nichtbestehens der Ehe Scheingründe aufzustellen, möglichst entgegenwirken. Dem gleichen Zwecke dienen auch die dem Prozeßgericht in §§ 619—622 C.P.O. ertheilten Befugnisse und die einschränkenden Bestimmungen des § 617 C.P.O. Ueber die zu erlassende Entscheidung kann sich der Staatsanwalt gutachtlich äußern. An der Berathung des Gerichts nimmt er nicht Theil.

Die gleiche Mitwirkung steht dem Staatsanwalt auch im Nichtigkeitsprozesse zu. In Bezug auf diesen Rechtsstreit gehen aber seine Befugnisse noch weiter. Er kann den Rechtsstreit selbst betreiben, sei es, daß er die Nichtigkeitsklage selbst erhebt, sei es, daß er den Betrieb des von einem Ehegatten oder einem Dritten anhängig gemachten Rechtsstreits übernimmt.

> „Der Staatsanwalt kann, auch wenn er die Klage (nämlich die Nichtigkeitsklage) nicht erhoben hat, den Rechtsstreit betreiben, insbesondere selbständig Anträge stellen und Rechtsmittel einlegen.“ § 634 C.P.O. [3])

Betreibt der Staatsanwalt den Rechtsstreit selbst, so hat er die Rolle einer den Staat vertretenden Partei. [4]) Während es beim Vorhandensein von Scheidungs= oder Anfechtungsgründen den Betheiligten überlassen werden kann, ob sie dieselben zum Zwecke der Auflösung bezw. Nichtigkeitserklärung geltend machen wollen, verlangt das öffentliche Interesse, die Nichtigkeit einer ehelichen Verbindung aufzudecken. [5])

---

[3]) Wegen der Befugniß des Staatsanwalts, die Wiederaufnahme des Verfahrens zu betreiben, vergl. § 44 (Anm. 19).

[4]) Seine Parteirolle hat ähnlich wie im Strafverfahren einen öffentlich=rechtlichen Charakter. Während er aber dort als Ankläger das öffentliche Wohl wahrnimmt, kann er dies hier entsprechend den Formen des Civilprozesses nur in der Parteirolle eines Klägers thun. Verwandtschaftliche Beziehungen eines Richters oder eines Zeugen zur Person des Staatsanwalts gelten nicht als Beziehungen im Sinne des § 41 Ziff. 3 und § 383 Ziff. 3 C.P.O. Vergl. Petersen, Parteibegriff und Parteifähigkeit in Busch's Zeitschrift Bd. 18 S. 51 bis 53. Nicht die Person des Staatsanwalts, sondern der Inhaber der staatsanwaltlichen Stellung betreibt den Rechtsstreit.

[5]) Ueber die Amtspflicht des Staatsanwalts zur Erhebung der Nichtigkeitsklage vergl. § 44.

Nicht selten beruht die Ehe sogar auf der Verletzung eines Strafgesetzes, z. B. bei der Doppelehe und der blutschänderischen Ehe.[6]) Deshalb kann der Staatsanwalt die Nichtigkeitsklage,[7]) nicht aber die Anfechtungsklage oder eine der übrigen Klagen erheben und durchführen.[8]) Auch die Klage auf Feststellung des Nichtbestehens der Ehe ist, wiewohl sie mit der Nichtigkeitsklage viel Aehnlichkeit hat, dem Staatsanwalt, unbeschadet seiner Befugniß zur Mitwirkung versagt, denn sie ist nicht im öffentlichen Interesse gegeben.[9]) Wird die Nichtigkeitsklage von dem Staatsanwalt erhoben, so ist sie gegen beide Ehegatten[10]) zu richten. § 632 Abs. 2 C.P.O.

„Wird ein Rechtsmittel von dem Staatsanwalt oder einer Privatpartei eingelegt, so sind im ersteren Falle die Privatparteien, im letzteren Falle die übrigen Privatparteien und der Staatsanwalt, sofern derselbe Partei ist, für das Rechtsmittelverfahren als die Gegner anzusehen." § 636 C.P.O.

Zuständig zur Erhebung der Nichtigkeitsklage ist der Erste Staatsanwalt des für das Verfahren zuständigen Landgerichts.[11]) (Ueber Gerichtszuständigkeit vergl. oben § 38.) Derselbe bleibt aber nur so lange Partei, als das Verfahren bei dem Landgerichte schwebt. Wird der Rechtsstreit beim Oberlandesgericht anhängig, so tritt der Oberstaatsanwalt als Partei in den Rechtsstreit ein und ebenso beim Reichsgerichte der Oberreichsanwalt. Zur Einlegung der Berufung ist der Oberstaatsanwalt als derjenige Beamte, welcher berufen ist, die Rolle der Partei bei dem Berufungsgerichte zu übernehmen, zuständig, ebenso zur Einlegung der Revision der Oberreichsanwalt. Dem Oberstaatsanwalte bezw. Oberreichsanwalte sind, falls deren Gegner Berufung bezw. Revision einlegen, die betreffenden Rechtsmittelschriftsätze zuzustellen.[12])

Von allen **Terminen** in Ehesachen, welche vor dem erkennenden Gericht oder einem beauftragten oder ersuchten Richter anstehen,[13]) ist der Staats-

---

[6]) Vergl. oben §§ 6, 7.

[7]) selbständig und gegen den Willen der Ehegatten.

[8]) Daß der Staatsanwalt ungeachtet des Anwaltszwanges (§ 78 C.P.O.) der Vertretung durch einen bei dem Gerichte zugelassenen Anwalt nicht bedarf, ist selbstverständlich. Begr. C.P.O. S. 369. Mit der Wahrnehmung des öffentlichen Interesses ist eben nur die Persönlichkeit des Amtsinhabers betraut.

[9]) Auch dem Dritten ist diese Klage versagt. Vergl. oben § 3.

[10]) Die Streitgenossenschaft der Ehegatten ist eine nothwendige im Sinne des § 62 C.P.O.

[11]) „Die örtliche Zuständigkeit der Beamten der Staatsanwaltschaft wird durch die örtliche Zuständigkeit des Gerichts bestimmt, für welches sie bestellt sind." § 144 Abs. 1 G.V.G. Vergl. auch § 146 G.V.G.

[12]) R.G. 16./5. 87, Bd. 18 S. 405, insbes. S. 407 Anmk. 1; R.G. 14./3. 90, Bd. 25 S. 421.

[13]) Von dem Termine zum Sühneversuche braucht der Staatsanwalt nur dann nicht benachrichtigt zu werden, wenn es sich um den der Klageerhebung vorangehenden amtsgerichtlichen Sühneversuch handelt. Bei dem Verfahren über eine

anwalt von Amtswegen vorher in Kenntniß zu setzen,[14]) damit er der Verhandlung beiwohnen kann. Betreibt er selbst den Rechtsstreit, so finden die Bestimmungen über Ladung und Benachrichtigung der Partei auf ihn Anwendung. Die Benachrichtigung aus § 607 C.P.O. wird dann überflüssig.

Das Recht des Vorsitzenden des Prozeßgerichts, des beauftragten und des ersuchten Richters, die Verhandlung zu leiten, bleibt unberührt. § 136, 400, 229 C.P.O. §§ 171—182 G.V.G. Sofern der Staatsanwalt Partei ist, steht ihm auch das Fragerecht der Anwälte aus § 397 Abs. 2 zu. Im Sitzungsprotokoll ist der Name des Staatsanwalts anzugeben, auch sind in das Protokoll die von dem Staatsanwalte gestellten Anträge aufzunehmen.[15]) Schriftliche Erklärungen und Anträge des Staatsanwalts müssen den Gegnern durch das Gericht, bevor es sich selbst schlüssig macht, zur Erklärung mitgetheilt werden. Dies folgt aus dem Grundsatze der mündlichen Verhandlung, insbesondere der Vorschrift des § 138 Abs. 1 C.P.O. Die im § 297 C.P.O. für den Anwaltsprozeß vorgeschriebene Vorlesung der Anträge bezieht sich nicht auf die staatsanwaltlichen Anträge. Der Partei steht ein Ablehnungsrecht gegenüber den Beamten der Staatsanwaltschaft nicht zu.[16])

§ 40.

Prozeßfähigkeit.

„In Ehesachen ist ein in der Geschäftsfähigkeit beschränkter Ehegatte prozeßfähig; dies gilt jedoch insoweit nicht, als nach § 1336 Abs. 2 S. 2 des Bürgerlichen Gesetzbuchs nur sein gesetzlicher Vertreter die Ehe anfechten kann.

Für einen geschäftsunfähigen Ehegatten wird der Rechtsstreit durch den gesetzlichen Vertreter geführt. Der gesetzliche Vertreter ist jedoch zur Erhebung der Klage auf Herstellung des ehelichen Lebens nicht befugt; zur Erhebung der Scheidungsklage

---

einstweilige Verfügung findet eine Mitwirkung des Staatsanwalts nicht statt. Es bedarf daher auch nicht der Bekanntmachung der in diesem Verfahren anstehenden Termine. Vergl. unten § 45.

[14]) Die Unterlassung der Benachrichtigung des Staatsanwalts von dem Termine stellt eine Gesetzesverletzung dar. Beruht die Entscheidung auf ihr, so ist die Revision nach §§ 549, 550 C.P.O. begründet. Unter die im § 551 Ziff. 1—7 aufgeführten Gesetzesverletzungen fällt sie nicht (vergl. St.P.O. § 377 Ziff. 5). Für Preußen kommen noch in Betracht die allg. Verfügungen des Justizministers vom 13./6. 81 und 25. 8. 79.

[15]) In Ehesachen ist der Oberreichsanwalt mit seinen schriftlichen Anträgen auch dann zu hören, wenn es sich nur um Einholung der Entscheidung der vereinigten Civil-Senate (nicht gerade des Plenums) in einer Rechtsfrage handelt. § 137 Abs. 4 G.V.G.

[16]) Begr. C.P.O. S. 73.

oder der Anfechtungsklage bedarf er der Genehmigung des Vormundschafsgerichts." § 612 C.P.O.

Nach § 52 Abs. 1 C.P.O. ist eine Person insoweit prozeßfähig, als sie sich durch Verträge verpflichten kann. Geschäftsunfähige Personen (§ 104 B.G.B.) und in der Geschäftsfähigkeit beschränkte Personen (§§ 106, 114 B.G.B.) können sich durch Verträge[1]) nicht verpflichten. Sie würden demnach auch in Ehesachen nicht prozeßfähig sein. Aus der Natur der Ehe als eines höchstpersönlichen Verhältnisses folgt aber die Nothwendigkeit, daß der Ehegatte selbst die Entscheidung über das in Ehesachen zu beobachtende Verhalten in der Hand behält. Bei einem geschäftsunfähigen Ehegatten verbietet sich diese Freiheit der Entschließung allerdings von selbst. Er kann weder klagen noch verklagt werden. Dagegen liegt kein Grund vor, sie auch dem in der Geschäftsfähigkeit beschränkten Ehegatten vorzuenthalten. Er ist in Ehesachen unbeschränkt prozeßfähig.[2]) Dieser Grundsatz steht im Einklange mit der Bestimmung des § 1336 Abs. 1 Satz 2 B.G.B., wonach ein anfechtungsberechtigter, in der Geschäftsfähigkeit beschränkter Ehegatte zur Anfechtung der Ehe nicht der Zustimmung seines gesetzlichen Vertreters bedarf. (Vergl. das Nähere oben § 13.) Da aber ferner nach § 1336 Abs. 2 Satz 2 B.G.B. in den Fällen des § 1331 B.G.B. (Eheschließung oder Bestätigung ohne Einwilligung des gesetzlichen Vertreters), solange der anfechtungsberechtigte Ehegatte in der Geschäftsfähigkeit beschränkt ist, nur sein gesetzlicher Vertreter die Ehe anfechten kann, so ist ausnahmsweise für diesen Fall und auf dieselbe Zeitdauer die Prozeßfähigkeit dem Ehegatten entzogen.[3])

Eine **geschäftsunfähige** Person (§ 104 B.G.B.) ist nicht prozeßfähig. Für sie gilt auch in Ehesachen keine Ausnahme. Da aber die Geschäftsunfähigkeit eines Ehegatten kein Hinderniß sein kann, daß der andere Ehegatte sein Recht auf Austragung einer Ehesache im Prozeßwege geltend macht, so muß, wenn der geschäftsunfähige Ehegatte verklagt wird, sein gesetzlicher Vertreter den Rechtsstreit führen. Die C.P.O. giebt jedoch dem gesetzlichen Vertreter auch das Recht, für den geschäftsunfähigen Ehegatten zu klagen. Sie folgt hierbei dem praktischen Bedürfniß und trifft zugleich Vorsorge gegen etwaigen Mißbrauch des Klagerechts.[4]) Der ge-

---

[1]) Mit Erreichung des Alters der Ehemündigkeit ist eine Person zwar fähig, eine Ehe einzugehen, also einen Vertrag rechtsverbindlich zu schließen, allein auf Eheschließungsverträge ist nach der Auffassung der C.P.O. (Begr. C.P.O. S. 218) der § 52 Abs. 1 C.P.O. nicht zu beziehen. Aus der Ehemündigkeit die Prozeßfähigkeit herzuleiten, wie in der 1. Aufl. dieses Buches S. 165 geschehen, geht daher nicht an.

[2]) Begr. B.G.B. Bd. 4 S. 60, 61. Es ist z. B. eine geistesschwache Partei, auch wenn sie entmündigt ist, in Ehesachen prozeßfähig. Dies gilt auch für das Sühneverfahren.

[3]) Dagegen trifft die Ausnahme nicht zu für den zufällig gleichfalls in der Geschäftsfähigkeit beschränkten anderen Ehegatten und nicht für den anfechtungsberechtigten Ehegatten selbst, wenn er jetzt aus einem anderen Grunde, als demjenigen, auf welchem die Anfechtbarkeit beruht, in der Geschäftsfähigkeit beschränkt ist. Planck, Vorbemerkung zum 3. Titel, 1. Abschnitts, 4. Buches zu III, 1, S. 44.

[4]) Begr. C.P.O. S. 128.

schäftsunfähige Ehegatte würde unbillig zurückgesetzt werden, wenn ihm das Klagerecht aus dem Grunde, weil es sich in Ehesachen um höchstpersönliche Angelegenheiten handelt und er nicht im Stande ist, seinen Willen rechtsverbindlich zu äußern, gänzlich versagt würde. Unter Umständen kann auf seiner Seite ein dringendes Bedürfniß zur Erhebung der Klage vorliegen. Sein gesetzlicher Vertreter soll daher grundsätzlich befugt sein, für ihn jeden Scheidungs-, Anfechtungs- oder Nichtigkeitsgrund geltend zu machen und überhaupt jede Art von Ehesachen anhängig zu machen.[5]) Von diesem Grundsatze giebt es nur eine Ausnahme. Die Klage auf Herstellung des ehelichen Lebens (bezw. Herstellung der häuslichen Gemeinschaft) darf er nicht anstrengen, weil es sich hier um eine ausschließlich die persönlichen Beziehungen der Ehegatten berührende Frage handelt.[6]) Demzufolge kann für den geschäftsunfähigen Ehegatten auch nicht Scheidung wegen böslicher Verlassung auf Grund des § 1567 Abs. 2 Ziff. 1 B.G.B. erwirkt werden, wohl aber auf Grund des § 1567 Abs. 2 Ziff. 2.

Will der **gesetzliche Vertreter** auf Scheidung oder Aufhebung der ehelichen Gemeinschaft klagen oder die Ehe anfechten, so bedarf er dazu der Genehmigung des Vormundschaftsgerichts und dieses hat unter Würdigung der gesammten Verhältnisse des Ehegatten und der vollen Tragweite der erstrebten Entscheidung zu prüfen, ob in der That ein dringendes Bedürfniß zur Klage vorliegt und deren Erhebung nicht gegen den muthmaßlichen Willen des geschäftsunfähigen Ehegatten erfolgt. In letzterer Beziehung kommen natürlich vor Allem die vom Ehegatten zur Zeit seiner Geschäftsfähigkeit gemachten Willensäußerungen in Betracht.

Zur Erhebung der Nichtigkeitsklage und der Klage auf Feststellung des Bestehens oder Nichtbestehens einer Ehe zwischen den Parteien bedarf der gesetzliche Vertreter der Genehmigung des Vormundschaftsgerichts nicht. Bei der Nichtigkeitsklage handelt es sich überhaupt nicht um Ausübung eines Rechtes von höchstpersönlichem Charakter, weil diese Klage auch vom Staatsanwalt oder einem Dritten erhoben werden kann. § 632 C.P.O.

Wird im Laufe des Verfahrens der geschäftsunfähige Ehegatte geschäftsfähig oder beschränkt geschäftsfähig, so erlischt die Vertretungsbefugniß seines gesetzlichen Vertreters. Es wird dann darauf ankommen, ob der Ehegatte selbst den Rechtsstreit fortsetzen will. Eine Unterbrechung erleidet das Verfahren dadurch nicht. § 241 C.P.O.

Von der Frage nach der Prozeßfähigkeit verschieden ist die Frage nach der Sachlegitimation. Diese ist bei der Darstellung des ersten Theils überall berücksichtigt.

Besonderer Hervorhebung bedarf noch der für die Rechtsanwendung wichtigste Fall der **Geisteskrankheit** einer Partei. Nach dem oben Gesagten ist eine wegen Geisteskrankheit entmündigte Partei auch in Ehesachen nicht prozeßfähig. Es fragt sich, ob eine geisteskranke, nicht entmündigte

[5]) Die in R.G. 16./12. 81 Bd. 6 S. 157 und 28./3. 83 Bd. 9 S. 219 aufgestellten abweichenden Grundsätze sind demnach verlassen. Vergl. aber auch R.G. 28./2. 98 in Deutscher Juristenzeitung 1899 S. 136.

[6]) Begr. C.P.O. S. 129.

Partei in Ehesachen prozeßfähig ist. Bei Beantwortung dieser Frage ist zunächst zwischen Volljährigen und Minderjährigen zu unterscheiden. Ein Volljähriger, der nicht unter Vormundschaft steht, kann nach § 1910 Abs. 2 B.G.B., wenn er in Folge geistiger Gebrechen einzelne seiner Angelegenheiten oder einen bestimmten Kreis seiner Angelegenheiten nicht zu besorgen vermag, für diese Angelegenheiten einen Pfleger erhalten. Daß die Austragung einer Ehesache vor den Gerichten eine einzelne, wenn auch folgenschwere Angelegenheit darstellt, kann keinem Zweifel unterliegen.[7]) Ist also vom Vormundschaftsgericht ein Pfleger für den Rechtsstreit bestellt, so führt dieser als gesetzlicher Vertreter für den geisteskranken Ehegatten den Rechtsstreit, gleichviel, ob es sich um die Parteirolle des Klägers oder des Beklagten handelt. Das Erforderniß der Genehmigung des Vormundschaftsgerichts bleibt unberührt. Ein Volljähriger, dessen Entmündigung wegen Geisteskrankheit beantragt ist, kann nach § 1906 B.G.B. unter vorläufige Vormundschaft gestellt werden. Geschieht dies, so gilt er nach §§ 114, 106 B.G.B. nur als eine in der Geschäftsfähigkeit beschränkte Person, würde also nach § 612 Abs. 1 C.P.O. in Ehesachen prozeßfähig sein. Es geht aber nicht an, daß das Prozeßgericht sich in Verhandlungen zur Sache mit einer geisteskranken Person einlassen soll. Die nothwendige Vertretung durch den Anwalt in Folge Bestehens des Anwaltzwanges gemäß § 78 C.P.O. ändert an der Unzulässigkeit nichts, zumal gerade in Ehesachen das persönliche Auftreten der Partei besonders ins Gewicht fällt. Das Prozeßgericht muß in diesem Falle selbst feststellen, ob die Partei für prozeßfähig zu erachten sei. Die Entscheidung hängt davon ab, ob die Geisteskrankheit eine derartige ist, daß sie die Partei zur Besorgung der betreffenden Angelegenheit, d. h. zur ordentlichen Führung des Rechtsstreits unfähig macht. Das Prozeßgericht kann die Frage unter freier Beweiswürdigung selbstständig[8]) prüfen und ist an die in einem etwa vorangegangenen Entmündigungsverfahren getroffene Entscheidung nicht gebunden. Die Feststellung des Prozeßgerichts äußert rechtliche Wirkung nur für den betreffenden Rechtsstreit. Falls mit dem Verzuge Gefahr verbunden ist, was in Ehesachen meist nicht der Fall sein wird, hat der Vorsitzende des Prozeßgerichts nach § 57 Abs. 1 C.P.O., wenn eine nicht prozeßfähige Person, welche ohne gesetzlichen Vertreter ist, verklagt werden soll, dieser einen besonderen Vertreter zu bestellen.

Was nun die Minderjährigen betrifft, so können die Fälle der §§ 1906, 1910 bei ihnen nicht vorkommen, da sich diese §§ nur auf Volljährige

[7]) Die Führung eines Ehescheidungsprozesses ist als eine einzelne, wenn auch in die Verhältnisse des Ehegatten tief eingreifende Angelegenheit anzusehen und die Bestellung eines Pflegers zur Vertretung der geisteskranken, nicht entmündigten Partei in dem gegen sie wegen Geisteskrankheit angestrengten Ehescheidungsprozeß zulässig. R.G. 10./3. 92 Bd. 30 S. 184.

[8]) Ueber die Befugniß des Prozeßgerichts, wegen Geisteskrankheit einer Partei deren Prozeßunfähigkeit selbständig festzustellen, vergl. R.G. 14./6. 95 in Jur.W. 1895 S. 378 Ziff. 1 und 1./7. 95 in Jur. W. 1895 S. 384 Ziff. 21. Ueber selbständige Feststellung der Geisteskrankheit als eines Ehescheidungsgrundes vergl. R.G. 12./7. 86 Bd. 16 S. 234.

beziehen. Minderjährigkeit des Ehegatten begründet an sich keine Prozeßunfähigkeit. Für die Befugniß des Prozeßgerichts, wegen Geisteskrankheit der Partei deren Prozeßunfähigkeit festzustellen, ist es natürlich gleichgültig, ob die Partei volljährig oder minderjährig ist. Wird die Prozeßunfähigkeit einer minderjährigen Partei festgestellt, so hat der Inhaber der elterlichen Gewalt bezw. der Vormund den Rechtsstreit zu führen.[9])

§ 41.

Vollmacht.

„Der Bevollmächtigte des klagenden Ehegatten bedarf einer besonderen, auf den Rechtsstreit gerichteten Vollmacht. Das Gericht hat den Mangel der Vollmacht von Amtswegen zu berücksichtigen." § 613 C.P.O.

Von den allgemeinen, auch für Ehesachen geltenden Bestimmungen in den §§ 74—85 über Prozeßbevollmächtigte in Anwaltsprozessen wird hier nach zwei Richtungen hin eine Ausnahme aufgestellt, nämlich in Bezug auf den **Inhalt** der Vollmachtsurkunde und die **Pflicht des Gerichts** zur Feststellung der Bevollmächtigung. In dieser Beziehung soll es in Ehesachen anders gehalten werden. Der Bevollmächtigte bedarf einer besonderen, auf den Rechtsstreit gerichteten Vollmacht, d. h. die Vollmacht muß diejenige Ehesache, mit deren Austragung vor den Gerichten der Bevollmächtigte beauftragt wird, genau bezeichnen. Es muß aus ihrem Inhalte hervorgehen, ob der Ehegatte den Bevollmächtigten zur Erhebung der Scheidungsklage oder zur Erhebung der Klage auf Herstellung des ehelichen Lebens oder zur Anfechtung der Ehe oder zur Erhebung welcher anderen Klage ermächtigt. Damit wird der höchstpersönlichen Natur Rechnung getragen und dem Ehegatten selbst die Entschließung über die vorzunehmenden Schritte vorbehalten.[1]) Dagegen braucht die Vollmacht nicht noch ausführlicher zu sein, insbesondere nicht die einzelnen Scheidungs-, Anfechtungs- oder Nichtigkeitsgründe anzugeben, deren Geltendmachung der Ehegatte dem Bevollmächtigten aufgiebt.[2])

---

[9]) Vergl. auch oben § 28.

[1]) Dies entspricht dem § 1336 B.G.B. und dem § 612 C.P.O.

[2]) In der Kommission für das B.G.B. bestand allerdings Einverständniß darüber, daß in der Vollmacht der in Frage stehende Fall, z. B. der Ehescheidungsgrund, auf den die Klage gestützt werden solle, genau angeführt werden müsse, so daß sich der Bevollmächtigte auf einen anderen Klagegrund nicht berufen dürfe. Es rechtfertige sich dieses aus der höchstpersönlichen Natur der Ehesachen, bei denen ja eine Vertretung im Willen ausgeschlossen sei. Religiöse und sittliche Rücksichten ließen es als ausgeschlossen erscheinen, daß der Anwalt z. B. die Ehescheidungsgründe beliebig wähle. In der Reichstagskommission zur Vorberathung des Entwurfs eines Ges. betr. Aenderungen der C.P.O. begegnete diese Auslegung allseitigem Widerspruch. Eine solche Bestimmung würde eine große Belästigung der Parteien wie ihrer Ver-

Es kann daher z. B. ein mit Vollmacht auf Erhebung der Scheidungsklage versehener Anwalt jeden zulässigen Scheidungsgrund geltend machen; er ist aber z. B. nicht ermächtigt, einen Anfechtungs- oder Nichtigkeitsgrund geltend zu machen. Kein Verstoß gegen § 613 C.P.O. ist es, wenn in einer und derselben Vollmacht mehrere Aufträge zur Erhebung verschiedener Klagen verbunden werden.

Wie der Bevollmächtigte des klagenden Ehegatten, so bedarf auch der Bevollmächtigte des widerklagenden Ehegatten einer besonderen, auf die Widerklage gerichteten Vollmacht.

Abweichend von dem im § 84 Abs. 2 C.P.O. für den Anwaltsprozeß ausgesprochenen Grundsatze hat in Ehesachen das Gericht den **Mangel der Vollmacht** von Amtswegen zu berücksichtigen. Dies entspricht dem allgemeinen Gesichtspunkte, daß die Gerichte in Ehesachen geeignetenfalls von Amtswegen in Thätigkeit treten, und sichert die Beobachtung der Vorschrift im ersten Satze des § 613 C.P.O.[4]) Letzteres ist um so wichtiger, als in Ehesachen auch minderjährige und in der Geschäftsfähigkeit beschränkte Personen prozeßfähig sind.

§ 42.

Sühneversuch.

Da dem Staate daran liegt, daß rechtsgültig geschlossene Ehen möglichst aufrechterhalten werden, so ist es wichtig, daß eine Scheidungsklage, eine Klage auf Aufhebung der ehelichen Gemeinschaft oder eine Klage auf Herstellung des ehelichen Lebens (der häuslichen Gemeinschaft) nicht eher eingeleitet werde, als bis durch eine Person, die das Vertrauen der Eheleute genießt, deren Verhältnisse kennt und darum geeignet ist, auf die Entzweiten erfolgreich einzuwirken, der Versuch einer Aussöhnung gemacht ist. Das Gesetz betraut mit Veranstaltung dieses Sühneversuchs den Amtsrichter.[1])

---

treter bedeuten. Auch sei kaum anzunehmen, daß ein Anwalt im Ehescheidungsprozesse Gründe im Widerspruche mit der Partei geltend mache. Als einstimmige Meinung der Kommission wurde schließlich festgestellt, daß unter der hier gemeinten Vollmacht lediglich eine auf den besonderen Ehestreit gerichtete Vollmacht zu verstehen sei, welche ohne Weiteres die Ermächtigung in sich schließe, alle bezüglichen Klagegründe geltend zu machen.

Begr. Einf.G. z. B.G.B. S. 80; Begr. C.P.O. S. 129; R.Kom.Ber. S. 155.

[4]) Der zweite Satz soll dazu dienen, den Zweck des ersten Satzes vollständig zu erreichen. Begr. Einf.G. z. B.G.B. S. 80.

[1]) Der Entwurf einer C.P.O. hatte die Zuziehung des Seelsorgers als unerläßlich vorgeschrieben. Begr. C.P.O. S. 363. Für Preußen hat der Justizminister durch Allg. Vfg. 17./8. 79 (J.M.Bl. 1879 S. 260) einem Wunsche des ev. Oberkirchenraths entsprechend den Amtsgerichten empfohlen, von der Anberaumung eines Sühnetermines in Ehesachen, wenn wenigstens eine der Parteien der evangelischen Kirche angehört, dem ev. Pfarrer oder doch einem ev. Geistlichen am Wohnorte des betreffenden Ehemannes Mittheilung zu machen.

„Der Kläger hat bei dem Amtsgerichte, vor welchem der Ehemann seinen allgemeinen Gerichtsstand hat, die Anberaumung eines Sühnetermins zu beantragen und zu diesem Termine den Beklagten zu laden.“ § 609 Abs. 1 C.P.O.

Die **Verpflichtung zum Sühneversuche** trifft grundsätzlich jeden, der bei deutschen Gerichten auf Scheidung, Aufhebung der ehelichen Gemeinschaft oder Herstellung des ehelichen Lebens klagen will, mag es der Ehemann oder die Ehefrau sein, mag der klagende Theil den Wohnsitz bezw. Aufenthalt im Inlande oder Auslande haben, mag er Inländer oder Ausländer sein. Das für den Sühneversuch örtlich zuständige Amtsgericht bestimmt sich nach dem allgemeinen Gerichtsstande des Ehemannes, mag dieser Kläger oder Beklagter sein.

Der **allgemeine Gerichtsstand** des Ehemannes wird durch seinen Wohnsitz im In- oder Auslande bestimmt. Hat er weder im Inlande noch im Auslande einen Wohnsitz, so wird sein allgemeiner Gerichtsstand durch den Aufenthaltsort im Deutschen Reich und, wenn ein solcher nicht bekannt ist, durch den letzten Wohnsitz im In- oder Auslande bestimmt. §§ 13, 16 C.P.O.

Hier kommt aber der allgemeine Gerichtsstand des Ehemannes vor einem ausländischen Gerichte nicht in Betracht, denn die Zuständigkeitsregel des § 609 Abs. 1 C.P.O. gilt nur für inländische Gerichte. Insofern der Ehemann vor einem inländischen Amtsgerichte den allgemeinen Gerichtsstand hat, ist dessen Zuständigkeit für das Sühneverfahren begründet. Auch ein Ausländer kann vor einem inländischen Amtsgericht einen allgemeinen Gerichtsstand haben.[2]) Sind beide Ehegatten Ausländer, so richtet sich die Zuständigkeit des dem Amtsgericht, in dessen Bezirk der Ehemann seinen allgemeinen Gerichtsstand hat, vorgeordneten Landgerichts für die Scheidungsklage nach § 606 Abs. 4 C.P.O. Ist demnach das Landgericht unzuständig, so ist auch das Amtsgericht für den der Scheidungsklage vorangehenden Sühneversuch unzuständig.

„Bestimmt sich das für die Klage zuständige Landgericht nach den Vorschriften des § 606 Abs. 2, so finden diese Vorschriften auf die Bestimmung des für den Sühnetermin zuständigen Amtsgerichts entsprechende Anwendung.“ § 609 Abs. 2 C.P.O.

In dieser Beziehung wird auf die Erläuterungen im § 38 verwiesen.

Die zur Zeit der Stellung des Antrags auf Anberaumung eines Sühnetermins obwaltenden Verhältnisse sind und bleiben für die Zuständigkeitsfrage maßgebend, wenn sie sich auch nachträglich geändert haben.[3])

---

[2]) Auch Ausländer können in Deutschland einen allgemeinen Gerichtsstand haben. §§ 13, 16 C.P.O. R.G. 4./1. 81 Bd. 3 S. 32.

[3]) Eine Wiederholung des Sühneversuchs, der vor dem im Zeitpunkte der Antragstellung zuständigen Amtsgericht erfolglos abgehalten worden ist, kann — gleichviel ob seitdem eine Veränderung des ehelichen Wohnsitzes stattgefunden hat oder

Der **Antrag** selbst bedarf weder einer besonderen Form, noch einer besonderen Begründung. Er kann schriftlich eingereicht oder zu Protokoll des Gerichtsschreibers erklärt werden. Anwaltszwang besteht für ihn nicht. Angabe des Religionsbekenntnisses beider Eheleute empfiehlt sich (für Preußen mit Rücksicht auf die in Anm. 1 erwähnte allg. Verfügung). Angabe der Thatsachen, auf Grund deren die Scheidung oder Aufhebung der ehelichen Gemeinschaft nachgesucht oder auf Herstellung des ehelichen Lebens geklagt werden soll, ist nicht erforderlich. Sachliche Nachtheile hat die Unterlassung dieser Angabe nicht zur Folge, insbesondere behält dessenungeachtet die Ladung zum Sühnetermine die ihr nach § 1571 Abs. 3 und § 1572 B.G.B. zukommende Wirkung, die Klagefristen zu unterbrechen. Es ist eben auch bei Beantragung des Sühnetermins wie bei Erhebung der Scheidungsklage davon auszugehen, daß der Antragsteller den ehelichen Zwist in seiner ganzen Vollständigkeit zum Gegenstande der Verhandlung bezw. des Sühneversuchs machen will und daß die Erreichung dieses Zweckes vom Gesetze möglichst befördert wird.

Gegen die Zurückweisung des Antrags findet **Beschwerde** statt. § 567 Abs. 1 C.P.O.

In den Antrag ist die Ladung aufzunehmen. § 214 Abs. 2 C.P.O. Nach erfolgter Bestimmung des Sühnetermins hat der Gerichtsschreiber für die Zustellung des Antrags Sorge zu tragen, sofern nicht der Antragsteller in dem Antrage oder in dem Protokoll erklärt hat, dieses selbst thun zu wollen. § 497 C.P.O. Die Zustellung erfolgt nach den allgemeinen Vorschriften über Zustellungen. Die Einlassungsfrist (§ 498 C.P.O.) ist für Anberaumung des Sühnetermins nicht maßgebend,[4]) wohl aber die dreitägige Ladungsfrist (§ 217 C.P.O.).[5])

Die C.P.O. (alter Fassung) hatte im § 571 Abs. 2 die Bestimmung, daß durch die Zustellung der Ladung die **Verjährung** unterbrochen werde. Diese Bestimmung ist durch § 1571 Abs. 1 und 3 ersetzt.[6]) Darnach muß die Scheidungsklage in allen Fällen (ausgenommen im Falle der Scheidung wegen Geisteskrankheit) binnen sechs Monaten von dem Zeitpunkt an erhoben werden, in dem der Ehegatte von dem Scheidungsgrunde Kenntniß

---

nicht — nur dann für geboten erachtet werden, wenn seitdem eine so lange Zeit verstrichen ist, daß die Erfolglosigkeit des Sühnetermins nicht mehr als Beweis einer noch im Zeitpunkte der Klageerhebung vorhandenen Unversöhnlichkeit der Parteien betrachtet werden kann. R.G. 15./3. 87 Bd. 18 S. 363. Hier ist jedoch zu beachten, daß nach § 1571 Abs. 3 B.G.B. die Wiederholung des Sühneversuchs erfolgen muß, wenn drei Monate nach der Beendigung des Sühneverfahrens verstrichen sind und nicht vorher die Klage erhoben worden ist.

[4]) R.G. 7./12. 82 in Gruchot Bd. 27 S. 959 und Jur. W. 1883 S. 38.

[5]) Durch Zustellung der Ladung wird das Sühneverfahren anhängig. Man kann daher wohl von einer „anhängigen Sache" sprechen. Die Ladungsfrist ist das mindeste Zeitmaß, welches Beklagter zu seiner Vorbereitung beanspruchen darf. Es läßt sich sonst nicht rechtfertigen, an sein Ausbleiben die gesetzliche Vermuthung zu knüpfen, daß er nicht willens sei, sich auszusöhnen. Die meisten Schriftsteller halten freilich den § 217 für nicht anwendbar.

[6]) Begr. C.P.O. S. 127.

erlangt und es steht der Erhebung der Klage die Ladung zum Sühnetermine gleich.[7])

„Die Parteien müssen in dem Sühnetermine persönlich erscheinen; Beistände können zurückgewiesen werden.

Erscheint der Kläger oder erscheinen beide Parteien im Sühnetermine nicht, so muß der Kläger die Anberaumung eines neuen Sühnetermins beantragen und den Beklagten zu dem Termine laden. Erscheint der Kläger, aber nicht der Beklagte, so ist der Sühneversuch als mißlungen anzusehen." § 610 C.P.O.

Gerade in dem persönlichen Erscheinen der Ehegatten liegt eine Gewähr für den Erfolg des Sühneversuchs, doch kann persönliches Erscheinen nicht erzwungen werden.[8]) Bestellte Vertreter sind daher nicht zuzulassen. Dagegen muß für einen geschäftsunfähigen Ehegatten dessen gesetzlicher Vertreter in den Fällen, in denen dieser zur Führung des Rechtsstreites befugt ist,[9]) zum Sühneverfahren zugelassen werden. Die Zulassung von selbstgewählten Beiständen hängt von dem Ermessen des Gerichts ab. Das Verfahren ist öffentlich, jedoch ist die **Oeffentlichkeit** auf Antrag oder gegebenen Falls von Amtswegen auszuschließen.[10]) Der Amtsrichter hat wie in anderen Rechtsstreitigkeiten zum Sühneverfahren einen **Protokollführer** zuzuziehen. Einer **Benachrichtigung** des **Staatsanwalts** von dem gemäß § 609 C.P.O. vor der Klageerhebung anberaumten amtsgerichtlichen Sühnetermine bedarf es nicht.[11]) Von den nach der Klageerhebung vor dem erkennenden Gericht oder einem beauftragten oder ersuchten Richter anstehenden Sühnetermin ist der Staatsanwalt zu benachrichtigen.

Gerichtskosten entstehen für das Sühneverfahren nicht. Es findet nur Ersatz der baaren Auslagen statt. Ueber die Gebühren des Rechtsanwalts trifft der § 37 Geb.O. f. R.A. 7. 7. 79 Bestimmung.[12])

---

[7]) Den Lauf der sechsmonatigen Frist des § 1339 Abs. 1 B.G.B. zur Anfechtung der Ehe hemmt die Ladung zum Sühnetermine nicht, denn für die Anfechtungsklage ist ein vorgängiger Sühneversuch überhaupt nicht vorgeschrieben. Vergl. R.G. 10./4. 90 in Gruchot Bd. 34 S. 1007.

[8]) Die Anwendung von Zwangsmaßregeln, wie sie der Entwurf einer C.P.O. vorgeschlagen hatte (Begr. S. 92 und 363), findet nicht statt. Zum Zwecke der Vernehmung der Partei kann das Prozeßgericht deren persönliches Erscheinen anordnen und in diesem Falle Zwangsmaßregeln anwenden. § 619 C.P.O. Vergl. unten § 48. Das mit dem Sühneversuche befaßte Amtsgericht hat aber diese Befugniß nicht.

[9]) Vergl. oben § 40.

[10]) Vergl. oben § 36 a. E.

[11]) Siehe oben § 39 Anm. 13.

[12]) Jede in Ansehung des Sühneverfahrens entwickelte Thätigkeit des Rechtsanwalts, insbesondere auch die Erwirkung der Terminsbestimmung und die Besorgung der Ladung rechtfertigt den Anspruch auf die **Gebühr** des § 37 Abs. 1 Geb.O. und darf, soweit es sich um Prozesse vor dem Landgerichte handelt, nach § 37 Abs. 2 Geb.O. auch dem als Prozeßbevollmächtigten bestellten Rechtsanwalte nicht versagt

Das **Ausbleiben des Klägers** im Sühnetermine hat, gleichviel ob der Beklagte ebenfalls ausbleibt oder erscheint, für den Kläger den sachlichen Nachtheil zur Folge, daß die Ladung des Beklagten die ihr nach § 1571 Abs. 3 und § 1572 B.G.B. zukommende Wirkung, die Klagefristen zu unterbrechen, verliert.[13]) Auch der Antrag auf Anberaumung eines Sühnetermins verliert seine Geltung. Der zur Klage berechtigte Ehegatte muß, wenn er dem Verfahren Fortgang verschaffen will, die Anberaumung eines neuen Sühnetermins beantragen (wobei eine Bezugnahme auf die in dem früheren Antrage enthaltenen Thatsachen nicht ausgeschlossen ist) und den Beklagten zu dem Termine laden.

Erscheinen beide Parteien im Sühnetermine, so soll sich der Richter, ehe er die Fruchtlosigkeit des Sühneversuchs feststellt, nicht einfach darauf beschränken, die widersprechenden Erklärungen der entzweiten Parteien entgegenzunehmen oder gar blos die Parteien sich selbst zu überlassen, vielmehr soll er es sich angelegen sein lassen, die Zerrüttung des ehelichen Verhältnisses in ihrem thatsächlichen Umfang[14]) und in ihrer rechtlichen Bedeutung zu ermitteln und auf der gewonnenen Grundlage unter Aufbietung seines Ansehens und seiner Rechtskenntnisse auf die Entzweiten versöhnend einzuwirken suchen. Solche Bemühungen darf er auch dann nicht unterlassen, wenn nach seiner Ansicht die Sache thatsächlich und rechtlich so liegt, daß dem verletzten Ehegatten die Fortsetzung der Ehe nicht zuzumuthen ist. Der Sühneversuch darf nicht zu einer reinen **Formalität** herabsinken. Diejenigen Fälle, in denen sich im Voraus annehmen läßt, daß der Sühneversuch etwas rein Formelles sein würde, nimmt das Gesetz schon selbst aus, indem es in diesen Fällen den Sühneversuch für entbehrlich erklärt.[15])

Gelingt die Aussöhnung der Ehegatten, so ist darüber ein **Protokoll** aufzunehmen.[16]) Es empfiehlt sich, die verziehenen Scheidungsgründe thunlichst zu bezeichnen.[17])

---

werden, denn nach dieser Vorschrift ist die Gebühr, nicht, wie der Entwurf wollte, in allen Fällen, sondern nur dann auf die Prozeßgebühr anzurechnen, wenn die Verhandlung des Rechtsstreits vor dem Amtsgerichte stattfindet. R.G. 27./11. 94 in Jur. W. 1895 S. 10 Ziff. 27.

[13]) Vergl. oben § 30. Die C.P.O. hatte in § 572 Abs. 2 ausgesprochen, daß die Ladung beim Ausbleiben des Klägers ihre Wirkung verliere. Diese Bestimmung ist in das B.G.B. übergegangen, so daß die C.P.O. nur noch die Folge des Ausbleibens des Klägers in Ansehung des Termins hervorzuheben brauchte. Begr. C.P.O. S. 128.

[14]) Daß sich der Sühneversuch auf das eheliche Verhältniß in seiner ganzen Vollständigkeit (abgesehen von Nichtigkeits- und Anfechtungsgründen) erstreckt, setzt das Gesetz voraus. Ebendeshalb erläßt es die Wiederholung des Sühneversuchs im Falle des § 614 Abs. 2 C.P.O. Ebendeshalb bedarf es keiner näheren Bezeichnung der einzelnen Klagegründe im Sühneantrag und ebendeshalb steht die Ladung zum Sühnetermine bei Erhebung der Klage auch in Ansehung der später geltend gemachten Klagegründe in Bezug auf Beobachtung der Klagefristen gleich. Vergl. oben § 30.

[15]) § 611 Abs. 1 C.P.O. Prot. d. R.Kom. zur C.P.O. S. 291.

[16]) § 23 Abs. 1 d. preuß. Geschäftsordnung f. d. Gerichtsschreibereien der Amts-

Mißlingt der Sühneversuch, so hat das Amtsgericht hierüber dem Kläger auf dessen Antrag ein Zeugniß auszustellen. Falls ein Protokoll aufgenommen worden ist und dieses die wissenswerthen Thatsachen ersehen läßt, genügt eine Ausfertigung des Protokolls. Als mißlungen ist der Sühneversuch auch dann anzusehen, wenn im Sühnetermine zwar der Kläger, aber nicht der Beklagte erschienen ist.

Eine **Wiederholung** des mißlungenen Sühneversuchs muß stattfinden, wenn drei Monate nach der Beendigung des Sühneverfahrens verstrichen sind und nicht vorher die Klage erhoben worden ist. § 1571 Abs. 3 B.G.B.

> „Der Sühneversuch ist nicht erforderlich, wenn der Aufenthalt des Beklagten unbekannt oder im Auslande ist, wenn dem Sühneversuche ein anderes schwer zu beseitigendes Hinderniß entgegensteht, welches von dem Kläger nicht verschuldet ist, oder wenn die Erfolglosigkeit des Sühneversuchs mit Bestimmtheit vorauszusehen ist.
>
> Ueber das Vorhandensein dieser Voraussetzungen entscheidet der Vorsitzende des Landgerichts ohne vorgängiges Gehör des Beklagten." § 611 C.P.O.

In mehreren Fällen ist der **Sühneversuch entbehrlich.** Die §§ 608 bis 611 C.P.O. beziehen sich nur auf das Sühneverfahren, das der Ehescheidungsklage, der Klage auf Aufhebung der ehelichen Gemeinschaft und der Klage auf Herstellung des ehelichen Lebens (der häuslichen Gemeinschaft) vorauszugehen hat. Für die Nichtigkeitsklage, die Klage auf Feststellung des Bestehens oder Nichtbestehens einer Ehe zwischen den Parteien und die Anfechtungsklage ist ein Sühneversuch nicht vorgeschrieben. Die Natur der beiden ersteren Klagen schließt die Zulässigkeit eines Sühneversuchs überhaupt aus, da Personen, die in einer nichtigen ehelichen Verbindung stehen, sich nicht zum Zwecke der Aufrechterhaltung einer nicht vorhandenen Ehe aussöhnen können. Bei der Anfechtungsklage wäre eine Aussöhnung der Ehegatten rechtlich denkbar und zwar in dem Sinne eines Verzichts des anfechtungsberechtigten Ehegatten auf Geltendmachung des Anfechtungsgrundes, aber auf alle drei Klagen trifft doch der Grund und Zweck des Sühneverfahrens, **gültig** geschlossene Ehen im öffentlichen Interesse möglichst aufrecht zu erhalten, nicht zu. Das Gesuch um Abstandnahme von dem Erfordernisse des Sühneversuchs unterliegt dem Anwaltszwange.

Der **Vorsitzende des Landgerichts** [18]) entscheidet über das Gesuch selbständig. Er kann auch ohne Antrag des Klägers entscheiden, daß von dem Erfordernisse des Sühneversuchs Abstand zu nehmen sei. Seine Entscheidung unterliegt nicht der Nachprüfung durch das erkennende Gericht. [19])

---

gerichte 14./12. 96 bestimmt, daß es in Sühnesachen der Aufnahme eines Protokolls nur bedarf, wenn ein Vergleich geschlossen wird.

[17]) Vergl. oben § 29.

[18]) Nämlich der Vorsitzende derjenigen Civilkammer, vor welcher der Rechtsstreit zu verhandeln sein würde.

[19]) Das erkennende Gericht ist nicht berechtigt, das Verfahren seines Vorsitzenden

Rechtsmittel sind gegen die Entscheidung des Vorsitzenden, daß es eines Sühneversuchs nicht bedarf, nicht gegeben,[20]) doch findet gegen Zurückweisung des Gesuches auf Abstandnahme von dem Erfordernisse des Sühneversuchs Beschwerde nach § 567 C.P.O. statt. Die getroffene Entscheidung ist dem Kläger zuzustellen. Der Vorsitzende darf den Termin zur mündlichen Verhandlung erst festsetzen, wenn den Vorschriften über den Sühneversuch genügt worden ist. § 608 C.P.O. Bei dieser Prüfung ist nicht außer Acht zu lassen, daß die Vorschriften über den Sühneversuch, wie im Eingange dieses § ausgeführt, im öffentlichen Interesse gegeben sind, sonach auf deren Beobachtung von den Parteien wirksam nicht verzichtet werden kann und die Unterlassung der Rüge (§ 295 C.P.O.) nicht die Kraft hat, den Mangel zu heilen.[21]) Hat der Vorsitzende den Termin zur mündlichen Verhandlung festgesetzt, ohne die Befolgung der Sühnevorschriften zu prüfen und gegebenen Falls Entscheidung über Abstandnahme von einem Sühneversuche zu treffen, so kann das Prozeßgericht die mangelnde Prüfung und Entscheidung ersetzen.[22]) Es braucht nicht gerade die Klage abzuweisen.[23])

In Vorstehendem ist der der Klage vorausgehende Sühneversuch behandelt worden. Nachdem der Rechtsstreit anhängig geworden ist, kann das Prozeßgericht in jeder Lage des Rechtsstreits auf Grund des § 296 C.P.O. einen Sühneversuch vornehmen oder die Vornahme eines solchen vor einem beauftragten oder ersuchten Richter anordnen. Der vom Prozeßgerichte veranlaßte Sühneversuch ersetzt in Fällen, in denen der Klage ein Sühneversuch hätte vorangehen sollen, aber unterblieben ist, den unterlassenen Sühneversuch. Dem Prozeßgerichte bleibt es aber auch unbenommen, den vorschriftsmäßig vorangegangenen Sühneversuch zu wiederholen, ferner einen Sühneversuch in denjenigen Fällen zu veranlassen, in denen es nicht erforderlich ist, daß der Klage ein Sühneversuch vorangeht. Dies gilt namentlich dann, wenn die Voraussetzungen, unter denen die Abstandnahme von einem Sühneversuche gemäß § 611 Abs. 1 C.P.O. gerechtfertigt war, im Laufe des Rechtsstreits nicht mehr vorliegen.[24]) Das

---

in dieser Hinsicht seiner Nachprüfung zu unterziehen und eine Ehescheidungsklage aus dem Grunde zurückzuweisen, weil seiner Meinung nach den Vorschriften über den vorangegangenen Sühneversuch nicht Genüge geschehen sei. Ist der Sühnetermin den Vorschriften der C.P.O. zuwider unterblieben, so kann das Gericht diesen Mangel in Ausübung der ihm (aus § 296 C.P.O.) zustehenden Befugniß durch einen nachträglichen Versuch der gütlichen Beilegung des Rechtsstreits ausgleichen. R.G. 15./3. 87 Bd. 18 S. 363.

[20]) R.G. 23./2. 83 in Gruchot Bd. 26 S. 1179.

[21]) Begr. C.P.O. S. 359. R.G. 24./11. 87 in Gruchot Bd. 33 S. 118, in Jur W. 1888 S. 13 und Bolze Bd. 5 Ziff. 1356.

[22]) Wie das Prozeßgericht selbst einen Sühneversuch anstellen und dadurch den Mangel heilen könnte (§ 296 C.P.O.), so wird dieser Mangel auch durch die Entscheidung des Prozeßgerichts, der Sühneversuch sei nach § 611 C.P.O. nicht erforderlich gewesen, geheilt. R.G. 15./3. 92 in Jur. W. 1892 S. 205 Ziff. 8 und in Bolze Bd. 14 Ziff. 612C.

[23]) Dem vorgängigen Sühneverfahren kommt nicht der Charakter einer formalen Prozeßvoraussetzung zu. R.G. 4./11. 87 in Gruchot Bd. 33 S. 120.

[24]) Begr. C.P.O. S. 363. Wegen der Anwendung von Zwangsmaßregeln vergl. oben Anm. 8.

Vorbringen neuer Klagegründe und die Erhebung einer Widerklage [25]) ist von einem Sühneversuche nicht abhängig. § 614 Abs. 2 C.P.O. Der vorangegangene Sühneversuch erstreckt sich eben auf das gesammte eheliche Verhältniß. [26]) Dabei ist es gleichgültig, ob sich der neue Klage- oder Widerklagegrund auf Vorgänge stützt, die sich erst nach dem Sühnetermin ereignet haben [27]) oder zwar früher ereignet haben, aber der berechtigten Partei damals unbekannt waren.

Für die Entscheidung der **Schuldfrage** hat der Sühneversuch überhaupt keine Bedeutung. [28])

Ob in dem Falle des § 1576 Abs. 1 B.G.B., wenn, nachdem auf Aufhebung der ehelichen Gemeinschaft erkannt worden war, auf Grund des Urtheils die Scheidung beantragt wird, dieser Klage ein Sühneversuch vorangehen müsse, wird in den Gesetzen nicht ausdrücklich bestimmt. Die C.P.O. führt diesen Fall nicht unter denjenigen Fällen auf, in welchen der Sühneversuch entbehrlich ist. [29])

§ 43.

Klage und Widerklage.

Welche Eheklagen nach der C.P.O. zugelassen sind, ist im § 37 dargestellt. Wer klageberechtigt ist, gegen wen die Klage zu richten ist, innerhalb welcher Frist die Klage erhoben werden muß, sind Fragen, die bei Darstellung der einzelnen Nichtigkeits-, Anfechtungs- und Scheidungsgründe im I. Theile Berücksichtigung gefunden haben.

Die Klageschrift muß den allgemeinen Vorschriften über Klagen und **Schriftsätze** (§ 253, 130 u. f. C.P.O.) entsprechen. Die Thatsache der Eheschließung wird zweckmäßig durch Vorlegung der standesamtlichen Eheschließungsurkunde dargelegt. [1]) Andere Beweise sind nicht ausgeschlossen. [2])

---

[25]) gleichviel ob die Widerklage, wenn die Scheidungsklage erhoben ist, ebenfalls auf Scheidung oder auf Herstellung des ehelichen Lebens gerichtet ist oder umgekehrt der letzteren Klage eine Scheidungswiderklage entgegengesetzt wird.

[26]) Begr. C.P.O. S. 364. Vergl. auch oben § 36 zu Ziff. 2.

[27]) R.G. 28./1. 96 in Jur. W. 1896 S. 149 Ziff. 18. Näheres siehe § 42.

[28]) Nachdem der Ausspruch über die Scheidung rechtskräftig geworden, ist es für die Entscheidung der noch streitigen Schuldfrage unerheblich, daß ein Sühneversuch nicht stattgefunden hat. R.G. 9./11. 85 in Bolze Bd. 2 Ziff. 1914.

[29]) Vergl. die Abänderungsvorschläge von Davidsohn in der Deutsch. Jur. Z. 1898 S. 126.

[1]) In Preußen ist die Vorlegung der standesamtlichen Eheschließungsurkunde mit Rücksicht auf die allg. Vfg. d. Justizmin. 25./8. 79 Ziff. 24 (Mittheilung des Urtheils an den Standesbeamten durch den Staatsanwalt. Vergl. oben § 39 Anm. 14) empfehlenswerth.

[2]) In einem Streit um die Ehelichkeit von Kindern hat das R.G. den Beweis der Eheschließung ihrer Eltern durch Indizien für statthaft erachtet. R.G. 31./3. 84, Bd. 11 S. 425.

Was den Klagegrund betrifft, so gilt auch für Ehesachen der Grundsatz des § 253 Abs. 2 Ziff. 2 C.P.O., daß die Klage den **Grund des erhobenen Anspruchs** enthalten muß. Dieser Grundsatz schließt aber die spätere Vorbringung anderer Klagegründe nicht aus, was wiederum mit dem im § 36 hervorgehobenen allgemeinen Gesichtspunkte zusammenhängt, daß durch die Klageerhebung das eheliche Verhältniß in seiner ganzen Vollständigkeit zum Gegenstande des Rechtsstreits gemacht werden soll.

„Bis zum Schlusse derjenigen mündlichen Verhandlung, auf welche das Urtheil ergeht, können[3]) andere als die in der Klage vorgebrachten Klagegründe geltend gemacht werden." § 614 Abs. 1 C.P.O.

Dieser § bezieht sich auf alle in Ehesachen zulässigen Klagen.[4])

In erster Instanz können bis zum Schlusse derjenigen mündlichen Verhandlung, auf welche das erstrichterliche Urtheil ergeht, in der Berufungsinstanz können bis zum Schlusse derjenigen mündlichen Verhandlung, auf welche das Berufungsurtheil ergeht, **neue Klagegründe** vorgebracht werden.[5]) Dagegen ist dies in der Revisionsinstanz nicht mehr zulässig.[6]) Der neue Klagegrund kann sowohl neben dem alten Klagegrunde als auch anstatt desselben aufgestellt werden. Der Kläger kann den ursprünglichen Klagegrund festhalten oder ihn fallen lassen und zu einem anderen greifen. Wer z. B. in erster Instanz auf Scheidung wegen grober Mißhandlung klagt und damit nicht durchdringt, kann in zweiter Instanz wegen Ehebruchs Scheidung verlangen. Wer in erster Instanz die Nichtigkeitserklärung der Ehe wegen seiner Geschäftsunfähigkeit bei der Eheschließung erfolglos verlangt, kann dies Verlangen in zweiter Instanz auf Verletzung der für die Eheschließung vorgeschriebenen Form gründen. Um keine Instanz zu verlieren, ist es aber rathsam, alle zulässigen Klagegründe gleich in erster Instanz vorzubringen. Die Geltendmachung neuer Klagegründe ist weder

---

[3]) Sie können nicht nur vorgebracht werden, sondern sie müssen auch vorgebracht werden, wie unten gezeigt wird. Der § 614 Abs. 1 C.P.O. enthält zugleich ein Gebot.

[4]) Die §§ 614—616 C.P.O. stehen in einem inneren Zusammenhange. Zwar treffen die Nachtheile des § 616 den Scheidungs- und den Anfechtungskläger, daraus läßt sich jedoch nicht eine Beschränkung des § 614 C.P.O. auf die Scheidungs- und Anfechtungsklage herleiten, vielmehr ist die Zulässigkeit neuer Klagegründe für alle Eheklagen allgemein bestimmt, trifft doch der gesetzgeberische Grund für diese Bestimmungen, die Vervielfältigung von Ehestreitigkeiten zu verhüten, auf alle Klagen zu.

[5]) Aenderung der Klage ist im Ehescheidungsprozeß ohne die Zustimmung des Gegners zulässig (R.G. 10./12. 83 in Jur. W. 1884 S. 48, 12./6. 93 in Entsch. Bd. 31 S. 12 unten), jedoch nicht mehr nach rechtskräftigem, durch Eid bedingtem Endurtheile. R.G. 15./2. 82 in Jur. W. 1883 S. 38. In letzterem Falle ist aber auch die Anwendung des § 616 C.P.O. ausgeschlossen. R.G. 3./11. 98 in Jur. W. 1898 S. 662 Ziff. 18 und 19.

[6]) Die Vorschrift (§ 614 C.P.O.) ist nur in der ersten und zweiten Instanz, nicht aber in der Revisionsinstanz anwendbar. Die entgegengesetzte Annahme würde mit der Natur des Rechtsmittels der Revision, welche unter Ausschluß der Zulässigkeit thatsächlicher Feststellungen nur die rechtliche Würdigung der Sache gestattet, im Widerspruche stehen. R.G. 30./1. 96 in Jur. W. 1896 S. 149 Ziff. 17.

dadurch, daß deren Entstehung in die Zeit vor der Klageerhebung noch dadurch, daß sie in die Zeit nach der Klageerhebung fällt, ausgeschlossen.[7]) Ebensowenig spielt der Umstand, ob dem Kläger der Klagegrund **bekannt** oder unbekannt war, eine Rolle. Zuweilen wird es vorkommen, daß der Kläger Veranlassung hat, von einem ihm bekannten Klagegrunde vorläufig keinen Gebrauch zu machen. Bei der Nichtigkeitsklage, Anfechtungsklage und Klage auf Feststellung des Bestehens oder Nichtbestehens einer Ehe zwischen den Parteien können später entstandene Klagegründe nicht vorkommen, da diese Klagen sich lediglich gegen die Rechtsbeständigkeit der Eheschließungshandlung richten, nicht aber gegen den Inhalt des Ehelebens.

Ein gleich weiter Spielraum wie den Klagegründen ist auch der Erhebung einer Widerklage und der Vorbringung **neuer Widerklagegründe** gewährt.[8]) In Rechtsstreitigkeiten, welche die Scheidung oder Aufhebung der ehelichen Gemeinschaft zum Gegenstande haben, können neue Klage- bezw. Widerklagegründe in der Berufungsinstanz sogar lediglich zu dem Zwecke vorgebracht werden, um eine anderweite Entscheidung der Schuldfrage herbeizuführen und es steht der Berücksichtigung des neuen Vorbringens nicht entgegen, daß das erstinstanzliche Urtheil, insoweit es die Scheidung oder Aufhebung der ehelichen Gemeinschaft ausspricht, unangefochten bleibt und demzufolge rechtskräftig wird.[9]) Ist der Beklagte derjenige Theil, welcher sich durch die erstinstanzliche Entscheidung der Schuldfrage beschwert fühlt, so kann er, auch wenn er Widerklage nicht erhoben hat, zur Herbeiführung einer anderweitigen Entscheidung über die Schuldfrage in der **Berufungsinstanz** Thatsachen anführen, auf die er eine Widerklage hätte gründen können. Nur müssen die im § 1574 Abs. 3 B.G.B. bestimmten Voraussetzungen für den Antrag des Beklagten, den Kläger für schuldig zu erklären, vorliegen[10]), denn diese Bestimmung gilt für die beiden ersten Instanzen ohne Unterschied.

---

[7]) Das Gesetz unterscheidet nicht zwischen solchen neuen Klagegründen, welche zur Zeit der Klage entstanden waren, und solchen, die sich auf nachträgliche Vorgänge gründen. R.G. 28./10. 87 in Bolze Bd. 5 Ziff. 1355 und Jur. W. 1892 S. 334 Ziff. 18. Die C.P.O. schließt im Ehescheidungsprozeß die Verwerthung von Thatsachen, die sich nach der Vornahme des Sühneversuchs oder auch erst nach der Klageerhebung zugetragen haben, nicht aus; im Gegentheil muß nach Vorschrift des § 576 C.P.O. (§ 616 C.P.O.) die Geltendmachung solcher Thatsachen im schwebenden Verfahren gerade geboten erscheinen. R.G. 28./1. 96 in Jur. W. 1896 S. 149 Ziff. 18.

[8]) Ueber die Zulässigkeit neuer Klagegründe und Widerklagen in beiden ersten Instanzen, vergl. R.G. 28./11. 82 Bd. 8 S. 350; 5./4. 86 Bd. 15 S. 290.

[9]) Nur der Ausspruch der Ehetrennung, d. h. die eigentliche Entscheidung, nicht ihre Begründung ist rechtskräftig geworden; der Berufungsrichter ist aber an die erstrichterliche Begründung nicht gebunden, und er hat seine Entscheidung lediglich nach der in der Berufungsinstanz sich ergebenden Sachlage zu treffen. Der Ehegatte, der sich durch die erstinstanzliche Entscheidung der Schuldfrage beschwert fühlt, ist daher in der Berufungsinstanz nicht nur allgemein zum Vorbringen neuer Thatsachen, sondern auch zur Aufstellung neuer Ehescheidungsgründe befugt. R.G. 5./4. 86 Bd. 15 S. 289. Die Anfechtung der Entscheidung über die Schuldfrage ist auch dann nicht ausgeschlossen, wenn diese Entscheidung auf der Annahme desjenigen Ehescheidungsgrundes beruht, um dessentwillen die Ehe rechtskräftig geschieden worden ist. R.G. 12./11. 88 in Bolze Bd. 2 Ziff. 1917.

[10]) Vergl. oben § 31.

Häufung von Klagegründen wird vom Gesetze nicht nur gestattet, sondern mittelbar dadurch befördert, daß es, um der Vervielfältigung von Ehestreitigkeiten vorzubeugen, die säumige Partei mit dem im § 616 C.P.O. bezeichneten Nachtheile der Ausschließung bedroht und so nöthigt, von der eingeräumten Befugniß Gebrauch zu machen. Auf welchen von mehreren geltend gemachten Klagegründen das Scheidungsurtheil sich stützt, ist für die rechtlichen Folgen der Scheidung regelmäßig gleichgültig, da diese ohne Rücksicht auf die Beschaffenheit des Scheidungsgrundes geregelt sind. Nur wenn wegen Ehebruchs geschieden wird, tritt noch die besondere Folge des Eheverbots aus § 1312 B.G.B. ein. Wird daher unter mehreren Scheidungsgründen auch Ehebruch geltend gemacht, so stellt sich die Nichtgewährung der Scheidung wegen Ehebruchs, auch wenn die Ehe aus dem anderen vom Kläger geltend gemachten Grunde geschieden wird, doch als eine Abweisung desselben hinsichtlich des Streitgegenstandes dar. Gegen ein solches Urtheil kann der obsiegende Kläger Berufung einlegen.[11])

> „Das neue Vorbringen und die Erhebung einer Widerklage ist von einem Sühneversuche nicht abhängig." § 614 Abs. 2 C.P.O.

Diese Bestimmung will sagen, daß in denjenigen Fällen, in welchen der Klageerhebung ein **Sühneversuch** vorangehen muß, dieser nicht wiederholt zu werden braucht. Der vorangehende Sühneversuch erstreckt sich eben auf das gesammte eheliche Verhältniß.[12]) Dabei ist es gleichgültig, ob sich der neue Klage- oder Widerklagegrund auf Vorgänge stützt, die sich erst nach dem Sühnetermine ereignet haben[13]) oder zwar früher ereignet haben, aber der berechtigten Partei damals unbekannt waren. Für die Nichtigkeitsklage, Anfechtungsklage und Klage auf Feststellung des Bestehens oder Nichtbestehens einer Ehe hat der Absatz 2 des § 574 C.P.O. keine Bedeutung, da für diese Klagen ein Sühneversuch überhaupt nicht vorgeschrieben ist.

Die Klage muß einen bestimmten Antrag enthalten. § 253 Abs. 2 Ziff. 2 C.P.O. Der **Klageantrag** muß der Sachdarstellung entsprechen. Es kann nicht der Antrag auf Scheidung der Ehe auf Anfechtungsgründe oder der Antrag, eine anfechtbare Ehe für nichtig zu erklären, auf Scheidungsgründe gestützt werden, wenn es auch zulässig ist, beide Anträge zu verbinden. Ist der Klageantrag nur auf Scheidung gerichtet, ergiebt aber der behauptete und nachgewiesene Thatbestand zwar nicht einen Scheidungs-, wohl aber einen Anfechtungsgrund, so ist der Richter durch § 308 Abs. 1 C.P.O. doch gehindert, die Nichtigkeit der Ehe auszusprechen, denn der

---

[11]) R.G. 15./2. 89 in Bolze Bd. 7 Ziff. 1201 und 12./3. 91 in Bolze Bd. 13 Ziff. 725a. Vergl. auch R.G. 15./12. 98 in Jur. W. 1899 S. 40 Ziff. 33. Eine Beschwerung des Klägers würde aber dann nicht vorliegen, wenn er den Ehebruch im Range nach den anderen Scheidungsgründen geltend gemacht hätte.

[12]) Begr. C.P.O. S. 364. Vergl. auch oben § 36 zu Ziff. 2.

[13]) R.G. 28./1. 96 in Jur. W. 1896 S. 149 Ziff. 18. Vergl. auch oben Anm. 7. Scheidungsgründe, die eingetreten sind, nachdem sich die Parteien nach Anstellung der Klage ausgesöhnt haben, können in demselben Verfahren geltend gemacht werden. R.G. 19./11. 89 Bd. 25 S. 340.

Antrag, nicht dessen Begründung, entscheidet über die Grenzen, innerhalb deren sich der richterliche Ausspruch zu halten hat.[14])

Verschieden von dem Grunde des erhobenen Anspruchs ist der Anspruch selbst. Es kann Scheidung, Aufhebung der ehelichen Gemeinschaft, Herstellung des ehelichen Lebens (Herstellung der häuslichen Gemeinschaft), Nichtigkeitserklärung der Ehe oder Feststellung des Bestehens oder Nichtbestehens einer Ehe zwischen den Parteien beansprucht werden. Wie für den Klagegrund gelten auch für den Klageanspruch in Ehesachen besondere Bestimmungen, nämlich insofern, als die **Klagenverbindung** abweichend von den allgemeinen Bestimmungen geregelt ist.

„Die Klage auf Herstellung des ehelichen Lebens, die Scheidungsklage und die Anfechtungsklage können[15]) verbunden werden.

Die Verbindung einer anderen Klage mit den erwähnten Klagen sowie die Erhebung einer Widerklage anderer Art ist unstatthaft." § 615 C.P.O.

Bei der Klagenverbindung handelt es sich um denselben gesetzgeberischen Zweck wie bei der Häufung von Klagegründen. Soweit thunlich, sollen in dem nämlichen Rechtsstreit alle Umstände, welche das Bestehen des ehelichen Verhältnisses beeinflussen könnten, erörtert und zur Entscheidung gebracht werden.[16]) Dieser Zweck würde nur unvollkommen erreicht werden, wenn die Verbindung der verschiedenen Klagen schon in der Klageschrift erfolgen müßte, vielmehr gestattet das Gesetz, bis zum Erlasse des Endurtheils nicht nur eine andere Klage der bezeichneten Art mit der erhobenen Klage zu verbinden, sondern auch unter Fallenlassen der ursprünglich erhobenen Klage zu einer anderen Klage der bezeichneten Art überzugehen.[17]) Diese Befugnisse stehen dem Kläger nicht nur für die erste, sondern auch für die Berufungsinstanz,[18]) nicht aber für die Revisionsinstanz zu. Um keine Instanz zu verlieren, ist es aber rathsam, alle zulässigen Klagen schon in erster Instanz zu verbinden. Die Verbindung der Klagen kann,

---

[14]) Durch den Klageantrag wird die Klage als die eine oder die andere gekennzeichnet, und der Richter hat nur über den Klageantrag zu entscheiden. R.G. 19./6. 83 Bd. 9 S. 193. Durch § 308 Abs. 1 C.P.O. ist dem Richter verboten, die Nichtigkeit einer anfechtbaren Ehe auf Grund eines nur auf Ehescheidung gerichteten Antrags auszusprechen. R.G. 9./5. 84 Bd. 11 S. 354. Bei der großen Bedeutung, die den Klageanträgen zukommt und die sich namentlich in der Nothwendigkeit ihrer schriftlichen Formulirung und ihrer Verlesung bei der mündlichen Verhandlung ausspricht, kann es nicht auf den aus seinem sonstigen Vorbringen etwa zu ermittelnden vermuthlichen Willen des Klägers, sondern nur auf den von ihm zum Ausdruck gebrachten, nicht auf den zwar beabsichtigten, aber unterlassenen, sondern nur auf den wirklich gestellten Klageantrag ankommen. R.G. 19./9. 84 in Gruchot Bd. 29 S. 1090.

[15]) Sie können nicht nur verbunden werden, sondern sie müssen auch verbunden werden, wie weiter unten gezeigt wird. Der 1. Absatz des § 615 C.P.O. enthält ein Gebot, der 2. Absatz ein Verbot.

[16]) Begr. C.P.O. S. 364.

[17]) Beschluß der vereinigten Civilsenate d. R.G. 12./6. 93 Bd. 31 S. 9.

[18]) Ebenso Planck, Vorbemerkung zu Tit. 3, Abschnitt 1 Buch 4 zu III, 2b S. 46 Abs. 1.

insofern den verbundenen Klagen ein gemeinsamer Thatbestand zu Grunde liegt, zu einer Vermischung ihrer Grundlagen führen. Immer aber sind gesonderte Klageanträge zu stellen.

Für das Recht der Klagenverbindung ist es wie für das Recht der Häufung von Klagegründen gleichgültig, ob die Berechtigung zu einer anderen Klage vor oder nach der Klageerhebung entstanden ist und ob sie dem Kläger zur Zeit der Klageerhebung bekannt oder unbekannt war.

Wie der Kläger mit der Klage eine andere Klage der bezeichneten Art verbinden kann, so kann auch der Beklagte bis zu demselben Zeitpunkte jede der in Abs. 1 des § 615 C.P.O. bezeichneten Klagen als Widerklage erheben.[19])

Klagenverbindung und Erhebung einer Widerklage wird vom Gesetz in den gezogenen Grenzen nicht nur gestattet, sondern ebenso wie die Häufung von Klagegründen mittelbar dadurch befördert, daß es, um der Vervielfältigung von Ehestreitigkeiten vorzubeugen,[20]) die säumige Partei mit dem im § 616 C.P.O. bezeichneten Nachtheile der Ausschließung bedroht und so nöthigt, von der eingeräumten Befugniß Gebrauch zu machen.

Um im öffentlichen Interesse der Vervielfältigung der auf Auflösung der Ehe gerichteten Klagen unter denselben Ehegatten und hiermit der Vermehrung der Eheprozesse überhaupt entgegenzuwirken, stellte man den Grundsatz auf, daß die auf Ehetrennung abzielenden Prozesse als ein Ganzes zu behandeln seien, so daß darin alle auf Ehescheidung oder Anfechtung der Gültigkeit der Ehe gerichteten Klageansprüche von beiden Seiten einestheils vorgebracht werden können, anderntheils aber auch zur Vermeidung späterer Nichtberücksichtigung vorgebracht werden müssen.[21]) Diese im öffentlichen Interesse gegebene, dem Verfügungsrechte der Parteien entzogene Vorschrift ist von Amtswegen zu beachten. Durch einseitigen Vorbehalt einer Partei, Uebereinkunft der Parteien oder Vorbehalt im Urtheil kann die Anwendung des § 615 C.P.O. nicht ausgeschlossen werden.[22])

Daraus folgt ferner, daß, wenn ein Ehescheidungsprozeß anhängig ist, nicht nebenher eine neue selbständige Ehescheidungsklage, wenn auch aus anderem Grunde, erhoben werden kann. Der neuen Klage steht vielmehr die Einrede der Rechtshängigkeit[23]) entgegen und zwar auch dann, wenn die Klage nicht von demselben Kläger, sondern von demselben Beklagten erhoben ist. Letzterer muß Widerklage erheben.[24]) Ebenso wenig kann neben dem

---

[19]) Beide Parteien sind in Ansehung der Erhebung dieser Klagen gleichgestellt. R.G. 12./6. 93 Bd. 31 S. 16.

[20]) Vergl. oben § 36 Ziff. 2 zu a.

[21]) R.G. 14./7. 81 Bd. 5 S. 379 und 7./2. 93 in Gruchot Bd. 38 S. 176.

[22]) R.G. 14./7. 81 Bd. 5 S. 378; 16./6. 87 in Jur. W. 1887 S. 352.

[23]) R.G. 16./6. 87 in Bolze Bd. 4 Ziff. 1496.

[24]) Die Natur des Gegenstandes des Ehescheidungsprozesses bringt es mit sich, daß zwei getrennte Prozesse über diesen Gegenstand nicht gleichzeitig nebeneinander bestehen können und daß nach Erhebung der Klage der Beklagte, welchem ebenfalls Ursachen zum Scheidungsantrage zur Seite stehen, dieselben nicht durch eine abgesonderte Klage, sondern nur in dem bereits anhängigen Verfahren mittels einer Widerklage geltend machen kann. R.G. 5./4. 86 Bd. 15 S. 292.

Scheidungsprozeß eine Anfechtungsklage oder neben dem Anfechtungsprozeß eine Scheidungsklage erhoben werden. Ueberhaupt darf keine der im Abs. 1 des § 615 C.P.O. bezeichneten Klagen in getrennten Prozessen selbständig neben einer derselben Klagen betrieben werden.[25]) Nöthigenfalls wird das Gericht gemäß § 147 C.P.O von Amtswegen die Verbindung beschließen.[26]) Die Verhandlung kann in demselben Prozeß gemäß § 146 C.P.O.[27]) getrennt stattfinden, eine Maßregel, die gegen etwa zu besorgende Unzukömmlichkeiten der Klagenverbindung schützt.

Wie der Kläger die zu verbindenden Klagen nacheinander vorbringen kann, so kann er auch bestimmen, daß von den gleichzeitig anhängig gemachten Klagen die eine der anderen vorgehen solle. Wer z. B. die Anfechtungsklage mit der Scheidungsklage verbindet, kann bestimmen, daß auf erstere nur zu entscheiden sei, wenn letztere für unbegründet erachtet werde. Eine derartige Bestimmung kann, da die Scheidung der Ehe in Voraussetzung, Zweck und Wirkung vollkommen verschieden von der Anfechtung der Ehe ist, von Wichtigkeit sein. Dringt der Kläger mit einer der im § 615 Abs. 1 C.P.O. bezeichneten Klagen durch, so werden mit der Rechtskraft des Urtheils die übrigen mit ihr etwa verbundenen Klagen hinfällig. Falls keine anderen Klagen mit ihr verbunden gewesen sind, ist die nachträgliche Verbindung nicht mehr zulässig. Es kann eben immer nur eine Klage zugesprochen werden.[28]) Daraus ergiebt sich von selbst eine **Beschränkung des Verbindungsrechts.** Dringt z. B. in erster Instanz die Scheidungsklage durch, so kann der Beklagte und Berufungskläger in der Berufungsinstanz, nachdem er den Ausspruch über die Scheidung hat rechtskräftig werden lassen, nicht noch im Wege der Widerklage die Ehe anfechten und Nichtigkeitserklärung begehren.[29]) Ebenso kann umgekehrt,

---

[25]) Auch dem Gerichte steht das Trennungsrecht aus § 141 C.P.O. für diese Fälle nicht zu. Anderer Meinung Wilmowski und Levy Anm. 1 zu § 575 C.P.O.

[26]) Würden zwei Prozesse der bezeichneten Art bei einem Landgericht anhängig gemacht, so müßte dieses Gericht, wenn es den dem Gesetze zu Grunde liegenden Absichten entsprechen wollte, die beiden Prozesse (gemäß § 147 C.P.O.) verbinden. R.G. 12./6. 93 Bd. 31 S. 14.

[27]) Dieser § bezieht sich zwar auf mehrere Angriffs- und Vertheidigungsmittel desselben Anspruchs, kann aber sinngemäß auf die mehreren verbundenen Klagen angewendet werden, insofern diese Klagen auch nur denselben Gegenstand, nämlich den Streit um den Bestand der Ehe, verfolgen.

[28]) Die Klagenverbindung kann der Natur der Sache nach lediglich eine eventuelle sein, weil immer nur eine von diesen Klagen zugesprochen werden darf. R.G. 12./6. 93 Bd. 31 S. 11 und 13.

[29]) Nach rechtskräftig geschiedener Ehe kann nicht einfach noch von einem der Ehegatten ein Ausspruch gefordert werden, daß die frühere Ehe ungültig sei. R.G. 22./11. 86 in Bolze Bd. 3 Ziff. 827. Die Anfechtung einer rechtskräftig geschiedenen Ehe wird schon durch § 1338 B.G.B. ausgeschlossen. Vergl. oben § 13. Ist mit der Rechtskraft der Scheidung die Anfechtung ausgeschlossen, so können auch nicht mehr die praktischen Folgen, welche die Nichtigkeit der anfechtbaren Ehe im Falle der Anfechtung in vermögensrechtlicher und familienrechtlicher Beziehung für die Eheleute und Dritte gehabt haben würden, zur richterlichen Entscheidung gebracht werden. Anders bei der aus einem Nichtigkeitsgrunde nichtigen Ehe. In diesem Falle können die Nichtigkeit und deren praktische Folgen auch nach rechtskräftiger Scheidung der

wenn die Anfechtungsklage durchgedrungen ist, nicht noch Scheidung verlangt werden, und es liegt ferner auf der Hand, daß nach rechtskräftiger Scheidung oder Nichtigkeitserklärung der Ehe nicht Herstellung des ehelichen Lebens verlangt werden kann. Wiederum kann, wenn letztere Klage angestrengt wird, nicht Scheidung oder Aufhebung der ehelichen Gemeinschaft beansprucht werden, es sei denn, daß es sich um den Scheidungsgrund der böslichen Verlassung handelt.[30]) In einem gewissen Sinne widersprechen diese Klagen einander und es ist darauf bei der Verhandlung Rücksicht zu nehmen. So setzten die Scheidungsklage und die Klage auf Herstellung des ehelichen Lebens eine gültige Ehe voraus, wogegen die Anfechtungsklage diese Voraussetzung gerade verneint. Die Klage auf Aufhebung der ehelichen Gemeinschaft und die Scheidungsklage gehen von gleichen Voraussetzungen aus, haben aber verschiedene Wirkungen. Dieselbe Partei kann nur die eine oder die andere anstellen, jedoch auch von der einen zur anderen übergehen. Die Klagen können von verschiedenen Parteien einander gegenübergestellt werden.[31]) Alle Klagen haben aber das gemein, daß sie — im Gegensatz zur Nichtigkeitsklage — ausschließlich von dem Willen der Ehegatten abhängen und nicht von Amtswegen erhoben werden dürfen, auf welchem Umstande denn auch ihre Verbindungsfähigkeit beruht.

Das im § 615 Abs. 2 C.P.O. enthaltene **Verbot der Klagenverbindung** ergiebt sich aus der Natur der in Betracht kommenden Klagen von selbst. Es dürfen mit den in § 615 Abs. 1 C.P.O. bezeichneten Klagen nicht verbunden werden die Nichtigkeitsklage und die Klage auf Feststellung des Bestehens oder Nichtbestehens einer Ehe zwischen den Parteien. Letztere hat insofern ein eigenthümliches Wesen, als sie sich lediglich mit der grundlegenden Rechtsfrage befaßt, ob das, was zwischen Parteien besteht, eine Ehe ist oder nicht.[32]) Bei der Nichtigkeitsklage schließt schon die Zulässigkeit der Mitwirkung des Staatsanwalts ihre Verbindungsfähigkeit mit einer der in § 615 Abs. 1 C.P.O. bezeichneten Klagen aus.[33]) Im § 633 Abs. 1 C.P.O. ist eine derartige Verbindung noch ausdrücklich verboten. Wird nebenher die Nichtigkeitsklage oder die Klage auf Feststellung des Bestehens oder Nichtbestehens einer Ehe zwischen den Parteien erhoben, so

---

Ehe geltend gemacht werden. § 1329 B.G.B. Eine sinnentsprechende Anwendung dieser Bestimmung auf die anfechtbare Ehe ist bei der Verschiedenheit der Nichtigkeit und Anfechtbarkeit ausgeschlossen. Vergl. oben § 2.

[30]) Die Anstellung einer Klage auf Herstellung des ehelichen Lebens enthält stets einen Verzicht auf die etwa vorliegenden Scheidungs- oder Trennungsgründe außer dem Scheidungsgrunde der böslichen Verlassung, denn die beanspruchte Herstellung des ehelichen Lebens ist mit dem Willen, das (hier durch die erduldeten Mißhandlungen) erworbene Recht auf einstweiliges getrenntes Leben zu wahren, unvereinbar. R.G. 9./10. 93 Bd. 31 S. 200. Vergl. auch § 29.

Die Ehescheidung kann in 2. Instanz nicht neu beansprucht werden, wenn in 1. Instanz nur auf Herstellung des ehelichen Lebens geklagt worden war. O.L.G. Stuttgart 13./7. 85 in Seufferts Archiv Bd. 41 Ziff. 152.

[31]) Vergl. oben § 21.

[32]) Vergl. oben § 3.

[33]) Vergl. unten § 44.

wird das Gericht von der ihm durch § 148 C.P.O. eingeräumten Befugniß zur Aussetzung des Rechtsstreits Gebrauch machen.

Aber auch andere Klagen oder Widerklagen, die nicht unmittelbar eine Ehesache betreffen, dürfen mit den im § 615 Abs. 1 C.P.O. aufgeführten Klagen nicht verbunden werden. Dies ergiebt sich schon aus den Eigenthümlichkeiten, die das Verfahren in Ehesachen an sich trägt und die auf die Verhandlung anderer Streitgegenstände nicht passen. So ist es unzulässig, mit der Scheidungs- oder Anfechtungsklage Ansprüche auf künftige Gewährung des Unterhalts,[34] Uebertragung der Sorge für die Person oder das Vermögen der Kinder,[35] Herausgabe eingebrachten Gutes, Sicherheitsleistung, Kraftloserklärung letztwilliger Verfügungen und dergleichen zu verbinden.[36] Selbstverständlich hindert das Verbot der Klagenverbindung nicht, daß die gegenseitige Unterhaltspflicht der Ehegatten und die Sorge für die Person der gemeinschaftlichen Kinder gemäß § 1361 B.G.B. und 627 C.P.O. durch einstweilige Verfügung geordnet wird.[37]

Dagegen ist im Ehescheidungsprozeß die Entscheidung darüber, wer die Schuld an der Scheidung trägt, stets mit dem Ausspruch der Scheidung selbst zu verbinden. § 1574 B.G.B. Dasselbe gilt von der Klage auf Aufhebung der ehelichen Gemeinschaft.[38] Mit der Klage auf Herstellung des ehelichen Lebens und der Anfechtungsklage ist ein Anspruch auf Entscheidung der Schuldfrage überhaupt nicht zu verbinden.[39]

Das Verbot der Klagenverbindung ist von Amtswegen zu beachten und unterliegt nicht der Parteibestimmung.[40] Es führt zur Abweisung

---

[34] R.G. 18./10. 97 in Jur. W. 1897 S. 607 Ziff. 23.

[35] R.G. 20./1. 82, Bd. 6 S. 369; 14./4. 83, Bd. 9 S. 381; 17./3. 92 in Jur. W. 1892 S. 238 Ziff. 10; 28./5. 95 in Jur. W. 1895 S. 327 Ziff. 15.

[36] Mit der Ehescheidungsklage dürfen Anträge auf Feststellung der Grundsätze für die spätere Vermögensauseinandersetzung nicht geltend gemacht werden. R.G. 2./11. 82 in Gruchot Bd. 27 S. 1117 und 23./2. 83 in Gruchot Bd. 26 S. 1180. Die Verbindung der Klage auf Herausgabe des eingebrachten Vermögens, Gewährung einer Abfindung und Zahlung von Unterhaltsbeiträgen mit der Ehescheidungsklage ist unzulässig. R.G. Beschl. 8./10. 81 Bd. 5 S. 417. Ebensowenig kann der Anspruch auf Erziehung der Kinder mit dem Verfahren in Ehesachen verbunden werden. R.G. 7./2. 82 Bd. 6 S. 369 und 14./4. 83 Bd. 9 S. 381. Vermögensrechtliche Klagen können, gleichviel ob sie mit den in Absatz 1 § 615 C.P.O. gedachten, aus dem ehelichen Verhältniß entspringenden Klagen im Zusammenhange stehen oder nicht, mit der Klage auf eheliche Folge nicht in demselben Prozesse verhandelt werden. R.G. 25./10. 81 Bd. 5 S. 166. Mit der Anfechtungsklage darf nicht ein Antrag auf Schuldigerklärung verbunden werden. R.G. 1./6. 93 Bd. 31 S. 282.

[37] R.G. 1./11. 83 in Gruchot Bd. 28 S. 1162. Vergl. unten § 45 und oben § 33.

[38] Vergl. oben § 31.

[39] Im Anfechtungsprozeß hat die Schuldfrage nur eine die Schadloshaltung, nicht eine die Nichtigkeit der Ehe betreffende selbständige Bedeutung. R.G. 1./6. 93 Bd. 31 S. 282.

[40] Die Vorschriften der §§ 260, 615 C.P.O. betreffen wesentliche Bestandtheile des Verfahrens und unterliegen als solche nicht der freien Verfügung der Parteien; sie sind, auch wenn deren Verletzung im Laufe des Prozesses nicht gerügt wurde, von Amtswegen zur Anwendung zu bringen. (Vergl. § 295 Abs. 2 C.P.O.). R.G. 25./10. 81 Bd. 5 S. 167. Weder durch einseitigen Vorbehalt einer Partei, noch durch

der der Hauptklage unzulässiger Weise hinzugefügten Klage, nicht zur Trennung beider Ansprüche. Die hinzugefügte Klage wird als in dem eingeleiteten Verfahren unstatthaft zurückgewiesen. [41]) Ein Trennungsrecht hat das Gericht nicht. [42])

Die **Abweisung** des Klägers hat in Ehesachen besondere Wirkungen.

> „Der Kläger, welcher mit der Scheidungsklage oder der Anfechtungsklage abgewiesen ist, kann das Recht, die Scheidung zu verlangen oder die Ehe anzufechten[43]), nicht mehr auf Thatsachen gründen, welche er in dem früheren Rechtsstreite geltend gemacht hat oder welche er in dem früheren Rechtsstreit oder durch Verbindung der Klagen geltend machen konnte. Das Gleiche gilt im Falle der Abweisung der Scheidungsklage oder der Anfechtungsklage für den Beklagten in Ansehung der Thatsachen, auf welche er eine Widerklage zu gründen im Stande war." § 616 C.P.O.

Der § 616 C.P.O. steht mit den §§ 614, 615 C.P.O. in einem inneren Zusammenhange. Wie diese bezweckt er, der Vervielfältigung der Eheprozesse vorzubeugen. [44]) Indem er den Kläger im Falle der Abweisung

---

beiderseitige Uebereinkunft, nach durch einen im Urtheil ausgesprochenen richterlichen Vorbehalt kann eine Klage, die hätte verbunden werden müssen, für einen künftigen weiteren Prozeß wirksam aufgespart werden. R.G. 14./7. 81 Bd. 5 S. 378. Das Hineinziehen anderer im gewöhnlichen Verfahren geltend zu machender Ansprüche in das Verfahren in Ehesachen ist ohne Rücksicht auf die Genehmigung des anderen Theils untersagt. R.G. 28./5. 95 in Jur. W. 1895 S. 327 Ziff. 15.

[41]) In einem Falle wurden vom Ehemanne mit der Klage auf eheliche Folge Ansprüche auf Herausgabe der von seiner Ehefrau zurückbehaltenen Mobilien und Geldbeträge verbunden. Das Reichsgericht wies die vermögensrechtliche Klage als in diesem Verfahren unzulässig zurück. R.G. 25./10. 81 Bd. 5 S. 166.

[42]) Von einer getrennten Verhandlung innerhalb desselben Verfahrens (§ 146 C.P.O.) kann schon wegen des Verbots der Klagenverbindung keine Rede sein. Aber auch eine Verhandlung in getrennten Prozessen kann das Gericht nicht anordnen, denn das ihm im § 145 Abs. 1 C.P.O. eingeräumte Trennungsrecht setzt voraus, daß die in einer und derselben Klage erhobenen mehreren Ansprüche verbindungsfähig sind, der Kläger also an sich zur Verbindung berechtigt ist. Von einem Trennungsrechte des Gerichts kann man nur sprechen, wenn das Gericht in der Lage ist, nach freiem Ermessen zu entscheiden, ob die mehreren verbundenen Ansprüche in demselben oder in getrennten Prozessen zu verhandeln seien. Im vorliegenden Falle steht dem Kläger nicht nur der § 260 C.P.O. nicht zur Seite, sondern sogar der § 615 Abs. 2 C.P.O. unmittelbar entgegen. Das Gericht kann sein Ermessen darüber, ob sich die Verhandlung in demselben Verfahren empfehle, garnicht walten lassen, muß dies vielmehr ablehnen. Anderer Meinung Struckmann und Koch 6. Aufl. Anm. 4 zu § 575 C.P.O.

[43]) Die im Vergleich zur C.P.O. veränderte Ausdrucksweise ist lediglich mit Rücksicht darauf gewählt worden, daß die Anfechtung der Ehe nicht nur durch Erhebung der Anfechtungsklage, sondern auch durch Erklärung gegenüber dem Nachlaßgericht erfolgen kann. §§ 1341, 1342 B.G.B., Begr. B.G.B. Bd. 4 S. 99; Begr. C.P.O. S. 129.

[44]) Begr. C.P.O. S. 364; R.G. 31./1. 95, Bd. 35 S. 345. Es soll verhindert werden, daß der Ehegatte, welcher früher mit der aus einem gewissen Klagegrunde

mit dem Nachtheile der Ausschließung bedroht, nöthigt er ihn mittelbar, von den ihm in §§ 614, 615 C.P.O. eingeräumten Rechten Gebrauch zu machen. Er bezieht sich nur auf die Scheidungsklage, die Klage auf Aufhebung der ehelichen Gemeinschaft und die Anfechtungsklage. Bei den übrigen Eheklagen ist zwar die Häufung von Klagegründen zulässig, aber nicht geboten, ihre Unterlassung daher auch nicht mit Nachtheilen bedroht.

Die Folge der Nichtberücksichtigung der bezeichneten Thatsache trifft den abgewiesenen Kläger, nicht denjenigen Kläger, der die Klage zurücknimmt.[45]) Nur dem auf Klageabweisung lautenden Urtheile kommt die Wirkung des § 616 C.P.O. zu. Durch die freiwillige Handlung der Klagerücknahme kann sich der Kläger nicht selbst die Wirkung der Ausschließung zuziehen.[46]) Wäre das der Fall, so würde dadurch ein Anreiz zur Durchführung der Klage gegeben sein, was dem Gesetze fern liegt. Versagt der Beklagte die Einwilligung zur Klagerücknahme und erfolgt dann Klageabweisung durch Urtheil, so tritt allerdings wieder die Wirkung der Ausschließung ein.[46])

Den Widerkläger trifft die Folge der Nichtberücksichtigung der bezeichneten Thatsachen nicht nur im Falle der Abweisung seiner Widerklage, sondern auch im Falle der Zurücknahme derselben, vorausgesetzt natürlich, daß die Klage aufrecht erhalten und demnächst abgewiesen wird. Denn solange der Rechtsstreit anhängig ist, besteht für den Beklagten die Pflicht fort, seinen Anspruch als Widerklage geltend zu machen.[47])

Der mehrfach erwähnte Grundsatz, daß das eheliche Verhältniß in seiner Vollständigkeit zur Erörterung zu ziehen ist, sowie die gleiche Stellung des Klägers und Widerklägers führt weiter zu der Annahme, daß den Kläger die bezeichnete Folge der Ausschließung auch dann treffen muß, wenn er zwar die Klage zurücknimmt, der Widerkläger aber die Widerklage aufrecht erhält und diese demnächst abgewiesen wird.

Nicht nur Thatsachen, die im früheren Rechtsstreite geltend gemacht worden sind,[48]) sondern auch Thatsachen, die nicht geltend gemacht worden sind, aber hätten geltend gemacht werden können, dürfen nicht mehr berücksichtigt werden. Dies trifft auf Thatsachen, die

---

erhobenen Scheidungsklage unterlegen ist, später eine neue Scheidungsklage aus einem anderen Klagegrunde lediglich auf solche Thatsachen stützt, welche er schon im Vorprozeß hätte verwerthen können. R.G. 25./5. 91 in Gruchot Bd. 35 S. 1207.

[45]) Der Entwurf I Einf.G. z. B.G.B. hatte allerdings vorgeschlagen, in diesem § der C.P.O. die Klagerücknahme der Klageabweisung gleichzustellen. Begr. B.G.B. Bd. 4 S. 98, 99 zu § 1266 Entw. I.

[46]) Inwiefern jedoch aus der Zurücknahme der Scheidungsklage auf Verzeihung des Scheidungsgrundes geschlossen werden kann, mithin aus diesem Grunde das Recht auf Scheidung erloschen ist, darüber vergl. oben § 29. Welche Wirkung der Zurücknahme der Anfechtungsklage zukommt, darüber vergl. oben § 15.

[47]) Es kann dem Widerkläger nicht gestattet werden, die Erfüllung der ihm aus § 616 Satz 2 C.P.O. erwachsenden Pflicht dadurch zu umgehen, daß er die Widerklage zwar anstellt, aber zurücknimmt und später als selbständige Klage wieder erhebt. R.G. 14./7. 81 Bd. 5 S. 378.

[48]) Diesen gegenüber würde auch der Einwand der rechtskräftig entschiedenen Sache aus § 322 Abs. 1 C.P.O. entgegenstehen.

erst später entstanden sind[49]) und auf Thatsachen, die dem Kläger selbst damals unbekannt waren, nicht zu.[50]) Thatsachen, die ihm zwar bekannt waren, deren Nachweisung ihm aber damals unmöglich war, brauchte er nicht vorzubringen, denn es kann ihm nicht zugemuthet werden, einen auf nicht nachweisbare Thatsachen gegründeten, also von vornherein aussichtslosen Anspruch zu erheben.[51]) Unzulässig ist es, auf Thatsachen, die von der Geltendmachung ausgeschlossen sind, das Scheidungs- oder Anfechtungsrecht zu gründen, d. h. sie als selbständigen Klagegrund[52]) geltend zu machen, dagegen nicht, sie anderweitig z. B. zur Beweisführung[53]) oder Unterstützung anderer Thatsachen zu benutzen.[54]) Der § 1573 B.G.B. bestimmt ganz allgemein, daß Thatsachen, auf die eine Scheidungsklage nicht mehr gegründet werden kann, zur Unterstützung einer auf andere Thatsachen gegründeten Scheidungsklage geltend gemacht werden dürfen.[55]) Gleiches ist zwar hinsichtlich der Anfechtungsklage nicht ausdrücklich bestimmt, ergiebt sich aber aus der Natur der Sache von selbst.

Die Einrede aus § 616 C.P.O. ist an sich begründet, wenn nachgewiesen wird, daß der frühere Rechtsstreit geschwebt, die Klage rechtskräftig abgewiesen ist und die in der neuen Klage geltend gemachten Thatsachen zu einer Zeit geschehen sind, die ihre Verwerthung im früheren Rechtsstreite gestattete. Sache des Klägers ist es, darzuthun, daß er zur Geltendmachung wegen Nichtkenntniß der Thatsache überhaupt oder wegen Mangels von Beweismitteln nicht im Stande gewesen sei. Ergiebt sich schon aus dem Klagevortrage, daß die Thatsachen nach der Zeit ihres Eintritts in dem früheren Rechtsstreite geltend gemacht werden konnten, so hat der Kläger diese Mög-

---

49) War die Geltendmachung in dem früheren Rechtsstreit aus irgend einem Grunde unmöglich, z. B. wenn die Thatsache nach der Rechtskraft eines bedingten Endurtheils aber vor Erlaß des Läuterungsurtheils entstanden war, so ist die Anwendung des § 616 C.P.O. ausgeschlossen. R.G. 3./11. 98 in Jur. W. 1898 S. 662 Ziff. 18. Für die Anwendung des § 767 C.P.O. ist in Ehesachen kein Raum. R.G. 3./11. 98 in Jur. W. 1898 S. 662 Ziff. 19. Vergl. auch oben Anm. 5.

50) Solche Thatsachen, die erst nach dem Schlusse des früheren Rechtsstreits entstanden oder der Partei zur ausreichenden Kenntniß gelangt sind, fallen nicht unter § 616 C.P.O. R.G. 31./1. 95 Bd. 35 S. 344.

51) Die Beweisbarkeit einer Thatsache ist Erforderniß für deren Benutzbarkeit im Prozesse. Eine erst nach Rechtskraft des früheren Urtheils erweisbar gewordene Thatsache (wenn z. B. bei einer Mißhandlung nicht Zeugen zugegen gewesen sind, der Thäter aber später die Mißhandlung zugestanden hat), darf berücksichtigt werden. Vermag die Partei eine Thatsache, von welcher sie den Umständen nach annehmen darf, daß die Gegenpartei sie bestreiten wird, nicht zu beweisen, so kann sie sich auch von dem Vorbringen dieser Thatsache überhaupt keinen Erfolg versprechen; erst dann, wenn die Partei sich in der Lage befindet, die Thatsache durch Angabe von Beweismitteln als richtig darzuthun, erhält diese Thatsache ihre Bedeutung und kann von der Partei verwerthet werden. R.G. 31./1. 95 Bd. 35 S. 345.

52) So die Fassung des § 576 C.P.O.

53) R.G. 28./3. 88 in Bolze Bd. 5 Ziff. 1358c. Hier hatte der Berufungsrichter unter Berücksichtigung des Beweisergebnisses des Vorprozesses über frühere Vorgänge den behaupteten, von neuem mit derselben Person verübten Ehebruch für erwiesen angenommen.

54) Vergl. den Fall in R.G. 25./5. 91 in Bolze Bd. 13 Ziff. 725b.

55) Vergl. darüber oben § 30.

lichkeit, ohne daß es der Einrede bedarf, zu widerlegen, anderenfalls sein Klagerecht als erloschen gelten müßte. Gemäß § 622 C.P.O. ist das Gericht berechtigt und verpflichtet, das Erlöschen des Klagerechts von Amtswegen festzustellen.[56]).

In welchen Fällen die Erhebung einer **Widerklage** statthaft ist, ergeben die §§ 33, 615, 633 C.P.O. Die Widerklage wird sich in der Regel als solche bezeichnen; die Unterlassung der Bezeichnung ist jedoch unerheblich. Erheblich dagegen ist, daß der Beklagte mit einem selbständigen Verlangen durch Stellung eines bestimmten Antrages hervortritt.[57]) Eine Widerklage liegt auch dann vor, wenn der Beklagte in Uebereinstimmung mit dem Klageantrage auf Grund der Klagethatsachen ebenfalls um Trennung der Ehe bittet.[57])

Die Rechtshängigkeit des Widerklageanspruchs tritt zwar erst mit dem Zeitpunkt ein, in welchem er in der mündlichen Verhandlung geltend gemacht wird (§ 281 C.P.O.); aber bei Berechnung der Klagefristen für die Scheidungsklage[58]) und die Anfechtungsklage[59]) muß dem Widerkläger der Umstand zu Gute gerechnet werden, daß er nach erfolgter Klageerhebung außer Stande war, abgesondert ebenfalls Klage zu erheben, vielmehr auf Erhebung einer Widerklage angewiesen war.[60]) Vorausgesetzt, daß die Widerklage bei der ersten mündlichen Verhandlung erhoben wird, genügt es also, wenn die Frist nur nicht bereits im Zeitpunkte der Klageerhebung abgelaufen war. Die Unterlassung der Beantragung eines Sühneversuchs ist unschädlich, da die Vornahme eines solchen für die Widerklage nicht vorgeschrieben ist.[61])

Ueber die Vorklage sowie über die Widerklage kann durch Theilurtheil entschieden werden.[62])

Die **Zurücknahme** der Klage kann ohne Einwilligung des Beklagten nur bis zum Beginne der mündlichen Verhandlung des Beklagten zur Hauptsache erfolgen und hat zur Folge, daß der Rechtsstreit als nicht an-

---

[56]) R.G. 17/11 98 in Jur. W. 1899 S. 41 Ziff. 34.

[57]) R.G. 10./3. 84 in Gruchot Bd. 28 S. 1125. Wenn durch Klage und Widerklage zwei Scheidungsanträge in einem Rechtsstreite rechtshängig geworden sind, so muß dem Beklagten ermöglicht sein, seinem Widerklagebegehren durch Einlegung der Berufung Erfolg zu verschaffen, ohne daß er den Ausspruch der Scheidung auf die Klage als solchen (also die Voraussetzung für die Widerklage) angreift. Er ist berechtigt, statt einer nur wegen seines Verschuldens erfolgten Scheidung ein beiden Scheidungsanträgen zugleich entsprechendes Urtheil zu verlangen. R.G. 14./1. 98 in Jur. W. 1898 S. 117 Ziff. 14.

[58]) Vergl. oben § 30.

[59]) Vergl. oben § 14.

[60]) Vergl. die preußischrechtlichen Fälle in R.G. 5./4 86 Bd. 15 S. 292, dessen Begründung auch jetzt noch zutrifft, ferner 26./1. 91 in Bolze Bd. 11 Ziff. 503 und 26./4. 94 in Bolze Bd. 18 Ziff. 563.

[61]) § 574 Abs. 2 C.P.O. R.G. 5./4. 86 Bd. 15 S. 293. Vergl. oben § 42 Anm. 25.

[62]) R.G. 7./13. Juli 1885 in Bolze Bd. 2 Ziff. 1909.

hängig geworden anzusehen ist. § 271 C.P.O.[63]) Wird die Anfechtungsklage zurückgenommen, so ist die Anfechtung als nicht erfolgt anzusehen. § 1341 Abs. 2 Satz 1 B.G.B.[64]) Durch Zurücknahme der Klage kann aber der Prozeß nur im Laufe der ersten Instanz seine Erledigung finden. Ist das Urtheil erster Instanz ergangen und dagegen die Berufung eingelegt, so können durch bloße Zurücknahme der Klage und durch Verzicht auf den Klagegrund das Urtheil und die Berufung nicht beseitigt werden. Dazu ist ein ausdrücklicher Verzicht auf die aus dem Urtheil erlangten Rechte und gemäß § 515 C.P.O. die Zurücknahme der Berufung erforderlich.[65])

§ 44.

Die Ehe-Nichtigkeitsklage und die Klage auf Feststellung des Bestehens oder Nichtbestehens einer Ehe zwischen den Parteien.

Die genannten Klagen bieten der Betrachtung so viele Eigenthümlichkeiten dar, daß es sich empfiehlt, ihnen einen besonderen § zu widmen. Die Nichtigkeitsklage verfolgt das Ziel, einen Urtheilsspruch dahin, daß eine Ehe aus einem Nichtigkeitsgrunde nichtig sei, herbeizuführen. Diese Nichtigkeitserklärung kann sich gründen auf Formmangel (§ 4), Geschäftsunfähigkeit, Bewußtlosigkeit, vorübergehende Störung der Geistesthätigkeit (§ 5), Doppelehe (§ 6), zu nahe Verwandtschaft, zu nahe Schwägerschaft (§ 7), Ehebruch (§ 8) und Wiederverheirathung im Falle der Todeserklärung (§ 19). Nichtige Ehen sollen im **öffentlichen Interesse** nicht geduldet werden und es ist daher der Staaatsanwaltschaft die Aufgabe zugefallen, die Nichtigkeitsklage zu erheben. Die Bestimmungen der Civilprozeßordnung lassen keinen Zweifel darüber, daß sie dem Staatsanwalte nicht eine Verpflichtung zur Erhebung der Klage auferlegen, sondern nur eine Befugniß dazu einräumen. Die Erhebung der Klage hängt vielmehr von seinem pflichtmäßigen Ermessen ab. Dies eintreten zu lassen, ist aber seine Amtspflicht. Daneben besteht die den Ehegatten und dem Dritten im eigenen Interesse gegebene Berechtigung zur Erhebung der Nichtigkeitsklage.

---

[63]) Darüber, ob aus der Zurücknahme der Scheidungsklage auf Verzeihung des Scheidungsgrundes zu schließen vergl. oben § 29.

[64]) Ueber die sonstigen Wirkungen der Zurücknahme der Anfechtungsklage vergl. oben § 15.

[65]) Der § 271 C.P.O. (Zurücknahme der Klage) gilt auch für das Verfahren in Ehesachen. Die besonderen Bestimmungen des 1. Abschnitts 6. Buches lassen eine Abweichung in dieser Richtung nicht erkennen. Die Zulässigkeit der Klagerücknahme in der Berufungsinstanz ist für Ehesachen nicht anerkannt. R.G. 8./3. 94 in Jur. W. 1894 S. 240 Ziff. 6 und Bolze Bd. 18 Ziff. 755. Die C.P.O. hat den Grundsatz des § 53 der preußischen Verordnung über das Verfahren in Ehesachen vom 28./6. 44 (außer Kraft gesetzt durch § 5 Ausf.G. 24./3. 79 z. C.P.O.) daß die Klage bis zur Rechtskraft des Ehescheidungsurtheils zurückgenommen werden könne, beim Verfahren in Ehesachen nicht zur Geltung gebracht. R.G. Beschl. 21./12. 82 in Gruchot Bd. 27 S. 1115. Anderer Meinung Wilmowski und Levy, 7. Aufl. Anm. 1 z. § 243 C.P.O.

„Die Klage kann von jedem der Ehegatten sowie von dem Staatsanwalt erhoben werden, im Falle des § 1326 des B.G.B. auch von dem Dritten, mit dem die frühere Ehe geschlossen war. Im Uebrigen kann die Klage von einem Dritten nur erhoben werden, wenn für ihn von der Nichtigkeit der Ehe ein Recht oder von der Gültigkeit der Ehe eine Verpflichtung abhängt." § 632 Abs. 1 C.P.O.

Das B.G.B. enthält zwar Bestimmungen darüber, von wem eine Ehe angefochten werden kann, es regelt aber nicht die Frage, wer zur Erhebung der Nichtigkeitsklage berechtigt ist. Diese Frage beantwortet der § 632 Abs. 1 C.P.O. Außer dem Staatsanwalte soll die Klagebefugniß den beiden Ehegatten zustehen, die vor allen ein dringendes Interesse daran haben, daß der nur äußerlich vorhandene Schein einer Ehe durch die Nichtigkeitserklärung beseitigt werde. Das gleiche Interesse hat im Falle der Nichtigkeit wegen Doppelehe (§ 1326 B.G.B.) der Dritte, mit dem die frühere Ehe geschlossen war, denn er ist durch die neue Ehe in seiner Rechtsstellung unmittelbar verletzt.[1]) Im Uebrigen kann ein Dritter die Nichtigkeitsklage nur erheben, wenn die bezeichneten Voraussetzungen vorliegen. Nur dann ist anzunehmen, daß für ihn ein Klagebedürfniß vorliegt.[2]) Auf den Weg der Nichtigkeitsklage ist der Dritte nach § 1329 B.G.B. nur so lange angewiesen,[3]) als nicht die Ehe bereits anderweit für nichtig erklärt oder aufgelöst ist. Trifft einer der beiden letzteren Fälle zu, so kann er die Nichtigkeit der Ehe durch Klage oder Einrede in jedem anderen Verfahren geltend machen.

Der Staatsanwalt darf nach dem Tode des einen Ehegatten die Nichtigkeitsklage gegen den überlebenden Ehegatten nicht mehr anstellen.[4]) Daß die von einem Ehegatten angestellte Nichtigkeitsklage **unvererblich** ist, ergiebt sich aus § 628 C.P.O. Hat aber ein Dritter die Nichtigkeitsklage erhoben, so können seine Erben den Rechtsstreit aufnehmen, vorausgesetzt, daß für sie von der Nichtigkeit der Ehe ein Recht oder von der Gültigkeit eine Verpflichtung abhängt.[5]) Eine Ausnahme bildet die wegen Formmangels nichtige, in das Heirathsregister nicht eingetragene Ehe. Deren Nichtigkeit kann der Dritte auch ohne Erhebung der Nichtigkeitsklage jederzeit geltend machen,[3]) wenn die Voraussetzungen des § 632 Abs. 1 C.P.O. vorliegen.

Für den Ehe-Nichtigkeitsprozeß gelten die besonderen Bestimmungen

---

[1]) Begr. C.P.O. S. 133. Vergl. oben § 6.

[2]) z. B. wenn Rechte oder Pflichten, die sich aus dem ehelichen Güterverhältniß ergeben, ferner die Nachfolge in Lehne oder Fideikommisse, sowie Rechte auf den Genuß einer Stiftung und dergl. in Frage stehen. Begr. C.P.O. S. 133.

[3]) Vergl. oben §§ 4, 2.

[4]) das durch den Staatsanwalt wahrzunehmende öffentliche Interesse geht dahin, die Fortsetzung nichtiger Ehen zu hindern. Dieses Interesse liegt nicht mehr vor, sobald die Ehe getrennt ist. R.G. 24./9. 91, Bd. 28 S. 292.

[5]) Begr. Bd. 4 S. 60.

der §§ 632—637 C.P.O. Daneben finden die Vorschriften des 1. Abschnitts 6. Buches über das Verfahren in Ehesachen, so weit sie sich nicht ausschließlich auf die anderen Eheklagen (§§ 606 Abs. 4, 608—611, 615 Abs. 1, 616, 620, 621, 623, 624, 638 und 639 C.P.O.) beziehen und ferner die allgemeinen Vorschriften Anwendung.

Die Klage auf Feststellung des Bestehens oder Nichtbestehens einer Ehe zwischen den Parteien ist der Nichtigkeitsklage nahe verwandt. Für den Feststellungsprozeß gelten die besonderen Bestimmungen der §§ 633 und 635 C.P.O. Daneben finden die Vorschriften des 1. Abschnitts 6. Buches über das Verfahren in Ehesachen, so weit sie sich nicht ausschließlich auf andere Eheklagen (§§ 606 Abs. 4, 608—611, 615 Abs. 1, 616, 620, 621, 623, 624, 625, 627, 631, 632, 634, 636, 637, 639 C.P.O.) beziehen und ferner die allgemeinen Vorschriften, insbesondere § 256 C.P.O. Anwendung. Wegen der Frage, wer zur Feststellungsklage berechtigt ist, vergl. oben § 3.

Ein Sühneversuch findet weder im Falle des Nichtigkeitsprozesses, noch in dem des Feststellungsprozesses statt.[6])

Welche Beamte der Staatsanwaltschaft zur Betreibung des Nichtigkeitsverfahrens in den einzelnen Instanzen zuständig sind, davon handelt § 39. Wer die Klage auf Feststellung des Bestehens oder Nichtbestehens einer Ehe zwischen den Parteien erheben kann, bestimmt sich nach § 256 C.P.O.[7])

> „Die von dem Staatsanwalt oder einem Dritten erhobene Klage ist gegen beide Ehegatten, die von einem Ehegatten erhobene Klage ist gegen den anderen Ehegatten zu richten. § 632 Abs. 2 C.P.O.

Den Nichtigkeitsgrund hat regelmäßig der Kläger zu beweisen.[8]) Da die Nichtigkeit der Ehe nothwendig gleichzeitig jedem der beiden Ehegatten gegenüber festgestellt werden muß, so befinden sich diese in nothwendiger Streitgenossenschaft und zwar ohne Rücksicht darauf, ob ihre Interessen am Ausgange des Rechtsstreits die gleichen sind oder einander gegenüber stehen.[9]) Die nur gegen einen Ehegatten gerichtete Klage verstößt gegen das Gesetz und ist abzuweisen. Auch die Feststellungsklage ist, wenn sie ein Ehegatte erhebt, gegen den anderen Ehegatten und, wenn sie ein Dritter erhebt, gegen beide Ehegatten zu richten.

> „Mit der Nichtigkeitsklage kann nur eine Klage auf Feststellung des Bestehens oder Nichtbestehens einer Ehe zwischen den Parteien verbunden werden.
> Eine Widerklage ist nur statthaft, wenn sie eine Nichtigkeitsklage oder eine Feststellungsklage der im Abs. 1 bezeichneten Art ist.“ § 633 C.P.O.

---

[6]) Vergl. oben § 42.

[7]) Es handelt sich hier um eine Feststellungsklage nach Maßgabe des § 256 C.P.O. Begr. B.G.B. Bd. 4 S. 103.

[8]) Im Falle der Doppelehe hat Kläger insbesondere das Leben des ersten Ehegatten zu beweisen. R.G. 27./1. 87 in Jur. W. 1887 S. 70.

[9]) § 62 C.P.O. R.G. 11./10. 97 Bd. 40 S. 350.

Die dem Staatsanwalt in Bezug auf den Betrieb des Nichtigkeitsverfahrens zugewiesene Aufgabe erheischt die Beschränkung des Rechtsstreits auf die Verhandlung von Nichtigkeitsgründen und diesen verwandten Klagegründen.[10]) Mit der Nichtigkeitsklage kann die bezeichnete Feststellungsklage verbunden werden, ebenso umgekehrt, wie sich aus § 638 C.P.O. ergiebt, mit der Feststellungsklage eine Nichtigkeitsklage.

Die im § 633 C.P.O. zugelassene **Klagenverbindung** ist zwar nicht wie die im § 615 C.P.O. zugelassene Klagenverbindung eine Vorschrift, die im Falle der Nichtbefolgung den abgewiesenen Kläger mit dem Nachtheile der Ausschließung bedroht, aber doch entsprechend dem allgemeinen Grundsatze, daß das eheliche Verhältniß thunlichst in seiner Vollständigkeit erörtert werden soll, zwingender Natur. Dieselben Parteien dürfen Nichtigkeitsklage und Feststellungsklage nicht in getrennten Prozessen anstellen. Das Gericht wird gegebenen Falls gemäß § 147 C.P.O. die Prozesse verbinden. Auch auf die **Häufung der Klagegründe**, wie sie § 614 Abs. 1 C.P.O. zuläßt, soll im Nichtigkeitsprozeß und Feststellungsprozeß, wenn deren Unterlassung hier auch nicht gerade sachliche Nachtheile zur Folge hat, so viel als möglich Bedacht genommen werden.

Wie die Nichtigkeits*klage*, die ein Ehegatte erhebt, nach § 632 Abs. 2 C.P.O. gegen den anderen Ehegatten zu richten ist, so muß auch eine Nichtigkeits-**Widerklage** eines Ehegatten gegen den anderen Ehegatten gerichtet werden. Dasselbe muß auch von der Feststellungsklage gelten. Es ist ausgeschlossen, daß eine Nichtigkeitsklage gegen den Staatsanwalt oder einen Dritten gerichtet wird. Daraus folgt, daß auch eine Nichtigkeits-Widerklage weder gegen den Staatsanwalt noch gegen einen Dritten gerichtet werden kann.[11]) Eine Widerklage kann daher dann nicht erhoben werden, wenn *beide* Eheleute Beklagte sind. Das ist der Fall, wenn der Staatsanwalt die Nichtigkeitsklage und wenn ein Dritter die Nichtigkeitsklage oder die Feststellungsklage erhebt. Eine Nichtigkeits-Widerklage (ebenso eine Feststellungs-Widerklage) ist also nur zulässig, wenn eine der beiden Klagen von einem Ehegatten erhoben wird. In Fällen, in denen die Erhebung der Widerklage unzulässig ist, muß es dem berechtigten Ehegatten freistehen, besondere Klage zu erheben.[12]) Das widerspricht nicht dem oben angeführten Grundsatze des erschöpfenden Streitvorbringens. Dem Gericht

---

[10]) Die Verbindung einer Klage, welche nicht die Nichtigkeit der Ehe zum Gegenstande hat, mit der Nichtigkeitsklage oder die Zulassung einer sich nicht auf einen Nichtigkeitsgrund stützenden Widerklage müßte nothwendig zu unlösbarer Verwirrung führen. Begr. C.P.O. S. 369. Die Zulassung der Verbindung der Nichtigkeitsklage mit der bezeichneten Feststellungsklage empfiehlt sich aus praktischen Gründen und es steht ihr, da die C.P.O. (in den §§ 606 Abs. 1, 617 Abs. 3, 622 Abs. 2, 638) die Verfahrensvorschriften für beide Arten von Klagen gleichmäßig regelt, auch kein prozessualisches Hinderniß entgegen. Begr. C.P.O. S. 133. Begr. Einf.G. z. B.G.B. S. 82.

[11]) Es kann zu einer Nichtigkeits-Widerklage nur kommen, wenn ein Ehegatte gegen den anderen die Nichtigkeitsklage (bezw. Feststellungsklage) erhebt. Bolgiano in Busch's Zeitschrift Bd. 22 S. 81.

[12]) Ebenso Wilmowski und Levy 7. Aufl. Anm. 4 z. § 586 C.P.O.

bleibt es überlassen, geeigneten Falls gemäß § 147 C.P.O. die Prozesse der verschiedenen Parteien zu verbinden.

Ebenso wie die Widerklage nur unter den einander gegenüberstehenden Ehegatten zulässig ist, so ist sie auch nur in Bezug auf die zwischen denselben Ehegatten bestehende Ehe zulässig.[13]) Unzulässig ist es daher, daß im Falle der Doppelehe der zweite Ehegatte der auf Grund des § 1326 B.G.B. erhobenen Nichtigkeitsklage des doppelt verheiratheten Ehegatten eine Widerklage[14]) entgegensetzt, die die Nichtigkeit der ersten Ehe des doppelt verheiratheten Ehegatten aus irgend einem Nichtigkeitsgrunde und damit die Gültigkeit der zweiten Ehe darzuthun bezweckt,[15]) ebenso umgekehrt, daß der doppelt verheirathete Ehegatte der Nichtigkeitsklage seines zweiten Ehegatten eine Widerklage[14]) derselben Art entgegensetzt. Unzulässig ist es ferner, daß der erste Ehegatte der aus irgend einem Nichtigkeitsgrunde erhobenen Nichtigkeitsklage des doppelt verheiratheten Ehegatten eine Widerklage entgegensetzt, die die Nichtigkeit der zweiten Ehe des doppelt verheiratheten Ehegatten darzuthun bezweckt (womit freilich noch nicht die Gültigkeit der ersten Ehe dargethan wird). Zulässig ist es dagegen, daß der doppelt verheirathete Ehegatte, der zusammen mit seinem zweiten Ehegatten[16]) von seinem ersten Ehegatten wegen Nichtigkeit der zweiten Ehe aus dem Grunde des § 1326 B.G.B. verklagt wird, die Nichtigkeit der ersten Ehe aus irgend einem Nichtigkeitsgrunde und damit die Gültigkeit der zweiten Ehe widerklagend geltend macht.

Eine Widerklage liegt nicht vor, wenn der Beklagte in Uebereinstimmung mit dem Kläger auf Grund der Klagethatsachen ebenfalls Nichtigkeitserklärung der Ehe oder Feststellung des Bestehens oder Nichtbestehens der Ehe begehrt. Eine **Widerklage** liegt aber dann vor, wenn sich die beiderseitigen Anträge auf Nichtigkeitserklärung zwar decken, der Beklagte jedoch aus einem anderen Nichtigkeitsgrunde als der Kläger Nichtigkeitserklärung verlangt.[17]) Wird die Klage abgewiesen, so bleibt auf die Widerklage noch zu entscheiden. Wird auf die Klage die Ehe für nichtig erklärt, so ist damit regelmäßig auch die Widerklage erledigt, ausgenommen, wenn der Nichtigkeitsgrund der Widerklage im Vergleich zu demjenigen der Klage minder schwere Folgen für den Widerkläger nach sich zieht.[18])

---

[13]) Löning in Busch's Zeitschrift Bd. 4 S. 67 Anm. 79 Satz 1 und Volgiano a. a. O.

[14]) Ist die erste Ehe nach Schließung der zweiten Ehe für nichtig erklärt oder aufgelöst, so kann er die Nichtigkeit der ersten Ehe einredeweise geltend machen.

[15]) Zwar tritt nach § 1326 B.G.B. die Nichtigkeit der zweiten Ehe nur dann ein, wenn die erste Ehe gültig war, und es gehört zur Klagebegründung die Behauptung, daß die erste Ehe gültig war, aber der Beweis dieser Behauptung wird genügend dadurch geführt, daß das Zustandekommen eines formell gültigen Eheabschlusses dargethan wird. Vergl. oben § 6.

[16]) Ist die zweite Ehe bereits aufgelöst, so bedarf es nach § 1329 B.G.B. nicht mehr der Nichtigkeitsklage.

[17]) Anderer Meinung Volgiano a. a. O. S. 83.

[18]) Z. B. wenn der Kläger Formmangel, der Widerkläger aber einen anderen Nichtigkeitsgrund geltend macht und der Widerkläger zugleich behauptet, daß dieser Nichtigkeitsgrund bei der Eheschließung dem Kläger bekannt, ihm aber unbekannt

„Der Staatsanwalt kann, auch wenn er die Klage nicht erhoben hat, den Rechtsstreit betreiben, insbesondere selbständig Anträge stellen und Rechtsmittel[19]) einlegen." § 634 C.P.O.

Dieser § bezieht sich auf die Nichtigkeitsklage, nicht auf die Feststellungsklage. Den Feststellungsprozeß kann der Staatsanwalt nicht durch Geltendmachung von Nichtigkeitsgründen betreiben, es sei denn, daß eine Nichtigkeitsklage von der Partei erhoben würde.

Betreibt der Staatsanwalt den von einem anderen anhängig gemachten Nichtigkeitsprozeß, so übernimmt er dadurch die Rolle einer Partei. Seine Stellung ist aber ähnlich wie im Strafverfahren eine freie, nur durch das öffentliche Interesse begrenzte. Er kann Anträge zu Gunsten der einen oder der anderen Partei stellen, die Nichtigkeitserklärung der Ehe oder die Abweisung des hierauf gerichteten Antrages beantragen. An seine bisherigen Anträge ist er nicht gebunden. [20])

Hat der Staatsanwalt oder ein Ehegatte die Nichtigkeitsklage erhoben, so steht es dem Dritten, wenn für ihn die Voraussetzungen des § 632 Abs. 2 C.P.O. vorliegen, frei, einer der Parteien zum Zwecke der Unterstützung als **Nebenintervenient** beizutreten. § 66 C.P.O.

„Das Versäumnißurtheil gegen den im Termine zur mündlichen Verhandlung nicht erschienenen Kläger ist dahin zu erlassen, daß die Klage als zurückgenommen gelte." § 635 C.P.O. [21])

---

war. § 1345 B.G.B. Ueberhaupt wird dieser § bei der Frage, ob eine Partei Anlaß hat, zu verlangen, daß die Ehe aus dem einen und nicht aus dem anderen Nichtigkeitsgrunde für nichtig erklärt wird, von wesentlichem Einflusse sein.

[19]) Der Staatsanwalt kann auch die Wiederaufnahme eines durch rechtskräftiges Urtheil geschlossenen Nichtigkeitsverfahrens betreiben.

[20]) Im Uebrigen vergl. oben § 39.

[21]) Nach § 330 C.P.O ist, wenn der Kläger im Termine zur mündlichen Verhandlung nicht erscheint, auf Antrag das Versäumnißurtheil dahin zu erlassen, daß der Kläger mit der Klage abzuweisen sei. Diese Vorschrift kann auf das Verfahren über die Nichtigkeitsklage keine Anwendung finden, weil hier der Streitgegenstand der Verfügung des Klägers entzogen ist; dem Versäumnißurtheile darf vielmehr nur die Wirkung beigelegt werden, daß die Klage als zurückgenommen gelte. Dies stellt § 635 C.P.O. klar. Begr. C.P.O. S. 133. Der § 635 C.P.O. stimmt wörtlich mit dem § 589a des Entw. I Einf.G. z. B.G.B. überein. Würde das Ausbleiben des Klägers seine Abweisung zur Folge haben, so würde einer neuen, auf denselben Nichtigkeitsgrund gestützten Nichtigkeitsklage die Einrede der rechtskräftig entschiedenen Sache entgegenstehen. (§ 322 Abs. 1 C.P.O.). Dadurch würde den Parteien ein bequemes Mittel zur Beseitigung von Nichtigkeitsgründen geschaffen werden. Die Folge der Klageabweisung ist auch nicht mit dem Grundsatze der richterlichen Erforschung der Wahrheit zu vereinigen. Begr. Entw. I Einf.G. z. B.G.B. S. 83. Dasselbe trifft auf die mit der Nichtigkeitsklage verwandte Klage auf Feststellung des Bestehens oder Nichtbestehens der Ehe zu. Begr. ebenda. Freilich kann die Vorschrift des § 635 C.P.O. zu Unzuträglichkeiten führen, z. B. wenn der Kläger am Schlusse einer größeren Beweisverhandlung ausbleibt. Der beklagte Ehegatte hilft sich dann zweckmäßig durch Erhebung einer Widerklage auf Feststellung, daß die Ehe bestehe. Begr. Entw. I Einf.G. z. B.G.B. S. 83.

Dieser § bezieht sich sowohl auf die Nichtigkeitsklage, als auch nach der ausdrücklichen Bestimmung des § 638 C.P.O. auf die Feststellungsklage.

„Wird ein Rechtsmittel von dem Staatsanwalt oder einer Privatpartei eingelegt, so sind im ersteren Falle die Privatparteien, im letzteren Falle die übrigen Privatparteien und der Staatsanwalt, sofern derselbe Partei ist, für das Rechtsmittelverfahren als die Gegner anzusehen." § 636 C.P.O.

Partei ist der Staatsanwalt, wenn er die Nichtigkeitsklage selbst erhoben oder übernommen hat oder überhaupt selbständig den von anderer Seite anhängig gemachten Rechtsstreit für oder gegen den Kläger betreibt. Die Gegner treten in das Verhältniß **nothwendiger Streitgenossenschaft.**[22]) Wenn auf die Klage des Staatsanwalts eine Ehe für nichtig erklärt worden ist, so muß der Ehegatte, der hiergegen ein **Rechtsmittel** einlegen will, die Rechtsmittelschrift fristgemäß sowohl dem Staatsanwalt als auch dem anderen Ehegatten zustellen lassen. Zustellung an nur einen der Gegner genügt nicht zur Wahrung der Rechtsmittelfrist. In diesem Falle ist das Rechtsmittel als versäumt formell unzulässig.[23])

Die Nichtigkeitsklage und die Feststellungsklage können ohne Einwilligung des Beklagten nur bis zum Beginne der mündlichen Verhandlung des Beklagten zur Hauptsache **zurückgenommen** werden. § 271 Abs. 1 C.P.O. Dies gilt auch für die vom Staatsanwalt erhobene Nichtigkeitsklage.

§ 45.

Einstweilige Verfügungen.

„Hat der Rechtsstreit die Scheidung, Nichtigkeit oder Anfechtung der Ehe zum Gegenstande, so kann das Gericht auf Antrag eines der Ehegatten durch einstweilige Verfügung für die Dauer des Rechtsstreits das Getrenntleben der Ehegatten gestatten, die gegenseitige Unterhaltspflicht der Ehegatten nach Maßgabe des § 1361 des B.G.B. ordnen, wegen der Sorge für die Person der gemeinschaftlichen minderjährigen Kinder, soweit es sich nicht um die gesetzliche Vertretung handelt, Anordnungen treffen und die Unterhaltspflicht der Ehegatten den Kindern gegenüber im Verhältnisse der Ehegatten zu einander regeln." § 627 Abs. 1 C.P.O.[1])

---

[22]) § 62 C.P.O.

[23]) R.G. 11./10. 97, Bd. 40 S. 349.

[1]) Der § 627 C.P.O. giebt sachlich die §§ 1225 und 1462 Entw. I B.G.B. mit

Erst mit Eintritt der Rechtskraft des die Scheidung oder Nichtigkeit der Ehe aussprechenden Urtheils treten die Wirkungen der Ehescheidung bezw. der Nichtigkeitserklärung ein. Zweckmäßigkeitsrücksichten erheischen aber die einstweilige Regelung gewisser wichtiger Fragen schon vor diesem Zeitpunkte. Diese Regelung kann durch Erlaß einstweiliger Verfügungen erfolgen.

Der § 627 C.P.O. bezieht sich, wie sein Wortlaut besagt, auf die Scheidungs-, Nichtigkeits- und Anfechtungsprozesse. Aber auch in anderen Eheprozessen können einstweilige Verfügungen, wenn dazu die allgemeinen Voraussetzungen (§§ 935—944 C.P.O.) vorliegen, erlassen werden. Es sind hier nur einige Fälle wegen ihrer Wichtigkeit besonders geordnet.[2]) Ferner sind die einstweiligen Verfügungen nicht auf die in § 627 Abs. 1 C.P.O. bezeichneten Gegenstände beschränkt, sondern können auch andere Verhältnisse regeln.

Zuständig für den Erlaß einer einstweiligen Verfügung ist nach § 937 Abs. 1 C.P.O. das Gericht der Hauptsache.[3]) Als solches ist nach § 943 Abs. 1 C.P.O. das Gericht erster Instanz und, wenn die Hauptsache in der Berufungsinstanz anhängig ist, das Berufungsgericht anzusehen. Das angegangene Gericht hat seine Zuständigkeit nach den zur Zeit des Einganges des Antrages vorliegenden Verhältnissen zu prüfen. Ist in diesem Zeitpunkte die Hauptsache noch nicht anhängig, so kommt es darauf an, ob das Gericht zuständig sein würde, wenn bei ihm die Hauptsache bereits anhängig wäre.[4])

Die einstweilige Verfügung muß von einem der Ehegatten beantragt werden. Jeder Ehegatte hat ohne Rücksicht darauf, ob er der Kläger oder der Beklagte ist, das Antragsrecht.[5]) Der **Antrag** unterliegt nach § 78 C.P.O. dem Anwaltszwange.

Für die **Dauer des Rechtsstreits** kann das Gericht die ehelichen Verhältnisse durch eine einstweilige Verfügung ordnen. Mit der Rechtskraft des Urtheils treten die Wirkungen des Urtheils, wie sie im B.G.B. geregelt sind, an Stelle der vorläufigen Ordnung.

Das **Getrenntleben** der Ehegatten kann gestattet werden. Zu den Wirkungen der Ehe gehört es, daß die Ehegatten einander zur ehelichen Lebensgemeinschaft verpflichtet sind. § 1353 Abs. 1 B.G.B. Von dieser Verpflichtung kann das Gericht für die Dauer des Rechtsstreits befreien. Das Gericht entscheidet hierüber nach seinem freien Ermessen.[6]) Nach der Absicht des Gesetzgebers soll während der Dauer des Rechtsstreits die

---

einer geringen Abweichung bezüglich des Zeitpunkts des Antrages wieder. Begr. B.G.B. Bd. 4 S. 636—640 Prot. Bd. 4 S. 67 u. 451.

[2]) Eine Einschränkung des § 584 C.P.O. lag dem Gesetzgeber jedenfalls fern.

[3]) Begr. B.G.B. Bd. 4 S. 639. In dringenden Fällen kann der Vorsitzende des Gerichts der Hauptsache entscheiden (§ 944 C.P.O.) ebenso das Amtsgericht, in dessen Bezirk sich der Streitgegenstand befindet. (§ 942 C.P.O.)

[4]) Ueber Gerichtszuständigkeit für Ehesachen vergl. § 38.

[5]) Begr. B.G.B. Bd. 4 S. 638.

[6]) Begr. B.G.B. Bd. 4 S. 637.

Aufhebung der häuslichen Gemeinschaft nur auf Grund einer dieselbe gestattenden einstweiligen Verfügung zulässig sein.[7]) Daneben bleiben aber die allgemeinen Grundsätze über das Recht eines Ehegatten, sich der häuslichen Gemeinschaft zu entziehen, wenn sich das Verlangen des anderen Ehegatten nach Herstellung der Gemeinschaft als Mißbrauch seines Rechtes darstellt, bestehen.[8]) Die Erlaubniß des Gerichts zum Getrenntleben ist also nicht in dem Sinne zu verstehen, daß ohne sie das Getrenntleben unter allen Umständen unstatthaft wäre, vielmehr kommt es noch darauf an, ob thatsächlich die Verweigerung der Gemeinschaft gesetzlich gerechtfertigt ist. Aus der Versagung der nachgesuchten Erlaubniß folgt allerdings, daß nach der Ueberzeugung des Gerichts ein gerechtfertigter Weigerungsgrund eben nicht vorliegt.

Wenn nun auch die C.P.O. das richterliche Ermessen durch besondere Bestimmungen nicht einengt, so sind doch andererseits die Bestimmungen des B.G.B. zu beachten.[9])

Für das richterliche Ermessen, ob das Getrenntleben zu gestatten sei, bietet § 1353 Abs. 2 B.G.B. einen Anhalt. Er lautet:

> „Stellt sich das Verlangen eines Ehegatten nach Herstellung der Gemeinschaft als Mißbrauch seines Rechtes dar, so ist der andere Ehegatte nicht verpflichtet, dem Verlangen Folge zu leisten. Das Gleiche gilt, wenn der andere Ehegatte berechtigt ist, auf Scheidung zu klagen.“[10])

Der 1. Satz des 2. Absatzes bezieht sich auf jede formgültig geschlossene Ehe, also auch auf die aus einem anderen Grunde als wegen Formmangels nichtige und auf die anfechtbare Ehe. Der 2. Satz des 2. Absatzes stellt den Grundsatz auf, daß die Berechtigung zur Scheidungsklage die Berechtigung zur Weigerung der Gemeinschaft begründet, was seinen Grund darin hat, daß nur wegen Verschuldens die Scheidungsklage zulässig ist. Auszunehmen ist jedoch die Scheidungsklage wegen Geisteskrankheit.[11]) Mit

---

[7]) Begr. B.G.B. Bd. 4 S. 636.

[8]) § 1353 Abs. 2 B.G.B. Das Recht eines Ehegatten, sich auch ohne richterliche Erlaubniß der häuslichen Gemeinschaft zu entziehen, wenn dies nach allgemeinen Grundsätzen gerechtfertigt ist, hat als selbstverständlich keinen besonderen Ausdruck im Gesetze gefunden. Begr. Bd. 4 S. 637, 639. R.G. 22./11. 86 Bd. 17 S. 213; 7.3. 87 Bd. 18 S. 189. Wenn der Ehemann, der ein ehebrecherisches Verhältniß unterhält, auf Scheidung geklagt hat, wird der Anspruch der Ehefrau auf Unterhalt außerhalb des Hauses dadurch nicht ausgeschlossen, daß nicht vorgängig die Trennung der Eheleute während des Scheidungsprozesses richterlich gestattet sei. R.G. 12./10. 91 in Gruchot Bd. 37 S. 1057. Der Ehemann ist verpflichtet, seiner Frau, welche von ihm getrennt lebt, Unterhaltsbeiträge während des Scheidungsprozesses zu zahlen, wenn er im Verhandlungstermin erklärt, er wolle sie nicht wieder aufnehmen. R.G. 5./4. 94 in Gruchot Bd. 38 S. 1006.

[9]) Der § 627 C.P.O. ordnet die einstweiligen Verfügungen unter Berücksichtigung der Vorschriften des B.G.B. Begr. C.P.O. S. 131.

[10]) Vergl. oben § 33 die Erläuterung des § 1361 und des § 1353 Abs. 2. B.G.B.

[11]) Vergl. oben § 33 Anm. 37.

Recht verweigert die Gemeinschaft auch der zur Nichtigkeits- oder Anfechtungsklage berechtigte Ehegatte, wenn die Voraussetzungen des § 1345 Abs. 1 B.G.B. vorliegen.[12])

Die Frage, ob für das Getrenntleben der Ehegatten ein gerechtfertigter Grund vorliegt, fällt zum Theil mit der Frage zusammen, ob in der Entfernung des einen Ehegatten vom anderen eine bösliche Verlassung zu erblicken ist. Ueber letztere sind die Ausführungen im § 26 zu vergleichen.

Gestattet das Gericht den Ehegatten, getrennt zu leben, so kann es weiter durch einstweilige Verfügung ordnen:

1. Die gegenseitige Unterhaltspflicht der Ehegatten, einschließlich der Pflicht des Mannes, der Frau die zur Führung eines abgesonderten Haushalts erforderlichen Sachen[13]) aus dem gemeinschaftlichen Haushalte zum Gebrauche herauszugeben, nach Maßgabe des § 1361 B.G.B.[14])
2. Die Sorge für die Person der gemeinschaftlichen minderjährigen Kinder[15]) ausschließlich ihrer gesetzlichen Vertretung;
3. Die Unterhaltspflicht der Ehegatten gegenüber den Kindern im Verhältnisse der Ehegatten zu einander.[15])

Bei allen diesen Anordnungen ist dem freien Ermessen des Richters möglichst Raum gelassen.[16])

Wie bereits oben erwähnt, können auch andere Verhältnisse der Ehegatten durch einstweilige Verfügungen geordnet werden. Die Grundlage dazu bieten die §§ 935—944 C.P.O. in Verbindung mit den eherechtlichen Bestimmungen des bürgerlichen Rechtes.[17])

---

[12]) Vergl. oben § 18.

[13]) Der Prozeßrichter ist auf Grund des § 940 C.P.O. (§ 819 C.P.O.) befugt, mittels einstweiliger Verfügung dem Ehemanne aufzugeben, der Ehefrau, welcher das Getrenntleben während des Ehescheidungsprozesses gestattet wird, das derselben gehörige Mobiliar herauszugeben, zumal, wenn nicht feststeht, daß der Ehemann der Mobilien bedarf und wenn anzunehmen ist, daß er auf ein besonderes Vertrauen bezüglich der Erhaltung der Mobilien keinen Anspruch hat. R.G. 2./12. 92 (Code) in Bolze Bd. 15 Ziff. 432.

[14]) Vergl. die Erläuterungen des § 1361 B.G.B. oben im § 33. Klagt der Ehemann wegen von seiner Frau erlittener Mißhandlung und beantragt er die Gestattung des Getrenntlebens, so bleibt er doch verpflichtet, die Frau zu unterhalten. R.G. 2./7. 83 in Gruchot Bd. 27 S. 861.

[15]) Vergl. die Erläuterungen der §§ 1635 u. f. sowie der §§ 1699 u. f. oben in den §§ 33, 35, 20. Die Anwendung der Grundsätze, welche die Erziehung der Kinder aus geschiedenen Ehen regeln, auf diese einstweilige Regelung der Erziehungsfrage ist nicht geboten. R.G. 20./10. 90 in Jur. W. 1890 S. 384 und 14./11. 93 in Jur. W. 1894 S. 10 Ziff. 17.

[16]) Begr. B.G.B. Bd. 4 S. 638.

[17]) Besondere die Sicherstellung des Vermögens der Ehefrau während des Scheidungsprozesses bezweckende Vorschriften sind im Hinblick auf die allgemeinen Vorschriften des ehelichen Güterrechts und die allgemeinen Vorschriften der C.P.O. über die Zulässigkeit einstweiliger Verfügungen als entbehrlich erachtet worden. Begr. B.G.B. Bd. 4 S. 639. — In einem Falle wurde der Mann durch einstweilige Verfügung angehalten, gewisse Betten, Wäsche und Kleidungsstücke zum Gebrauche für die Frau und das bei ihr befindliche Kind behufs Ermöglichung des der Klägerin

Die auf Grund des § 940 C.P.O. (§ 819 C.P.O.) zum Zwecke der Regelung eines einstweiligen Zustandes im Ehescheidungsverfahren zu erlassenden einstweiligen Verfügungen sind in Betreff des Gegenstandes nicht eingeschränkt. Sie können sich auf sämmtliche den Eheleuten gegen einander zustehenden Rechte beziehen.[18])

In denjenigen Fällen, in denen nach dem ehelichen Güterrechte der Mann der Frau gegenüber verpflichtet ist, die Kosten eines Rechtsstreits, den die Frau führt, zu tragen, kann der Mann durch einstweilige Verfügung angehalten werden, die Frau mit **Kostenvorschuß** zu versehen. Die Fragen, ob die Unterhaltspflicht auch die Pflicht zur Tragung der Kosten eines vom Unterhaltsberechtigten geführten Rechtsstreits mit umfaßt, oder ob die letztere Pflicht sich nicht für den Ehemann gegenüber der Ehefrau wenigstens als eine Folge des ehelichen Verhältnisses ergiebt, hat das B.G.B. verneint. Es entscheiden die Vorschriften des ehelichen Güterrechts.[19]) Besteht unter den Eheleuten **gesetzliches Güterrecht**, so entscheidet § 1387 Ziff. 1 B.G.B. Darnach ist der Mann der Frau gegenüber verpflichtet, die Kosten[20]) eines Rechtsstreits, den die Frau führt, zu tragen, sofern nicht die Kosten dem Vorbehaltsgute zur Last fallen. Dem Vorbehaltsgute der Frau fallen die Kosten zur Last, wenn sie der Frau durch das Urtheil auferlegt werden, oder wenn die Frau die Kosten, falls der Rechtsstreit ohne Urtheil beendigt ist, nach den Vorschriften der C.P.O. zu tragen hat. Kann der Mann die von ihm zu tragenden Kosten nicht bezahlen, so fallen sie dem eingebrachten Gute zur Last.[21]) In der Pflicht zur Kostentragung liegt die Pflicht zur Leistung eines Kostenvorschusses. Der Mann muß daher für die Frau die Kosten vorschießen.[22]) Er haftet nach § 1388

---

gestatteten Getrenntlebens während des Scheidungsprozesses herauszugeben. R.G. Beschl. 20. 9. 97 Bd. 39 S. 427.

[18]) Das Recht des Mannes, die seiner Ehefrau zum Betriebe eines Handelsgewerbes ertheilte Einwilligung zu widerrufen, kann durch einstweilige Verfügung für die Dauer des Scheidungsprozesses ausgeschlossen werden. R.G. 14./2. 95 Bd. 35 S. 35. Vergl §§ 1405, 1452, 1525, 1549 B.G.B. Die Verfügungsmacht des Ehemannes über das gütergemeinschaftliche Vermögen kann, wenn sein Verhalten zu dem Verdachte Veranlassung giebt, daß er damit umgehe, die Ehefrau bei der im Falle der Ehescheidung bevorstehenden Auseinandersetzung zu benachtheiligen, durch einstweilige Verfügung soweit beschränkt werden, als dies zum Schutze der Frau nothwendig ist. Das Gericht kann die gesetzlichen Grenzen der Verfügungsgewalt des Mannes enger ziehen. R.G. 26./10. 91 in Gruchot Bd. 37 S. 755, auch in Jur. W. 1891 S. 578 Ziff. 17.

[19]) Begr. B.G.B. Bd. 4 S. 640 Prot. Bd. 4 S. 67 und 451. Planck, Anm. 3 zu § 1360 B.G.B.

[20]) Unter den Begriff der Kosten fallen sowohl die Gerichtskosten als auch die dem Gegner zu ersetzenden und die von der Frau nach der C.P.O. selbst zu tragenden Kosten, insbesondere die Kosten der beiderseitigen Anwälte und der Gerichtsvollzieher. Planck Anm. 1c zu § 1387 B.G.B.

[21]) Planck, Anm. 1 zu § 1416 und Anm. 1b zu § 1387 B.G.B.

[22]) In Ehesachen hat der Mann, da es sich um persönliche Angelegenheiten der Frau handelt, (dieser Grund war nicht der entscheidende, sondern der, daß es sich um Kosten handelt, die das Vorbehaltsgut treffen) einen angemessenen Vorschuß zu bezahlen. Planck, Anm. 1c zu § 1387 B.G.B.

B.G.B. den Gläubigern (also auch der Gerichtskasse) neben der Frau als **Gesammtschuldner.** Aus dem Gesammtschuldverhältniß folgt, daß die Gerichtskasse den Kostenvorschuß nach ihrem Belieben von der Frau oder dem Manne ganz oder zu einem Theile einziehen kann. [23])

Besteht unter den Eheleuten **Gütergemeinschaft**, so ist die prozessuale Verbindlichkeit der Frau zur Kostentragung eine Gesammtgutsverbindlichkeit, für die nach § 1459 Abs. 2 der Ehemann auch persönlich als Gesammtschuldner haftet.

Dasselbe gilt nach § 1530 B.G.B. bei der **Errungenschaftsgemeinschaft** und nach § 1549 B.G.B. bei der **Fahrnißgemeinschaft.**

Nur bei dem Güterstande der **Gütertrennung** trifft den Mann keine Pflicht, die Kosten zu tragen bezw. vorzuschießen. §§ 1558 u. f. B.G.B.

Für ersichtlich ganz unzulässige oder aussichtslose Prozesse braucht der Mann Kosten nicht vorzuschießen. [24]) Die vorzuschießenden Beträge sind immer nur so abzumessen, daß sie für eine gewisse nach billigem Ermessen abzugrenzende Zeit ausreichen, nach deren Ablauf dann nöthigenfalls ein fernerer Vorschuß zu leisten ist. [24]) Durch die Verurtheilung der Ehefrau in die Prozeßkosten wird die Verpflichtung des Ehemannes zur Leistung des Vorschusses nicht berührt. [25])

---

[23]) § 421 B.G.B.

[24]) R.G. 8./11. 81 Bd. 5 S. 417; Kammergerichts-Beschl. 12./7. 92 in Seufferts Arch. Bd. 49 S. 174; R.G. Beschl. 7./1. 92 in Jur. W. 1892 S. 58 Ziff. 10. Ueber die Voraussetzungen der einstweiligen Verfügung, betreffend die Prozeßkostenvorschußpflicht des Ehemannes seiner Ehefrau gegenüber und über die Vorschußpflicht des Ehemannes gegenüber seiner im Armenrechte streitenden Ehefrau oder dem Anwalte derselben vergl Markus in Jur. W. 1892 S. 297 Ziff. 1 und 2. Der Klägerin liegt nicht der Nachweis der Zahlungsfähigkeit des Beklagten ob, sondern der Beklagte würde nur aus der Berufung auf sein Unvermögen zur Leistung des geforderten Vorschusses eine Einrede gegen den an sich begründeten Antrag entnehmen können. R.G. 19./12. 93 in Jur. W. 1893 S. 72 Ziff. 45. Das Gericht, das die einstweilige Verfügung erlassen hat, ist nicht für die Vollziehung derselben als Vollstreckungsgericht zuständig. R.G. 16./12. 95 Bd. 36 S. 390. § 928 C.P.O.

[25]) Beschl. des O.L.G. Oldenburg 30./11. 92 in Seufferts Arch. Bd. 49 S. 45. Für die Entscheidung der Frage, ob die in die Kosten rechtskräftig verurtheilte Ehefrau verpflichtet ist, ihrem Ehemanne die vorgeschossenen Kosten zu erstatten, ist in dem Kostenfestsetzungsverfahren kein Raum. Dies gilt ohne Unterschied, ob die Ehefrau als Klägerin oder Beklagte aufgetreten ist, ob das Urtheil auf Trennung gelautet hat oder nicht. R.G. Beschl. 18./2. 95 in Jur. W. 1895 S. 163 Ziff. 4. Der im Eheprozeß obsiegende Ehemann kann die seiner Frau geleisteten Kostenvorschüsse nicht unter den Prozeßkosten in Ansatz bringen. Beschl. O.L.G. Braunschweig 14./3. 98 in Seufferts Arch. Bd. 54 S. 93. Im Kostenfestsetzungsverfahren ist nur zu erörtern, ob die in Ansatz gebrachten Kosten erwachsen sind, ob sie unter das Urtheil fallen und ob sie als nothwendig im Sinne des § 91 C.P.O. anzusehen sind. Daraus ergiebt sich, daß in dem Kostenfestsetzungsverfahren kein Raum ist für die Entscheidung der Frage, ob der beklagte Ehemann nach den Vorschriften des bürgerlichen Rechtes seinen Kostenfestsetzungsanspruch gegen die klagende Ehefrau nicht während des Bestehens der Ehe geltend machen könne. Diese Frage ist vielmehr auf Grund einer zu erhebenden Klage durch Urtheil auszutragen. R.G. Beschl. 12./3. 96 im Preuß. Just. Min.Bl. 1897 S. 93.

„Die einstweilige Verfügung ist zulässig,[26]) sobald der Termin zur mündlichen Verhandlung oder im Falle einer Scheidungsklage der Termin zum Sühneversuche bestimmt oder im Wege der Widerklage die Scheidung beantragt oder die Ehe angefochten ist.

Von der einstweiligen Verfügung hat das Prozeßgericht, wenn ein gemeinschaftliches minderjähriges Kind der Ehegatten vorhanden ist, dem Vormundschaftsgerichte Mittheilung zu machen.[27])

Im Uebrigen gelten für die einstweilige Verfügung die Bestimmungen der §§ 936—944." § 627 Abs. 2—4 C.P.O.

Abgesehen vom § 627 C.P.O. weicht das Verfahren über eine einstweilige Verfügung in Ehesachen von dem gewöhnlichen Verfahren über einstweilige Verfügungen nicht ab. Von den besonderen Bestimmungen dieses Abschnittes beeinflussen die über Häufung von Klagegründen, Verbindung von Klagen, Ausschließung des abgewiesenen Klägers (§§ 614—616 C.P.O.) das Verfahren über eine einstweilige Verfügung nur insofern, als, wenn sich darnach der Hauptanspruch für unzulässig darstellt, auch die einstweilige Verfügung nicht erlassen werden darf. Die Bestimmungen über die Beweisführung, Beweiswürdigung und das Versäumnißverfahren (§§ 617, 618 C.P.O.) beruhen auf gesetzgeberischen Gründen (Aufrechterhaltung der Ehe, Verhütung geheimen Einverständnisses), die auf das Verfahren über eine einstweilige Verfügung nicht zutreffen. Dementsprechend bedarf es auch nicht der Mitwirkung der Staatsanwaltschaft.[28]) Die Unterlassung der Benachrichtigung des Staatsanwalts von einem Termin in diesem Verfahren stellt mithin eine Gesetzesverletzung nicht dar. Wegen Ausschließung der Oeffentlichkeit vergl. § 36 Anm. 4.

§ 46.

Versäumnißverfahren.

„Die Vorschrift des § 261 Abs. 2 kommt nicht zur Anwendung.

---

[26]) Der Entw. I B.G.B. § 1462 Abs. 2 hatte den Zeitpunkt für die Zulässigkeit des Antrags geordnet. Begr. Bd. 4 S. 639. In der 2. Kommission wurde darauf hingewiesen, daß es nicht hierauf, sondern auf den Zeitpunkt, wann die Anordnung erfolgen könne, ankomme. Prot. Bd. 4 S. 451.

[27]) Ueber das Verhältniß der Thätigkeit des Prozeßgerichts zu derjenigen des Vormundschaftsgerichts vergl. oben § 35.

[28]) Wie die Protokolle der Kommission zur Ausarbeitung des Entwurfs einer C.P.O. für die Staaten des Norddeutschen Bundes (Berlin 1869) S. 2212 ergeben, war die Mehrheit der Kommissionsmitglieder der Ansicht, daß bei diesem Verfahren die Mitwirkung des Staatsanwalts nicht eintrete. Eine besondere Vorschrift sollte jedoch nicht aufgenommen werden.

Erscheint der Beklagte in dem auf die Klage zur mündlichen Verhandlung anberaumten Termine nicht, so kann erst in einem neuen, auf Antrag des Klägers zu bestimmenden Termine verhandelt werden.

Der Beklagte ist zu jedem Termine, welcher nicht in seiner Gegenwart anberaumt wurde, zu laden.

Die Vorschriften der Abs. 2, 3 finden keine Anwendung, wenn der Beklagte durch öffentliche Zustellung geladen, aber nicht erschienen ist.

Ein Versäumnißurtheil gegen den Beklagten ist unzulässig.

Die Vorschriften der Abs. 2—5 finden auf den Widerbeklagten entsprechende Anwendung." § 618 C.P.O.

Die Einlassungsfrist des § 262 C.P.O. ist auch in Ehesachen zu beobachten. Für den Termin zur mündlichen Verhandlung gilt aber nicht die Vorschrift des § 261 Abs. 2 C.P.O., wonach der Termin nur soweit hinausgerückt werden soll, als es zur Wahrung der Einlassungsfrist geboten erscheint.

In Ehesachen hat die Säumniß des Klägers andere Folgen als die Säumniß des Beklagten.

„Erscheint der Kläger im Termine zur mündlichen Verhandlung nicht, so ist auf Antrag das Versäumnißurtheil dahin zu erlassen, daß der Kläger mit der Klage abzuweisen sei." § 330 C.P.O.

Dieser § gilt auch für Ehesachen, wie denn überhaupt rücksichtlich des Klägers bezw. Widerklägers die allgemeinen Vorschriften über das Versäumnißverfahren und den Einspruch (§§ 330—347 C.P.O.) in Geltung geblieben sind [1])

Ausnahmen machen jedoch die Rechtsstreitigkeiten, welche die Nichtigkeit oder die Feststellung des Bestehens oder Nichtbestehens der Ehe zum Gegenstande haben. In diesen ist nach §§ 635, 638 C.P.O. das Versäumnißurtheil gegen den nicht erschienenen Kläger dahin zu erlassen, daß die Klage als zurückgenommen gelte. [2])

Erscheint der **Beklagte** nicht, so kann erst in einem neuen, auf Antrag des Klägers zu bestimmenden Termine verhandelt werden. Das Ausbleiben [3]) im ersten Verhandlungstermine hat also für den Beklagten Nach-

[1]) Begr. C.P.O. S. 366. R.G. 23./3. 91, Bd. 28 S. 395.

[2]) Begr. C.P.O. S. 133. Begr. Entw. I Einf.G. z. B.G.B. S. 83. Vergl. oben § 44 Anm. 21.

[3]) Erscheint der Beklagte zwar, verhandelt aber nicht (§ 333 C.P.O.) so kommt der § 618 Abs. 2 C.P.O. nicht zur Anwendung. Ebenso Wilmowski und Levy, Anm. 1 zu § 578 C.P.O. Anderer Meinung Struckmann und Koch Anm. 2 zu § 578 C.P.O. Dem ausgebliebenen, möglicherweise am Erscheinen verhindert gewesenen Beklagten soll erneut Gelegenheit zur Verhandlung gegeben werden. Diese Rücksicht ist bei demjenigen Beklagten, welcher erscheint, die Gelegenheit zur Verhandlung aber ausschlägt, nicht angebracht. Der § 333 C.P.O. stellt in Bezug auf die Versäumniß-

theile in der Sache selbst nicht zur Folge; es wird in diesem Termine gegen ihn nicht verhandelt.[4])

Anstatt daß, wie im gewöhnlichen Verfahren, Versäumnißurtheil gegen den Beklagten ergeht, gegen das der Einspruch zulässig ist, ist für Ehesachen die Wiederholung des Termins als Ersatz für den wegfallenden Einspruch vorgeschrieben. Dies setzt aber voraus, daß der Beklagte ordnungsmäßig und unter Wahrung der Einlassungsfrist geladen worden ist.[5])

Ein Versäumnißurtheil gegen den Beklagten ist in jedem Falle[6]) unzulässig.[7])

Wie die Fassung des § 618 C.P.O. und der Zweck der Vorschrift, den Bestand der Ehe der Willkür der Parteien zu entziehen, ergeben, auch die Gesetzesgründe[8]) bestätigen, bezieht sich die Vorschrift nur auf den ersten auf die Klage anberaumten Verhandlungstermin, nicht auch auf weitere in erster oder höherer Instanz zur mündlichen Verhandlung anberaumte Termine, selbst wenn in diesen neue Klagegründe geltend gemacht werden.[9]) Der daraus etwa dem Bestande der Ehe und den Rechten des Beklagten erwachsenden Gefahr wird durch die Vorschriften über die Ermittelungsbefugniß des Ehegerichts und der Staatsanwaltschaft, sowie über die Beweisführung und Beweiswürdigung begegnet (§§ 607, 617, 619 – 622 C.P.O.)

Nach dem in § 78 C.P.O. ausgesprochenen Grundsatze des Anwaltszwanges ist die Partei nur dann als erschienen zu betrachten, wenn sie im Termine durch einen bei dem Ehegerichte zugelassenen Rechtsanwalt vertreten wird.

Versäumt der Beklagte auch den neuen Verhandlungstermin, so wird zwar verhandelt; ein eigentliches Versäumnißverfahren findet aber auch dann nicht statt. Ob und inwieweit die Versäumniß des Beklagten in Verbindung mit dem gesammten Inhalte der Verhandlung die Annahme rechtfertigen, daß der Beklagte das thatsächliche mündliche Vorbringen des Klägers zu-

---

strafe die nicht verhandelnde der nicht erschienenen Partei gleich. Für das regelmäßige Versäumnißverfahren ist das unentbehrlich. Dem § 618 Abs. 2 liegt aber ein Strafzweck überhaupt fern.

[4]) Folgerichtig darf in diesem Termin auch nicht beschlossen werden, das persönliche Erscheinen des Beklagten anzuordnen. Vergl. unten § 48.

[5]) Ist der Beklagte nicht ordnungsmäßig, insbesondere nicht rechtzeitig geladen, so kann der Termin, zu welchem geladen worden, überhaupt nicht als Verhandlungstermin gelten; ebenso, wenn die Einlassungsfrist nicht gewahrt ist, denn in solchen Fällen könnte ein rechtmäßiges Versäumnißurtheil, wenn es zulässig wäre, nicht ergehen. Die Wiederholung des Termins liegt dann lediglich im Interesse des Klägers.

[6]) Auch wenn der Beklagte in dem zur Leistung eines richterlichen Eides bestimmten Termine nicht erscheint. Die C.P.O. § 578 Abs. 4 ließ für diesen Fall eine Ausnahme zu. Die Aenderung ergab sich daraus, daß die C.P.O. das Versäumnißzwischenurtheil gegen den Schwurpflichtigen überhaupt beseitigt. § 465 C.P.O. und Begr. S. 130. Das Gericht hat aber gemäß § 465 C.P.O. auf Antrag den Eid als verweigert anzusehen und zur Hauptsache zu verhandeln. Vergl. § 47.

[7]) Wie das gerichtliche Geständniß, so soll auch das der Versäumniß des Beklagten zu unterstellende Geständniß in Ehesachen nicht zur Geltung kommen. Begr. C.P.O. S. 366.

[8]) Begr. C.P.O. S. 366.

[9]) R.G. 9./7. 83 Bd. 9 S. 393, 9./7. 87 in Bolze Bd. 5 Ziff. 1354.

gestehe — § 331 C.P.O. —, hat das Gericht nach freier Ueberzeugung zu beurtheilen. Soweit hiernach erhebliche Thatsachen nicht für erwiesen zu erachten, beschließt das Gericht die Aufnahme der angebotenen Beweise. Die Verhandlung gilt als eine kontradiktorische,[10]) und es ist demgemäß gegen das etwa ergehende Urtheil nicht der Einspruch, sondern die Berufung zulässig.[11])

Der Beklagte ist zu jedem Termine, welcher nicht in seiner Gegenwart[12]) anberaumt wurde, zu laden. Im Verfahren in Ehesachen wird auf die Zuziehung des Beklagten zur Verhandlung besonderer Werth gelegt. Der säumige Beklagte muß daher auch zu allen Terminen, welche dem versäumten Termine folgen, geladen werden. Die sonst ausreichende Verkündung des neuen Termins im versäumten Termine (§§ 218, 312, 329 C.P.O.) genügt in Ehesachen also nicht.[13]) Die Ladung erfolgt regelmäßig durch den Kläger, ausnahmsweise durch das Gericht in denjenigen Fällen, in welchen Ladung von Amtswegen vorgeschrieben ist (z. B. im § 370 Abs. 2 Satz 2 C.P.O.).

Die Vorschriften Abs. 2 und 3 § 618 C.P.O. finden keine Anwendung, wenn der Beklagte durch öffentliche Zustellung geladen, aber nicht erschienen ist. Es kann gleich im ersten Verhandlungstermine verhandelt werden. Daraus, daß Abs. 3 des § 618 C.P.O. keine Anwendung findet, folgt nicht, daß Beklagter zu den folgenden Terminen überhaupt nicht mehr zugezogen zu werden braucht, sondern nur, daß es bei der Bestimmung des § 218 C.P.O. bewendet, wonach zu Terminen, welche in verkündeten Entscheidungen bestimmt sind, eine Ladung der Parteien nicht erforderlich ist. Ist der Termin nicht verkündet, so muß von Neuem geladen werden; es gelten aber wieder die allgemeinen Regeln.

Nach § 542 Abs. 1 C.P.O. finden die Vorschriften über das Versäumnißverfahren in erster Instanz entsprechende Anwendung in der **Berufungsinstanz.** Wie bereits erwähnt, gilt jedoch der Abs. 2 des § 618 C.P.O. nur für die erste Instanz. Hat der Kläger Berufung gegen das ihn abweisende Urtheil eingelegt, so findet bei seinem Ausbleiben das Versäumnißurtheil ebenso wie in erster Instanz statt, wogegen beim Ausbleiben des Beklagten und Berufungsbeklagten ein Versäumnißurtheil un-

---

[10]) Auch bezüglich der Kosten. Vergl. § 20 Ziff. 1 G.K.G. und § 16 Abs. 1 R.Anw.Geb.O. Im Sinne der preußischen Geschäftsordnungen wird eine Verhandlung in Ehesachen, in welcher der Kläger allein verhandelt, nicht als eine kontradiktorische angesehen. Eine solche Verhandlung ist daher nicht in die zur Zählung kontradiktorischer Verhandlungen bestimmte Spalte des Kalenders für mündliche Verhandlungen einzutragen. Verfügung des Justizministers an den Präsidenten des Oberlandesgerichtes in Breslau vom 5. April 1888 I 882.

[11]) Begr C.P O. S. 366.

[12]) In seiner Gegenwart anberaumt ist der Termin auch dann, wenn der Beklagte persönlich ohne Vertretung durch einen Anwalt erschienen war. Wilm. und Levy § 578 Anm. 2.

[13]) Gerade mit Rücksicht auf die Bestimmung des § 218 C.P.O. ist die Verpflichtung des Klägers zur Ladung des Beklagten im Gesetz ausdrücklich ausgesprochen. Begr. C.P.O. S. 366.

zulässig ist.[14]) Hat jedoch der Beklagte Berufung gegen das dem Klageantrage entsprechende Urtheil eingelegt, so ist das Versäumnißurtheil, sei es gegen den ausgebliebenen Beklagten und Berufungskläger,[15]) sei es gegen den ausbleibenden Kläger und Berufungsbeklagten,[16]) statthaft. Die Ausschließung des Versäumnißverfahrens für diese Fälle würde außerhalb des Gesetzeszweckes liegen, da von einer Gefahr, daß sonst der Fortbestand der Ehe der Willkür der Parteien unterworfen sein würde, bei dieser Prozeßlage nicht mehr die Rede sein kann. Für die **Revisionsinstanz** gilt dasselbe. § 557 C.P.O.

§ 47.

Beweisführung und Beweiswürdigung.

„Die Vorschrift über die Wirkung eines Anerkenntnisses kommt nicht zur Anwendung.

Die Vorschriften über die Folgen der unterbliebenen oder verweigerten Erklärung über Thatsachen oder über die Echtheit von Urkunden, die Vorschriften über den Verzicht der Parteien auf die Beeidigung von Zeugen und Sachverständigen, die Vorschriften über die Wirkung eines gerichtlichen Geständnisses und der Erlassung eines Eides sowie die Vorschriften über die Eideszuschiebung und den Antrag, dem Gegner die Vorlegung einer Urkunde aufzugeben, finden keine Anwendung in Ansehung solcher Thatsachen, welche die Scheidung oder die Anfechtung der Ehe oder das Recht, die Herstellung des ehelichen Lebens zu verweigern, begründen sollen.

In einem Rechtsstreite, welcher die Nichtigkeit der Ehe oder die Feststellung des Bestehens oder Nichtbestehens einer Ehe zwischen den Parteien zum Gegenstande hat, finden die im Abs. 2 bezeichneten Vorschriften sowohl in Ansehung solcher Thatsachen, welche die Nichtigkeit oder das Nichtbestehen der Ehe, als auch in Ansehung solcher Thatsachen keine

---

[14]) R.G. 3./11. 90, Bd. 27 S. 362.

[15]) Denn der Beklagte würde die Berufung auch zurückziehen und dadurch die Rechtskraft des ersten Urtheils herbeiführen können. Er nimmt als Berufungskläger in Ansehung des eingelegten Rechtsmittels keine andere Stellung ein, wie als Widerkläger hinsichtlich der Widerklage, und gegen den Widerkläger ist, soweit die Widerklage in Frage ist, der Erlaß des Versäumnißurtheils zulässig. R.G. 3./11. 90, Bd. 27 S. 363.

[16]) R.G. 23./3. 91, Bd. 28 S. 394, 18./2. 95 in Jur. W. 1895 S. 224 Ziff. 7.

Anwendung, welche die Gültigkeit oder das Bestehen der Ehe begründen sollen." § 617 C.P.O.[1])

Da es im Verfahren in Ehesachen darauf ankommt, wirkliche Wahrheit möglichst zu erreichen und ein etwaiges geheimes Einvernehmen der Parteien unschädlich zu machen, so ist auch in Bezug auf die Beweisführung und Beweiswürdigung das Verfügungsrecht der Parteien mehrfachen Beschränkungen unterworfen und der richterlichen Ueberzeugung ein weiterer Spielraum, als im gewöhnlichen Verfahren eingeräumt worden.

Die Zahl der zulässigen Beweismittel ist nicht, wohl aber ihr Gebrauch, beschränkt worden. Auch sind die allgemeinen Regeln über die Wirkungen einzelner Beweismittel geändert worden.

Die Aenderungen betreffen jedoch, abgesehen von der Bestimmung über das Anerkenntniß, nicht alle **Beweisthatsachen** ohne Unterschied. In denjenigen Rechtsstreitigkeiten, welche die Scheidung, Anfechtung der Ehe oder die Herstellung des ehelichen Lebens zum Gegenstande haben, kommt es darauf an, ob es sich um Thatsachen handelt, welche die Scheidung oder die Anfechtung der Ehe oder das Recht, die Herstellung des ehelichen Lebens zu verweigern, begründen sollen. Für den Beweis solcher Thatsachen sind gewisse Regeln außer Wirkung gesetzt. Es soll dadurch dem etwaigen Mißbrauche gesteuert werden, daß durch die Mittel des Prozesses eine in Wahrheit nicht begründete Scheidung oder Anfechtung der Ehe oder ein nicht begründetes Recht, die Herstellung des ehelichen Lebens zu verweigern, durchgesetzt wird. Dagegen sind jene Regeln nicht außer Anwendung gesetzt bezüglich solcher Thatsachen, welche die **Aufrechterhaltung** der bestehenden Ehe begründen sollen.[2])

Im einzelnen Falle ist daher zu prüfen:

1. ob die Thatsache an sich geeignet ist, die Scheidung oder Anfechtung der Ehe oder die Verweigerung des ehelichen Lebens zu begründen,
2. ob ein darauf gerichteter Anspruch erhoben und die Thatsache zur Begründung des erhobenen Anspruchs vorgebracht worden ist.

Geeignet zur Begründung des Anspruchs auf Scheidung oder Anfechtung der Ehe[3]) ist die Thatsache nicht nur dann, wenn sie für sich allein den vollen Thatbestand des geltend gemachten Klagegrundes enthält (z. B. bei dem Anspruch auf Scheidung die Thatsache des Ehebruchs), sondern auch, wenn sie in Verbindung mit anderen Thatsachen den Klagegrund ergiebt, ja sogar auch dann, wenn sie zur Entkräftung einer den Klagegrund beseitigenden Einrede (z. B. zur Entkräftung der Einrede der Verzeihung) dient.[4]) Thatsachen, die ungeeignet sind, die

---

[1]) § 617 C.P.O. stimmt, abgesehen von der Bestimmung über das Anerkenntniß, wörtlich mit § 577 Entw. I Einf.G. z. B.G.B. überein.

[2]) Begr. Entw. I Einf.G. z. B.G.B. S. 81 zu § 577 C.P.O. und Begr. CPO. S. 129.

[3]) Das Recht, die Herstellung des ehelichen Lebens zu verweigern, kann der Natur der Sache nach nur als Einrede, nicht als Klagegrund in Betracht kommen.

[4]) Die Eideszuschiebung ist nicht nur über Klagebehauptungen, sondern auch

Scheidung, Anfechtung oder das Recht zur Verweigerung der ehelichen Gemeinschaft zu begründen, fallen nicht unter die Bestimmungen des § 617 C.P.O., selbst wenn sie zur Begründung eines solchen Ausspruchs oder Rechtes vorgebracht worden sind. Thatsachen, die zwar geeignet sind, einen Anspruch der fraglichen Art zu begründen, auf die aber ein solcher Anspruch nicht gegründet wird oder die, falls ein solcher Anspruch erhoben wird, doch nicht zur Begründung desselben vorgebracht worden sind, fallen ebensowenig unter die Bestimmungen des § 617 C.P.O. Wenn eine Thatsache sowohl zur **Abwehr** des gegnerischen Anspruchs als auch zur Begründung eines eigenen selbständigen Anspruchs vorgebracht wird und die Thatsache auch geeignet ist, nach beiden Richtungen hin den beabsichtigten Erfolg herbeizuführen, so greift eine verschiedene Beurtheilung Platz. Soweit die geltend gemachte Thatsache eheerhaltend wirkt, steht sie unter den allgemeinen Beweisregeln, soweit sie ehezerstörend wirkt, fällt sie unter die Bestimmungen des § 617 C.P.O., denn nur in letzterer Beziehung soll einem etwaigen geheimen Einvernehmen der Parteien gesteuert werden. Diese verschiedene Beurtheilung kann allerdings dahin führen, daß eine und dieselbe Thatsache nach der einen Richtung hin als erwiesen angesehen werden muß, während sie nach der anderen Richtung hin als mit unzulässigen Beweismitteln vertreten dasteht, doch entspricht diese Folge der gesetzgeberischen Absicht. Das Gericht hat sich in solchem Falle darüber schlüssig zu machen, ob die Thatsache, die nach der einen Richtung für erwiesen angesehen werden mußte, nicht auch nach der anderen Richtung für erwiesen angesehen werden kann.[5]) Es ist nicht gehindert, die letztere Frage nach freier Beweiswürdigung zu verneinen.[6])

über eine zur Aufrechterhaltung der Klage vorgebrachte Entgegnung in Ehescheidungssachen ausgeschlossen. Dies entspricht völlig der Wortfassung, als auch dem gesetzgeberischen Grunde der Bestimmung. R.G. 3./2. 90 in Jur. W. 1890 S. 81.

[5]) Im Ehescheidungsprozeß ist die Eideszuschiebung über eine zur Vertheidigung gegen die Widerklage aufgestellte Behauptung zulässig, wenn dieselbe Thatsache auch zur Begründung der Klage vorgebracht worden ist. R.G. 17./9. 94 Bd. 34 S. 351. In dem diesem Urtheile zu Grunde liegenden Falle hatte die Frau wegen Mißhandlung auf Scheidung geklagt und der Mann wegen böslicher Verlassung Widerklage erhoben. Ueber die behaupteten Mißhandlungen hatte die Klägerin dem Beklagten den Eid zugeschoben. Die Eideszuschiebung ist, insoweit sie zur Abwehr der Widerklage dienen sollte, für zulässig erachtet worden. Bezüglich der Folgen der Nichtleistung des Eides spricht sich das Reichsgericht dahin aus:

> Der Grundsatz, daß im Falle der Verweigerung der Eidesleistung das Gegentheil der zu beschwörenden Thatsache als voll bewiesen gelte, lasse sich nur für die Widerklage, nicht aber auch für die Klage zur Anwendung bringen. Dagegen könne die Thatsache der Eidesverweigerung insofern von Erheblichkeit werden, als daraus dem Richter für die Bildung seiner Ueberzeugung ein Anhalt bezüglich der Richtigkeit der in Rede stehenden Behauptung zu gewinnen sei. Der Richter müsse sich auch bezüglich der Klage, vermöge des Grundsatzes der freien Beweiswürdigung, unbeschadet der Unzulässigkeit der Eideszuschiebung als Beweismittels über behauptete Ehescheidungsgründe darüber schlüssig machen, ob und wieweit die Klagebehauptung im Falle der Eidesverweigerung als wahr anzunehmen sei.

Dieser Entscheidung ist beizutreten. Der Richter befindet sich allerdings in einer eigenthümlichen Lage. Für die Widerklage muß er, für die Klage kann er die Mißhandlungen als erwiesen annehmen. Die Ueberzeugung erscheint zwiespältig.

Das Recht, die **Herstellung des ehelichen Lebens** zu verweigern, kann der Natur der Sache nach nur als Einrede gegenüber der Klage auf Herstellung des ehelichen Lebens (Herstellung der häuslichen Gemeinschaft § 1567 B.G.B.) oder gegenüber der Klage auf Scheidung wegen böslicher Verlassung geltend gemacht werden. Als Unterlage einer besonderen Klage in Ehesachen läßt sich dies Recht nicht verwenden.[7]) Thatsachen, die das Recht begründen sollen, die Herstellung des ehelichen Lebens zu verweigern, sind den Vorschriften des § 617 C.P.O. unterstellt. Die Absicht des Gesetzes geht dahin, zu verhüten, daß die Parteien in geheimem Einverständniß erdichtete Thatsachen vorbringen, um ihr Getrenntleben zu einem scheinbar rechtmäßigen zu machen.[8]) Das Gesetz will also hier zunächst die Herstellung des ehelichen Lebens und damit mittelbar die Aufrechterhaltung der Ehe befördern. Darum ist gegenüber der Klage auf Herstellung des ehelichen Lebens die durch § 617 C.P.O. eingeführte Beschränkung der Beweisführung vollständig gerechtfertigt.[9]) Anders liegt die Sache aber im Falle der Klage wegen böslicher Verlassung. Wendet hier der Beklagte ein,[10]) daß ihm ein Recht zustehe, die Herstellung des ehelichen Lebens zu verweigern, so kann die der Einrede zu Grunde liegende Thatsache nicht unter die Bestimmungen des § 617 C.P.O. fallen. Die geltend gemachte Thatsache ist in einem solchen Falle unter einem doppelten Gesichtspunkte zu betrachten. Sie wirkt gegenüber der Scheidungsklage eheerhaltend, und sie begründet zugleich die Berechtigung zum Getrenntleben. Der gesetzgeberischen Absicht, Ehen möglichst aufrecht zu erhalten, würde es nun geradezu widersprechen, wenn der erstere Gesichtspunkt hinter den letzteren

---

Indessen beruht ja die Ueberzeugung bezüglich der Widerklage nur auf einer bindenden Beweisregel (§ 464 Abs. 2 C.P.O.). Es kann also von einem wahren Widerspruch in der richterlichen Ueberzeugung nicht gut die Rede sein. Außerdem wird dadurch, daß bezüglich der Klage die richterliche Ueberzeugung an jene Beweisregel nicht gebunden ist, die Gefahr geheimen Einvernehmens der Parteien ausgeschlossen; es wird mithin auch nicht der gesetzgeberische Grund verletzt, welcher zur Beschränkung der Eideszuschiebung geführt hat.

[6]) Die Beurtheilung einer und derselben Thatsache für die Vorklage bedingt nicht nothwendig die gleiche Beurtheilung für die Widerklage. R.G. 14./12. 86, Bd. 17 S. 388.

[7]) Die auf § 1361 B.G.B. gegründete Klage auf Gewährung des Unterhalts außer dem Hause gehört überhaupt nicht zu den im § 606 C.P.O. gemeinten Ehesachen. Vergl. oben § 37. Auf solche und ähnliche Rechtsstreitigkeiten sind die Bestimmungen über Ehesachen auch nicht einmal sinnentsprechend anzuwenden. R.G. 18./10. 94 in Jur. W. 1894 S. 545 Ziff. 13.

[8]) Es soll dem Mißbrauche gesteuert werden, daß ein nicht begründetes Recht, die Herstellung des ehelichen Lebens zu verweigern, durchgesetzt werde. Begr. Entw. I Einf.G. z. B.G.B. S. 81 zu § 577 C.P.O.

[9]) Der Klage auf Herstellung des ehelichen Lebens gegenüber kann daher die Thatsache, Kläger habe Ehebruch getrieben (R.G. 14./12. 86 Bd. 17 S. 386) nach jetzigem Rechte nicht unter Eid gestellt werden.

[10]) Zwar hat zunächst der Kläger die Böslichkeit des Verlassens nachzuweisen; aber häufig liegen die Fälle so, daß die Böslichkeit nach den Umständen und bei der Verpflichtung der Eheleute zur häuslichen Gemeinschaft ohne Weiteres anzunehmen ist, wenn nicht der Beklagte Thatsachen einwendet, auf Grund deren er zum Verlassen des anderen Ehegatten berechtigt ist. Vergl. § 26.

zurücktreten müßte. Vielmehr ist hier der erstere Gesichtspunkt als der wichtigere für ausschlaggebend und demnach die betreffende Thatsache als unter den allgemeinen Beweisregeln stehend anzusehen.[11])

In denjenigen Rechtsstreitigkeiten, welche die Nichtigkeit der Ehe oder die Feststellung des Bestehens oder Nichtbestehens einer Ehe zwischen den Parteien zum Gegenstande haben, kommt es auf eine weitere Unterscheidung an. Die sämmtlichen im Absatz 2 des § 617 C.P.O. bezeichneten Vorschriften sind sowohl in Ansehung solcher Thatsachen, welche die Nichtigkeit oder das Nichtbestehen der Ehe, als auch in Ansehung solcher Thatsachen, welche die Gültigkeit oder das Bestehen der Ehe begründen sollen, außer Anwendung gesetzt. Das öffentliche Interesse geht hier weiter. Es soll nicht nur verhütet werden, daß die Parteien mit Hülfe der bezeichneten Vorschriften die Nichtigkeitserklärung einer gültigen Ehe durchsetzen können, sondern auch, daß sie auf demselben Wege die Abweisung einer wirklich begründeten Nichtigkeitsklage herbeiführen und dadurch eine nichtige Ehe zu einer gültigen machen können. Ebenso soll den Parteien die Möglichkeit genommen werden, mit denselben Mitteln eine zwischen ihnen nicht bestehende Ehe zu einer bestehenden oder umgekehrt eine zwischen ihnen bestehende Ehe zu einer nicht bestehenden zu machen.[12])

Eine Ausnahmestellung nimmt das **Anerkenntniß** ein. Erkennt eine Partei den gegen sie geltend gemachten Anspruch bei der mündlichen Verhandlung ganz oder zum Theil an, so ist sie nach § 307 C.P.O. auf Antrag dem Anerkenntnisse gemäß zu verurtheilen. Diese Vorschrift ist für alle Ehesachen außer Anwendung gesetzt.[13])

Nach § 138 C.P.O. hat sich jede Partei über die von dem Gegner behaupteten Thatsachen zu erklären, und es sind Thatsachen, welche nicht ausdrücklich bestritten werden, als zugestanden anzusehen, wenn nicht die Absicht, sie bestreiten zu wollen, aus den übrigen Erklärungen der Partei hervorgeht. Für das Verfahren in Ehesachen findet diese Folge der unterbliebenen oder verweigerten Erklärung in Ansehung der im § 617 Abs. 2 und 3 C.P.O. bezeichneten Thatsachen nicht statt.

Anerkenntniß und **Zugeständniß** sind jedoch als Beweismittel im Verfahren in Ehesachen keineswegs ausgeschlossen. Wenn § 617 C.P.O. bestimmt, daß die Vorschriften über die Wirkungen eines Anerkenntnisses (§ 307 C.P.O.) und eines gerichtlichen Geständnisses (§§ 288—290 C.P.O.) nicht zur Anwendung kommen, so ist damit nicht gesagt, daß Anerkenntnisse und Zugeständnisse gar keine Bedeutung haben sollen. Durch Außerkraftsetzung jener Vorschriften soll nur der richterlichen Ueberzeugung freier

---

[11]) Es bleibt in dieser Beziehung bei dem früheren Rechte. Die Eideszuschiebung der wegen böslicher Verlassung auf Scheidung belangten Ehefrau darüber, daß Kläger es geduldet habe, daß seine Mutter die Beklagte geschimpft habe (R.G. 21./10. 86 in Bolze Bd. 3 Ziff. 1460) ist daher nach wie vor zulässig.

[12]) Begr. Entw. I Einf.G. z. B.G.B. S. 81 u. 82. Begr. C.P.O. S. 130. Das Urtheil wirkt für und gegen Alle. § 629 Abs. 1 C.P.O.

[13]) Der besonderen Natur des Eheprozesses entspricht es, daß dem Beklagten unter allen Umständen die Befugniß versagt wird, den Anspruch als solchen anzuerkennen. Begr. C.P.O. S. 129.

Spielraum gewährt und die Frage des Bestehens der Ehe der Willkür der Parteien entzogen werden. Es ist mithin nicht untersagt, unter Berücksichtigung des Inhalts der Prozeßverhandlungen nach § 286 C.P.O. bei Beurtheilung der Thatfrage auf alle Erklärungen der Parteien und somit auch auf ein Zugeständniß oder Anerkenntniß Rücksicht zu nehmen.[14])

Zeugen und **Sachverständige** sind nach den allgemeinen Regeln der §§ 391, 410 C.P.O. zu beeidigen. Die Unterlassung der Beeidigung macht ihre Bekundungen als Beweisunterlage unbrauchbar, sofern bei Zeugen nicht ein Fall des § 393 C.P.O., wonach sie unbeeidigt zu vernehmen sind, vorliegt.[15]) Die Parteien können im gewöhnlichen Verfahren auf die Beeidigung verzichten, und es gilt dann Zeugniß und Gutachten wie ein beschworenes. Für das Verfahren in Ehesachen ist aber ein derartiger Verzicht in Ansehung solcher Thatsachen, welche die Scheidung oder Anfechtung der Ehe oder das Recht, die Herstellung des ehelichen Lebens zu verweigern, begründen sollen, ausgeschlossen. Die Beeidigung der Zeugen und Sachverständigen muß also in Ehesachen in allen Fällen, welche nicht durch § 393 C.P.O. ausgenommen sind, in Ansehung der bezeichneten Thatsachen erfolgen. Diese Vorschrift bezieht sich aber nur auf die in dem Verfahren selbst vorzunehmenden Vernehmungen, sie hindert keineswegs, uneidliche Bekundungen in Protokollen oder Briefen aus anderen Akten, sofern sie zum Gegenstande der mündlichen Verhandlung gemacht werden, zu benutzen und

---

[14]) Dem Richter ist keineswegs untersagt, unter Berücksichtigung des Inhalts der Prozeßverhandlungen nach § 286 C.P.O. (§ 259 C.P.O.) bei Beurtheilung der Thatfrage (hier Ehebruch) auf alle Erklärungen der Parteien und somit auch auf ein Zugeständniß Rücksicht zu nehmen. Daß dabei Zugeständnissen von Thatsachen gar keine Bedeutung beigelegt werden soll, ist nicht vorgeschrieben. R.G. 20./4. 83 in Gruchot Bd. 26 S. 1180. Vorsichtige Würdigung außergerichtlicher Geständnisse der Parteien R.G. 6./3. 88 in Bolze Bd. 5 Ziff. 1358; Verwerthung eines gerichtlichen Geständnisses R.G. 9./5. 89 in Bolze Bd. 8 Ziff. 993; der Richter ist nicht gehindert, bei der Beurtheilung der von den streitenden Theilen abgelegten Zugeständnisse von der ihm in § 286 C.P.O. eingeräumten Befugniß der freien Beweiswürdigung Gebrauch zu machen. R.G. 1./4. 90 in Bolze Bd. 10 Ziff. 846 und Jur. W. 1890 S. 158 Ziff. 6. Das Ehegericht ist an die Zugeständnisse, Anerkenntnisse und Verzichtleistungen nicht gebunden. R.G. 1./12. 90 in Bolze Bd. 11 Ziff. 888 und Jur. W. 1891 S. 91 Ziff. 11.

[15]) In einem Falle wurde die Beeidigung der zum Beweise eines Ehebruchs mit dem Beklagten benannten und vernommenen Zeugin mit Recht abgelehnt, weil die unter Beweis gestellte Ehebruchshandlung der Zeugin zur Unehre gereichte, denn es könne nicht zugegeben werden, daß, weil eine Person sich einem unsittlichen und unehrbaren Lebenswandel ergeben habe, nun die einzelnen Handlungen, aus denen sich dieser Lebenswandel zusammensetze, derselben nicht mehr zur Unehre gereichten. R.G. 7./1. 98 in Jur. W. 1898 S. 116 Ziff. 11. Auch bezüglich solcher Umstände, durch welche nur ein mittelbarer Schluß auf den Ehebruch der Zeugin gewährt werden soll, darf diese das Zeugniß auf Grund des § 384 Ziff. 2 C.P.O. verweigern. R.G. 5./1. 99 in Jur. W. 1899 S. 74 Ziff. 10. Einer Glaubhaftmachung oder der Darlegung einer Wahrscheinlichkeit, daß die benannten Zeuginnen die der sonstigen Bestimmtheit nicht entbehrenden Behauptung, der Beklagte habe mit ihnen die Ehe gebrochen, bestätigen würden, bedarf es nicht. Andererseits kann auch eine bloße Wahrscheinlichkeit, daß die Vernehmung der Zeuginnen ergebnißlos bleiben werde, die Ablehnung der Beweisaufnahme nicht rechtfertigen. R.G. 10./12. 96 in Jur. W. 1897 S. 52 Ziff. 10.

nach dem Grundsatze der freien Beweiswürdigung (§ 286 C.P.O.) zu verwerthen.[16]) Daraus, daß in Ehesachen auf die Beeidigung von Zeugen Gewicht zu legen ist, läßt sich natürlich nicht folgern, daß die Vernehmung von Zeugen, deren Beeidigung ein gesetzliches Hinderniß im Wege steht, abgelehnt werden dürfe.[17])

Für den **Urkundenbeweis** gilt im gewöhnlichen Verfahren als Regel, daß eine vorgelegte Privaturkunde als anerkannt anzusehen ist, wenn sich der Gegner des Beweisführers über die Echtheit der Urkunde nicht erklärt und eine Absicht, die Echtheit bestreiten zu wollen, aus seinen übrigen Erklärungen nicht hervorgeht. § 439 Abs. 3 C.P.O. In Ehesachen ist die Anwendung dieser Vorschrift in Ansehung solcher Thatsachen, welche die Scheidung oder die Anfechtung der Ehe oder das Recht, die Herstellung des ehelichen Lebens zu verweigern, begründen sollen, ausgeschlossen. Ob wegen unterbliebener oder verweigerter Erklärung eine Privaturkunde für echt anzusehen ist, fällt der freien richterlichen Beweiswürdigung anheim. Der Antrag, dem Gegner die Vorlegung einer Urkunde aufzugeben, ist nicht zulässig, soweit es sich um die bezeichneten Thatsachen handelt. Damit ist das in den §§ 421—427 C.P.O. vorgeschriebene Urkundenverfahren für Ehesachen außer Anwendung gesetzt. Dies ist deshalb geschehen, weil das bezeichnete Verfahren nur durchführbar ist, wenn an die Weigerung, die Urkunde vorzulegen oder den Urkundeneid zu leisten, die im § 427 C.P.O. vorgeschriebenen, die Unterstellung eines Geständnisses enthaltenden Folgen geknüpft werden,[18]) hierdurch aber die freie Beweiswürdigung eingeschränkt würde.

Der **Gebrauch des Eides** ist in Ehesachen gleichfalls erheblich beschränkt. Die Vorschriften über die Eideszuschiebung finden in Ansehung der in Abs. 1 und 2 des § 617 C.P.O. bezeichneten Thatsachen keine Anwendung. Von der Leistung bezw. Nichtleistung eines zugeschobenen Eides soll weder der Bestand der Ehe noch die Berechtigung zum Getrenntleben abhängen. Parteien würden es sonst in der Hand haben, durch Vorbringung erdichteter Thatsachen auf scheinbar rechtmäßige Weise Scheidung oder Nichtigkeitserklärung ihrer Ehe oder eine wahrheitswidrige Feststellung über das Bestehen oder Nichtbestehen einer Ehe zwischen ihnen herbeizuführen oder wenigstens eine scheinbare Berechtigung zum Getrenntleben zu erlangen. Dadurch würde aber das öffentliche Interesse verletzt werden.

Soweit die Eideszuschiebung ausgeschlossen ist, kann auch die Eideszurückschiebung nicht stattfinden. Der richterliche Eid ist ohne Unterschied der Thatsachen zulässig[19]) und wird gemäß § 477 Abs. 3 C.P.O. durch bedingtes Urtheil auferlegt.

---

[16]) R.G. 25./1. 84 in Jur. W. 1884 S. 88 Ziff. 19 (Verhandlungen und Briefe aus einem zwischen den Parteien verhandelten Entmündigungsverfahren).

[17]) R.G. 26./11. 86 in Bolze Bd. 3 S. 360 Ziff. 1237.

[18]) Begr. C.P.O. S. 365.

[19]) Dem Gerichte durfte kein Mittel entzogen werden, die Wahrheit zu erforschen. Jedes Bedenken gegen die Zulassung des richterlichen Eides muß übrigens schwinden, wenn der Gefahr des geheimen Einverständnisses dadurch vorgebeugt wird, daß der

Nach § 464 Abs. 1 C.P.O. hat die Erlassung des Eides durch den Gegner dieselbe Wirkung, wie die Leistung des Eides durch den Schwurpflichtigen. Diese Vorschrift kommt in Ehesachen bezüglich der oben bezeichneten Thatsachen nicht zur Anwendung. Die Ausschließung jener Wirkung trifft lediglich den richterlichen Eid, da in den gedachten Fällen nur dieser, nicht auch ein zugeschobener oder zurückgeschobener Eid in Frage kommen kann.

Erscheint die Partei, der ein richterlicher Eid auferlegt ist, im Schwurtermine nicht, so ergeht nicht ein Versäumnißurtheil,[20]) sondern das Gericht hat gemäß § 465 C.P.O. auf Antrag den Eid als verweigert anzusehen und zur Hauptsache zu verhandeln. Es gilt nach § 464 Abs. 2 C.P.O. das Gegentheil der zu beschwörenden Thatsache als voll bewiesen. Auch im Uebrigen finden die allgemeinen Regeln über die Verweigerung des richterlichen Eides Anwendung.

Die **Eidesthatsache** darf, wenn ein Antrag auf Auferlegung eines richterlichen Eides gestellt wird, der gehörigen Bestimmtheit nicht entbehren. Diesem Erfordernisse wird sehr häufig in solchen Fällen nicht genügend entsprochen, wenn es sich um den Nachweis außerehelichen Geschlechtsverkehrs handelt.[21])

Es bedarf nicht erst der Hervorhebung, daß, wenn es sich um andere

---

Erlassung des Eides (§ 464 Abs. 1 C.P.O. § 429 Abs. 1 C.P.O.) jede rechtliche Wirkung entzogen wird. Begr. C.P.O. S. 365.

[20]) Das Versäumnißzwischenurtheil des § 430 C.P.O. ist beseitigt. § 465 C.P.O. Begr. C.P.O. S. 130.

[21]) Die bloße Behauptung, daß der andere Ehegatte sich während der Ehe eines Ehebruchs schuldig gemacht habe oder daß er die eheliche Treue gebrochen habe, genügt nicht. R.G. 16./2. 94 in Bolze Bd. 18 Ziff. 547. Aehnliche Fälle in R.G. 11./11. 89 in Bolze Bd. 8 Ziff. 912, 16./3. 96 in Jur. W. 1896 S. 256 Ziff. 54, 26./3. 97 in Jur. W. 1897 S. 234 Ziff. 22. In einem Falle, in welchem es das Berufungsgericht für wahrscheinlich angesehen hatte, daß der Beklagte mit anderen nicht namhaft gemachten Personen, als der Klägerin den Beischlaf vollzogen habe, ist es vom Reichsgericht für gerechtfertigt erachtet worden, daß dem Beklagten zur Widerlegung dieser Thatsache ein richterlicher Eid auferlegt worden war. Wie in der Begründung hervorgehoben wird, sei die Frage, ob die zum Eide gestellte Thatsache bestimmt bezeichnet ist (§ 416 C.P.O. § 451 C.P.O.), nach den Umständen des einzelnen Falles zu beantworten und es sei in der Rechtsprechung des Reichsgerichts der Eid für zulässig erachtet worden, wenn mit der zum Eide gestellten allgemeinen Behauptung des Ehebruchs mit unbenannten Personen nicht bloß ein unbestimmter Verdacht geltend gemacht werde, oder wenn die Behauptung derartig bestimmt sei, daß der Eidespflichtige sich darüber im Klaren befinden müsse, ob er außerhalb des ehelichen Verkehrs geschlechtlichen Umgang gepflogen habe, oder wenn ein bestimmter Kreis von Frauenspersonen angegeben worden sei, mit denen die Ehe gebrochen sein solle. R.G. 2./5. 95 in Gruchot Bd. 39 S. 1134, auch in Jur. W. 1895 S. 325. Für die Frage, ob eine Eidesthatsache als ausreichend bestimmt erachtet werden kann, ist nur der Gesichtspunkt festzuhalten, ob die Eidesthatsache inhaltlich dem Eidespflichtigen keinen Zweifel darüber läßt, daß er einen Geschlechtsverkehr außerhalb des ehelichen abzuschwören habe und ob es sich dabei nicht bloß um unbestimmte Verdachtsbehauptungen handelt. R.G. 8./11. 97 in Jur. W. 1898 S. 8 Ziff. 19. Ueber Bestimmtheit der unter Eid gestellten Behauptung der Frau, daß der Mann die Ueberzeugung von ihrem ehebrecherischen Umgange mit X gehabt habe, vergl. R.G. 8./10. 94 in Jur. W. 1894 S. 514 Ziff. 9.

als die mehrfach bezeichneten Thatsachen handelt, ausnahmslos die allgemeinen Beweisregeln gelten.

„Zum Zwecke der Aufrechterhaltung der Ehe kann das Gericht Thatsachen, welche von den Parteien nicht vorgebracht sind, berücksichtigen und die Aufnahme von Beweisen von Amtswegen anordnen. Vor der Entscheidung sind die Parteien zu hören.[22])

Diese Vorschriften finden in einem Rechtsstreite, welcher die Nichtigkeit der Ehe oder die Feststellung des Bestehens oder Nichtbestehens einer Ehe zwischen den Parteien zum Gegenstande hat, auch zum Zwecke der Ermittelung, ob die Ehe nichtig ist oder nicht besteht, Anwendung." § 622 C.P.O.

Die Beweisführung ist regelmäßig Sache der Parteien. Das Gericht ist jedoch ähnlich wie die Staatsanwaltschaft zur Ausübung einer Art **Ermittelungsthätigkeit** befugt,[23]) wenn es sich um Thatsachen handelt, die zu Gunsten der Ehe sprechen.[24]) Ausgeschlossen ist die Ermittelungsthätigkeit des Gerichts hinsichtlich solcher Thatsachen, die zur Scheidung, Aufhebung der ehelichen Gemeinschaft, Nichtigkeitserklärung der Ehe in Folge Anfechtung oder zur Abweisung der Klage auf Herstellung des ehelichen Lebens führen würden. In Rechtsstreitigkeiten, welche die Nichtigkeitserklärung der Ehe in Folge eines Nichtigkeitsgrundes oder die Feststellung des Bestehens oder Nichtbestehens der Ehe zum Gegenstande haben, erstreckt sich die Ermittelungsthätigkeit des Gerichts im öffentlichen Interesse auch auf Thatsachen, aus denen hervorgehen soll, daß die Ehe nichtig ist oder nicht besteht, denn das öffentliche Interesse geht hier nicht dahin, daß die Ehe unter allen Umständen aufrechterhalten, sondern dahin, daß ein der wirklichen Rechtslage entsprechender Zustand hergestellt werde.[25])

Auf welchem Wege das Gericht Kenntniß von den fraglichen Thatsachen oder Anregung zur Nachforschung nach denselben erhält, ist gleichgültig. Berücksichtigung bei der Entscheidung können die Thatsachen natürlich nur finden, wenn sie für erwiesen zu erachten sind. Im Ermessen des Gerichts liegt es, ob es von der Befugniß des § 622 C.P.O. Gebrauch machen will. Dies Ermessen ist aber seine **Amtspflicht**, es muß in den dazu geeigneten Fällen eintreten,[26]) einfache Uebergehung derartiger That-

---

[22]) Ueber die Entstehung dieser Vorschrift vergl. oben § 39 Anm. 2.

[23]) In der Revisionsinstanz nicht mehr zulässig.

[24]) Nimmt das Gericht an, daß die fraglichen Behauptungen der Ehescheidungsklage nicht entgegenstehen, so liegt der Fall, daß die Ehe auf Grund der vorgebrachten Thatsachen aufrechterhalten werden soll, eben nicht vor. R.G. 20./12. 86 in Jur. W. 1887 S. 41 Ziff. 17.

[25]) § 622 Abs. 2 C.P.O. beruht auf denselben Erwägungen, wie § 617 Abs. 3 C.P.O. Begr. Entw. I Einf.G. z. B.G.B. S. 82. Begr. C.P.O. S. 131.

[26]) Nach der Aussage einer Zeugin, welche ein klares Bild nicht ergab, war bei dem betreffenden Vorfalle noch eine andere Person zugegen. Es war von Amtswegen zu erwägen, ob nicht diese andere Person als Zeugin zu vernehmen war.

sachen würde eine Verletzung des § 622 C.P.O. enthalten. Dagegen ist es keine Gesetzesverletzung, wenn das Ermessen des Gerichts dahin geht, die fraglichen Thatsachen zu den in § 622 C.P.O. bezeichneten Zwecken unberücksichtigt zu lassen.[27]) Will das Gericht von der Befugniß des § 622 C.P.O. Gebrauch machen, so sind vor der Entscheidung, d. h. vor der Berücksichtigung im Beweisbeschluß oder im Urtheile die Parteien in der mündlichen Verhandlung zu hören. Die Unterlassung des Gehörs begründet, wenn die berücksichtigte Thatsache zur Herbeiführung eines der in § 622 C.P.O. bezeichneten Zwecke beigetragen hat, eine Gesetzesverletzung.[28])

In der beschriebenen Befugniß des Gerichts, von Amtswegen Thatsachen, welche die Parteien nicht vorgebracht haben, zu berücksichtigen, liegt zugleich die geringere Befugniß, die von Parteien vorgebrachten Thatsachen zu Schlußfolgerungen für die in § 622 bezeichneten Zwecke zu berücksichtigen,[29]) selbst wenn die Parteien diese Schlußfolgerungen nicht gezogen wissen wollen.

„Auf Scheidung wegen Geisteskrankheit darf nicht erkannt werden, bevor das Gericht einen oder mehrere Sachverständige über den Geisteszustand des Beklagten gehört hat." § 623 C.P.O.

Die Bestimmung will eine Gewähr dafür schaffen, daß bei der Klage auf Scheidung wegen **Geisteskrankheit** (§ 1569 B.G.B.) die Dauer und der Grad der Krankheit in zuverlässiger Weise festgestellt wird.

R.G. 23./6. 90 in Bolze Bd. 10 S. 393 Ziff. 847. Vergl. auch R.G. 22./6. 93 in Bolze Bd. 17 Ziff. 812.

[27]) Darauf, daß das Berufungsgericht nicht von der ihm ertheilten Befugniß Gebrauch macht, zum Zwecke der Aufrechterhaltung der Ehe Thatsachen zu berücksichtigen, welche von dem Parteien nicht vorgebracht worden sind, kann die Revision niemals gestützt werden. R.G. 3. 10. 92 in Bolze Bd. 15 Ziff. 682 und Jur. W. 1892 S. 463 Ziff. 9, vergl. auch oben Anm. 24.

[28]) Die Nichtbeobachtung der Vorschrift, die Parteien zu hören, enthält, wenn auf Grund solcher Thatsachen die Ehe aufrecht erhalten werden soll, eine Gesetzesverletzung. R.G. 20./12. 86 in Jur. W. 1887 S. 41 Ziff. 17.

[29]) Wenn der Richter zum Zwecke der Aufrechterhaltung der Ehe sogar befugt ist, eine nicht einmal von den Parteien vorgebrachte Thatsache von Amtswegen zu berücksichtigen, ja zum Gegenstande einer Beweiserhebung zu machen, so muß ihm um so gewisser gestattet sein, eine von den Parteien behauptete und feststehende Thatsache von Amtswegen „zu berücksichtigen", d. h. die Folgerungen daraus zu ziehen, welche das Recht im Interesse der Aufrechterhaltung der Ehe an sie knüpft. R.G. 28./5. 89 Bd. 23 S. 143. Die betreffende Thatsache braucht nicht ausdrücklich eingewendet zu werden; es genügt, wenn sie nur irgendwie geltend gemacht wird. R.G. 16./5. 89 in Bolze Bd. 8 Ziff. 561. In einem Falle wurde die Klage auf Scheidung wegen böslicher Verlassung deshalb, weil der Kläger sich in seiner Wohnung eine Beischläferin hielt, was er nicht ändern wollte, abgewiesen, obgleich die Beklagte die Thatsache nicht eingewendet hatte, auch nicht einmal kannte. R.G. 8./12. 87 in Bolze Bd. 5 Ziff. 788. In einem anderen Falle wurde die Ernstlichkeit der Absicht des Klägers, die eheliche Gemeinschaft wieder herzustellen, auf Grund der Behauptung der Beklagten, das Miethen einer Wohnung durch den Kläger sei ein Scheinmanöver gewesen, verneint und die Klage auf Scheidung wegen böslicher Verlassung abgewiesen, ohne daß die Beklagte den Mangel der Ernstlichkeit gerügt hatte. R.G. 11./6. 88 in Bolze Bd. 6 Ziff. 1133.

§ 48.

Persönliches Erscheinen einer Partei.

„Das Gericht kann das persönliche Erscheinen einer Partei anordnen und dieselbe über die von ihr, von dem Gegner oder von dem Staatsanwalte behaupteten Thatsachen vernehmen.

Ist die zu vernehmende Partei am Erscheinen vor dem Prozeßgerichte verhindert oder hält sie sich in großer Entfernung von dem Sitze desselben auf, so kann die Vernehmung durch einen beauftragten oder ersuchten Richter erfolgen.

Gegen die nicht erschienene Partei ist wie gegen einen im Vernehmungstermine nicht erschienenen Zeugen zu verfahren; auf Haft darf nicht erkannt werden." § 619 C.P.O.[1])

Diese Vorschrift will dem Gericht ein Mittel, die Wahrheit zu erforschen, an die Hand geben[2]) und ist eine verschärfte Anwendung der im § 141 C.P.O. (§ 132 C.P.O.) dem Gericht allgemein ertheilten Befugniß, das persönliche Erscheinen einer Partei zur Aufklärung des Sachverhältnisses anzuordnen. Ein Beweismittel im eigentlichen Sinne ist dadurch nicht gegeben, wenigstens hat die Partei keinen Anspruch auf Anwendung dieser Maßregel, vielmehr unterliegt solche lediglich dem richterlichen Ermessen.[3]) Dies Ermessen ist wie im Falle des § 622 C.P.O. Amtspflicht. Hat das Gericht seiner Amtspflicht in einem zur Anwendung des § 619 C.P.O. geeigneten Falle nicht entsprochen, so liegt darin eine Gesetzesverletzung.[4])

---

[1]) § 619 C.P.O. stimmt wörtlich mit § 579 C.P.O. überein.

[2]) Begr. C.P.O. S. 367.

[3]) Ein Antrag der Frau, das persönliche Erscheinen des Mannes behufs Erörterung des von ihr ohne Beweis aufgestellten Scheidungsgrundes der Verweigerung der ehelichen Pflicht anzuordnen, kann nicht als ein vom Gerichte zu würdigender Beweisantrag angesehen werden. Die Partei hat auf die dem Ermessen des Gerichts überlassene Maßregel (§ 619 C.P.O.) keinen Anspruch. R.G. 25./6. 88 in Bolze Bd. 6 Ziff. 1236.

[4]) In einem Falle wurde das Berufungsurtheil aufgehoben, weil das Berufungsgericht nicht die Beklagte oder beide Parteien vernommen hatte, um die Zeit eines vom Pfarrer bezeugten Vorganges (ernstliche Bemühungen des Klägers, die Beklagte zur Rückkehr zu bewegen) zu ermitteln. R.G. 22./6. 93 in Bolze Bd. 17 Ziff. 812. Keinenfalls kann daraus, daß der Berufungsrichter das persönliche Erscheinen der Beklagten nicht angeordnet hat, ein Revisionsgrund hergeleitet werden, denn das Gesetz stellt die fragliche Anordnung in das freie Ermessen des Gerichts und dafür, daß der Berufungsrichter die Anordnung aus dem Grunde nicht getroffen habe, weil er sich der ihm durch das Gesetz ertheilten Ermächtigung nicht bewußt gewesen sei, fehlt es an allem Anhalt. Es liegt daher eine Verletzung des § 616 C.P.O. (579 C.P.O.) und folglich auch der § 380 C.P.O. (§ 345 C.P.O.) nicht vor. R.G. 21./4. 92 in Jur. W. 1892 S. 301 Ziff. 7.

Die Anordnung des persönlichen Erscheinens einer Partei erfolgt durch Beschluß des Gerichts, der zu verkünden, im Falle der Nichtverkündung der betreffenden Partei zu Händen ihres Prozeßbevollmächtigten zuzustellen ist.[5]) In welchem Prozeßabschnitte das Gericht von der ihm eingeräumten Befugniß Gebrauch machen will, bleibt seinem Ermessen überlassen.[6])

Die Anordnung erfolgt zum Zwecke der Vernehmung der Partei, nicht zum Zwecke der Aussöhnung, wenn es auch nicht verwehrt ist, gelegentlich der Vernehmung einen Sühneversuch vorzunehmen.

Jedenfalls sind die dargebotenen Zwangsmaßregeln nur zu ersterem, nicht zu letzterem Zwecke zulässig.

Ist die Anordnung von Erfolg, läßt sich aber die erschienene Partei auf eine Vernehmung nicht ein, so findet ein Zwang nicht statt.[7])

Die trotz Anordnung nicht erschienene Partei ist, ohne daß es eines Antrags bedarf, in die durch ihr Ausbleiben verursachten Kosten sowie zu einer Geldstrafe bis zu 300 Mark zu verurtheilen. Im Falle wiederholten Ausbleibens ist die Strafe noch einmal zu erkennen, auch kann die zwangsweise **Vorführung** der Partei angeordnet werden. Gegen diese Beschlüsse findet Beschwerde statt,[8]) die aufschiebende Wirkung hat.[9]) Entschuldigung des Ausbleibens ist zu berücksichtigen.[10]) Auf Haftstrafe zu erkennen, ist nicht gestattet. Dies verbietet die Rücksicht auf die Stellung der zu vernehmenden Person als Partei, nicht als Zeuge.[11]) Insoweit die Vorführung ohne vorherige Festnahme der zu vernehmenden Person nicht durchzusetzen ist, kann von jener Vorbereitungsmaßregel nicht Umgang genommen werden.

§ 49.

Aussetzung des Verfahrens.

„Hat der Kläger die Aussetzung des Verfahrens über eine Scheidungsklage beantragt, so darf das Gericht auf Scheidung nicht erkennen, bevor die

---

[5]) §§ 176, 329 C.P.O.

[6]) In der Praxis wird vielfach schon im ersten Verhandlungstermin, falls der Beklagte denselben versäumt, dessen persönliches Erscheinen und Vernehmung angeordnet, was namentlich dann, wenn dem Erscheinen des Beklagten im widerholten Termine muthmaßlich ein Hinderniß oder weite Entfernung entgegensteht, zweckmäßig erscheint. Richtig ist es aber, die Anordnung bis zu dem Zeitpunkt, in welchem erst verhandelt werden darf, auszusetzen, denn man kann nicht vor der Verhandlung in eine Art Ermittelungsthätigkeit treten, als welche die Vernehmung immerhin anzusehen ist.

[7]) Bezüglich der Folgen der Nichterklärung vergl. § 617 Abs. 2 C.P.O. und oben § 47 unter „Zugeständniß."

[8]) § 380 Abs. 1 u. 2 C.P.O.

[9]) § 572 Abs. 1 C.P.O.

[10]) § 381 C.P.O.

[11]) Begr. C.P.O. S. 367.

Aussetzung stattgefunden hat. Die Aussetzung ist von Amtswegen anzuordnen, wenn die Scheidung auf Grund des § 1568 des B.G.B. beantragt ist und die Aussicht auf Aussöhnung der Parteien nicht ausgeschlossen erscheint.

Auf Grund dieser Bestimmungen darf die Aussetzung im Laufe des Rechtsstreits nur einmal und höchstens auf zwei Jahre angeordnet werden." § 620 C.P.O.

Die Erhebung der Ehescheidungsklage entspricht zuweilen einem in der Erregung gefaßten Entschlusse. Unter dem Einflusse des fortgesetzten Prozeßbetriebes vermag die wünschenswerthe Beruhigung der Gemüther nicht einzutreten. Es empfiehlt sich deshalb, das Verfahren einstweilen auszusetzen, damit Parteien Anlaß und Gelegenheit haben, sich zu besinnen, ihre noch nicht ganz erstickte versöhnliche Gesinnung wieder anzufachen und die Folgen eines übereilten Entschlusses bei Zeiten rückgängig zu machen.

Der § 620 C.P.O. bezieht sich nur auf die Scheidungsklage und gemäß § 639 C.P.O. auf die Klage auf Aufhebung der ehelichen Gemeinschaft. Die Aussetzung im Falle einer Klage auf Herstellung des ehelichen Lebens regelt der § 621 C.P.O. besonders. Für die Anfechtungs-, die Nichtigkeitsklage und die Klage auf Feststellung des Bestehens oder Nichtbestehens einer Ehe zwischen den Parteien giebt es eine Aussetzung zum Zwecke der Aussöhnung der Parteien als eine dem Wesen dieser Klagen widersprechende Maßregel nicht.

Abweichend von § 580 C.P.O. ist dem Kläger das Recht beigelegt worden, stets die Aussetzung des Verfahrens zu verlangen und zwar gleichviel, aus welchem Scheidungsgrunde er die Scheidung beansprucht. Das Gericht darf dann auf Scheidung nicht eher erkennen, als bis das Verfahren ausgesetzt gewesen ist. Ein Urtheil, das ohne vorausgegangene Aussetzung ergeht und auf Scheidung lautet, ist nichtig. Dagegen hindert den Aussetzungsantrag des Klägers das Gericht nicht, ohne vorangegangene Aussetzung den Kläger — wenn der Fall zu der Zeit, in welcher sich das Gericht über den Antrag schlüssig machen muß, dazu angethan ist — abzuweisen. Verlangt der Kläger Aussetzung, so hat sich das Gericht über den Antrag schlüssig zu machen. Es ist ihm nicht gestattet, das Verfahren fortzusetzen und die Beschlußfassung bis zu dem Augenblick, in welchem die Sache spruchreif geworden sein wird, hinauszuschieben. Der Antrag des Klägers bedarf keiner Begründung, und das Gericht ist an die vom Kläger beantragte Dauer der Aussetzung nicht gebunden. Hat der Beklagte widerklagend ebenfalls Scheidung beantragt, so kann jede Partei Aussetzung des Verfahrens verlangen, der Kläger jedoch nur Aussetzung des Verfahrens über die Klage, der Beklagte nur Aussetzung des Verfahrens über die Widerklage, und das Gericht ist, wenn nur eine Partei Aussetzung verlangt, nicht gehindert, der Klage bezw. Widerklage der anderen Partei Fortgang zu geben. Würde im Falle der Klage und Widerklage der Aussetzungsantrag einer Partei zur Folge haben, daß auch das Verfahren über die Klage bezw. Widerklage der Gegenpartei ausgesetzt werden müßte, so würde diese, da ihr die Anstrengung eines besonderen Prozesses versagt ist (vergl. oben § 36 zu 2a und § 43) in der Verfolgung ihres Rechtes von der Willkür der anderen Partei abhängen.

Gleiches gilt, wenn dem Antrag auf Scheidung ein Antrag auf Herstellung des ehelichen Lebens gegenübersteht.

Andererseits läßt sich die Zurückweisung des Aussetzungsantrags nicht mit dem Grunde, daß die Gegenpartei Fortgang ihrer Klage bezw. Widerklage verlangt, rechtfertigen.

Die von Amtswegen angeordnete Aussetzung des Verfahrens ist auf die Fälle beschränkt, in denen bedingte Scheidungsgründe aus § 1568 B.G.B. geltend gemacht werden. Werden unbedingte Scheidungsgründe (Ehebruch und die ihm gleichgestellten strafbaren Handlungen, Lebensnachstellung, bösliche Verlassung, Geisteskrankheit, §§ 1565—1567 und 1569 B.G.B.) geltend gemacht, so ist das Gericht nicht berechtigt, von Amtswegen das Verfahren auszusetzen. Die Aussetzung kann dann nur auf Antrag derjenigen Partei, die den unbedingten Scheidungsgrund geltend macht, beschlossen werden. Die antragsberechtigte Partei kann sogar verlangen, daß das Gericht die etwa beschlossene Aussetzung des Verfahrens über bedingte Scheidungsgründe wieder aufhebe. Diese ungleichmäßige Behandlung der Scheidungsgründe beruht auf deren im B.G.B. ausgebildetem, verschiedenartigem Wesen.[1])

In den zulässigen Fällen ist die Aussetzung von Amtswegen anzuordnen, wenn die Aussicht auf Aussöhnung der Parteien nicht ausgeschlossen erscheint. Auch hierin liegt eine Abweichung vom früheren Prozeßrechte (§ 586 C.P.O.), wonach die Aussetzung von Amtswegen eintreten sollte, wenn das Gericht die Aussöhnung der Parteien für nicht unwahrscheinlich erachtete. Diese ältere Fassung war geeignet, das richterliche Ermessen mehr einzuschränken, während bei der neueren Fassung dem richterlichen Ermessen ein weiterer Spielraum gewährt wird. Immerhin setzt der § 620 C.P.O. voraus, daß für die Aussicht auf Aussöhnung thatsächliche Anhaltspunkte vorliegen.[2]) Liegen solche Anhaltspunkte vor, dann ist das Gericht zur Aussetzung des Verfahrens verpflichtet.[3])

---

[1]) Vergl. oben § 22. Während bei den bedingten Scheidungsgründen in jedem einzelnen Falle eine so tiefe, vom anderen Theile verschuldete Zerrüttung des ehelichen Verhältnisses nachgewiesen werden muß, daß dem Kläger die Fortsetzung der Ehe nicht zugemuthet werden kann, geht der Gesetzgeber bei den unbedingten Scheidungsgründen von der Auffassung aus, daß hier der Thatbestand der Zerrüttung durch die Art des Scheidungsgrundes ohne Weiteres gegeben sei. In den ersteren Fällen hängt die Scheidung wesentlich von dem Ermessen des Richters ab; in den letzteren Fällen aber hat der Kläger ein von dem richterlichen Ermessen unabhängiges Recht auf Ehescheidung. Das Prozeßrecht darf die Unterscheidung des B.G.B. nicht unberücksichtigt lassen. Es darf daher bei unbedingten Scheidungsgründen die Aussetzung ohne den Willen des Klägers nicht Platz greifen, wogegen bei bedingten Scheidungsgründen die dem Richter auferlegte Verpflichtung sich dadurch rechtfertigt, daß in solchen Fällen die Scheidung wesentlich von seinem Ermessen abhängt. Begr. C.P.O. S. 130; Prot. Bd. 4 S. 417—420; R.Kom.Ber. darüber S. 157.

[2]) Es sei, bemerkte ein Vertreter der verbündeten Regierungen bei der Vorberathung des Entwurfs in der Reichstagskommission, die Aussöhnung allerdings nie

Der Zeitraum, während dessen das Verfahren über die Scheidungsklage ausgesetzt werden kann, — sei es auf Antrag, sei es von Amtswegen — ist gegen das frühere Recht (§ 580 Abs. 2 C.P.O.) von einem auf zwei Jahre erweitert.[4]) Im Laufe des Rechtsstreits (durch alle Instanzen) darf die Aussetzung nur einmal angeordnet werden.[5])

> „Die Aussetzung des Verfahrens über eine Klage auf Herstellung des ehelichen Lebens kann das Gericht von Amtswegen anordnen, wenn eine Aussöhnung der Parteien nicht unwahrscheinlich ist.
> Auf Grund dieser Bestimmung darf die Aussetzung im Laufe des Rechtsstreits nur einmal und höchstens auf ein Jahr angeordnet werden." § 621 C.P.O.

Dieser § entspricht dem früheren Rechte (§ 580 Abs. 1 und 2 C.P.O.). Ist eine Aussöhnung der Parteien nicht unwahrscheinlich, so ist das Gericht dennoch nicht verpflichtet, das Verfahren auszusetzen. Es hängt von seinem Ermessen ab, ob es von der Maßregel Gebrauch machen will. Der Partei steht, unbeschadet ihrer Befugniß, darauf zielende Anträge zu stellen, ein Recht, die Aussetzung zu verlangen, nicht zu.[6])

In welchem Prozeßabschnitte das Gericht von der ihm in § 620 C.P.O. auferlegten Pflicht bezw. von der ihm in § 621 C.P.O. ertheilten Befugniß Gebrauch machen will, hängt von seinem Ermessen ab. Vor der mündlichen Verhandlung kann eine zuverlässige Grundlage für die Beschlußfassung nicht gewonnen werden. Vom Beginne der mündlichen Verhandlung ab ist die Aussetzung jederzeit bis zur Urtheilsfällung zulässig. Die Aussetzung ist in allen Instanzen statthaft.[7])

---

ganz ausgeschlossen, aber die Vorlage verlange, daß eine Aussicht auf Versöhnung gegeben sei. Dies setze voraus, daß ein gewisser thatsächlicher Anhalt dafür, daß eine Aussöhnung nicht ausgeschlossen sei, vorhanden sein müsse. R.Kom.Ber. C.P.O. S. 158.

[3]) Begr. C.P.O. S. 130.

[4]) Durch die Möglichkeit einer längeren Aussetzung wollte man einen gewissen Ersatz für die in einigen Rechtsgebieten zulässige, zeitweilige Trennung von Tisch und Bett schaffen. Eine blos einjährige Frist sei in manchen Fällen auch zu kurz zur Beruhigung der Gemüther. Ein in der Kommission gestellter Antrag, die Frist auf drei Jahre zu verlängern, wurde abgelehnt. Begr. C.P.O. S. 130. R.Kom.Ber. darüber S. 158.

[5]) Ein in der Kommission gestellter Antrag, eine zweimalige Aussetzung zu gestatten, wurde abgelehnt. R.Kom.Ber. S. 139.

[6]) Wenn es auch nicht für ausgeschlossen erachtet werden kann, daß eine Partei durch einen darauf gerichteten Antrag den Anstoß zur Ausübung des richterlichen Ermessens giebt, so hat die Partei doch kein irgend begründetes Recht, auf die Aussetzung der Verhandlung zu dringen. R.G. 9./12. 90 in Bolze Bd. 11 Ziff. 886; 21./2. 92 in Jur. W. 1892 S. 301 Ziff. 7. Ein Revisionsgrund würde nur vorliegen, wenn die Entscheidungsgründe ergeben, daß das Berufungsgericht bei Abgabe der Entscheidung sich seiner Befugniß nicht bewußt gewesen wäre. R.G. 23./11. 85 in Bolze Bd. 2 Ziff. 1911.

[7]) Begr. C.P.O. S. 368.

Da die Aussetzung eine Maßregel ist, die zum Zwecke der Aufrechterhaltung der Ehe geschaffen ist, so wird bei ihrer Anwendung vorausgesetzt, daß das Gericht die Scheidung für möglich, wenn auch nicht unvermeidlich hält. Liegt aber die Sache bereits so, daß Abweisung der Scheidungsklage erfolgen müßte, so würde die Aussetzung des Verfahrens dem Gesetzeszwecke widersprechen. In einem solchen Falle ist die Aussetzung unangebracht; das Gericht hat vielmehr das die Scheidungsklage abweisende Urtheil zu fällen. Ebensowenig liegt Grund zur Aussetzung dann vor, wenn im Falle beiderseitiger Scheidungsanträge auf den Antrag der einen Partei die Ehe geschieden und das Urtheil in Bezug auf den Ausspruch der Scheidung unangefochten geblieben ist. In einem solchen Falle steht aber schon fest, daß der Gesetzeszweck, Aufrechterhaltung der Ehe, vereitelt ist.[8])

Gegen den auf Grund der §§ 620, 621 C.P.O. ergehenden Beschluß findet, wenn die Aussetzung des Verfahrens angeordnet wird, einfache Beschwerde, wenn ein Antrag auf Aussetzung des Verfahrens abgelehnt wird, sofortige Beschwerde statt.[9])

Die Wirkungen der Aussetzung des Verfahrens und die Aufnahme des ausgesetzten Verfahrens richten sich nach den allgemeinen Regeln.[10]) Insbesondere erfolgt die Aufnahme nach Ablauf der Aussetzungsfrist durch die Partei mittels Zustellung eines Schriftsatzes, niemals aber von Amtswegen.

§ 50.

Urtheil.

Das Gericht hat unter Berücksichtigung des gesammten Inhalts der Verhandlungen und des Ergebnisses einer etwaigen Beweisaufnahme nach freier Ueberzeugung zu entscheiden, ob eine thatsächliche Behauptung für wahr oder für nicht wahr zu erachten sei. Dieser im § 286 C.P.O.

---

[8]) In einem Falle war sowohl auf die Klage der Frau als auf die Widerklage des Mannes die Ehe der Parteien in erster Instanz getrennt worden. Der Ausspruch der Scheidung auf die Klage blieb unangefochten. In der Berufungsinstanz beantragte die Frau, die Widerklage abzuweisen und den Beklagten für den allein schuldigen Theil zu erklären. Das Berufungsgericht beschloß von Amtswegen, das Verfahren auf ein Jahr auszusetzen. Die dagegen erhobene Beschwerde wurde für begründet erachtet. Auf eine bereits im Rechtswege getrennte Ehe, über deren Scheidung auf die Klage von keiner Partei Beschwerde geführt worden ist, kann die Vorschrift (§ 580 C.P.O.) nicht zur Anwendung gebracht werden. R.G. 2./2. 93 Bd. 30 S. 418. In demselben Urtheil ist ferner ausgeführt, daß die Aussetzung des Verfahrens nicht gerechtfertigt erscheine, solange die Frau auf Grund einer noch in Kraft stehenden einstweiligen Verfügung von ihrem Manne getrennt lebe und von diesem Unterhalt beziehe, denn unter diesen Umständen könne der Zweck der Aussetzung, die Ehegatten zu einem weiteren Zusammenleben zu veranlassen und so die Aussöhnung herbeizuführen, nicht erreicht werden. Bolze Bd. 16 Ziff. 773.

[9]) § 252 C.P.O. R.G. 2./2. 93, Bd. 30 S. 417.

[10]) §§ 249, 250 C.P.O.

aufgestellte Grundsatz der freien Beweiswürdigung ist in Ehesachen besonders scharf ausgeprägt, indem hier eine Reihe von Prozeß- insbesondere Beweisregeln außer Wirkung gesetzt sind, weil sie geeignet sind, die freie richterliche Ueberzeugung zu beschränken. [1])

Der Urtheilsspruch muß sich innerhalb der Grenzen der gestellten Anträge halten, denn der Richter ist nicht befugt, einer Partei etwas zuzusprechen, was nicht beantragt ist. [2]) Es darf nicht, wenn ein Scheidungsgrund vorliegt, aber die Ehe angefochten ist, auf Scheidung erkannt werden. Ebensowenig darf, wenn ein Anfechtungsgrund vorliegt, aber Scheidung beantragt ist, die Ehe für nichtig erklärt werden. [3])

Auf zeitweilige Trennung von Tisch und Bett darf nicht erkannt werden. [4])

Ueber die Schuldfrage hat der Richter von Amtswegen zu entscheiden. [5]) Eine Entscheidung über die Schuldfrage ist nur zulässig und geboten im Scheidungsprozeß und hier auch nur dann, wenn auf Scheidung oder Aufhebung der ehelichen Gemeinschaft erkannt wird. In diesem Falle hängen von der Feststellung, daß ein Ehegatte die Schuld an der Scheidung bezw. Aufhebung der ehelichen Gemeinschaft trägt, wichtige, sich zum Theil mit dem öffentlichen Interesse berührende Folgen für die Unterhaltspflicht, Kindererziehung, Namensführung u. a. m. ab, dagegen hat für Rechtsstreitigkeiten, welche die Herstellung des ehelichen Lebens (der häuslichen Gemeinschaft, § 1567 B.G.B.), die Anfechtung [6]) oder Nichtigkeit der Ehe, die Feststellung des Bestehens oder Nichtbestehens der Ehe zwischen den Parteien zum Gegenstande haben, die Frage, welche Partei den Streit verschuldet hat, im Rechtsgebiete nur eine untergeordnete, das öffentliche Interesse nicht berührende Bedeutung. Der Ausspruch über die Schuld findet in der Urtheilsformel seinen Platz. [7])

Während über die Schuldfrage von Amtswegen zu entscheiden ist, muß sich das Urtheil jeglicher Feststellung über die künftige Vermögensauseinandersetzung, Kindererziehung und sonstige Folgen der Scheidung enthalten. [8])

---

[1]) Vergl. oben §§ 46, 47.

[2]) § 308 Abs. 1 C.P.O.

[3]) Vergl. oben § 43 Anm. 14.

[4]) Vergl. oben § 21 Anm. 4.

[5]) Vergl. oben § 31 die Erläuterungen zu § 1574 B.G.B. Nur im Falle des § 1574 Abs. 3 B.G.B. bedarf es eines Antrags.

[6]) Die Schuldfrage hat in diesem Falle nur eine die Schadloshaltung betreffende selbständige Bedeutung, welche ihre Erörterung und Feststellnng in dem die Nichtigkeitserklärung bezweckenden Rechtsstreite nach § 615 Abs. 2 C.P.O. ausgeschlossen erscheinen läßt. R.G. 1./6. 93 Bd. 31 S. 282.

[7]) Hat ein ausländisches Gericht die Scheidung ausgesprochen, aber nach dem für dasselbe maßgebenden Prozeßrechte die Schuldfrage unentschieden gelassen, so kann nachträglich die Entscheidung der Schuldfrage bei dem inländischen Ehegerichte nachgesucht werden. Die Trennung der Entscheidung der Schuldfrage vom Ehescheidungsprozeß ist in diesem Falle zulässig. R.G. 27./5. 81 Bd. 5 S. 198.

[8]) Vergl. oben § 43 S. 191.

Sind mit der Scheidungsklage andere Klagen zulässigerweise verbunden, so kann immer nur eine Klage zugesprochen werden.[9])

Nach § 301 C.P.O. hat das Gericht, wenn von mehreren in einer Klage geltend gemachten Ansprüchen nur der eine oder nur ein Theil eines Anspruchs oder bei erhobener Widerklage nur die Klage oder die Widerklage zur Entscheidung reif ist, diese durch Endurtheil (**Theilurtheil**) zu erlassen. Die Erlassung eines Theilurtheils kann unterbleiben, wenn das Gericht sie nach Lage der Sache nicht für angemessen erachtet.

Diese Bestimmungen finden auch auf das Verfahren in Ehesachen Anwendung. Das Gebot der Klagenverbindung schließt keineswegs das Gebot der gleichzeitigen Aburtheilung der verbundenen Klagen in sich.[10]) Es gilt vielmehr als Regel, daß das Gericht, sobald einer der mehreren Ansprüche zur Endentscheidung reif ist, ein Theilurtheil erläßt. Ausnahmsweise kann das Gericht, wenn es nach seinem Ermessen die Sachlage zur Erlassung eines Theilurtheils nicht angethan hält, davon Abstand nehmen. Die Partei hat, da das Gericht nach seinem Ermessen handelt, einen Anspruch auf Erlassung eines Theilurtheils nicht. Eine Partei, die mehrere Ansprüche verbunden geltend macht, kann die Reihenfolge, in welcher sie die Ansprüche entschieden wissen will, bestimmen. Das Gericht ist an die Bestimmung der Partei zwar nicht gebunden, würde aber unter Umständen einen Beschwerdegrund schaffen.[11])

Steht der Klage eine Widerklage gegenüber, so kann das Gericht ein Theilurtheil über die Klage oder über die Widerklage erlassen. Sind Klage und Widerklage auf Scheidung oder Aufhebung der ehelichen Gemeinschaft gerichtet, so bleibt die Entscheidung der Schuldfrage bis zur Schlußentscheidung ausgesetzt.[12]) Verfolgt die Widerklage einen Anspruch, der von dem durch die Klage verfolgten Anspruche nach Art und Wirkung verschieden ist (z. B. wenn die Klage einen Scheidungsgrund, die Widerklage einen Anfechtungsgrund geltend macht, oder wenn mit der Klage Herstellung des ehelichen Lebens, mit der Widerklage Scheidung verlangt wird), so ist zu prüfen, ob das Theilurtheil unverändert bestehen kann, gleichviel, wie die

---

[9]) Vergl. oben § 43 Anm. 29.

[10]) Die Bestimmungen über das Verfahren in Ehesachen enthalten nichts der Anwendung des § 301 (früher 273) C.P.O. Entgegenstehendes, insbesondere kann aus dem § 616 (früher 576) C.P.O. nicht die Pflicht des Gerichts, über sämmtliche Klage- und Widerklageansprüche gleichzeitig in einem Urtheile zu erkennen, hergeleitet werden. R.G. 15./11. 84 in Jur. W. 1884 S. 299 Ziff. 15 und in Bolze Bd. 1 Ziff. 2097.

[11]) Dadurch, daß die Partei genöthigt wird, ihre Eheklagen zu verbinden, geht sie der freien Verfügung darüber verlustig, ihre Ansprüche in zeitlich auseinanderliegenden Prozessen zum Austrage zu bringen. Das Gebot der Klagenverbindung will die Vereinigung der Eheprozesse, ohne der Partei das Recht abzuschneiden, die Reihenfolge zu bestimmen, in welcher die verbundenen Ansprüche zur Entscheidung kommen sollen. Macht z. B. eine Partei neben einem Scheidungsgrunde einen Anfechtungsgrund geltend und verlangt sie, daß zuerst über den Scheidungsgrund entschieden wird, so würde das Gericht, wenn es auf die Anfechtung durch Theilurtheil die Ehe für nichtig erklärte, der Partei einen Beschwerdegrund geben. Vergl. oben § 43 S. 189.

[12]) R.G. 7./13. Juli 1885 in Bolze Bd. 2 Ziff. 1909.

Entscheidung über den Rechtsanspruch ausfällt.[13]) Wird mit der Klage ein Scheidungsgrund, mit der Widerklage ein Anfechtungsgrund geltend gemacht, so würde ein Theilurtheil, das die Ehe auf die Klage scheidet, nicht bestehen können gegenüber dem Resturtheile, das die Ehe auf die Anfechtung des Widerklägers für nichtig erklärt; denn eine nichtige Ehe kann nicht geschieden werden. Umgekehrt würde die auf die Anfechtung erfolgte Nichtigkeitserklärung der Ehe durch Theilurtheil bestehen können, gleichviel, ob der Scheidungsanspruch begründet ist oder nicht, denn Scheidung setzt Gültigkeit der Ehe voraus.[14])

Wird mit der Klage Herstellung des ehelichen Lebens, mit der Widerklage Scheidung verlangt, so würde eine Verurtheilung zur Herstellung des ehelichen Lebens durch Theilurtheil nicht bestehen können, wenn auf die Widerklage die Ehe geschieden würde.[15]) Steht der Nichtigkeitsklage eine Widerklage auf Feststellung des Nichtbestehens der Ehe gegenüber, so würde die Nichtigkeitserklärung durch Theilurtheil gegenstandslos werden, wenn auf die Widerklage das Nichtbestehen einer Ehe festgestellt würde. In allen diesen Fällen würde das Theilurtheil jedoch bestehen können, wenn es auf Abweisung lautete.

„Wird wegen Ehebruchs auf Scheidung erkannt und ergiebt sich aus den Verhandlungen, mit welcher Person der Ehebruch begangen worden ist, so ist diese Person in dem Urtheile festzustellen.“ § 624 C.P.O.[16])

Der Thatbestand des Ehebruchs kann vorliegen, ohne daß es nothwendig ist, daß die Person, mit welcher der Ehebruch begangen worden ist, nach Namen, Stand, Wohnort u. s. w. ermittelt wird. Ergeben aber die Verhandlungen jene Person, so muß der Richter sie im Urtheile namhaft machen. Schon die Pflicht des Richters, das Ergebniß der Verhandlungen vollständig zu würdigen, gebietet die Erörterung der Personenfrage im Urtheile. Das Eheverbot des § 1312 B.G.B. macht es aber noch besonders

---

[13]) Es muß klargestellt sein, daß die Erörterung und Entscheidung der anhängig bleibenden Streitfragen eine Aenderung in dem Bestehen des durch Theilurtheil festgestellten Anspruchs nicht herbeiführen kann. R.G. 30./6. 86 Bd. 16 S. 425 (keine Ehesache).

[14]) Es ist dabei angenommen, daß das Theilurtheil nicht in Rechtskraft übergeht. Es kann ebensowenig eine rechtskräftig geschiedene Ehe angefochten, wie eine rechtskräftig angefochtene Ehe geschieden werden.

[15]) Vergl. den Fall im R.G. 15./11. 84 in Bolze Bd. 1 Ziff. 2097, wo mit der Klage Trennung von Tisch und Bett, mit der Widerklage Herstellung des ehelichen Lebens verlangt und die Widerklage durch Theilurtheil abgewiesen wurde.

[16]) § 624 C.P.O. entspricht dem § 1450 Entw. I B.G.B. welcher lautet:

„Wird wegen Ehebruchs auf Scheidung erkannt und ergeben die Verhandlungen die Person desjenigen, mit welchem der Ehegatte des Ehebruchs sich schuldig gemacht hat, so soll in der Urtheilsformel der Ehebruch als Grund der Scheidung sowie jene Person bezeichnet werden.“

Bei der 2. Lesung wurde die Bestimmung in die C.P.O. verwiesen. Prot. Bd. 4 S. 437.

nöthig, die Person, mit welcher der Ehebruch begangen worden ist, im Urtheile festzustellen. Darnach darf eine Ehe nicht geschlossen werden zwischen einem wegen Ehebruchs geschiedenen Ehegatten und demjenigen, mit welchem der geschiedene Ehegatte den Ehebruch begangen hat, wenn dieser Ehebruch in dem Scheidungsurtheil als Grund der Scheidung festgestellt worden ist.[17]) Die Durchführung dieses Eheverbots will der § 624 C.P.O. sichern. Die Unterlassung der Feststellung im Urtheile giebt, wenn dadurch die Durchführung des Eheverbots vereitelt wird, dem Staatsanwalte wie dem verletzten Ehegatten einen Beschwerdegrund. Die Feststellung jener Person findet ihren Platz in den Urtheilsgründen.[18]) Hier wird sie, um dem Standesbeamten die Durchsicht zu erleichtern, zweckmäßig äußerlich hervorgehoben. Aus demselben Grunde empfiehlt sich in dem Falle, wenn die Verhandlungen jene Person nicht ergeben haben, eine dahin gehende, äußerlich hervortretende Feststellung.

Urtheile in Ehesachen dürfen nicht für **vorläufig vollstreckbar** erklärt werden. § 704 Abs. 2 C.P.O.[19]) Die Erzwingung einer Handlung durch Geldstrafen kommt nach § 888 Abs. 2 C.P.O. weder im Falle der Verurtheilung zur Eingehung einer Ehe,[20]) noch im Falle der Verurtheilung zur Herstellung des ehelichen Lebens[21]) zur Anwendung.

> „Urtheile, durch welche auf Scheidung oder Nichtigkeit der Ehe erkannt ist, sind von Amtswegen zuzustellen.“ § 625 C.P.O.

Dadurch soll verhindert werden, daß die Rechtskraft der Urtheile von Parteien durch Nichtbetreiben der Zustellung willkürlich auf lange Zeit in der Schwebe erhalten werden kann.[22])

---

[17]) Vergl. oben §§ 8, 24.

[18]) Die Bestimmung des Entw. I § 1450, daß in der Urtheils**formel** der Ehebruch als Scheidungsgrund und die Person, mit welcher der Ehebruch begangen war, bezeichnet werden sollte, hatte lediglich den Charakter einer Ordnungsvorschrift (soll bezeichnet werden) und bezweckte, dem Standesbeamten den Dienst zu erleichtern. Begr. Bd. 4 S. 609. Rücksichten auf den Dritten, der namentlich in dem Falle, wenn der wirklich Schuldige einen falschen Namen angenommen hat, in eine mißliche Lage gerathen würde, zumal ihm ein Rechtsmittel nicht zusteht, führten dann dazu, die Feststellung im Urtheile für ausreichend zu erklären. Prot. Bd. 4 S. 437; Begr. C.P.O. S. 131; R.Kom.Ber. C.P.O. S. 159. Der § 624 C.P.O. ist, wie schon seine Fassung ergiebt, keine bloße Sollvorschrift.

[19]) Der Natur der Ehesachen widerstreitet es, daß sie anders als endgültig geregelt werden; soweit für die Dauer des Rechtsstreits besondere Anordnungen erforderlich werden, können sie nur im Wege der einstweiligen Verfügung erfolgen. § 627 C.P.O. Begr. C.P.O. S. 144. R.Kom.Ber. S. 168.

[20]) § 1297 Abs. 1 B.G.B. läßt eine Klage aus einem Verlöbnisse auf Eingehung der Ehe nicht zu. Die hier fragliche Bestimmung des § 888 Abs. 2 C.P.O. kann nur für solche Fälle in Betracht kommen, in denen es sich um die Vollstreckung ausländischer Urtheile handelt. Begr. C.P.O. S. 186.

[21]) Die C.P.O. hatte im § 779 Abs. 2 den Landesgesetzen vorbehalten, die Erzwingung der Herstellung des ehelichen Lebens zuzulassen. Dieser Vorbehalt ist mit der einheitlichen Regelung des Eherechts gegenstandslos geworden. Begr. C.P.O. S. 186. Vergl. auch § 1567 Abs. 2 Ziff. 1 B.G.B.

[22]) Protokolle der R.Kom. z. C.P.O. S. 600.

Es widerstrebt dem öffentlichen Interesse, den Eintritt der rechtlichen Wirksamkeit einer Entscheidung über den Bestand der Ehe von der Willkür der Parteien abhängen zu lassen.

Von Amtswegen zuzustellen ist auch ein Urtheil, durch welches auf Aufhebung der ehelichen Gemeinschaft erkannt ist. § 639 C.P.O.[23]) Ob die Nichtigkeit der Ehe auf erhobene Nichtigkeitsklage oder auf erhobene Anfechtungsklage ausgesprochen worden ist, macht keinen Unterschied. Auf ein Urtheil, das das Nichtbestehen einer Ehe zwischen den Parteien feststellt, findet § 625 C.P.O. keine Anwendung.

Für jedes Urtheil, in welchem auf Scheidung oder Nichtigkeit der Ehe erkannt ist, ist die Regel des § 317 C.P.O. (Zustellung auf Parteibetrieb) ohne Rücksicht darauf, welche Entscheidung das Urtheil selbst noch enthält, ausgeschlossen.[24]) Das öffentliche Interesse gebietet Zustellung von Amtswegen. Diese aber macht, wenn sie erfolgt ist, die nochmalige Zustellung auf Parteibetrieb unnöthig.

Der § 625 C.P.O. hat nach Zweck und Fassung nur endgültige Entscheidungen im Auge. Dazu sind bedingte Urtheile, welche die schließliche Entscheidung von der Ableistung eines Eides abhängig machen, nicht zu rechnen.[25]) Wird Scheidung bezw. Nichtigkeit der Ehe sowohl für den Fall der Leistung als auch für den Fall der Nichtleistung eines Eides ausgesprochen, so ist der Ausspruch über den Bestand der Ehe unbedingt und das Urtheil von Amtswegen zuzustellen.[26]) Das eine Klage oder eine Widerklage endgültig erledigende, auf Trennung oder Nichtigkeit der Ehe lautende Theilurtheil ist gleichfalls von Amtswegen zuzustellen. Der § 625 C.P.O. ist auch auf Urtheile zu beziehen, durch welche ein Rechtsmittel zurückgewiesen wird, das die Beseitigung eines Ausspruchs auf Scheidung oder Nichtigkeit verfolgt.[27])

Dagegen fallen unter die Bestimmung des § 625 C.P.O. nicht solche Urheile, welche nur noch die Schuldfrage entscheiden.[28])

---

[23]) Dies ist früher mit Bezug auf ein die Trennung der Eheleute auf unbestimmte Zeit aussprechendes Urtheil angenommen worden in R.G. 4./3. 87 in Jur. W. 1887 S. 113 Ziff. 12. Vergl. auch Begr. Einf.G. z. B.G.B. S. 82.

[24]) R.G. 18./10. 97 in Jur. W. 1897 S. 606 Ziff. 19.

[25]) Denn es ist auf Trennung u. s. w. noch nicht erkannt, wenn diese Folge noch nicht gewiß ist und jedenfalls erst nach weiteren prozessualischen Vorgängen eintritt. R.G. 25./3. 81, Bd. 4 S. 393.

[26]) Wenn der erkannte Eid ohne Einfluß auf die Ehetrennung selbst ist, diese vielmehr in jedem Falle, mag der Eid geleistet werden oder nicht, endgültig ausgesprochen ist, und die Folgen der Leistung und Nichtleistung des Eides sich nur auf die Schuldfrage und den Kostenpunkt beziehen, so muß das Urtheil von Amtswegen zugestellt werden. R.G. 8./1. 94, Bd. 32 S. 418.

[27]) Mit Bezug auf ein Berufungsurtheil, durch welches die Berufung gegen ein die Scheidung aussprechendes Urtheil zurückgewiesen wurde, angenommen in R.G. 21./6. 82, Bd. 7 S. 362.

[28]) z. B. das Berufungsurtheil, wenn der erstinstanzliche Ausspruch hinsichtlich der erkannten Ehescheidung rechtskräftig geworden und nur wegen Entscheidung der Schuldfrage angegriffen ist. R.G. 15./5. 85 in Gruchot Bd. 29 S. 1131. Bloße Wiederholung des Scheidungsausspruchs im Berufungsurtheil. R.G. 29./6. 85 in Bolze Bd. 2 Ziff. 1514. Weitere Fälle R.G. 24./1. 87 in Bolze Bd. 4 Ziff. 1158;

Die Zustellung von Amtswegen erfolgt an die Prozeßbevollmächtigten der Parteien.[29]) Hat der beklagte Theil die Bestellung eines Prozeßbevollmächtigten unterlassen (z. B. wenn er sich auf den Rechtsstreit überhaupt nicht einlassen will), so wird das Urtheil der Partei persönlich zugestellt. Auch öffentliche Zustellung gemäß § 203 u. f. C.P.O. ist nicht ausgeschlossen.

Ist der Staatsanwalt in einem Prozeß als Partei aufgetreten, so ist im Falle des § 625 C.P.O. auch ihm das Urtheil von Amtswegen zuzustellen.[30])

Die **Rechtsmittelfrist** läuft, wenn das Urtheil von Amtswegen zuzustellen ist, für jede Partei von der an sie von Amtswegen bewirkten Zustellung des Urtheils an, gleichviel, ob und wann der Gegenpartei das Urtheil von Amtswegen zugestellt worden ist.[31]) Ist der Gegenpartei das Urtheil von Amtswegen noch nicht zugestellt, so kann die Partei, der das Urtheil von Amtswegen zugestellt ist, doch wirksam ein Rechtsmittel einlegen.[32]) Die Zustellung auf Parteibetrieb hat in denjenigen Fällen, in welchen das Urtheil von Amtswegen zuzustellen ist, nicht die Wirkung, den Lauf der Rechtsmittelfrist zu eröffnen.[33]) Umgekehrt ist die Zustellung von Amtswegen in denjenigen Fällen, für welche sie nicht angeordnet ist, nicht im Stande, die Zustellung auf Parteibetrieb zu ersetzen und den Lauf der Rechtsmittelfrist in Bewegung zu setzen, selbst wenn die Partei gemäß § 295 C.P.O. auf Zustellung durch die Partei verzichtet oder die Rüge gesetzwidriger Zustellung unterläßt.[34])

Die **Rechtskraft** der Urtheile tritt nach § 705 C.P.O. vor Ablauf der für die Einlegung des zulässigen Rechtsmittels oder des zulässigen Einspruchs bestimmten Frist nicht ein. Diese Bestimmung gilt auch für

---

8./1. 94 in Jur. W. 1894 S. 84 Ziff. 15. Ein Urtheil, das nur noch die Schuldfrage zum Gegenstande hat, muß auf Betreiben der Parteien zugestellt werden. Die Zustellung von Amtswegen ist für den Beginn der Nothfrist ohne Bedeutung. R.G. 5./11. 96 in Jur. W. 1897 S. 4 Ziff. 11.

[29]) R.G. 10./3. 85 in Bolze Bd. 1 Ziff. 1685; 21./9. 93 in Jur. W. 1893 S. 470 Ziff. 14.

[30]) Vergl. § 39 Anm. 14.

[31]) Ist die Zustellung von Amtswegen an die Gegenpartei unterblieben, so kann sich die Partei, der von Amtswegen zugestellt worden ist, nicht einen späteren Zeitpunkt des Beginnes der Frist dadurch verschaffen, daß sie der Gegenpartei das Urtheil zustellt. R.G. 21./6. 82 Bd. 7 S. 364.

[32]) Die Vorschrift in § 552 Abs. 2 Satz 2, daß die Einlegung vor Zustellung des Urtheils wirkungslos ist, bezieht sich nur auf den Fall der Zustellung des Urtheils durch die Partei.

[33]) Die durch die Partei erfolgte Zustellung ist in Fällen, in denen amtliche Zustellung angeordnet ist, keine Zustellung im Sinne des Gesetzes. R.G. 11./1. 81 Bd. 3 S. 376, 8./1. 94 Bd. 32 S. 419. Die in der früheren Auflage vertretene entgegenstehende Auffassung wird aufgegeben.

[34]) Die Vorschrift des § 317 Abs. 1 C.P.O. daß die Zustellung der Urtheile auf Betreiben der Parteien zu erfolgen hat, enthält einen der Parteiverfügung entzogenen Grundsatz. Seine Verletzung kann nicht durch den Verzicht auf Rüge geheilt werden. R.G. 27./2. 85 in Gruchot Bd. 29 S. 1130, 17./1. 95 in Jur. W. 1895 S. 82 Ziff. 3, 5./11. 96 in Jur. W. 1897 S. 4 Ziff. 11.

Urtheile in Ehesachen. Sie drückt zugleich aus, daß die Rechtskraft der Urtheile mit dem fruchtlosen Ablaufe der Rechtsmittelfrist eintritt. In Fällen, in denen das Urtheil von Amtswegen zuzustellen ist, kann es vorkommen, daß das Urtheil der einen Partei zu einem anderen Zeitpunkt als der anderen Partei zugestellt wird, mithin auch die nach dem Zeitpunkte der Urtheilszustellung für jede Partei besonders zu berechnenden Rechtsmittelfristen zu verschiedenen Zeiten ablaufen.[35]) Diejenige Partei, der das Urtheil zuerst zugestellt ist, kann sich, auch wenn sie innerhalb der für sie laufenden Rechtsmittelfrist ein Rechtsmittel nicht eingelegt oder sogar darauf verzichtet hat, doch noch dem von der Gegenpartei eingelegten Rechtsmittel **anschließen.**[36]) Wenn auch die Gegenpartei die für sie laufende Rechtsmittelfrist unbenutzt hat verstreichen lassen, wird das Urtheil für die Partei, der zuerst zugestellt worden ist, unanfechtbar. Zugleich wird es auch für die Gegenpartei unanfechtbar.

In diesem Zeitpunkte der auf beiden Seiten eingetretenen Unanfechtbarkeit ist das Urtheil rechtskräftig.[37])

> „Stirbt einer der Ehegatten vor der Rechtskraft des Urtheils, so ist der Rechtsstreit in Ansehung der Hauptsache als erledigt anzusehen.“ § 628 C.P.O.

Mit dem **Tode** eines der Ehegatten fällt das die Grundlage und den Gegenstand des Rechtsstreits bildende Rechtsverhältniß hinweg. Es kann jetzt die Ehe nicht mehr geschieden oder für nichtig erklärt, die Herstellung des ehelichen Lebens nicht mehr angeordnet werden. Vielmehr können nach dem Tode eines der Ehegatten nur noch **Nachwirkungen** der Ehe in Frage kommen. Diese bilden aber nicht einen Gegenstand des Eheprozesses, sondern sind in einem neuen besonderen Prozesse geltend zu machen.[38]) Im Einklange mit dem § 628 C.P.O. bestimmt § 1564 B.G.B., daß die Auflösung der Ehe mit der Rechtskraft des Urtheils eintritt. Der § 628 C.P.O. bezieht sich auf alle Rechtsstreitigkeiten, die Ehesachen zum Gegenstande haben.

---

[35]) In denjenigen Fällen, in denen das Urtheil durch die Partei zuzustellen ist, kann diese Verschiedenheit nicht eintreten, weil gemäß § 221 Abs. 2 C.P.O. der Lauf der Rechtsmittelfrist mit der Zustellung sowohl gegen diejenige Partei, welcher zugestellt worden ist, als auch gegen diejenige Partei, welche die Zustellung betrieben hat, beginnt.

[36]) § 521 (Berufung), § 556 (Revision) C.P.O.

[37]) Es genügt nicht, wenn das Urtheil nur gegenüber einer Partei rechtskräftig geworden ist. Es muß auch gegenüber der anderen Partei rechtskräftig geworden sein, selbst wenn nach deren Anträgen erkannt worden ist, sie also durch das Urtheil nicht beschwert wird, denn die nicht beschwerte Partei kann vor Ablauf der gegen sie laufenden Rechtsmittelfrist auf die Rechte aus dem der anderen Partei gegenüber rechtskräftigen Urtheile verzichten. Sie kann sich unter gewissen Umständen auch eines Rechtsmittels mit Erfolg bedienen. Vergl. § 51 Anm. 9.

[38]) Begr. C.P.O. S. 131, 132. Begr. B.G.B. Bd. 4 S. 63. Begr. Einf.G. z. B.G.B. S. 82. Der im R.G. 21./6. 82 Bd. 9 S. 217 entwickelte Grundsatz, daß die auf Nichtigkeitserklärung gerichtete Klage nach dem Tode eines der Ehegatten durch die Erben fortgesetzt werden könne, ist damit aufgegeben.

„Das auf eine Nichtigkeitsklage oder eine Anfechtungsklage ergehende Urtheil wirkt, sofern es bei Lebzeiten beider Ehegatten rechtskräftig wird, für und gegen Alle.[39]) Ist jedoch die Nichtigkeitsklage auf Grund des § 1326 des B.G.B. erhoben, so wirkt das Urtheil, durch welches sie abgewiesen wird, gegen den Dritten, mit dem die frühere Ehe geschlossen war, nur dann, wenn er an dem Rechtsstreite Theil genommen hat.[40])

Diese Vorschriften gelten auch für ein Urtheil, durch welches das Bestehen oder Nichtbestehen einer Ehe festgestellt wird." § 629 C.P.O.[41])

Nach § 325 Abs. 1 C.P.O. wirkt ein rechtskräftiges Urtheil regelmäßig nur für und gegen die Parteien und deren Rechts- bezw. Besitznachfolger. Von dieser Regel weicht der § 629 C.P.O. zum Besten der öffentlichen Ordnung ab. Die erweiterte Wirkung kommt auch dem die Klage abweisenden Urtheile zu. Letzterer Grundsatz erleidet nur im Falle der Doppelehe (§ 1326 B.G.B.) eine Ausnahme, da es sich in diesem Falle um ein selbständiges, von dem Bestehen der Ehe zwischen den Parteien unabhängiges Recht des Dritten handelt. Der Dritte darf, wenn er an dem Rechtsstreite nicht theilgenommen hat, trotz Abweisung des Nichtigkeitsklägers selbständig die Nichtigkeit der Ehe geltend machen.[42])

„Nach dem Eintritte der Rechtskraft des Urtheils hat das Prozeßgericht, wenn ein gemeinschaftliches minderjähriges Kind der Ehegatten vorhanden ist, dem Vormundschaftsgerichte Mittheilung zu machen." § 630 C.P.O.

Die Mittheilung bezweckt das Einschreiten des Vormundschaftsgerichts

---

[39]) In Folge des Todes des Ehegatten kann die Nichtigkeit unbeschränkt geltend gemacht werden, da die in den §§ 1329, 1343 B.G.B. enthaltenen Schranken weggefallen sind. Die Frage der Nichtigkeit kann aber in diesem Falle nicht mehr einheitlich mit Wirkung für jedermann festgestellt werden, sondern nur für die einzelnen Nachwirkungen der Ehe in besonderen Prozessen zum Austrage gebracht werden. Planck Vorbem. III 3 zu Titel 3, Abschnitt 1, Buch 4 S. 46.

[40]) Der erste Absatz dieses § entspricht dem § 1256 (Nichtigkeitsklage) und dem § 1269 (Anfechtungsklage), der zweite Absatz dem § 1271 Entw. I B.G.B. Bei der 2. Lesung wurden diese §§ in die C.P.O. verwiesen. Begr. B.G.B. Bd. 4 S. 62, 101, 104; Prot. Bd. 4 S. 67.

[41]) Der § 629 C.P.O. ist mit Rücksicht auf das Wesen der Ehe und die weittragenden Folgen, die sich für Dritte an das Bestehen oder Nichtbestehen einer Ehe knüpfen, durch die öffentliche Ordnung geboten. Vergl. auch § 1309 Abs. 1, B.G.B. § 171 St.G.B. Gegen eine Gefährdung der Rechte Dritter bietet die besondere Gestaltung des Verfahrens in Ehesachen hinreichende Gewähr. Begr. C.P.O. 20./5. 98 S. 132; Begr. B.G.B. Bd. 4 S. 62, 101. Bezüglich eines Eltern- und Kindesverhältnisses sowie der elterlichen Gewalt ist eine gleiche Regelung im § 643 C.P.O. getroffen.

[42]) § 632 Abs. 1 Satz 1 C.P.O. Oben §§ 6 u. 19.

herbeizuführen, soweit es zum Schutze des Kindes erforderlich ist.[43]) Die Mittheilungspflicht bezieht sich auf alle Ehesachen. Urtheile, durch welche die Klage abgewiesen wird, sind nicht ausgenommen.[44]) Hat das Vormundschaftsgericht auf Grund einer nach § 627 Abs. 3 C.P.O. vom Prozeßgericht erlassenen und dem Vormundschaftsgerichte mitgetheilten einstweiligen Verfügung vorläufige Maßnahmen getroffen, so sind diese nunmehr aufzuheben.[44])

Nach § 55 des Personenstandsges. 6./2. 75 (neue Fassung im Art. 46 Einf.G. z. B.G.B.) ist die Nichtigkeitserklärung oder Feststellung des Nichtbestehens der Ehe im Standesregister am Rande der über die Eheschließung bewirkten Eintragung zu vermerken.

§ 51.

Berufung. Revision. Wiederaufnahme des Verfahrens.

Auch in der Berufungsinstanz regelt sich das Verfahren in Ehesachen nach den Bestimmungen des 1. Abschnitts im 6. Buche der C.P.O., jedoch treten einzelne theils aus der Natur der Sache folgende, theils ausdrücklich vorgeschriebene Abweichungen ein.[1]) Diese haben meist in den vorhergehenden §§ Berücksichtigung gefunden und es wird deshalb Bezug genommen hinsichtlich der Staatsanwaltschaft auf § 39, Klagegründe, Klagenverbindung, Klagezurücknahme und Widerklage auf § 43, des Versäumnißverfahrens auf § 46 und hinsichtlich der Schuldfrage auf §§ 31, 50.

Jedes auf Scheidung oder Aufhebung der ehelichen Gemeinschaft lautende Urtheil muß sich darüber aussprechen, welcher Theil die Schuld an der Scheidung bezw. Aufhebung der ehelichen Gemeinschaft trägt. Trotz dieser unbedingten Zugehörigkeit des Ausspruchs über die Schuldfrage zu der Entscheidung über die Hauptsache ist es doch zulässig, den ersteren ohne die letztere anzufechten. Die Anfechtung wird dadurch, daß die Entscheidung über die Hauptsache in Rechtskraft übergeht,[2]) nicht zu einer unzulässigen,[3])

---

[43]) §§ 1635, 1636, 1699 u. f. Vergl. oben §§ 35, 20.

[44]) Begr. C.P.O. S. 132. Vergl. oben § 45. Die Akten über Ehesachen sind nach der preuß. allg. Vfg. 22./9. 79 (J.M.Bl. 1879 S. 376) erst nach Ablauf von 30 Jahren nach dem Tage der Weglegung zur Veräußerung geeignet.

[1]) Das Verfahren für die Berufung in Ehesachen folgt mit geringen Abweichungen dem Berufungsverfahren im ordentlichen landgerichtlichen Prozesse (§§ 606 bis 639 C.P.O.) und dieses ist, soweit es auf die Verhandlung und Entscheidung über das eingelegte Rechtsmittel ankommt, gemäß § 523 C.P.O. grundsätzlich dem erstinstanzlichen Verfahren angepaßt, wie solches in Buch 2 Abschnitt 1 C.P.O. im Einzelnen geregelt ist. R.G. 21./12. 93 in Jur. W. 1893 S. 62 Ziff. 7.

[2]) Die Annahme, daß solche Theile eines Urtheils, die durch den in der Berufungsschrift angekündigten Schlußantrag des Berufungsklägers nicht betroffen worden sind, in Rechtskraft übergehen, ist ungesetzlich. (Die Anträge konnten bis zum Schlusse der Verhandlung erweitert werden, auch war Anschlußberufung zulässig.) R.G. 25./8. 97 in Jur. W. 1897 S. 530 Ziff. 6. Vergl. § 50 Anm. 36.

[3]) Vergl. oben § 43 Anm. 9.

und der Berufungsrichter ist bei Beurtheilung der Schuldfrage nicht verpflichtet, den vom ersten Richter rechtskräftig festgestellten Scheidungsgrund ebenfalls als festgestellt anzunehmen, vielmehr kann er die Sachlage völlig frei prüfen und unabhängig von der Stellung des ersten Richters zur Scheidungsfrage seinerseits Stellung zur Schuldfrage nehmen.

Jede Schuldigerklärung setzt aber voraus, daß ein sie rechtfertigender Scheidungsgrund vorhanden ist. Will der auf die Klage für schuldig erklärte Beklagte in der Berufungsinstanz die Schuldigerklärung von sich auf den Kläger abwälzen, so genügt es nicht, daß er den vom Kläger geltend gemachten Scheidungsgrund widerlegt; der Beklagte muß vielmehr, wenn er auch nicht gerade Widerklage zu erheben braucht,[4]) nachweisen, daß ihm selbst ein Scheidungsgrund zur Seite steht. Es steht ihm nicht im Wege, daß er der Scheidung zustimmt. Der Berufungsrichter kann in diesem Falle befinden, daß nicht der vom ersten Richter angenommene, sondern ein anderer Grund die Ehescheidung rechtfertige und daß darnach über die Schuldfrage anders zu urtheilen sei.[5]) Die bloße Widerlegung des Klagegrundes kann schon deshalb nicht genügen, weil sonst ein und derselbe Scheidungsgrund zur Rechtfertigung des angefochtenen Ausspruchs der Scheidung dienen, für die Entscheidung über die Schuldfrage aber als nicht vorhanden gelten müßte, mithin vom Standpunkte des Berufungsrichters eine Scheidung ohne Scheidungsgrund erfolgt wäre. Der darin liegende Widerspruch verträgt sich nicht mit dem Wesen der Ehe und der rechtlichen Natur des Eheprozesses.[6]) Ist Scheidung auf die Klage **und** auf die Widerklage ausgesprochen worden, so genügt allerdings die Widerlegung des gegnerischen Scheidungsgrundes, um den Gegner als den allein schuldigen Theil hinzustellen. Ist zwar Klage und Widerklage erhoben, aber nur auf den Antrag des einen Theils auf Scheidung erkannt worden, so kann der andere Theil seine Schuldigerklärung nur dadurch von sich auf den Gegner wälzen, daß er sowohl den gegnerischen Scheidungsgrund widerlegt, als auch den seinigen darthut. Es steht dem Berufungskläger nicht entgegen, daß er der in erster Instanz ausgesprochenen Scheidung zustimmt, wenngleich diese nicht auf seinen, sondern auf den gegnerischen Antrag ausgesprochen worden ist.[7])

Kommt es dem Berufungskläger nicht auf Abwälzung der Schuldigerklärung von sich auf den Gegner, sondern vielmehr darauf an, daß **auch** der Gegner für schuldig erklärt werde, so hat er nicht nöthig, den gegnerischen

---

[4]) Ueber die Zulässigkeit der Widerklage in der Berufungsinstanz vergl. § 43 Anm. 8.

[5]) R.G. 12./11. 85 in Bolze Bd. 2 Ziff. 1917.

[6]) Die Entscheidung über die Schuldfrage kann ohne gleichzeitige Anfechtung der Ehescheidung selbst nur unter der Voraussetzung mit Erfolg angegriffen werden, daß Gründe dargethan werden, die sowohl die in dem angefochtenen Urtheil enthaltene Ehescheidung selbst, als auch die mit dem Rechtsmittel begehrte Entscheidung über die Schuldfrage rechtfertigen. R.G. 30./10. 90, Bd. 27 S. 195; 30./10. 91 in Bolze Bd. 13 Ziff. 727; 7./11. 98 in Jur. W. 1899 S. 17 Ziff. 55.

[7]) Vergl. den Fall in R.G. 23./2. 91 in Bolze Bd. 11 Ziff. 885 und in Jur. W. 1891 S. 214 Ziff. 52.

Scheidungsgrund zu widerlegen. Es genügt, wenn er darthut, daß auch ihm, dem Berufungskläger, ein Scheidungsgrund zur Seite steht. Der Beklagte kann in diesem Falle als Berufungskläger die Entscheidung über die Schuldfrage auch unter Berufung auf solche Thatsachen anfechten, wegen deren sein Recht auf Scheidung zwar durch Verzeihung oder durch Zeitablauf ausgeschlossen ist, er aber zur Zeit des Eintritts des von dem Kläger geltend gemachten Scheidungsgrundes berechtigt war, auf Scheidung zu klagen.[8]) Nach § 625 C.P.O. sind Urtheile, durch welche auf Scheidung oder Nichtigkeit der Ehe erkannt ist, von Amtswegen zuzustellen. In Folge der Amtszustellung wird die Rechtsmittelfrist eröffnet. Da nun nach allgemeinen Grundsätzen diejenigen Parteien, nach deren Anträgen erkannt worden ist, ein Rechtsmittel nicht hat, so muß sie den Eintritt der Rechtskraft über sich ergehen lassen. Im Ehescheidungsprozesse würde demzufolge eine Partei, die obgesiegt hat, sich aber nach Fällung des Urtheils und vor Ablauf der Rechtsmittelfrist mit der anderen Partei ausgesöhnt hat, also die Ehe aufrechterhalten will, zur Scheidung gezwungen sein, während in anderen Rechtsstreitigkeiten die Partei dadurch, daß sie dem zu ihren Gunsten ergangenen Urtheile keine Folge giebt, das ihr in erster Instanz schon zugesprochene Recht wieder aufgeben kann. Die Folge des mittelbaren Zwanges zur Scheidung widerspricht dem auf Aufrechterhaltung gültiger Ehen gerichteten Geiste des Verfahrens. Es muß daher der obsiegenden Partei bis zum Eintritte der Rechtskraft des Scheidungsurtheils die Möglichkeit, dasselbe mit einem Rechtsmittel wieder zu beseitigen, offen gelassen werden.[9]) Insofern steht also auch einer nicht beschwerten Partei ein Rechtsmittel zu. Das Rechtsmittel kann auch zu dem Zwecke eingelegt werden, um statt der Scheidung einen Ausspruch auf Aufhebung der ehelichen Gemeinschaft zu erwirken.

Nachträglich vorgebrachte **Vertheidigungsmittel** können unter bestimmten Voraussetzungen gemäß § 279 C.P.O. zurückgewiesen werden. Diese Vorschrift findet nach § 626 C.P.O. in der Berufungsinstanz keine Anwendung. Der Grund ist derselbe, welcher zu dem Verbot in § 704 Abs. 2 C.P.O., daß Urtheile in Ehesachen nicht für vorläufig vollstreckbar erklärt werden dürfen, geführt hat.[10]) Da nämlich im Falle der Zurückweisung von Vertheidigungsmitteln in der Berufungsinstanz das Urtheil nur unter Vorbehalt der Geltendmachung der Vertheidigungsmittel ergehen kann und der Rechtsstreit in Betreff der letzteren anhängig bleibt (§§ 540, 541 C.P.O.), also die Möglichkeit vorhanden ist, daß das Urtheil demnächst wieder aufgehoben wird, so haben diese Bestimmungen ihre hauptsächliche

---

[8]) § 1574 Abs. 3 B.G.B. Vergl. oben § 31.

[9]) R.G. 10./10. 95, Bd. 36 S. 354. In einem anderen Falle war Kläger mit der Scheidungsklage abgewiesen, die Ehe aber auf die Widerklage der Beklagten geschieden worden. Nach dem Urtheile söhnte sich die Beklagte mit dem Kläger aus (was dieser bestritt). Die Beklagte legte Berufung ein und es wurde auf ihren Antrag die Widerklage für erledigt erklärt. Die Anschlußberufung des Klägers wurde verworfen und so blieb die Ehe aufrechterhalten. R.G. 24./4. 96 in Gruchot Bd. 41 S. 171.

[10]) Begr. C.P.O. S. 312.

Bedeutung darin, daß der obsiegende Theil vorläufig und unbeschadet der Pflicht zur Erstattung den Vortheil baldiger Zwangsvollstreckung gewinnt. Eine vorläufige Zwangsvollstreckung widerspricht aber der Natur der Ehesachen.[11]) Auch liegt der Bestimmung das Bestreben zu Grunde, in einem und demselben Prozesse möglichst alle Streitgründe zum Austrage gelangen zu lassen.[12])

Die **Revision** findet in Ehesachen uneingeschränkt statt. § 547 Ziff. 2 und § 606 C.P.O.

Die Entscheidung über die Schuldfrage ist der Nachprüfung durch das Revisionsgericht nicht entzogen. Erkennt das Revisionsgericht auf Scheidung, so ist der Ausspruch darüber, wer die Schuld an der Scheidung trägt, schon durch § 1574 B.G.B. geboten. Aber auch wenn die vom Berufungsgericht über die Hauptsache getroffene Entscheidung unangefochten bleibt, kann die Entscheidung über die Schuldfrage dem Revisionsgericht unterbreitet werden. Für die Entscheidung des Revisionsgerichts sind zwar nach § 561 C.P.O. die in dem angefochtenen Urtheile gerichtlich festgestellten Thatsachen maßgebend, diese Thatsachen können aber einer verschiedenen rechtlichen Beurtheilung unterliegen, z. B. hinsichtlich der für die Schuldigerklärung wichtigen Frage, ob wegen der geltend gemachten Thatsachen eine Partei auf Scheidung klagen könnte.[13])

Die Revision kann nicht darauf gegründet werden, daß der Berufungsrichter es unterlassen hat, auf Grund von Thatsachen, die zwar angeführt, aber nicht als Scheidungsgrund geltend gemacht worden sind, die Scheidung auszusprechen.[14]) Die Frage, ob eine Mißhandlung als eine grobe anzusehen ist und dementsprechend nach § 1568 B.G.B. als eine schwere Verletzung der durch die Ehe begründeten Pflichten gelten muß, unterliegt jedenfalls der Nachprüfung durch das Revisionsgericht.[15])

Die **Wiederaufnahme** eines durch rechtskräftiges Endurtheil geschlossenen Verfahrens kann nach § 578 Abs. 1 C.P.O. durch Nichtigkeitsklage und Restitutionsklage[16]) erfolgen. Dies gilt unter den allgemeinen Voraus-

---

[11]) Vergl. oben § 50 Anm. 19.

[12]) Vergl. oben § 36 zu 2d.

[13]) Es kann bei der richterlichen Würdigung der festgestellten Thatsachen hinsichtlich des Umfangs der aus dem ehelichen Verhältniß entspringenden Pflichten und deren Erfüllung gegen Rechtsgrundsätze verstoßen worden sein. Auch prozessuale Angriffe wegen Unvollständigkeit der Beweisprüfung (§ 286 C.P.O.) oder der Entscheidungsgründe (§ 551 Ziff. 7 C.P.O.) können die Revision über die Entscheidung der Schuldfrage begründen. R.G. 6./2. 86 in Seufferts Archiv Bd. 41 S. 230 und in Bolze Bd. 2 Ziff. 1869.

[14]) R.G. 12./4. 88 in Bolze Bd. 6 Ziff. 1130.

[15]) Vergl. R.G. 8./11. 81 Bd. 6 S. 150; 29./3. 83, Bd. 11 S. 413.

[16]) In einem Falle wurde die Restitutionsklage des Mannes gegen ein dem Antrage der Frau auf Scheidung wegen grober schriftlicher Ehrverletzung entsprechendes Urtheil zurückgewiesen, weil der Mann die Schriftstücke, aus denen hervorgehen sollte, daß die Beleidigung nicht gegen seine Ehefrau gerichtet gewesen sei, früher zu beschaffen in der Lage war, es also an der Voraussetzung fehlte, daß der Restitutionsgrund ohne sein Verschulden in dem früheren Verfahren nicht hätte geltend gemacht werden können. R.G. 6./4. 97 in Jur. W. 1897 S. 237 Ziff. 36.

setzungen auch für Ehesachen,[17]) da diese nicht ungünstiger wie andere Streitsachen hinsichtlich der Frage behandelt werden können, ob eine Partei[18]) das Recht, dessen sie zu Unrecht verlustig gegangen ist, wieder erlangen darf. Die Zulässigkeit der Wiederaufnahme des Verfahrens gegen ein auf Scheidung oder Nichtigkeit der Ehe lautendes Urtheil setzt der § 1309 Abs. 2 B.G.B. sogar voraus.

§ 52.

Werth des Streitgegenstands. Kosten.

Für die **Festsetzung** des **Streitwerths** in Ehesachen ist lediglich § 10 des Gerichtskostengesetzes maßgebend. Dadurch wird dem richterlichen Ermessen ein weiter Spielraum eröffnet, innerhalb dessen die thatsächlichen Verhältnisse der Ehegatten (Stand, Vermögen und dergl.) einen gewissen Anhalt gewähren mögen.[1]) Dabei darf freilich auch nicht unbeachtet bleiben, daß Ehestreitigkeiten die wichtigsten Lebensfragen berühren.

In Ehesachen ist der Streitgegenstand **ein und derselbe** im Sinne des § 11 Abs. 1 G.K.G., wenn der Klage auf Scheidung (Aufhebung der ehelichen Gemeinschaft) eine Widerklage auf Scheidung, der Anfechtungsklage eine Anfechtungswiderklage, der Nichtigkeitsklage eine Nichtigkeitswiderklage, der Klage auf Feststellung des Bestehens der Ehe zwischen den Parteien eine Widerklage auf Feststellung des Nichtbestehens der Ehe oder der Klage auf Feststellung des Nichtbestehens der Ehe zwischen den Parteien eine Klage auf Feststellung des Bestehens der Ehe gegenübersteht. In allen anderen Fällen, in denen der Klage eine Widerklage entgegengesetzt wird (z. B. der Scheidungsklage eine Anfechtungswiderklage, der Klage auf Herstellung des ehelichen Lebens eine Scheidungswiderklage, der Nichtigkeitsklage eine Widerklage auf Feststellung des Bestehens der Ehe) liegen verschiedene Streitgegenstände vor. Verschiedene Streitgegenstände liegen auch dann vor, wenn eine Partei in demselben Rechtsstreite nach § 615 oder § 633 C.P.O. mehrere Ansprüche mit einander verbindet.[2])

In denjenigen Fällen, in welchen nach Obigem Klage und Widerklage

---

[17]) Wegen Anfechtung der inzwischen eingegangenen anderen Ehe vergl. oben § 6.

[18]) Wegen des Rechts des Staatsanwalts, die Wiederaufnahme eines durch rechtskräftiges Urtheil geschlossenen Nichtigkeitsverfahrens zu betreiben vergl. oben § 44 Anm. 19.

[1]) In der Besorgniß, durch Herabsetzung des Streitwerths die leichtfertige Erhebung der Ehescheidungsklagen zu fördern, ist ein ausreichender Grund zur Erhöhung des Streitwerths nicht zu finden. R.G. 16./9. 90 in Bolze Bd. 10 Ziff. 702 und in Jur. W. 1890 S. 332 Ziff. 2. Wenn auch in Ehesachen die Erhöhung des Streitwerths über den nach § 10 G.K.G. in der Regel anzunehmenden Satz von 2000 Mk. hinaus die Vermögensverhältnisse der Parteien mit in Betracht zu ziehen sind, so ist dennoch die Höhe des Vermögens nicht unbedingt maßgebend. R.G. 28./9. 93 in Jur. W. 1893 S. 488 Ziff. 12.

[2]) Vergl. oben § 43.

einen und denselben Streitgegenstand betreffen, kann sowohl bei Berechnung der Gebühren, als auch bei Berechnung des Gebührenvorschusses nur der einheitliche Werth des Gesammtstreitgegenstandes zu Grunde gelegt und der Gebührenvorschuß nur einmal erhoben werden. Dasselbe gilt nicht nur im Falle der Erhebung einer Widerklage, sondern auch im Falle wechselseitig eingelegter Rechtsmittel. Die im § 81 Abs. 2 G.K.G. angeordnete getrennte Berechnung des Streitgegenstandes ist in den bezeichneten Fällen nicht möglich,[3]) wohl aber dann, wenn es sich nach Obigem um verschiedene Streitgegenstände handelt.

> „Ist für die Dauer des Rechtsstreits, welcher eine Ehesache betrifft, über die Unterhaltspflicht der Ehegatten zu entscheiden, so wird der Werth des Rechts auf Entrichtung einer Geldrente auf den einjährigen Betrag derselben berechnet.“ § 9a Abs. 3 G.K.G.

Dieser § steht im Zusammenhange mit dem § 627 C.P.O., betreffend den Erlaß einstweiliger Verfügungen in Ehesachen. Nicht nur die gegenseitige Unterhaltspflicht der Ehegatten, sondern auch die Unterhaltspflicht der Ehegatten gegenüber den Kindern im Verhältnisse der Ehegatten zu einander fällt unter § 9a Abs. 3 G.K.G. Wird also durch einstweilige Verfügung über diese Unterhaltspflicht der Ehegatten Anordnung getroffen, so wird der Streitwerth durch den Jahresbetrag der Geldrente bestimmt. Soweit eine einstweilige Verfügung andere Anordnungen trifft (z. B. die Sorge für die Person der Kinder, Herausgabe von Haushaltgegenständen) ist der Streitwerth gemäß § 3 C.P.O. vom Gerichte nach freiem Ermessen zu bestimmen.

Für das **Sühneverfahren** kommen Gerichtskosten nicht in Ansatz.[4]) Es findet nur Ersatz baarer Auslagen statt.[5])

> „In den Fällen, in welchen der als Partei auftretende Staatsanwalt unterliegt, ist die Staatskasse zur Erstattung der dem obsiegenden Gegner erwachsenen Kosten in Gemäßheit der Bestim-

---

[3]) Der im § 81 Abs. 2 G.K.G. ausgesprochene Grundsatz, den Gebührenvorschuß, welchen der Widerkläger und im Falle wechselseitig eingelegter Rechtsmittel jede Partei zu entrichten hat, unter Trennung der Streitgegenstände zu berechnen, kann in Ehesachen insofern nicht zur Geltung kommen, als der Streitgegenstand nicht getheilt werden kann, vielmehr der gesammte einheitliche Werth desselben maßgebend sein muß. R.G. 17./5. 94 Bd. 33 S. 375. Im vorbezeichneten Falle hatten beide Ehegatten Revision eingelegt; der Gebührenvorschuß wurde aber nur einmal erfordert und zwar vom Ehemanne. Die Entscheidung ist richtig, geht aber, insoweit sie unterschiedslos alle Ehesachen ausnimmt, zu weit.

[4]) Pfafferoth, Das deutsche Gerichtskostenwesen, 5. Aufl. 1891 Anm. 1 zu § 41 G.K.G. Es kann auch kein Vorschuß erhoben werden. Pfafferoth a. a. O. Anm. 1 zu § 81 G.K.G.

[5]) Wegen der Anwaltsgebühren vergl. § 37 Geb.O. f. R.A.

mungen des 5. Titels des 2. Abschnitts des 1. Buchs (Prozeßkosten) zu verurtheilen." § 637 C.P.O.[6])

Bestand die unterliegende Partei aus dem Staatsanwalt und einer Privatpartei, so haftet nach § 100 C.P.O. auch die Privatpartei für die Kostenerstattung.[7]) Wegen der Kosten im Falle der Versäumniß vergl. § 46 Anm. 10.

Werden gemäß § 1574 Abs. 2 und 3 B.G.B. beide Ehegatten für schuldig erklärt, so liegt der Fall des § 92 Abs. 1 C.P.O. vor, wonach jede Partei theils obsiegt, theils unterliegt. Die Anwendung des § 91 C.P.O. ist dann ausgeschlossen.

Wegen der Kostenvorschußpflicht des Ehemannes vergl. oben § 45 S. 206.

---

[6]) Vergl. für Preußen die allgemeine Verfügung des Justizministers v. 18./11. 1893, betr. die Erstattung von Kosten in Ehe- und Entmündigungssachen aus der Staatskasse. J.M.Bl. 1893 S. 330.

[7]) Wegen Gebührenfreiheit des Staates und des Reiches vergl. § 98 G.K.G.

Sachregister.

A.

Abneigung, unüberwindliche S. 86.
Abstammung, eheliche und außereheliche S. 31. — Vermuthung der ehelichen A. bei Aufhebung der ehelichen Gemeinschaft § 21 Anm. 10.
Abwägungssystem bei der Regelung der Schuldfrage § 31 Anm. 9.
Adel, hoher, § 32 Anm. 4. — Führung des adeligen Namens S. 136.
Anerkenntniß des geltendgemachten Anspruchs in Ehesachen S. 216.
Anerkennung eines unehelichen Kindes S. 31.
Anfechtbarkeit der Ehe S. 4.
Anfechtung der Ehe durch Erklärung vor dem Nachlaßgerichte S. 8. — A. der Todeserklärung S. 9.
Anfechtungsberechtigte S. 54.
Anfechtungserklärung gegenüber dem Nachlaßgerichte S. 59, im Falle der Doppelehe S. 28.
Anfechtungsfrist S. 57.
Anfechtungsgründe S. 8.
Anfechtungsklage S. 58, 163.
Anfechtungsrecht des gesetzlichen Vertreters S. 40.
Annahme an Kindesstatt als aufschiebendes Ehehinderniß S. 9, 34.
Anschuldigung, falsche, als Scheidungsgrund S. 113.
Anwaltszwang besteht nicht für das Sühneverfahren S. 178. — A. in Ehesachen S. 210.
Arglistige Täuschung über Umstände S. 50.
Aufforderung zur Herstellung der häuslichen Gemeinschaft S. 128.
Aufgebot vor der Eheschließung S. 12.
Aufhebung der ehelichen Gemeinschaft S. 81, 163. — A. der ehelichen Gemeinschaft hindert nicht die nachträgliche Bestätigung einer nichtigen Ehe § 5 Anm. 6.
Aufnahmebefehl § 26 Anm. 2.
Aufrechnung bei beiderseitigem Ehebruch S. 99. — A. bei beiderseitig gegebenem Scheidungsgrunde S. 116.
Auseinandersetzung zwischen dem Ehegatten und seinem minderjährigen Kinde als aufschiebendes Ehehinderniß S. 9. — Einfluß der Scheidung auf die A. des Vermögens der Eheleute S. 149.
Ausländer, Erlaubniß zur Eheschließung S. 9, Form ihrer Eheschließung S. 21. — Gerichtsstand eines A. in Ehesachen S. 166.
Ausländischer Gerichtsstand S. 165.
Ausländisches Recht im Verhältniß zum Reichsrecht in Bezug auf die Nichtigkeit und Anfechtbarkeit der Ehe S. 9, in Bezug auf die Ehescheidung S. 88, in Bezug auf die Gerichtszuständigkeit S. 167.
Aussetzung des Nichtigkeitsprozesses wegen Doppelehe S. 28. — A. des Scheidungsprozesses beim Vorliegen bedingter Scheidungsgründe S. 116. — A. des Verfahrens in Ehesachen S. 223 u. f.

B.

Beamte, Erlaubniß zur Eheschließung S. 9.
Befreiung vom Ehemündigkeitsalter S. 22. — Klage auf B. von Eheverboten S. 164. — B. vom Eheverbot wegen Ehebruchs S. 38.
Beischlaf wird beim Ehebruch vorausgesetzt S. 95.
Beistände können im Sühnetermin zurückgewiesen werden S. 179.

Berufung S. 236 u. f.
Bestätigung der Ehe eines Geschäftsunfähigen S. 24, 39; eines in der Geschäftsfähigkeit Beschränkten S. 24, 40. — Form, Wirkung und Unwiderruflichkeit der B. S. 25, 41.
Bestehen und Nichtbestehen der Ehe S. 10.
Betrug durch Verhehlung persönlicher Eigenschaften § 11 Anm. 14.
Beweis, Führung und Würdigung des B. S. 212 u. f.
Beweisthatsachen S. 213. — Eheerhaltende und ehezerstörende B. S. 214. — Berücksichtigung von B. durch das Gericht von Amtswegen S. 220.
Bewußtlosigkeit bei der Eheschließung S. 24.
Blinde, ihre Erklärung des Eheschließungswillens S. 45.
Blödsinn § 28 Anm. 5.
Bösliche Verlassung S. 100, Uebergangsvorschrift § 21 Anm. 15. — Eigentliche und uneigentliche Verlassung S. 100. — Klagefrist bei böslicher V. S. 217.
Bräutliches Verhältniß kein aufschiebendes Ehehinderniß S. 34.

C.

Civilehe, obligatorische S. 13.

D.

Doppelehe S. 25, Wirkung des Eheverbots S. 9, 27, Beweisführung bei der D. S. 28, § 44 Anm. 8. — Strafe der D. § 19 Anm. 17, 21. — D. als Nichtigkeitsgrund und als Scheidungsgrund S. 97. — Widerklage im Falle der Nichtigkeitsklage wegen D. S. 200.
Drohung als Anfechtungsgrund S. 52. — Gefährliche D. als Scheidungsgrund S. 113.

E.

Ehe zur linken Hand § 32 Anm. 4.
Ehebruch, ein trennendes Ehehinderniß S. 37. — Versuchter E. S. 36, 96. — E. als bedingter Scheidungsgrund S. 113. — Feststellung des E. im Urtheil S. 36, 37. — E. als Scheidungsgrund S. 94. — Bestrafung des E. § 24 Anm. 23. — E. bei Häufung von Klagegründen S. 186. — Namhaftmachung des Ehebrechers im Urtheil S. 230.
Ehehindernisse, trennende und aufschiebende S. 9.
Eheklagen S. 183 u. f.
Eheliche Gemeinschaft, Aufhebung derselben S. 81. — Verweigerung der e. G. S. 146.
Ehelichkeitserklärung S. 31.
Ehemündigkeit, Mangel derselben ein aufschiebendes Ehehinderniß S. 9. — Befreiung vom Ehemündigkeitsalter S. 22.
Ehesachen, Begriff der E. S. 163.
Ehescheidung S. 81 u. f.
Ehescheidungsrecht, landesherrliches S. 3, § 21 Anm. 2.
Eheschließung als Rechtsgeschäft S. 4.
Ehewohnung S. 105.
Ehrenkränkungen als Scheidungsgrund S. 113, 114.
Eid, Gebrauch des E. ist in Ehesachen beschränkt S. 418. — Zugeschobener E. S. 218. — Zuschiebung des E. über eheerhaltende Thatsachen S. 214, über eine Einrede gegenüber der Klage auf Herstellung des ehelichen Lebens § 47 Anm. 9. — Zurückschiebung des E. S. 218. — Richterlicher E. S. 218. — Erlassung und Verweigerung des E. S. 219.
Eidesthatsache, Bestimmtheit der E. S. 219.
Eigenschaften, persönliche des Ehegatten im Falle des Irrthums S. 46.
Einlassungsfrist ist auch in Ehesachen zu beobachten S. 209.
Einspruch gegen ein Versäumnißurtheil in Ehesachen S. 209.
Einstweilige Verfügung S. 202 u. f., wegen der Sorge für die Person der Kinder S. 156. — Bei dem Verfahren über eine e. V. findet eine Mitwirkung des Staatsanwalts nicht statt § 39 Anm. 13, § 45 Anm. 28. — E. V. wegen des vom Manne für die Frau zu zahlenden Kostenvorschusses S. 206, 207.
Einwilligung, gegenseitige, in die Scheidung S. 86. — Klage auf Ersetzung der verweigerten E. zur Eingehung einer Ehe S. 164. — Elterliche E. zur Eheschließung, Mangel derselben ein aufschiebendes Ehehinderniß S. 9, 38.
Entführung S. 53.
Entmündigung schließt die Zurechnung des Ehescheidungsgrundes aus § 22 Anm. 6. — E. ist nicht Voraussetzung der Scheidung wegen Geisteskrankheit S. 117.
Erbrecht der Ehegatten bei angefochtener Ehe S. 62, bei nichtiger Ehe § 18 Anm. 14, 18. — Ausschließung des E. des überlebenden Ehegatten bei erhobener Klage auf Scheidung oder auf Aufhebung der ehelichen Gemeinschaft S. 149.
Erbvertrag, Unwirksamkeit eines E. zwischen Eheleuten oder Verlobten im Falle der Scheidung oder Nichtigkeitserklärung der Ehe S. 148.
Erklärung des Eheschließungswillens S. 14.
Ermittelungsthätigkeit des Gerichts zu Gunsten der Ehe S. 220.

F.

Feststellungsklage auf Feststellung des Bestehens oder Nichtbestehens einer Ehe gerichtet S. 11.
Form der Genehmigung und Bestätigung einer Ehe S. 41.
Formmangel als Nichtigkeitsgrund S. 12, § 44 Anm. 18.
Frist zur Anfechtung einer Ehe wegen Mangels der Einwilligung des gesetzlichen Vertreters S. 42. — F. zur Anfechtung überhaupt S. 57.

G.

Geberdensprache bei Erklärung des Eheschließungswillens S. 15.
Gebrechen, die die Erklärung des Eheschließungswillens erschweren S. 43.
Geheimvorbehalt bei Erklärung des Eheschließungswillens S. 44.
Geisteskrankheit des Eheschließenden S. 23, als Scheidungsgrund S. 86, 87, 116. — G. einer Prozeßpartei S. 173. — Feststellung der G. durch Sachverständige im Scheidungsprozeß S. 221.
Geistesschwäche des Eheschließenden S. 23. — G. kein Scheidungsgrund S. 117.
Geistesstörung bei der Eheschließung S. 22.
Geistliche, ihre Zuziehung zum Sühneversuch § 42 Anm. 1.
Gemeinschaft, Herstellung der häuslichen G. S. 100.
Genehmigung der Ehe durch den gesetzlichen Vertreter S. 41; Ersetzung derselben durch das Vormundschaftsgericht S. 42.
Gerichtsbarkeit, geistliche in Ehe- und Verlöbnißsachen S. 3, § 38 Anm. 1.
Gerichtskosten s. Kosten.
Gerichtsstand, allgemeiner G. des Ehemannes S. 165, 167.
Geschäftsfähigkeit, mangelnde bei der Eheschließung S. 22, 38; bei der Frage nach der Prozeßfähigkeit S. 172.
Geschlechtliche Bescholtenheit, ein Anfechtungsgrund S. 47.
Geschlechtsgemeinschaft als aufschiebendes Ehehinderniß S. 9, 33.
Geschlechtskrankheit, ein Anfechtungsgrund S. 46, 47.
Geschwister, Ehe zwischen G. verboten S. 31.
Getrenntleben der Ehegatten S. 104. — Regelung des Unterhalts bei G. S. 145. — Gerichtliche Erlaubniß zum G. S. 146. — Gestattung des G. durch einstweilige Verfügung S. 203, 204. — Scheingründe zum G. S. 215.
Gewalt, Anwendung von G. bei der Eheschließung S. 52, 53.
Gewerbe, Ergreifung eines schimpflichen G. als Scheidungsgrund S. 115.
Gütergemeinschaft, Einfluß der Scheidung auf die vertragsmäßig eingeführte G. S. 149.

H.

Halbgeschwister, ihre Ehe S. 31.
Häusliche Gemeinschaft, Klage auf Herstellung der h. G. S. 100 u. f., S. 164. — Regelung des Unterhalts bei aufgehobener h. G. S. 145. — Recht zur Verweigerung der h. G. als Einrede S. 215.
Haushaltsachen, Herausgabe der H. an den getrenntlebenden Ehegatten S. 145, auf Grund einer einstweiligen Verfügung S. 205.
Heimathsgesetze, ihre Anwendung bei der Ehescheidung S. 91.
Heirathsregister, Eintragung in das H. S. 18.

J.

Inländischer Gerichtsstand S. 165.
Irrthum in Bezug auf die Eheschließung S. 43. — J. in persönlichen Eigenschaften S. 46, in persönlichen Verhältnissen S. 46.
Jungfräulichkeit als persönliche Eigenschaft S. 47.

K.

Kinder aus nichtigen Ehen S. 76. — Einfluß der Scheidung auf das Erbrecht der K. S. 149. — K. aus geschiedenen Ehen S. 149 u. f. — Anfechtung der Ehelichkeit von K. S. 150. — Klage auf Herausgabe der K. § 35 Anm. 6. — Befugniß mit den K. persönlich zu verkehren S. 152. — Regelung des Unterhalts und der Erziehung der Kinder durch einstweilige Verfügung S. 205. — Benachrichtigung des Vormundschaftsgerichts vom Erlaß einer einstweiligen Verfügung beim Vorhandensein minderjähriger K. S. 208, Benachrichtigung vom Urtheil S. 235.
Klage auf Herstellung des ehelichen Lebens (der häuslichen Gemeinschaft) S. 164. — K. auf Nichtigkeit der Ehe S. 196 u. f. — K. auf Feststellung des Bestehens oder Nichtbestehens der Ehe zwischen den Parteien S. 196 u. f.; Zurücknahme der letzteren S. 202.
Klageabweisung, ihre Wirkungen in Ehesachen S. 192 u. f.
Klageantrag S. 186.
Klagefristen bei der Ehescheidung S. 126
Klagegrund S. 184. — Aenderung des K. S. 184. — Häufung von Klagegründen S. 186, im Nichtigkeitsverfahren S. 199.

Klagenverbindung S. 187 u. f., 229. — Verbot der K. S. 190. — K. im Nichtigkeitsverfahren S. 199.
Klagerücknahme als Beweisgrund der Verzeihung S. 125. — Wirkung der K. auf die Klagefrist S. 128, auf die Ausschließung von Klagegründen S. 193, 196.
Klageschrift S. 183.
Kosten in Ehesachen S. 240 u. f. — K. im Sühneverfahren S. 179.
Kostenfestsetzungsverfahren befaßt sich nicht mit der Kostenerstattungspflicht der Ehefrau § 45 Anm. 25.
Kostenvorschuß muß der Mann für die Frau in gewissen Fällen leisten S. 206, 207. — Berechnung des K. in Ehesachen S. 241.
Krankheit, unheilbare, körperliche, als Scheidungsgrund § 22 Anm. 3.

L.

Ladung des säumigen Beklagten in Ehesachen S. 211.
Landesherren, ihre Eheschließung § 4 Anm. 8; ihre Familienverhältnisse § 32 Anm. 4.
Lebensnachstellung als Scheidungsgrund S. 99. — L. in Bezug auf nahe Verwandte des anderen Ehegatten als bedingter Scheidungsgrund S. 113.
Legitimation eines unehelichen Kindes S. 31.
Letztwillige Verfügungen der Ehegatten bei angefochtener Ehe S. 62. — Unwirksamkeit l. V. im Falle der Scheidung oder Nichtigkeitserklärung der Ehe S. 148.
Linie der Verwandtschaft S. 30, der Schwägerschaft S. 32.
List, Anwendung von L. bei der Eheschließung S. 53.

M.

Militärpersonen, Erlaubniß zur Eheschließung S. 9.
Minderjährigkeit der Ehegatten begründet an sich keine Prozeßunfähigkeit in Ehesachen S. 175.
Mißhandlung, lebensgefährliche, kein unbedingter Scheidungsgrund S. 99. — M. als Grund zum Getrenntleben S. 104. — Grobe M. als Scheidungsgrund S. 112. — M. als bedingter Scheidungsgrund S. 113, 114.
Mißheirath § 32 Anm. 4.
Mobiliar s. Haushaltssachen.

N.

Namensführung der geschiedenen Frau S. 133 u. f.
Naturalverpflegung der Kinder aus geschiedener Ehe S. 155.
Nebenintervenient, Beitritt eines Dritten als N. zum Nichtigkeitsprozeß S. 201.
Nichtigkeit der Ehe S. 4. — N. einer anfechtbaren und angefochtenen Ehe S. 61.
Nichtigkeitserklärung S. 6, hebt die Verbindung der Schwägerschaft auf S. 34.
Nichtigkeitsgründe S. 8.
Nichtigkeitsklage gegen das rechtskräftige Urtheil S. 26. — N. und Anfechtungsklage S. 163. — Ehe-Nichtigkeitsklage S. 196 u. f. — Unvererblichkeit der N. S. 197. — Zurücknahme der N. S. 202.

O.

Observanz in Bezug auf Eheschließung der Landesherren § 4 Anm. 8.
Oeffentlichkeit, Ausschließung der Oe. in Ehesachen S. 162, im Sühneverfahren S. 179.

P.

Partei, persönliches Erscheinen einer P. in Ehesachen vor dem Gerichte S. 222. — Anordnung und Erzwingung des persönlichen Erscheinens einer P. vor Gericht S. 223.
Pfleger für den Scheidungsprozeß § 28 Anm. 9, S. 174. — Bestellung eines Pf. für die Kinder aus geschiedenen Ehen S. 157.
Pflicht, Versagung der ehelichen Pf. bei Gesundheitsgefährlichkeit § 26 Anm. 16. — Hartnäckige Verweigerung der ehelichen Pf. als Scheidungsgrund S. 113. — Leistung der ehelichen Pf. als Beweisgrund der Verzeihung S. 125. — Klagefrist bei fortgesetzter Weigerung der ehelichen Pf. S. 127.
Prozeßfähigkeit S. 171 u. f.
Putativehe S. 14, 18 § 18 Anm. 14.

R.

Raserei § 28 Anm. 5.
Rechtskraft der Urtheile in Ehesachen S. 233.
Rechtsmittel in Ehesachen S. 236 u. f. — Einlegung eines R. im Nichtigkeitsprozeß S. 202. — Frist zur Einlegung des R. S. 233, 238.
Reichsangehörigkeit der Ehegatten in Bezug auf das anzuwendende Scheidungsrecht S. 89. — R. der Ehegatten bei Feststellung des Gerichtsstandes in Ehesachen S. 166.
Religionswechsel kein Scheidungsgrund S. 86.
Restitutionsklage gegen das rechtskräftige Urtheil S. 26, 239.

Revision in Ehesachen S. 239.
Rückkehrbefehl § 26 Anm. 2.
Rückverweisung des ausländischen Gesetzes auf das inländische S. 89.

S.

Sachverständige im Eheverfahren S. 217.
Scheidungsgründe S. 86. — Aussetzung des Verfahrens bei Geltendmachung bedingter Sch. S. 225.
Schein bei Erklärung des Eheschließungswillens S. 45.
Schenkungen, Widerruf von Sch. der Ehegatten S. 147.
Scherz bei Erklärung des Eheschließungswillens S. 45.
Schuldfrage S. 131 u. f. — Verbindung der Entscheidung über die Sch. im Ehescheidungsprozeß S. 191. — Entscheidung über die Sch. ist von Amtswegen zu treffen S. 228. — Sch. in anderen Ehesachen als Scheidungsprozessen S. 228. — Uebergehung der Sch. in einem ausländischen Urtheil § 50 Anm. 7. — Entscheidung über die Sch. in der Berufungsinstanz S. 237, in der Revisionsinstanz S. 239.
Schutz des gutgläubigen Dritten bei nichtiger Ehe S. 62. — Sch. des gutgläubigen Ehegatten bei nichtiger Ehe S. 65.
Schwägerschaft als Ehehinderniß S. 30.
Schwangerschaft der Braut, ein Anfechtungsgrund S. 47.
Schwiegereltern, Schwiegerkinder, ihre Ehe S. 32, 35.
Seelsorger, Zuziehung beim Sühneversuch § 42 Anm. 1.
Seitenverwandte S. 31.
Sicherstellung des Vermögens der Ehefrau während des Scheidungsprozesses § 45 Anm 17.
Staatsangehörigkeit in Bezug auf das anzuwendende Scheidungsrecht S. 89, in Bezug auf die Gerichtszuständigkeit S. 167.
Staatsanwaltschaft, ihre Mitwirkung in Ehesachen S. 168 u. f. — Benachrichtigung der St. von allen Terminen S. 170. — Ablehnung eines Beamten der St. S. 171. — Befugniß der St. zur Erhebung der Nichtigkeitsklage S. 196. — Zuständigkeit der St. S. 198. — Befugniß der St. zur Wiederaufnahme des Nichtigkeitsverfahrens § 44 Anm. 19.
Standesbeamter, Zuständigkeit des St. zur Vornahme der Eheschließungshandlung S. 16.
Stellvertretung bei der Eheschließung S. 17.
Stiefeltern, Stiefkinder, ihre Ehe S. 32, 35.
Strafe der Doppelehe S. 30.
Streitgenossenschaft der Ehegatten im Nichtigkeitsprozeß S. 198, 202.
Streitwerth in Ehesachen S. 240 u. f.
Stumme, ihre Erklärung des Eheschließungswillens S. 43, 45.
Sühnetermin, Ladung zum S. S. 178, wahrt die Klagefrist S. 129. — Benachrichtigung des Staatsanwalts vom S. § 39 Anm. 13.
Sühneversuch S. 176 u. f. — Gerichtskosten und Anwaltsgebühren S. 179. — Wiederholung des S. S. 181, 182. — S. bei Häufung von Klagegründen S. 186.

T.

Täuschung über persönliche Eigenschaften und Umstände S. 50, über Vermögensverhältnisse S. 51.
Taubstumme, ihre Erklärung des Eheschließungswillens S. 15, 43, 45.
Testament, gemeinschaftliches, Unwirksamkeit des g. T. im Falle der Scheidung oder Nichtigkeitserklärung der Ehe S. 148.
Theilnahme am Ehebruch oder der diesem gleichgestellten strafbaren Handlung S. 98. — Th. an der die Scheidung begründenden Handlung S. 116.
Theilurtheil über Vorklage und Widerklage S. 195, 229.
Tod des zur Anfechtung nicht berechtigten Ehegatten S. 56, 59, 62. — T. eines Ehegatten vor der Rechtskraft des Urtheils in Ehesachen S. 234.
Todeserklärung, Wiederverheirathung im Falle der T. S. 68.
Trauung, schuldhafte Verweigerung der kirchlichen T. als bedingter Ehescheidungsgrund S. 113, als Grund zur Verweigerung der ehelichen Gemeinschaft § 33 Anm. 39.
Trennung von Tisch und Bett § 21 Anm. 4, 6, 7. — Uebergangsvorschriften S. 85, nach ausländischem Rechte S. 93.
Trennungsbefugniß des Gerichts bei Klagenverbindung S. 189, 192.
Trennungsgründe S. 87.
Trunksucht, unverbesserliche, als Scheidungsgrund S. 115.

U.

Uebergangsvorschriften in Bezug auf die Gültigkeit einer vor dem Inkrafttreten des B.G.B. geschlossenen Ehe S. 10, in Bezug auf die heilende Kraft der Eintragung in das Heirathsregister S. 21, in Bezug auf die Rechte der Kinder aus nichtigen und ungültigen Ehen S. 80, in Bezug auf Scheidung und Aufhebung der ehelichen Gemeinschaft

S. 84, in Bezug auf bösliche Verlassung § 21 Anm. 15, in Bezug auf die Klagefristen S. 130, 131, in Bezug auf die gegenseitige Unterhaltspflicht der Ehegatten S. 147, in Bezug auf die Unterhaltspflicht der Eltern gegenüber den Kindern im Falle der Scheidung S. 157.
Umwandelungsklage § 21 Anm. 7.
Unterhalt, absichtliche Entziehung des U. als Scheidungsgrund S. 113. — Regelung des U. der Ehegatten und Kinder durch einstweilige Verfügung S. 205.
Unterhaltsanspruch des geschiedenen Ehegatten S. 137 u. f. — U. des getrennt lebenden Ehegatten S. 145. — U. der Kinder gegen die Eltern im Falle der Scheidung S. 153 u. f. — U. dürfen nicht mit der Scheidungs- oder Anfechtungsklage geltend gemacht werden S. 191.
Unterhaltsrente S. 142.
Unvererblichkeit der Nichtigkeitsklage und der Anfechtungsklage S. 8, 234.
Unvermögen, geschlechtliches, § 22 Anm. 3.
Unverträglichkeit als Scheidungsgrund S. 113.
Unzucht, widernatürliche, S. 96.
Unzüchtige Handlungen S. 97. — Versuch unzüchtiger H. als bedingter Scheidungsgrund S. 113.
Urkundenbeweis in Ehesachen S. 218.
Urtheil S. 227 u. f. — U. auf Nichtigkeitserklärung S. 7, auf Scheidung S. 81. — Ausländisches U. auf beständige Trennung von Tisch und Bett § 21 Anm. 6, 7. — Namhaftmachung des Ehebrechers im U. S. 230. — Zustellung des U. von Amtswegen S. 231 u. f. — Vollstreckung von U. in Ehesachen S. 231. — Rechtskraft der U. in Ehesachen S. 233. — Wirkung des U. S. 235.

V.

Verbrechen der Doppelehe S. 30. — Begehung eines V. oder Vergehens als Scheidungsgrund S. 115.
Vereinbarung der Parteien über die Zuständigkeit des Gerichts in Ehesachen S. 165.
Verhandlungstermin, Anberaumung eines V. in Ehesachen S. 209. — Versäumung eines V. in Ehesachen S. 216.
Verhehlung persönlicher Eigenschaften S. 50.
Verjährung der Nichtigkeits- und Anfechtungsklage S. 8. — V. der Scheidungsklage § 30 Anm. 2. — Die für die V. geltenden Vorschriften finden auf die Klagefristen Anwendung S. 129.
Verlassung, bösliche S. 100. — Eigentliche und uneigentliche V. S. 100. — Eigentliche V. S. 110.
Verlöbniß, Klagen aus dem V. S. 164.
Vermögensverhältnisse, Täuschung darüber S. 51.
Versäumnißurtheil im Nichtigkeitsprozeß S. 201. — V. im Scheidungsprozesse S. 210.
Versäumnißverfahren S. 208 u. f.
Vertheidigungsmittel, in der Berufungsinstanz nachträglich vorgebrachte S. 238.
Vertrag über Getrenntleben S. 102. — V. über Regelung der Schuldfrage S. 133.
Vertreter, gesetzlicher, seine Einwilligung zur Eheschließung S. 38, Form derselben S. 39, Widerruf derselben S. 39. — Anfechtungsberechtigung des ges. V. S. 55, seine Einwilligung zur Bestätigung der Ehe S. 25, seine Klagebefugniß S. 173, seine Zulassung im Sühneverfahren S. 179.
Verwandtschaft als Ehehinderniß S. 30.
Verzeihung durch Wiederherstellung der aufgehobenen ehelichen Gemeinschaft S. 84. — Durch V. erlischt das Scheidungsrecht S. 119. — Angabe verziehener Scheidungsgründe im Protokoll über gelungenen Sühneversuch S. 180.
Verzicht auf Scheidungsrecht S. 126.
Volljährigkeitserklärung befreit nicht von dem Erfordernisse der elterlichen Einwilligung S. 42. — V. begründet Ehemündigkeit S. 22.
Vollmacht zur Prozeßführung in Ehesachen S. 175.
Vorspiegelung einer Trauung § 18 Anm. 2.

W.

Wahnsinn § 28 Anm. 5.
Wartezeit der Frau als aufschiebendes Ehehinderniß S. 9.
Werth des Streitgegenstandes s. Streitwerth.
Widerklage S. 183 u. f., 229. — W. bei der Nichtigkeitsklage wegen Doppelehe S. 28. — Häufung von W. S. 188. — Zurücknahme der W. S. 193. — Rechtshängigkeit der W. S. 195. — W. im Nichtigkeitsprozeß S. 199, 200.
Widerruf der Genehmigung oder Bestätigung einer Ehe S. 41. — W. von Schenkungen S. 147.
Wiederaufnahme des Verfahrens als aufschiebendes Ehehinderniß S. 9, 26. — W. des Nichtigkeitsverfahrens durch den Staatsanwalt § 44 Anm. 19. — W. eines durch rechtskräftiges Endurtheil geschlossenen Verfahrens in Ehesachen S. 239.
Wiederholung der Eheschließung S. 21.
Wiederverheirathung im Falle der Todeserklärung S. 68.

Z.

Zanksucht als Scheidungsgrund S. 113.
Zerrüttung des ehelichen Verhältnisses S. 112.
Zeugen bei der Eheschließung S. 13. — Z. im Eheverfahren S. 217. — Recht des Z. zur Verweigerung des Zeugnisses § 47 Anm. 15. — Beeidigung der Z. § 217.
Zeugniß über mißlungenen Sühneversuch S. 181.
Zugeständniß von Thatsachen im Eheverfahren S. 216.
Zurücknahme der Klage als Beweisgrund der Verzeihung S. 125. — Wirkungen der Z. der Klage S. 195.
Zuständigkeit des Gerichts für Ehesachen S. 164 u. f., für das Sühneverfahren S. 177.
Zustellung, öffentliche, bei böslicher Verlassung S. 110.
Zustimmung zum Ehebruch oder der diesem gleichgestellten strafbaren Handlung S. 98. — Z. zu der die Scheidung begründenden Handlung S. 116.
Zwischenraum, lichter, eines geisteskranken Eheschließenden S. 24.

Lippert & Co. (G. Pätz'sche Buchdr.), Naumburg a/S.

„Dieser vorzügliche Kommentar geht ganz besonders auf das bisherige Recht und die bisherige Rspr. ein, wobei natürlich abgethane Kontroversen auch nur kurz als erledigt bezeichnet sind. Die Grundgedanken des Gesetzes werden klar erörtert, ganz besonders aber wird auf eine Menge von Beispielen eingegangen, die meistens der bisherigen Praxis entnommen sind, auch werden vielfach gerichtliche Entscheidungen als auch künftig zutreffend oder als nicht zutreffend citirt. Der Verf. gibt eine erstaunliche Menge des Materials. Daß auch erörtert ist, was von einschlagenden sonstigen Vorschriften gilt, ist natürlich. Der geschichtliche Charakter des Kommentars ist besonders von Werth. Der Verf. bemerkt mit Recht, daß das BGB. ein ernstes Studium auf der Grundlage des gemeinen und preuß. Rechts verlange. Ich meine auch, daß der Kommentar besonders für den nichtpreuß. Juristen werthvoll ist. Denn sehr viele Sätze des BGB. sind rein oder modifizirt dem preuß. Landrecht entnommen und das preuß. Landrecht wird, wenn es in Preußen nicht mehr gilt, eine wissenschaftl. Bedeutung im ganzen Reiche bekommen. Die Erläuterungen folgen nicht ganz der Reihenfolge der Paragraphen; die Ueberschrift über der Seite läßt aber erkennen, welche Bestimmungen erläutert werden, so z. B. Seite 5: „I. Titel. Natürliche Personen §§ 1, 13—20". Man kann über den Werth dieser Methode verschiedener Ansicht sein. Jedenfalls hat sie das Gute, daß sie das handwerksmäßige Nachschlagen des Kommentars hindert und die Erläuterungen im Zusammenhange zu lesen zwingt. Ueberhaupt stellt der Verfasser hohe Anforderungen an den Leser: denn wenn auch alles klar und leicht verständlich geschrieben ist, so bedarf es doch einiger Mühe und Nachdenkens, um sich durch die gebotene Fülle des Materials hindurchzuarbeiten. Auf Einzelheiten möchte ich nicht eingehen, hervorheben will ich nur, daß der Verfasser S. 26 gegen die Motive und Planck annimmt, daß die Frage, ob der adlige Familienname durch Ehe, Geburt, Rechtsakt erworben werde, nach dem BGB. zu entscheiden sei. — Hoffentlich gestattet Arbeitslast und Gesundheit dem Verfasser, das sehr mühsame Werk bis zum 1. Januar 1900 zu Ende zu führen".

Oberlandesgerichtsrath H. Meyer (im „Recht").

„Der Verf. hat seinen Kommentar „dem Studium und der Praxis" gewidmet und es sich deshalb zur Aufgabe gestellt, die Rechtssätze des neuen bürgerlichen Rechts in ihrer Entwickelung aus dem Boden des gemeinen und preuß. Rechts darzustellen. Daß es für diese schwierige Aufgabe keinen berufeneren Schriftsteller gibt, als den Interpreten der Judikatur des vormaligen preuß. Obertribunals, braucht nicht besonders hervorgehoben zu werden. Die gewaltige Beherrschung des Stoffes und das reiche wissenschaftliche und praktische Material, welches die Kommentirung zu Tage gefördert hat, läßt auch keinen Zweifel darüber zu, daß das Werk als Hilfsmittel der Judikatur des BGB. an erster Stelle stehen wird. — Der Verf. hat auch dieses Mal an seinem bekannten Kommentirungssystem festgehalten, ganze Abschnitte und Titel zusammenhängend zu erläutern und durch alphabetische Zusammenstellung der Stichworte auf die Nummern der Erläuterung hinzuweisen Das Studium wird durch diese Art der Verbindung von System nnd Kommentar gewiß erleichtert und darauf kommt es im gegenwärtigen Zeitpunkte ja hauptsächlich an. Ob aber die Bedürfnisse der Praxis, welche außer der Uebersichtlichkeit auch eine schnelle Orientirung über jede Einzelbestimmung verlangen, nicht durch Kommentirung jedes einzelnen § unter gleichzeitiger Zusammenfassung des gemeinsamen Inhalts auf die Dauer mehr befriedigt werden, mag der Erwägung des Autors anheimgegeben werden. Auf den fast unschätzbaren Werth des Kommentars selbst ist dieser Umstand freilich nicht von Einfluß."

Rechtsanw. Perl (in den „Blättern f. Rechtspfl. im Bez. des Kammerger.").

FSC
www.fsc.org
MIX
Papier | Fördert
gute Waldnutzung
FSC® C083411

Kolibri 360 GmbH
Ferdinand-Jühlke-Straße 7
99095 Erfurt, Deutschland
produktsicherheit@kolibri360.de